WISO: Aktien, Anleihen und Fonds

*Michael Jungblut* ist freier Journalist und Autor zahlreicher erfolgreicher Wirtschaftsbücher. Er war langjähriger Leiter der Wirtschaftsredaktion der Wochenzeitung *DIE ZEIT* und anschließend der ZDF-Wirtschaftsredaktion sowie Moderator von WISO.

*Claudia Krafczyk* ist WISO-Redakteurin in der ZDF-Wirtschaftsredaktion und Autorin zahlreicher WISO-Ratgeber.

*Rudolf Rauschenberger* ist Leiter des ZDF-Landesstudios in Baden-Württemberg und war viele Jahre Mitglied der WISO-Redaktion.

Michael Jungblut, Claudia Krafczyk,
Rudolf Rauschenberger
Michael Opoczynski, Martin Leutke (Hrsg.)

# Aktien, Anleihen und Fonds

Campus Verlag
Frankfurt/New York

Alle Informationen wurden nach sorgfältigen Recherchen verfasst. Gesetzesänderungen seit Redaktionsschluss und Irrtümer vorbehalten. Weder der Autor noch der Verlag haften für Schäden, die aus der Befolgung der in diesem Buch gegebenen Ratschläge resultieren.

Immer aktuell

Über Gesetzesänderungen, die sich nach Redaktionsschluss ergeben haben, informieren wir Sie hier:

www.campus.de/wiso/Aktien

Einfach den QR-Code scannen oder
auf unserer Website zum Buch nachschauen!

FSC www.fsc.org MIX Papier aus verantwortungsvollen Quellen FSC® C089473

ISBN 978-3-593-39944-7


Umschlaggestaltung: hauser lacour, Frankfurt am Main
Umschlagmotiv: plainpicture, Hamburg
Layout, Satz und Grafik: Typografie & Herstellung, Julia Walch, Bad Soden
Gesetzt aus der Swiss 721 BT
Druck und Bindung: Beltz Bad Langensalza
Printed in Germany

Dieses Buch ist auch als E-Book erschienen.
www.campus.de

# Inhalt

Reichtum paradox – Warum die Deutschen weniger reich sind als ihre ärmeren Nachbarn ____ 9

Aktionär kann jeder werden ____ 17

Fremde Welt Börse ____ 18

Aktien: Nur eine von vielen Formen der Geldanlage ____ 20

Anleihen: Sicher, aber weniger ergiebig – der Leitzins kann auch zum Leidzins werden ____ 23

Aktien bieten beides: Dividende und Kurspotenzial ____ 30

Optionsscheine: Mit Hebel und Risiko ____ 34

Aktien, Fonds und Anleihen: Wie und wo man kauft ____ 35

Berater: Wem kann man vertrauen? ____ 42

Selbsteinschätzung: Kennen Sie Ihren Anlagetyp? ____ 55

Wie die Börse funktioniert ____ 61

Zukunft kaufen ____ 62

Die Börse: Entstehung und Entwicklung ____ 64

Aus dem Crash lernen ____ 70

Prime Standard, General Standard und Open Market ____ 73

Indizes: Die Stimmungsbarometer der Börse ____ 76

Die Dax-Familie und ihre Bedeutung ____ 78

Stoxx: Der Index Europas ____ 85

Ausländische Aktien und Märkte ____ 87

Sicher auf dem Börsenparkett 97

Börsen-Babel 98

Die Aktie: Ein Begriff und viele Varianten 99

Genussscheine: Zwischen Aktien und Anleihen 104

Der individuelle Daumenabdruck:
Wertpapierkennnummern (WKN) 105

Bookbuilding: Die Preisfindung 107

Limits: Dem Risiko Grenzen setzen 108

Gratisaktien und Stock-Splits 114

Bezugsrechte sind bares Geld wert 117

Nebenwerte sind keine Nebensache 119

Auf die Vermögensstruktur achten 120

Der richtige Mix schafft das optimale Depot 125

Gold: Ein »Wert an sich«? 127

So finden Sie die richtigen Aktien 135

Die Qual der Wahl 136

Aktienanalyse ist wichtig 137

Fundamentalanalyse und technische Analyse 140

Nützliche und »handliche« Analyseinstrumente 147

Aktienanalyse: Do it yourself 157

Welche Aktien kaufen? Wie viel Geld in Risikopapiere
investieren? 162

Aktien mit Rabatt und andere Sonderangebote 167

Reiz und Risiko 168

Kombiprodukte: Wenn Aktien und Festgeld gemischt
werden 169

Puts und Calls: Mit Verkaufs- und Kaufoptionen Geld verdienen 170
Zertifikate: Den ganzen Markt kaufen 173
Discount-Zertifikate: Aktien mit Rabatt 175
Aktienanleihen: Das Zwitter-Modell 177
Der »aufgeklärte Anleger«: Erst unterschreiben, dann kaufen 179
Gewinnen mit Verlusten 180

Geldanlage in Fonds 185
Fonds für jeden Anlagetyp 186
Unter dem Strich eine Erfolgsstory 189
Investmentfonds: Was ist das eigentlich? 190
Fondsmanager: Zum Erfolg verdammt? 192
Mit Investmentfonds Vermögen bilden 193
Fonds: Welcher Typ passt zu Ihnen? 195
Riester-Rente und Investmentfonds 226
Steuerliche Aspekte des Fondssparens 230
Altersvorsorge mit Investmentfonds 231
Kostenpunkte, auf die Sie achten müssen 234
Wer an Fonds Geld verdient 236
Die besten Fonds: Wie findet man die Perlen? 237
Ranking und Rating helfen 238
Das persönliche Anlageziel bestimmen 240
Aufgepasst bei der Beratung 243

Börse und Aktien im Internet 249
Die Informationsflut bändigen 250
Virtuelle Depots: Informieren, kontrollieren, üben 252

Safety first: Sicherheit ist noch wichtiger als niedrige Kosten 254
Phishing und andere üble Tricks 256

Abgeltungsteuer: Wie man Steuervorteile richtig nutzt 261
Wer knabbert an meinen Gewinnen? 262
Die Abgeltungsteuer: Ganz einfach, aber leider nur im Prinzip 264
Das Finanzamt: Big Brother is watching you 271

Register 274

# Reichtum paradox – Warum die Deutschen weniger reich sind als ihre ärmeren Nachbarn

Beim Meer nennt man es Ebbe und Flut, an der Börse Hausse und Baisse: das ständige Auf und Ab des Wassers und der Kurse. Dennoch macht es einen gewaltigen Unterschied, ob Sie die Wellenbewegung vom Strand aus beobachten oder vom Börsenparkett: Während sich Ebbe und Flut exakt im Voraus berechnen lassen, hat es bis heute noch niemand geschafft, den Zeitpunkt zuverlässig vorherzusagen, an dem sich die Stimmung an den Wertpapiermärkten dreht. Das gilt gleicherweise für Aktien wie für Rohstoffpreise, für den Handel mit Gold und Devisen oder die schier unübersehbare Zahl sogenannter Finanzinnovationen. Auch wenn der eine oder andere Experte mit seiner Prognose für die nächsten Monate oder gar das kommende Jahr im Rückblick richtig gelegen hat, gibt es meist mindestens ebenso viele, die genau das Gegenteil vorausgesagt haben. Es ist dann zwar höchst ärgerlich, wenn man auf das falsche Pferd gesetzt hat, aber hier bietet sich eine andere Analogie an: Wenn alle Freunde des Rennsports im Voraus wüssten, welcher Gaul am Ende die Nüstern vorne hat, wäre es mit dem Wettgeschäft vorbei.

Auch an der Börse werden Wetten abgeschlossen, und zwar mit dem Markt: In welche Richtung wird er sich insgesamt bewegen? Welche Wertpapiere, Rohstoffe oder Devisen werden steigen, welche fallen? Doch hier endet die Analogie. Im Gegensatz zu Pferde- und ähnlichen Wetten erfüllt die Geldanlage an der Börse eine wichtige gesamtwirtschaftliche Funktion und im Gegensatz zu einem lahmen Gaul kann sich eine träge Aktie nach einiger Zeit schließlich doch noch zu einem Renner entwickeln. Außerdem haben vorsichtige Anleger vielfältige Möglichkeiten, sich gegen Verluste abzusichern. Und vor allem: Anders als auf der Rennbahn endet das Geschäft an der Börse nicht an der Ziellinie, sondern geht immer weiter. Wer heute etwas verloren hat, kann morgen gewinnen. Doch aus Angst vor der Courage werden die Möglichkeiten, die die Börse zum Vermögensaufbau und zur Altersvorsorge bietet, von deutschen Sparern viel zu wenig genutzt. In anderen Situationen dagegen muss man sich fragen, woher einige Anleger den Mut nehmen, noch im letzten Moment auf einen bereits sehr schnell fahrenden Zug aufzuspringen. Beispiele gefällig?

Die deutschen Sparer haben 2004 und 2005 eine einmalige Gelegenheit ungenutzt verstreichen lassen: Private Anleger hätten die Chance gehabt, am Aktienmarkt innerhalb kurzer Zeit Gewinne von über 100 Prozent einzustreichen. Allein die Dax-Unternehmen haben in dieser Zeit ihren Börsenwert verdoppelt. Bei den kleinen und mittleren Unternehmen war der Kursanstieg sogar noch stärker ausgeprägt und auch die Dividenden sprudelten so munter wie schon lange nicht mehr. Doch nach dem Crash, der nach dem Jahr 2000 auf den Börsen-Hype ab Mitte der Neunzigerjahre folgte, verhielten sich viele Sparer wie gebrannte Kinder und merkten erst, was an der Börse abging, als es schon wieder zu spät war.

Die Kurse stiegen nämlich ab 2004 wie seit vier Jahren nicht mehr, doch bei den Banken blieben Orders deutscher Kunden weitgehend aus. Aktienfonds verzeichneten ebenfalls nur verhältnismäßig geringe Mittelzuflüsse aus dem Inland. Erst Anfang 2006 wachten die deutschen Anleger auf. Allein in den ersten zwei Monaten floss deutschen Fondsanbietern mit 2,4 Milliarden Euro so viel Geld zu wie im gesamten Vorjahr. Doch da war es wieder einmal zu spät. Anleger aus den USA, aus Fernost und den europäischen Nachbarländern hatten das Geschäft längst gemacht.

Sie hatten lange vor den deutschen Sparern begriffen, dass es den Unternehmen viel besser ging als dem Land. Denn während im öffentlichen Bereich die notwendigen Reformen nur schleppend vorankamen, die staatliche Verschuldung weiter dramatisch stieg und die sozialen Systeme von Krise zu Krise taumelten, hatten die Unternehmer nach der Devise gehandelt: Packen wir's an. Leider waren die Bundesbürger die Letzten, denen das auffiel. Das wiederholte sich auch 2012/13, als der Dax einen Rekord nach dem anderen brach.

Die Deutschen sind nämlich traditionell »Aktienmuffel«. In keinem vergleichbaren Land der Welt sind so wenige Bürger bereit, sich an der Finanzierung ihrer Wirtschaft zu beteiligen wie in Deutschland. Nirgendwo ist die Risikoscheu so ausgeprägt wie in der Bundesrepublik. In kaum einem anderen Land wird das Lebensgefühl so stark von Angst und Pessimismus bestimmt. Deshalb steckt deutschen Anlegern der Börsencrash zu Beginn des neuen Jahrtausends viel tiefer in den Knochen als ihren Nachbarn in Europa oder gar den Amerikanern.

Dabei war im Jahr 2000, auf dem Höhepunkt des Aktienbooms, die Zahl der Aktionäre in Deutschland so hoch wie nie zuvor. Der Traum, über Nacht reich werden zu können – fast egal, welche Aktien man kaufte –, hatte damals auch Sparer an die Börse gelockt, die sich vorher noch nie ernsthaft mit Wertpapieren beschäftigt hatten. In den Neunzigerjahren besaßen nicht einmal sechs Millionen Bundesbürger Aktien oder Anteile an Aktienfonds. 2001 waren es plötzlich über 13 Millionen. Doch dann kam der Salami-Crash und mit den fallenden Kursen sank auch die Zahl der Besitzer von Unternehmensanteilen fast so schnell wieder, wie sie zuvor gestiegen war. Mitte 2004 waren nach einer Untersuchung des Deutschen Aktieninstituts nur noch 10,6 Millionen Bundesbürger an Aktiengesellschaften beteiligt. Bei vielen der Verbliebenen war das Ausharren zudem eher unfreiwillig. Sie wussten wohl nicht, wie sie die Unternehmensanteile, die sie am Ende des Aufschwungs 1999 zu Höchstkursen gekauft hatten, ohne Verlust wieder loswerden konnten.

Trotzdem rieben sich viele Leser verwundert die Augen, als 2013 Untersuchungen der Europäischen Zentralbank und unabhängiger Institute zeigten, dass die privaten Vermögen der »reichen Deutschen« im Vergleich zu den Besitztümern ihrer Nachbarn geradezu mickrig erscheinen. Und das gilt nicht etwa nur im Vergleich zum durchschnittlichen privaten Vermögen der Schweizer, Niederländer, Dänen oder der vom Nordseeöl profitierenden Norweger. Es gilt sogar mit Blick auf viele der europäischen Krisenländer im Süden. Das liegt nicht nur daran, dass dort traditionell ein größerer Teil der Menschen in den eigenen vier Wänden wohnt. Es lässt sich auch nicht allein damit erklären, dass die Bürger der ehemaligen DDR bis 1990 kaum privates Vermögen bilden konnten. Der wichtigste Grund ist das unterschiedliche Sparverhalten: Die Deutschen verdienen mit ihrer Arbeit dank hoher Produktivität zwar mehr als viele ihrer Nachbarn und legen sogar einen größeren Teil davon auf die »hohe Kante«. Aber da bleibt es dann auch. Die große Mehrzahl der Bundesbürger zahlt das Geld auf Sparkonten ein, hortet es in Form von Tages- und Festgeld oder lässt es sogar auf dem Girokonto liegen. Das bedeutet, dass diese vielen Milliarden vor allem in Zeiten niedriger Zinsen so gut wie keine Erträge bringen. Mini-Zinsen wie die von 2013 reichten nach Abzug der Abgeltungsteuer nicht einmal aus, um die Ersparnisse vor der schleichenden Inflation zu schützen. In den »ärmeren Ländern« haben die Sparer dagegen deutlich weniger Angst, ihr gespartes Geld in Aktien anzulegen – nicht zuletzt auch in Aktien von Dax-Unternehmen und des erfolgreichen deutschen Mittelstands.

Die Risikoscheu der Deutschen, die auch eine Folge des geringen Wissens über Wirtschaft, Unternehmen, Börse und Aktien ist, wirkt sich nicht nur auf die private Vermögensbildung negativ aus. Sie hat auch gravierende wirtschaftliche und soziale Folgen. Weil Bundesbürger ihre Ersparnisse lieber in »Rentenwerte« als in Unternehmensbeteiligungen investieren, sind die Aktien der meisten großen Gesellschaften in Deutschland inzwischen mehrheitlich im Besitz ausländischer Anleger. Zu den Investoren zählen insbesondere die großen britischen und amerikanischen Pensionsfonds, zunehmend auch asiatische Kapitalbesitzer. Doch Griechen, Italiener oder Spanier nutzen ebenfalls gern die Gelegenheit, am weltweiten Erfolg deutscher Unternehmen zu partizipieren. Kein Wunder also, dass sich die Vorstände der Dax-Unternehmen immer stärker an deren Interessen orientieren (müssen): Ausländer stellen bei fast allen Dax-Unternehmen inzwischen die Mehrheit der Eigentümer. Die Manager der Pensionsfonds verlangen hohe Renditen, damit sie die Versprechungen erfüllen können, die sie ihren Kunden gegeben haben – den Millionen Arbeitnehmern in Großbritannien, den USA oder Kanada, deren Alterssicherung in hohem Maße von der Profitabilität der Fonds abhängt. Ob in Deutschland Arbeitsplätze abgebaut oder ins Ausland verlagert werden, um im Interesse der Aktionäre die Rendite zu steigern, interessiert sie wenig. Hauptsache, die Kurse und die Dividende stimmen.

Die Deutschen verlieren daher nicht nur an Einfluss auf die hier ansässigen Unternehmen, sie bringen sich auch selbst um die Chance, an deren Erfolg teilzuhaben.

Zwar wird sich mancher, der auch bei der Geldanlage nach dem Motto »Vorsicht ist die Mutter der Porzellankiste« handelt, immer wieder mal bestätigt sehen, wenn die Konjunktur lahmt oder die Aktienkurse unter der Wucht von Banken- oder Schuldenkrisen weltweit zusammenbrechen. Doch dann verpassen viele die nächste große Chance, ihre früheren Fehler beim Vermögensaufbau zu korrigieren. So waren nach dem Kurseinbruch 2007/2008 deutsche Aktien um die Jahresmitte 2012 bei einem Stand des Dax von zeitweise weniger als 6000 Punkten wieder unerwartet günstig zu haben. Wie lange das jeweils der Fall ist und wie lange die Baissephase dauert, weiß zwar niemand. Sicher ist nach solchen Einbrüchen nur: Der nächste Aufschwung kommt bestimmt. In diesem Fall setzte er schon wenige Tage nach Erreichen des unteren Wendepunktes ein. Acht Monate später sprang der deutsche Aktienindex über die magische Grenze von 8000 und erreichte in der ersten Jahreshälfte 2013 immer neue historische Rekordmarken.

Sie sehen: Ängstlichkeit, Skepsis und Unwissenheit der anderen müssen Sie nicht daran hindern, die Chancen zu nutzen, die sich Ihnen global durch eine Beteiligung am Risikokapital von Unternehmen bieten – zumal dann, wenn Aktien während einer Schwächephase wieder einmal zu Schnäppchenpreisen zu haben sind.

Eine kleine Prise Angst kann allerdings auch nicht schaden, denn die schützt vor Übermut oder gar Tollkühnheit. Das ist an der Börse wie beim Autofahren: Wer zu viel Angst hat, muss sich zu Fuß durch die Gegend schleppen; wer alle Risiken ignoriert, fliegt aus der Kurve.

Kein Zweifel – Gründe zur Vorsicht gibt es genug. Das gilt aber unabhängig davon, für welche Form der Geldanlage man sich entscheidet. Denn auch mit traditionell als besonders sicher geltenden Anlagen kann man böse Überraschungen erleben. Zu den Opfern der Finanzkrise, die als Folge einer unverantwortlichen Immobilienspekulation in den USA 2008 über die Welt hereinbrach, gehören zum Beispiel auch die vielen kleinen und großen Sparer, die ihr Geld in offene oder geschlossene Immobilienfonds angelegt, Beteiligungen an Schifffahrts- oder Containerfonds erworben und dabei den Versprechungen windiger Finanzberater vertraut hatten. Und diejenigen, die auch um derartige Investments einen weiten Bogen gemacht haben, müssen feststellen, dass die meisten der als besonders sicher geltenden Anlageformen – wie Sparverträge, Festgeld, Bundesanleihen – sich unter dem Strich als Verlustgeschäft erweisen: Die Verzinsung ist so mickrig, dass die Rendite nach Abzug von Steuern und Gebühren nicht einmal ausreicht, um den Kaufkraftverlust durch die schleichende Inflation aufzufangen. Selbst Gold brachte nach einem rasanten Preisanstieg vielen Anlegern seit 2012 wieder schmerzliche Verluste und keinen Cent Zinsen.

Nur wer den Mut hatte, in Aktien, darauf basierende Fondsanteile und bestimmte derivative Wertpapiere zu investieren, kann sich die Hände reiben. Zwar brachen nach dem Platzen der US-Immobilienblase auch die Börsenkurse weltweit ein. Doch seit Mitte 2012 kannten die Kurse der meisten Börsen wieder nur eine Richtung – aufwärts. Ob Atomkatastrophe in Japan, Fast-Staatsbankrott in Griechenland, Bankenkrise in Spanien, Chaos-Wahlen in Italien oder Zypern-Pleite: Die Börsen schüttelten diese Nachrichten ab wie ein nasser Hund das Wasser. Neben kräftigen Kurssteigerungen winken dazu noch viele deutsche, europäische, australische oder US-amerikanische Unternehmen mit Dividenden, die deutlich höher sind als die Verzinsung »sicherer« Staatsanleihen.

Aber auch an den globalen Aktienbörsen ist nicht alles Gold, was glänzt. Überdies lehrt die Erfahrung, dass auch der längsten Hausse irgendwann wieder eine Baisse folgt. Schließlich wissen wir auch, dass an der Börse weder zum Ein- noch zum Aussteigen geklingelt wird. Und dass man auf dem Feld der Geldanlage Beratern nur bedingt vertrauen darf, hat die jüngere Vergangenheit erneut gezeigt.

Umso wichtiger ist es deshalb, sich selber einen ausreichenden Überblick zu verschaffen, die Funktionsweise der Börsen zu verstehen, die wichtigsten Vorsichtsmaßnahmen und Absicherungsstrategien zu kennen. Nicht zuletzt sollte man wissen, wie man das Finanzamt, das von jedem Gewinn einen gehörigen Anteil einstreicht, auch angemessen an eventuellen Verlusten beteiligt.

Bei diesen und vielen anderen Fragen rund um die sichere und rentable Geldanlage möchte dieses Buch Ihnen ein verlässlicher Ratgeber sein – nicht mit Patentrezepten und »totsicheren« Tipps, sondern mit Informationen, die es Ihnen erleichtern, Ihre eigenen Entscheidungen zu treffen und die Ratschläge und Einflüsterungen von Anlageverkäufern – Pardon: Finanzberatern – kritisch zu hinterfragen. Die Neuauflage dieses seit Jahren beliebten und erfolgreichen Ratgebers berücksichtigt dabei selbstverständlich auch die zum Teil schmerzlichen Erfahrungen aus der globalen Finanzkrise, mit deren Folgen wir noch für unabsehbare Zeit leben müssen – auch wenn das immer mal wieder in Vergessenheit gerät.

Ob Sie sich dabei für die direkte (Aktien, Genussscheine) oder indirekte Beteiligung (Fonds, Optionen, Futures, ETFs) oder Anleihen entscheiden, ob Sie sich bei deutschen oder ausländischen Kapitalgesellschaften en-

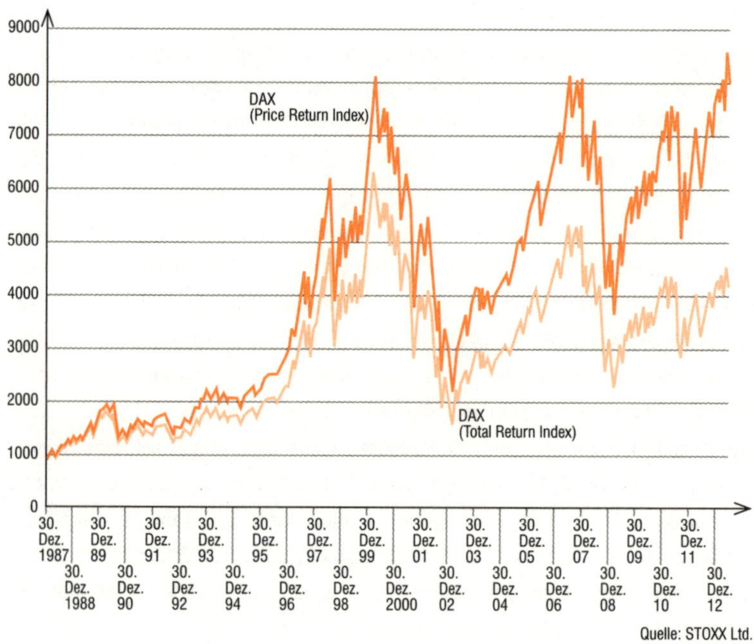


Quelle: STOXX Ltd.

gagieren oder wie Sie Ihre Ersparnisse auf die verschiedenen Risikoklassen verteilen, ist allein Ihre Entscheidung. Sie sollten sich dabei zwar an bewährte Regeln halten, aber die Chancen, die mit einem Engagement an der Börse verbunden sind, nicht entgehen lassen. Sie sind umso höher, je mehr Sie über Aktien und die Märkte wissen, an denen sie gehandelt werden. Dann geraten Sie auch nicht gleich in Panik, wenn die Kurse mal wieder fallen. Dieses Auf und Ab gehört dazu, seit es Börsen gibt. Man kann es leichter ertragen, wenn man weiß, dass der Trend am Aktienmarkt langfristig immer nach oben zeigt (und wenn man weiß, dass man mit entsprechend ausgestatteten Wertpapieren sogar an fallenden Kursen verdienen kann) oder wenn man weiß, wie man einen Rückschlag nutzt, um zu relativ günstigen Bedingungen einzusteigen.
Die Fieberkurve des deutschen Aktienmarktes: Auch wenn es immer wieder zu Rückschlägen kam, langfristig wies der Trend an der deutschen Börse bisher nur nach oben. Als der Dax 1987 erstmalig berechnet wurde, startete er bei 1000 Punkten. 2013 überschritt er erstmalig 8400 Punkte.

Ganz wichtig: Beachten Sie bei jeder Anlageentscheidung die steuerlichen Folgen. Andernfalls könnte das Finanzamt mehr profitieren als Sie. Aber treffen Sie Anlageentscheidungen, gleich welcher Art, keinesfalls allein unter steuerlichen Gesichtspunkten – auch dann kann es zu bösen Überraschungen kommen.

*Michael Jungblut*

Fremde Welt Börse 18
Aktien: Nur eine von vielen Formen der Geldanlage 20
Anleihen: Sicher, aber weniger ergiebig – der Leitzins kann auch zum Leidzins werden 23
Aktien bieten beides: Dividende und Kurspotenzial 30
Optionsscheine: Mit Hebel und Risiko 34
Aktien, Fonds und Anleihen: Wie und wo man kauft 35
Berater: Wem kann man vertrauen? 42
Selbsteinschätzung: Kennen Sie Ihren Anlagetyp? 55

# Aktionär kann jeder werden

Die Mehrzahl der Bundesbürger scheut den Kauf von Aktien wie der Teufel das Weihwasser. Daher profitierten wieder nur wenige vom Aktienboom 2013. Das Geschäft machten erneut ausländische Investoren. In diesem Kapitel finden Sie einen Überblick über die Funktionsweise und die grundlegenden Verhaltensregeln an der Börse. Außerdem erfahren Sie, welche verschiedenen Formen der Geldanlage es gibt, wie und wo Sie Aktien, Fonds oder Anleihen erwerben, wie Sie den passenden Partner für Börsengeschäfte finden und wie Sie herausfinden können, zu welchem Risikotyp Sie zählen.

## Fremde Welt Börse

Wochenmarkt und Marktplatz Börse

Trotz mancher Gemeinsamkeiten zwischen Gemüsemarkt und Börse gibt natürlich auch deutliche Unterschiede: Während auf dem Wochenmarkt keine Gurke genau der anderen gleicht und der eine Händler reifere Tomaten als der andere anbietet, sind alle Aktien von Siemens absolut identisch. Ebenso hat jeder Anteilschein von E.ON oder BASF zu einem bestimmten Zeitpunkt exakt den gleichen Kurs wie alle anderen Aktien dieses Unternehmens und verbrieft seinem jeweiligen Besitzer identische Rechte. Es spielt in dieser Hinsicht keine Rolle, bei welchem Händler oder an welcher Börse eine Aktie erworben wird. Ein weiterer Unterschied: Anders als bei Kartoffeln, Karotten oder Erdbeeren kann man die an der Börse gehandelten Waren weder anfassen noch daran riechen oder unverbindlich eine kleine Probe nehmen. Ihre Qualität muss auf andere Art geprüft werden.

Bei Wertpapieren geht es um den Handel mit »verbrieften« Rechten. Beim Kauf garantieren Aktien dem Besitzer unter anderem einen bestimmten Anteil am Kapital eines Unternehmens und einen Anspruch auf Beteiligung am Gewinn; bei Anleihen geht es um das Recht auf Zinszahlung und später auf Rückzahlung des ausgeliehenen Betrages. Ein weiterer Unterschied zu Gurken oder Tomaten vom Markt: Die meisten Wert»papiere« existieren inzwischen gar nicht mehr körperlich – es gibt sie nur noch virtuell. Selbst da, wo es noch Aktien in gedruckter Form gibt, kommen sie niemals auch nur in die Nähe des Marktplatzes Börse. Sie liegen sicher verwahrt in den Tresoren von Banken und Sparkassen. Selbst da werden sie bei Kauf und Verkauf schon lange nicht mehr wie früher zwischen den Depots hin- und hertransportiert. Der Besitzwechsel wird nur noch innerhalb der Datenverarbeitung registriert.

Auch der Handel »auf dem Parkett« ist inzwischen fast bedeutungslos geworden. Er existiert in vielen Ländern überhaupt nicht mehr. Zwar sind in den Börsensälen von Frankfurt oder New York noch Händler zu sehen, die vor Bildschirmen sitzen, aufgeregt mit den Armen fuchteln und in einer für unerfahrene Beobachter unverständlichen Sprache miteinander kommunizieren. Doch die weitaus meisten Umsätze werden heute mithilfe elektronischer Handelsplattformen abgewickelt. Börsensäle dienen eigentlich nur noch als Hintergrund für die TV-Berichterstattung.

Es gibt neben den Wertpapiermärkten auch Börsen, an denen tatsächlich Güter gehandelt werden: Rohöl, Weizen, Tabak, Schweinebäuche und viele andere Rohstoffe oder Naturprodukte. Doch auch an diesen sogenannten Warenterminbörsen sind die gehandelten Güter nie zu sehen, sie existieren oft auch noch gar nicht. Es geht ausschließlich um Termingeschäfte, bei denen die Beteiligten das Recht erwerben oder verkaufen, eine bestimmte Ware zu einem festgelegten Zeitpunkt zu einem vorher vereinbarten Preis zu kaufen oder zu verkaufen. Es sind reine Spekulationsgeschäfte. Sie sind dennoch für die reale Wirtschaft von großer Bedeutung, da nur so für die Produzenten wie für die Weiterverarbeiter dieser Rohstoffe und Erzeugnisse die Sicherheit besteht, dass sie die gewünschten Mengen zu oft lange vorher festgesetzten Preisen kaufen oder verkaufen können.

In diesem WISO-Buch geht es jedoch vor allem um die Märkte für Wertpapiere – also um den Handel mit Aktien, Fondsanteilen, Anleihen, Zertifikaten und anderen Anlagemedien, die für private Sparer und Anleger von Bedeutung sind.

Wie Sie in diesem Kapitel sehen werden, ist es gar nicht so schwer, sich für die Börse fit zu machen. Ähnlich wie ein Wochenmarkt ist der große Marktplatz Börse in unterschiedliche Teilmärkte aufgeteilt: den Rentenmarkt, auf dem festverzinsliche Anleihen gehandelt werden, den Aktienmarkt für Unternehmensanteile, die Devisenbörse für den Handel mit Währungen oder die Terminbörse für Wertpapiergeschäfte, die erst später abgewickelt werden. Über den Preis der Wertpapiere kann bis zu einem gewissen Grad verhandelt werden. Die Nachfrager machen sich Gedanken darüber, zu welchem Kurs sie kaufen wollen, die Besitzer von Wertpapieren überlegen, wie viel sie mindestens dafür haben wollen. Der Preis (Kurs) bildet sich dann nach Angebot und Nachfrage. Wird die Ware (egal ob Kartoffeln oder Wertpapiere) als zu teuer empfunden, wird sich kein Käufer dafür finden. Der Preis muss dann so lange sinken, bis sich genügend Abnehmer finden, die zu diesen Bedingungen zugreifen wollen. Wenn etwas faul ist (an einer Tomate oder an einer Aktie), ist es kaum noch möglich, sie loszuwerden. Schlechte Unternehmensnachrichten drücken den Kurs deshalb nach unten. Mutige Anleger können bei Aktien ebenso zugreifen wie die Hausfrau auf dem Wochenmarkt, wenn der Anbieter mit lauter Stimme verkündet: »Die letzten Kirschen – jetzt nur noch 2,50 das Kilo.«

**WISO Tipp**

Ohne Führerschein darf sich niemand ans Steuer setzen. Beim Börsenverkehr ist es nicht anders: Nur wer die Regeln kennt, sollte sich daran beteiligen! Zwar überprüft das niemand, aber es liegt in Ihrem eigenen Interesse, sich zu informieren, bevor Sie sich auf Geschäfte einlassen, die Sie nicht ganz durchschauen.

Die Internetrevolution hat auch für den normalen Sparer und Anleger die Welt gründlich verändert: Anleger sind mittlerweile an der Börse ähnlich nah am Geschehen wie auf dem Wochenmarkt: Wenn plötzlich die Preise purzeln, können sie zugreifen. Durch Fernsehen, Videotext, Datenübermittlung per Handy und Internet sind sie fast ebenso dicht am Markt wie professionelle Händler. Wenn sie nicht bereit sind, dafür extra zu zahlen, erhalten Interessenten das aktuelle Börsengeschehen zwar oft mit ein paar Minuten Verzögerung, doch für private Anleger ist das in der Regel völlig ausreichend. Und wenn es Ihnen doch nicht ausreicht: Gegen eine kleine Gebühr kann heute jeder Interessent die Kurse in Echtzeit bekommen. Anleger haben dadurch zumindest theoretisch die Möglichkeit, sofort zu agieren, wenn sie glauben, der richtige Zeitpunkt sei gekommen, um zu kaufen oder zu verkaufen. Sie müssen nicht mehr wie früher zu einer Bank gehen, um den Aushang mit den Kursen der wichtigsten Aktien im Schaufenster zu studieren, den Berater anrufen oder nervös bis zum nächsten Tag warten, bis sie endlich in der Zeitung die Tabellen mit den Kursen des Vortags finden.

Kurse in Echtzeit

## Aktien: Nur eine von vielen Formen der Geldanlage

Zwar geht es in diesem Buch in erster Linie um die Geldanlage in Aktien und damit verbundenen oder abgeleiteten Wertpapieren – wie Fondsanteile oder Derivate. Dennoch sollten Sie weder bei einzelnen Wertpapieren noch bei den speziellen Anlageformen alles auf eine Karte setzen. Eine insgesamt gut gemischte Vermögensanlage ist ebenso wichtig wie eine sinnvolle Streuung der Aktienpositionen. Deshalb werden in diesem Kapitel ebenso wie in anderen Teilen des Buches nicht nur die Grundlagen des Aktien- oder Anleihesparens erläutert. Wo es sinnvoll ist, wird auch immer wieder der Blick auf andere Formen des Sparens gelenkt. Das ist nicht nur wegen der Risikostreuung wichtig, sondern auch im Hinblick auf steuerliche Überlegungen. Da außerdem neben dem Kauf einzelner Aktien auch der Erwerb von Anteilen an »Aktienkörben«, die andere für Sie zusammengestellt haben, sinnvoll sein kann, ist dem Thema Fondssparen ein eigenes Kapitel gewidmet Für alle, die entweder noch zu wenig Erfahrung oder nicht genügend Zeit haben, sich intensiv mit einzelnen Wertpapieren und deren Chancen zu beschäftigen, sind Fonds ohnehin eine gute Alternative zum direkten Erwerb von Aktien oder Anleihen. (Mehr dazu im Kapitel *Geldanlage in Fonds*.)

Risikostreuung

Nur wer größere Aktienpakete besitzt, kann durch Käufe und Verkäufe den Kurs beeinflussen, der sich immer aus dem Verhältnis von Angebot und Nachfrage ergibt. Das bedeutet: Kleinaktionäre müssen entweder den Kurs akzeptieren, der sich zum Zeitpunkt ihres Kaufs oder Verkaufs am Markt ergibt, auf einen Kauf oder Verkauf zu diesem Zeitpunkt verzichten oder so lange warten, bis von ihnen vorgegebene Kurse erreicht sind. Bei Aktien, die in großer Zahl gehandelt werden – beispielsweise die Papiere großer Unternehmen wie Siemens, BASF, Deutsche Bank oder IBM –, findet eine fortlaufende Preisfeststellung statt. Hier kann sich deshalb der Preis jederzeit ändern. Bei kleineren Unternehmen oder bei Gesellschaften, von denen nur wenige Aktien umlaufen und an der Börse gehandelt werden, weil die Mehrheit »in festen Händen« ist, wird der Kurs nur in größeren Abständen festgestellt. Bei sehr »engen Märkten« kann es sogar vorkommen, dass man mehrere Tage warten muss, bis sich ein Käufer oder Verkäufer findet. Doch das sind Aktien, mit denen Sie als Kleinanleger in der Regel nichts zu tun haben. Hier sollte nur einsteigen, wer sich zuvor sehr sorgfältig über das Unternehmen informiert.

Sie können während der Handelszeiten jederzeit bei Ihrer Bank anrufen und Ihrem Berater den Auftrag geben, bestimmte Wertpapiere zu kaufen oder zu verkaufen. Oft kann er Ihnen schon nach wenigen Minuten sagen, ob die Transaktion stattgefunden hat. Andernfalls sehen Sie das Ergebnis am folgenden Tag auf Ihrem Kontoauszug oder finden die Abrechnung in Ihrem Briefkasten. Wer Online-Banking am heimischen Computer betreibt und mit seinem Kreditinstitut eine entsprechende Handelsberechtigung vereinbart hat, kann auch selbst per Knopfdruck kaufen und verkaufen und oft schon nach sehr kurzer Zeit am Bildschirm sehen, ob seine Order ausgeführt wurde. Es ist also an sich ganz einfach und unkompliziert, sich mit eigenem Geld am Kapital der großen Unternehmen zu beteiligen und – mit einigem Glück – neben der jährlichen Dividende beim Wiederverkauf der Aktien auch noch einen Kursgewinn einzustreichen.

Es gibt jedoch keine Garantie, dass sich ein Wertpapier so entwickelt, wie es vorhergesagt oder erhofft wurde – selbst wenn sich fast alle Analysten in dieser Hinsicht einig sind. Der Börsenkurs ändert sich bei vielen Papieren oft von Minute zu Minute – abhängig von Angebot und Nachfrage. Eine gute Nachricht über die allgemeine Wirtschaftslage oder die Geschäfte eines speziellen Unternehmens kann den Preis einer Aktie innerhalb kürzester Zeit um 3, 4 oder auch mal um 7 Prozent nach oben treiben, eine schlechte Nachricht dagegen im gleichen Tempo abstürzen lassen. Ein Anleger weiß also nie ganz genau, wie viel Vermögen er am nächsten Tag besitzt. Selbst wenn die Kurse über einige Wochen oder Monate regelmäßig steigen, weiß niemand, welchen

**WISO** Tipp

Wenn Sie Geld an der Börse investieren, sollten Sie einen Betrag wählen, auf den Sie nicht notfalls kurzfristig zurückgreifen müssen. Der Notgroschen muss jederzeit verfügbar sein.

Preis man an einem späteren Verkaufstag wirklich dafür erhalten wird. Für die Chancen, die eine Anlage an der Börse bietet, muss man immer auch ein entsprechendes Risiko in Kauf nehmen.

Die Erfahrung lehrt zwar, dass es an der Börse langfristig immer aufwärts geht, und mit einzelnen Aktien oder Fondsanteilen können kurzfristig oft erfreulich hohe Gewinne gemacht werden. Aber ein Anleger muss sich auch darüber im Klaren sein, dass es an der Börse immer wieder zu Kurseinbrüchen kommt. Das kann zeitweise die ganze Börse in Mitleidenschaft ziehen, es kann aber auch nur einzelne Werte treffen – wie Ende 2007 die bis dahin als grundsolide Anlage geltende Aktie der Industriekreditbank (IKB), deren Vorstand in unverantwortlicher Weise mit dubiosen Wertpapieren gehandelt hatte. Hier verloren viele Anleger innerhalb weniger Wochen mehr als die Hälfte ihres investierten Geldes. Wer mit diesem Risiko nicht leben will oder kann, muss auf die Gewinnchancen, die diese Form der Geldanlage bietet, verzichten. Ein anderes Beispiel ist die nach dem Reaktorunglück im japanischen Fukushima von Kanzlerin Angela Merkel urplötzlich verkündete »Energiewende«. Damit schickte sie die bis dahin als grundsolide geltenden Aktien von E.ON und RWE auf eine lange Talfahrt. Aktionäre, die nicht geistesgegenwärtig absprangen, mussten schmerzliche Verluste hinnehmen oder in der Hoffnung ausharren, dass die Konzerne in absehbarer Zeit ein neues, erfolgversprechendes Geschäftsmodell entwickeln würden. Doch dazu mussten sie sich in Geduld üben, denn selbst die rasante Kursentwicklung 2012/13, die dem Dax neue historische Höchststände bescherte, reichte nicht, um auch die Aktien der einst so stolzen Energieriesen aus der Versenkung zu holen.

**WISO** Tipp

Aktien eignen sich nicht als Parkplatz für Geld, das Sie zu einem bestimmten Termin brauchen, z. B. um einen Kredit zu tilgen, ein Auto zu bezahlen oder den Urlaub zu finanzieren. Genau dann, wenn die Rechnung fällig ist, könnte es an der Börse für kurze oder auch längere Zeit abwärts gehen. Ein Verkauf wäre nur mit Verlust möglich.

Dass auf lange Sicht die Wahrscheinlichkeit steigt, dass Sie Gewinne machen, hat sich in der Vergangenheit jedoch immer wieder gezeigt. Aber eine Durststrecke kann sich, wie nicht nur das Beispiel der einstigen »Wunder-Börse« Tokio zeigt, auch schon mal über ein Jahrzehnt hinziehen – jedenfalls aus Sicht derjenigen, die zu Spitzenkursen eingestiegen waren. Keinesfalls sollte daher der Notgroschen für Börsenspekulationen verwendet werden. Noch gefährlicher ist es, auf Kredit zu spekulieren – selbst wenn Sie einen »todsicheren Tipp« erhalten haben!

Und was die todsicheren Tipps, die Insider-Tipps, die Hintergrundinformationen und wie sie alle heißen angeht, die von selbsternannten Börsen-Gurus verbreitet werden: Reich werden davon meist nur diejenigen, die diese »Informationen« verbreiten.

## Anleihen: Sicher, aber weniger ergiebig – der Leitzins kann auch zum Leidzins werden

Alle längerfristigen Untersuchungen bestätigen den Satz: Aktie schlägt Anleihe. Allerdings können die Besitzer von Anleihen in der Regel ruhiger schlafen. Anleihen – auch Obligationen oder Renten genannt – sind festverzinsliche Wertpapiere und bei den Bundesbürgern sehr beliebt. Gründe dafür sind die hohe Sicherheit und Zinsen, die deutlich über denen von Spareinlagen liegen. Anleihen werden ebenso wie Aktien an der Börse gehandelt. Sie können also täglich gekauft und verkauft werden. Sie verbriefen dem Käufer am Ende der Laufzeit einen Anspruch auf Rückzahlung des vollen Nennbetrages und einen festen Zinssatz.

Allerdings schwanken auch die Kurse von sehr soliden Anleihen in der Zeit zwischen Ausgabe und Rückzahlung. Daher können bei vorzeitigem Verkauf auch Verluste entstehen. Denn sobald am Markt die Zinsen steigen, sinken die Kurse von älteren Anleihen, die mit einem geringeren Zins ausgestattet sind. Wer dann sein Geld braucht und vor dem Ende der Laufzeit verkaufen muss, kann dies zu diesem Zeitpunkt nur mit Verlust tun. Der Grund: Man findet nur dann einen Abnehmer für das Papier, wenn die Anleihe den zu diesem Zeitpunkt marktüblichen Zins bringt. Da die Zinsen einer Anleihe in der Regel feststehen, muss ihr Kurs (Preis) so lange sinken, bis die alte Anleihe die gleiche Rendite bringt wie die neue Anleihe. Deshalb sollten Sparer ihre Anleihen in einer solchen Situation möglichst bis zur Fälligkeit halten. Am Tag der Rückzahlung wird immer der volle Betrag (Nominalwert) ausgezahlt.

Umgekehrt gilt, dass die Kurse älterer Anleihen steigen, wenn der Marktzins sinkt. In solchen Fällen kann es sich lohnen, die Papiere nicht bis zum Tag der Rückzahlung zu behalten. Denn auch in diesem Fall erhält der Sparer nur den Betrag zurück, zu dem die Anleihe ursprünglich ausgegeben wurde. Je näher dieser Zeitpunkt rückt, umso mehr nähert sich der Kurs der Anleihe daher ihrem Nominalwert.

Vor- und Nachteile einer Niedrigzinsphase

Wie wirkt sich zum Beispiel eine Leitzinssenkung auf die Anleihe aus? Diese Frage mussten sich Anleger ebenso wie die Besitzer von Lebensversicherungen nach Ausbruch der europäischen Schuldenkrise immer wieder stellen. 2012/13 senkte die Europäische Notenbank den Zins für das von ihr den Banken geliehene Geld bis nahe an die Null-Grenze. Sie wollte so Geld in die Wirtschaft pumpen, um die Investitionen anzuregen. Diese Politik des leichten Geldes bringt Vorteile für Besitzer älterer Anleihen. Ein Beispiel: Verkauft man eine Anleihe, die im Gegensatz zu neueren Anleihen einen höheren Zinskupon aufweist, erhält der neue Käufer diesen Zinsvorteil nicht kostenlos mitgeliefert. Der Verkäufer kann nämlich einen höheren Kurs verlangen, weil seine Anleihe begehrter ist als die der Neuemissionen. Im Prinzip gilt: Je tiefer die aktuellen Renditen fallen, desto höher steigen die Kurse der alten, höher verzinsten Anleihen.

Daher profitieren auch Rentenfonds von Zinssenkungen. Die Zeitschrift *Finanztest* hat das nachgerechnet: Seit Ende 2007 haben Rentenfonds um über 7 Prozent pro Jahr zugelegt. Eine üppige Rendite – und das auch noch mit sicheren Zinspapieren. Die Renditen von Bundesanleihen rutschten in dieser Zeit auf ein historisch niedriges Niveau. Ende 2012 lag die Rendite der zehnjährigen Bundesanleihen deutlich unter 2 Prozent – und damit sogar unterhalb der Inflationsrate. Die Kreditaufnahme war für den Staat damit so günstig wie nie zuvor in den letzten Jahrzehnten.

Zwischen den einzelnen Formen festverzinslicher Wertpapiere gibt es dabei deutliche Unterschiede. Das gilt vor allem für Staats- und Unternehmensanleihen. Das lässt sich am Zinskupon erkennen. Je höher das Zinsversprechen, desto riskanter die Anleihe. Die Emittenten, also die Herausgeber dieser Papiere, müssen vor dem Kauf genau unter die Lupe genommen werden. Ihre jederzeitige Zahlungsfähigkeit ist entscheidend dafür, ob die Zinsen pünktlich ausgeschüttet werden können und ob am Ende das geliehene Geld auch wieder zum Anleger zurückkommt. Weil deutsche Bundesanleihen auch in Krisenzeiten zu den wenigen Schuldtiteln gehören, die als nahezu ausfallsicher gelten, ist die Nachfrage danach höher als nach den Anleihen südeuropäischer Länder. Deshalb muss der deutsche Finanzminister auch deutlich weniger Zinsen zahlen. Täglich werden Wertpapiere der Bundesrepublik in zweistelligen Milliardenbeträgen gehandelt. Damit sind Bundesanleihen das bedeutendste Segment des europäischen Anleihemarktes.

Begehrte Bundesanleihen

Dafür gibt es auch jenseits von reinen Renditeüberlegungen Gründe: Laut Finanzagentur werden Bundesanleihen von Investoren in erster Linie als Sicherungsinstrumente für festverzinsliche Wertpapiere mit vergleichbaren Laufzeiten herangezogen. Den Banken und institutionellen Investoren dienen die Titel des Bundes auch als Bargeldersatz. Sie reichen sie als Sicherheit bei Notenbanken oder anderen Geschäftsbanken ein, um sich mit frischer Liquidität zu versorgen.

Nicht nur für den deutschen Finanzminister, sondern auch für private Kreditnehmer – nicht zuletzt für die Häuslebauer – war die lang anhaltende Niedrigzinsphase zwar ein Segen. Für die Sparer dagegen ist eine solche Situation ein Graus.

Dies gilt besonders dann, wenn Vater Staat von den Zinsen auch noch immer mehr haben will. Er verlangt nämlich auch dann unerbittlich Steuern vom Ertrag, wenn die Renditen kaum oder gar nicht mehr ausreichen, um die Ersparnisse vor der schleichenden Inflation zu schützen, wenn der Zins also unter der Inflationsrate liegt. Die Folgen lassen sich zwar im Rahmen der Sparerfreibeträge bis zu einer bestimmten Höhe mildern. Aber das ändert nichts daran, dass Sparer mit Zinserträgen seit Beginn der Finanzkrise meist schlechter gestellt waren als mit Gewinnen und Erträgen aus Aktiengeschäften. Zwar kam es ab 2009 mit der Einführung der Abgeltungsteuer zu einer Gleichbehandlung bei der Besteuerung der Kapitalerträge. Seither werden Dividenden, Kursgewinne und Zinserträge einheitlich mit 25 Prozent direkt an der Quelle besteuert. Aber das bringt vor allem den Beziehern von Zinseinkünften Vorteile, deren persönlicher Steuersatz höher als 25 Prozent ist.

Die Abgeltungsteuer kommt vor allem den gut Betuchten zugute

Nicht nur der Staat, sondern auch Landesbanken, Privatbanken, internationale Institutionen und Unternehmen geben Anleihen heraus. Die Zinsen liegen oft höher als bei Bundesanleihen. Der Grund: Die Verleihung des Geldes an einzelne Betriebe gilt als weniger sicher als ein Kredit an einen soliden Schuldner wie die Bundesrepublik Deutschland, die USA oder Kanada. Sie zahlen die Zinsen pünktlich und lösen die fälligen Anleihen vertragsgemäß ein. Das gilt jedoch nicht für alle Staaten. Vor allem südamerikanische Länder – wie beispielsweise Argentinien – haben als Schuldner einen sehr schlechten Ruf. Seit der Finanzkrise wurden neben Griechenland, Portugal und Zypern auch Spanien und Italien als notleidend eingestuft. Der Dominoeffekt, also die Gefahr, dass weitere EU-Länder umfallen, wird von der europäischen Zentralbank auch dadurch verringert, dass sie Anleihen von diesen Staaten kauft. Doch damit auch andere Investoren dazu bereit sind, müssen sie wesentlich höhere Zinsen zahlen – eine Art »Zitterprämie«. Zu Recht, denn sie haben schon mehrfach ihre Kreditgeber im Regen stehen lassen.

Die Höhe der Zinsen, die die Herausgeber von Anleihen zahlen (müssen), hängt davon ab, wie ihre Bonität eingeschätzt wird. Sogenannte Rating-Agenturen erteilen ihnen je nach ihrem Betragen als Schuldner »Schulnoten«. Diese Ratings geben an, wie solide ein Unternehmen finanziert ist. Allerdings hat der Ruf der Rating-Agenturen seit der Immobilienblase in den USA stark gelitten. Infolge der sogenannten Subprime-Krise sind sie selbst wegen ihrer oft als Gefälligkeitsgutachten empfundenen Noten in die Kritik geraten. Sie hatten Banken, die durch den Handel mit »Ramschkrediten« 2007/2008 in der Klemme steckten, lange Zeit unver-

Schlechte Noten für Rating-Agenturen

ändert gute Ratings gegeben und die Ramschpapiere mehr als wohlwollend bewertet. Durch unverantwortliche Spekulationsgeschäfte gerieten in der Folge auch deutsche Landesbanken ins Trudeln. Das zeigt: Solange die Rating-Agenturen nicht nachhaltig reformiert werden, können sich Anleger auf deren Bewertungen nicht mehr blind verlassen, sondern sollten sich aus mehreren Quellen informieren und durch eine ausreichende Streuung ihrer Anlagen für eine gewisse Sicherheit sorgen.

Nicht nur der Staat ist am Geld privater Anleger interessiert. Auch große Unternehmen aus der Automobil-, Versorger- oder Reisebranche möchten sich in Niedrigzinsphasen das billige Geld beschaffen. Sie wollen sich günstig bei privaten Anlegern Geld leihen. Seit Beginn des Jahrzehnts drängen auch immer mehr mittelständische Unternehmer, wie Bäckereiketten oder Wursthersteller, auf den Markt. Für Mittelstandsanleihen wird sogar in TV-Spots geworben. Mangels lukrativer Alternativen verfehlen deren Renditeversprechen auch bei Kleinanlegern nicht ihre Wirkung. Den Laden kennt man, die Brötchen isst man, warum also nicht in dieses Unternehmen investieren? Je kleiner das Unternehmen, desto mehr gilt die Devise: Prüfen Sie die Bonität. Während der Laufzeit der Anleihe kann sich gerade bei kleinen Unternehmen viel verändern – etwa dann, wenn Zahlungsschwierigkeiten auftreten oder gar die Insolvenz droht. Das kann neben Expansionsbestrebungen sogar der Grund sein, warum man versucht, Anleihen unter das Volk zu bringen.

**WISO** Tipp

Achten Sie beim Anleihekauf auf die Zinslage. Als Faustformel gilt: In Hochzinsphasen »Langläufer« und in Niedrigzinsphasen »Kurzläufer« kaufen, die in ein oder zwei Jahren eingelöst werden.

Unternehmensanleihen werden auch Corporate Bonds genannt. Herausgeber sind deutsche beziehungsweise internationale Firmen oder ausländische Töchter deutscher Unternehmen. Dabei begeben Industrieunternehmen häufig Schuldverschreibungen als Alternative zur herkömmlichen Kreditaufnahme bei den Banken, um die Liquidität des Unternehmens zu gewährleisten oder zu stützen.

## Tipps für den Anleihekauf: Nichts kaufen, was man nicht kennt

Beim Anleihekauf werden Anleger, die hohe Sicherheit suchen, Bundesanleihen bevorzugen. Der Bund beschafft sich auf den Kapitalmärkten Geld, um Ausgaben zu finanzieren, für die die Steuereinnahmen nicht ausreichen. Damit möglichst viele Sparer ihr Geld in öffentlichen Anleihen anlegen, machte der Bund ihnen ein besonders lukratives Angebot: die kostenfreie Verwahrung und Verwaltung von Bundespapieren bei der Deutschen Finanzagentur.

Damit ist es seit 2013 vorbei. Neue Anleger müssen ab jetzt zum Beispiel Bundesanleihen bei ihrer Hausbank kaufen. Dafür und für die Aufbewahrung werden dort jedoch Gebühren fällig. Wer bereits ein Schuldbuchkonto bei der Finanzagentur hat, kann auch weiterhin seine Papiere verwahren lassen. Das darauf angelegte Geld wird weiter ausbezahlt, die Zinsen werden weiter berechnet. Neue Papiere können allerdings nicht mehr entgeltfrei gekauft werden. Das Privatkundengeschäft sei aufwendig, aber unrentabel. Wohl auch deshalb hat die Bundesregierung den Verkauf von Finanzierungsschätzen, Bundesschatzbriefen und der Tagesgeldanleihen seit 2013 eingestellt. Damit wurde eine Geldanlagemöglichkeit, die vor allen von Privatkunden seit Jahrzehnten genutzt wurde, komplett eingestellt.

**WISO** Tipp

Am günstigsten kauft man Anleihen und Aktien bei einer Direktbank, die sich auf Börsengeschäfte spezialisiert hat, oder bei einem Online-Broker im Internet. Es winken hohe Rabatte.

Vorsicht: Es gibt eine Reihe von Anlageprodukten, die den Begriff »Anleihe« in ihrem Produktnamen verwenden, aber keine echten Anleihen sind – wie zum Beispiel die Aktienanleihen. Hier handelt es sich im Prinzip um ein Termingeschäft mit der betreffenden Aktie. Da es sich deshalb um ein riskantes Geschäft handelt, müssen die Banken vor dem Kauf die Termingeschäftsfähigkeit des Kunden prüfen. Außerdem gibt es Angebote, die überhaupt nicht vermuten lassen, dass man damit zum Aktionär wird. Das sind in der Regel Festgeldangebote oder Sparprodukte mit – auf den ersten Blick – überdurchschnittlich hohen Zinssätzen. Die bekommt man aber nur, wenn die Hälfte des Anlagekapitals in einen bestimmten Aktienfonds eingezahlt wird. Dafür wird in der Regel ein hoher Ausgabeaufschlag verlangt, der einen großen Teil der Zinsen wieder auffrisst. Bei einigen Angeboten wird wenigstens die Rückzahlung des eingezahlten Kapitals garantiert. Vor Verlusten ist man ansonsten auch bei dieser Form der Geldanlage nicht geschützt.

Vorsicht bei Kombiprodukten!

Kombiprodukte aus Aktie und Anleihe sind mit Vorsicht zu genießen! Sie blenden mit hohen Zinssätzen und versprechen mehr, als sie halten können. Lassen Sie sich in der Bank auf jeden Fall die anfängliche Rendite ausrechnen. Ansonsten gilt: Wer sparen will, wählt besser ein reines Sparprodukt, und wer an der Börse einsteigen will, entscheidet selbst, welche Aktien oder Fonds er kauft. Beim Kauf von festverzinslichen Wertpapieren sollten Sie auf folgende Punkte immer besonders achten:

Sicherheit Bundesanleihen und Anleihen anderer erstklassiger Schuldner (wie Staatsanleihen der alten EU-Länder, Japans oder der USA, der Weltbank oder der Europäischen Investitionsbank) bieten Ihnen die höchste Sicherheit. Andere sollten nur gewählt werden, wenn sie Ihnen nach Abzug der Kosten deutlich höhere Renditen bringen, ohne dass Sie bei der Sicherheit zu hohe Abstriche machen müssen.

Risiko Das gibt es auch bei Anleihen. Selbst bei den sichersten Papieren steigen oder fallen die Kurse, wenn sich die Zinsen am Markt ändern. Wer vor der Endfälligkeit (Rückzahlung der Anleihe zum vollen Betrag) verkaufen will oder muss, kann daher beim Verkauf über die Börse auch Einbußen erleiden. Ein Verlustrisiko ist nur dann ausgeschlossen, wenn man die Papiere bis zum Ende der Laufzeit halten kann.

Steuern Sparer, die Zinseinnahmen über den Sparerpauschbetrag hinaus einnehmen, müssen darauf Steuern zahlen. Bedenken Sie, dass der Sparerpauschbetrag seit 2009 in eine Pauschale umgewandelt wurde, die die bisherigen Werbungskosten einschließt: Er beträgt dann 801 Euro pro Jahr und Person, für Verheiratete sind es 1602 Euro.

Zinsen und Rendite

Zinsen Der Zinssatz ist in der Regel für die gesamte Laufzeit festgelegt. Er hängt immer von dem Kurs ab, zu dem Sie eine Anleihe kaufen. Wenn eine Anleihe mit einem Nennwert von 100 Euro mit einem Zinssatz von 3 Prozent ausgestattet ist, der Kurs zum Zeitpunkt des Erwerbs aber bei nur 50 Euro liegt, beträgt die tatsächliche Verzinsung des von Ihnen eingesetzten Kapitals 6 Prozent. Umgekehrt bringt ein festverzinsliches Wertpapier mit einer nominalen Verzinsung von 8 Prozent, das zum Zeitpunkt des Kaufs an der Börse 120 Euro kostet, Ihnen real nur 6,66 Prozent ein. Außerdem müssen Sie bedenken, dass Sie im ersten wie im zweiten Fall bei Fälligkeit der Anleihe jeweils 100 Euro ausgezahlt bekommen. Bei dem 3-Prozenter wäre das ein Riesengeschäft und würde insgesamt die Rendite deutlich erhöhen. Beim 8-Prozenter würde der Verlust bei der Rückzahlung das Gesamtergebnis negativ beeinflussen. Die insgesamt zu erzielende Rendite hängt also auch von der Restlaufzeit ab.

Kurse Auch wenn es bei einem flüchtigen Blick auf die Listen mit den Anleihekursen so aussieht, als ob man zwischen Papieren mit Zinsen zwischen 2 und 4 Prozent wählen könnte, täuscht dieser Eindruck. Wenn zum Zeitpunkt der Betrachtung der Marktzins allgemein bei 3 Prozent liegt, sinkt der Kurs von Anleihen, die nur mit 2 Prozent verzinst werden, so lange, bis sie beim aktuellen Kauf tatsächlich auch 3 Prozent bringen.

Andernfalls würde sie niemand haben wollen. Umgekehrt steigt der Kurs von Rentenpapieren, die nominal einen Zins von 3 oder 4 Prozent haben, bis zu dem Punkt, an dem ein Erwerber auch nur noch real 3 Prozent erzielt. Andernfalls würde keiner eine so gut verzinste Anleihe verkaufen. Es ist sogar noch ein wenig komplizierter: Da es bei den verschiedenen Anleihen mehr oder weniger lange dauert, bis sie zum Nennbetrag eingelöst werden und der jeweilige Kursgewinn oder -verlust realisiert wird, geht auch dies in die Berechnung der aktuellen Börsenkurse ein. Im Allgemeinen pendeln sich die Anleihekurse so ein, dass Nominalzins und Gewinn oder Verlust eine Rendite ergeben, die dem jeweils aktuellen Marktzins entspricht.

**WISO** Tipp

Wer eine gut verzinsliche Anleihe bei ihrer Emission oder kurz danach erworben hat, kann sich bis zu ihrer Einlösung darüber freuen, dass er während der gesamten Laufzeit eine höhere Rendite erzielt, als derzeit am Markt üblich ist. Umgekehrt bleibt man bei einer in der Niedrigzinsphase erworbenen Anleihe auch dann auf dem geringen Ertrag sitzen, wenn zwischenzeitlich die Zinsen wieder steigen.

## Informationen sammeln

Wenn Sie vor einer Anlageentscheidung wissen wollen, wie hoch der tatsächlich erzielbare Zins derzeit ist, können Sie diese Informationen im Wirtschaftsteil der Tageszeitungen oder auf den Internetseiten von Finanzdienstleistern nachschauen. Die Stiftung Warentest bietet in ihrer Zeitschrift *Finanztest* ebenfalls regelmäßig einen Überblick über die aktuellen Renditen. Es gibt nämlich nicht nur einen Marktzins, sondern der Zins ist auch davon abhängig, wie lang die Laufzeit der Anleihen ist und zu welcher Risikoklasse sie gehören.
Zinsänderungen und damit Änderungen der Kurse bei Anleihen bedeuten natürlich auch, dass Sie mit Geschick oder Glück Kursgewinne erzielen können.

**WISO** Tipp

Achten Sie beim Kauf von Anleihen auf die Restlaufzeit. Können Sie so lange auf Ihr Geld warten? Sonst könnten Sie bei vorzeitigem Verkauf weniger Geld zurückbekommen, als Sie investiert haben.

Beispiel

Wenn Sie eine Anleihe für 100 Euro erwerben, die bei der Ausgabe mit einem Zins von 4 Prozent angeboten wird, und wenn danach der Marktzins bis auf 2 Prozent sinkt, können Sie das Papier an der Börse vielleicht für 121 Euro verkaufen. Es können aber auch nur 102 Euro sein. Der Kurs ergibt sich nämlich nicht allein aus der Zinsdifferenz. Er hängt auch davon ab, wann die Anleihe zurückgezahlt wird. Denn selbst wenn der aktuelle Zins weit unter der Rendite liegt, mit der die Anleihe begeben wurde, lohnt es sich für einen Käufer nicht, deutlich mehr als den Ausgabekurs dafür zu bieten, wenn die Anleihe zwei Monate später vom Emittenten zum Nennwert eingelöst wird.Mit anderen Worten: »Rien ne va plus«.

**WISO** Tipp

Nur mit Wertpapieren, die noch vor Ende 2008 nach altem Steuerrecht gekauft wurden, können Sie steuerfreie Kursgewinne erzielen. Die Steuerfreiheit bleibt unbegrenzt erhalten.

Es kann sich durchaus lohnen, Anleihen mit niedrigem Zins zu kaufen, wenn ihr Kurs deutlich unter 100 Prozent liegt. Wenn sie beispielsweise für 80 Euro zu haben sind und später zu 100 Prozent zurückgezahlt werden, beträgt Ihr Kursgewinn 20 Euro.

### Schutz vor der Inflation

Es ist zwar nicht neu, aber für Deutschland war es eine Innovation: Anfang 2006 kündigte der Bundesfinanzminister an, dass der Bund erstmals Anleihen mit Inflationsschutz ausgeben werde. Das bedeutet, dass Zins und Tilgung der Anleihe an den Verbraucherpreisindex der EU gekoppelt sind. Steigt der Index um 1,5 oder 2 Prozent, steigen auch der Zinssatz und der spätere Rückzahlungsbetrag um den gleichen Prozentsatz. Dieser Schutz gegen die Geldentwertung hat natürlich seinen Preis. Der Nominalzinssatz der Bundesanleihe ist niedriger als bei herkömmlichen Anleihen. Bei diesen ist die erwartete Geldentwertung bereits im Zins enthalten. Aber es kann natürlich sein, dass die tatsächliche Inflationsrate höher ausfällt. Dagegen können Sparer sich jetzt durch den Kauf der neuen Bundesanleihe schützen. Allerdings profitieren sie dann auch nicht von höheren Renditen, wenn die Geldentwertung während der Laufzeit der Anleihe geringer ausfällt als ursprünglich erwartet.

**WISO** Tipp

Der Inflationsschutz ist nicht kostenlos zu haben. Auf lange Sicht dürften klassische Anleihen eine bessere Verzinsung bieten als inflationsgeschützte.

Da die Bundesanleihe mit einer Stückelung von 1 Cent auf den Markt kommt, können Anleger jeden beliebigen Betrag investieren oder wieder zurückgeben. Falls dies vor Ablauf des regulären Rückzahlungstermins geschieht und der Börsenkurs der Anleihe inzwischen gestiegen ist, kann das einen Gewinn einbringen.

## Aktien bieten beides: Dividende und Kurspotenzial

Nach dem »Salamicrash« – wie die Börsianer den Kursrückgang in Scheiben bezeichneten, der sich ab 2000 über drei Jahre hinzog – waren viele Anleger skeptisch geworden und haben deshalb den kräftigen Aufschwung und den Zeitpunkt zum günstigen Wiedereinstieg in den Jahren ab 2003 verpasst. Die Finanzkrise seit 2007 vergraulte noch einmal viele Anleger. Nach dem zweiten Börsencrash innerhalb von zehn Jahre blieben nur noch die Hartgesottenen übrig. Nur noch 8,8 Millionen Deutsche besitzen Aktien oder Anteile an Aktienfonds. Zum Vergleich: Im Jahr 2001 waren es 12,8 Millionen, ermittelt das Deutschen Aktieninstitut. Das bedeutet, dass der Boom ab Mitte 2012, der schon in der ersten Jahreshälfte 2013 zu neuen historischen Höchstständen beim Dax führte, an deutschen Sparern weitgehend vorbeiging. Im Mai 2013 übertraf der Deutsche Aktienindex mit über 8300 Punkten alle früheren Rekordmarken. Das Geschäft machten vor allem risikofreudige ausländische Anleger, die folglich auch bei den meisten Dax-Konzernen die Mehrheit halten.

Für die traditionell risikoscheuen deutschen Sparer war in den Jahren zuvor zu viel Negatives vorgefallen: überhöhte Aktienbewertungen, falsche Analystenaussagen, veruntreute Gelder von Managern oder Bilanzmanipulationen, schlechte oder korrupte Bankberater. Die kräftigen Schwankungen, nicht zuletzt wegen der Eurokrise und hoher Staatsverschuldung, hielten viele Anleger von der Börse fern.

Kein Zweifel, die Aktie ist im Vergleich zur Anleihe ein Risikopapier. Sie hat aber auch mehr zu bieten. Sie verbrieft dem Inhaber einen Anteil am Grundkapital des Unternehmens. Der Aktionär profitiert von Kursgewinnen, Dividendenzahlungen und vom Unternehmenswachstum. An der Entwicklung des Unternehmens nimmt er aber nicht nur in guten, sondern auch in schlechten Zeiten teil. Im Extremfall heißt das, dass seine Aktie völlig wertlos werden kann, wenn das Unternehmen Konkurs macht. Normalerweise werden Aktien jedoch zu einem Vielfachen des aufgedruckten (Nenn-)Werts gehandelt.

**WISO** Tipp

Auch bei Anleihen können Sie einen Totalverlust erleiden, wenn der Schuldner zahlungsunfähig wird. Das gilt für Unternehmen wie für Länder.

Allerdings werden Dividenden nicht ebenso zuverlässig und regelmäßig gezahlt wie (in der Regel) die Zinsen einer Anleihe. Nicht einmal die im wichtigsten deutschen Börsensegment Dax gelisteten Unternehmen schütten alle regelmäßig Gewinnanteile in Form von Dividenden aus. Ob sie überhaupt etwas verteilen und wie hoch die Dividende ist, hängt nämlich in erster Linie von ihrer Ertragslage ab. Eine schlechte Auftragslage, eine allgemein schwache Konjunktur und entsprechend sinkende Gewinne oder auch Managementfehler können dazu führen, dass die jährliche Dividende gekürzt oder ganz gestrichen wird. In anderen Fällen kann es aber auch zu hohen Sonderausschüttungen kommen. Deshalb lohnt es sich, die Dividende einmal genauer unter die Lupe zu nehmen.

Der Begriff Dividende kommt aus dem Lateinischen. Übersetzt bedeutet dieses Wort »das zu Verteilende«. Die Frage ist dabei, was zu verteilen ist. In der Regel ist die Dividende der Anteil eines Aktionärs am Gewinn des Unternehmens, an dem er über seine Aktien beteiligt ist. Gelegentlich zahlt ein Unternehmen auch dann eine Dividende, wenn es keine entsprechenden Gewinne gemacht hat – zum Beispiel, um die Aktionäre trotz schlechter Ertragslage bei Laune zu halten. Es greift dann seine Reserven an und schwächt so tendenziell seine Finanzkraft. Ob und in welcher Höhe eine Dividende gezahlt wird, schlägt der Aufsichtsrat den Aktionären bei der jährlichen Hauptversammlung vor. Diese entscheiden dann mit Mehrheit darüber. So steht es zumindest im Gesetz. In der Praxis weicht die Hauptversammlung jedoch so gut wie nie von den Vorschlägen des Aufsichtsrates und der Geschäftsleitung ab.

Im Verhältnis zum Börsenkurs, also dem Preis, den der Aktionär pro Aktie gezahlt hat, bringt die Dividende oft nur eine sehr schmale Rendite, die deutlich unter dem Zins für festverzinsliche Anleihen liegt. Das gilt insbesondere für Aktien, die einen starken Kursanstieg erlebt haben. Sinken dagegen die Kurse, steigt die Dividendenrendite relativ zum Kurs wieder an. Es kann für manche Anleger durchaus interessant sein, Aktien mit einer hohen Dividendenrendite zu kaufen. Das rechnet sich zum Beispiel dann, wenn die Rendite höher ist als bei einer Spareinlage. Oft lassen sich sogar deutlich höhere Renditen als bei Anleihen erzielen. Bei Kursrückschlägen erhalten diese Anleger dann wenigstens eine angemessene Verzinsung für ihr investiertes Kapital. Unter diesem Gesichtspunkt spielt die Kennziffer »Dividendenrendite« eine wichtige Rolle. Das darf aber bei der Bewertung nicht das alleinige Kriterium sein! Denn es gibt keine Garantie dafür, dass auch im nächsten Jahr wieder eine so hohe Ausschüttung vorgenommen wird. Hat das Unternehmen zumindest in der Vergangenheit immer eine gute Dividende gezahlt, stehen die Vorzeichen aber nicht schlecht. 2013 zahlte nur ein einziges DAX-Unternehmen keine Dividende, die Commerzbank.

**WISO** Tipp

Lassen Sie sich nicht durch die Höhe der Ausschüttung in Euro täuschen. Erst mithilfe der Prozentrechnung, der Dividendenrendite, werden die Ausschüttungen verschiedener Unternehmen vergleichbar.

Beispiel:

Eine Automobilaktie kostet am Kauftag 180 Euro. Das Unternehmen zahlte in den vergangenen Jahren immer eine Dividende von 4 Euro pro Aktie. Mithilfe der einfachen Rechenformel

$$\frac{\text{Dividende} \times 100}{\text{Kurs}}$$

ergibt sich eine Dividendenrendite von 2,2 Prozent. Ein bestimmter Automobilzulieferer dagegen zahlt zwar nur 25 Cent als Dividende, aber bei einem Kurs von 5 Euro bringt das eine Rendite von 5 Prozent. Wer einen möglichst hohen jährlichen Ertrag wünscht, sollte deshalb die Aktie des Zulieferers und nicht die des Autoherstellers kaufen.

Für Sie ist es wichtig, daran zu denken, dass sich Ihre persönliche Dividendenrendite deutlich von der aktuell errechneten Rendite unterscheiden kann. Denn wenn Sie die oben genannte Autoaktie beispielsweise vor einigen Jahren noch zum Kurs von 80 Euro erworben haben, erzielen Sie eine Verzinsung Ihres Investments von 5 Prozent. Wenn Sie dagegen bei einer Hausse eingestiegen sind und das gleiche Papier früher zum Kurs von 400 Euro gekauft haben, müssen Sie sich mit einer mageren Verzinsung Ihres Kapitals von 1 Prozent zufriedengeben.

»Nur Bares ist Wahres« – an diese Volksweisheit erinnern sich viele Anleger immer wieder dann, wenn die Kurse fallen. Die dahinterstehende Überlegung: Wenn schon mit den Anteilscheinen keine Kursgewinne zu erzielen sind und man auf bessere Zeiten warten muss, sollte sich die Investition auf andere Weise lohnen. So ist als Folge des Kurseinbruchs in den Jahren 2000 bis 2002 und nach 2008 die Dividende wieder stärker in den Blick geraten. Wer auf diese Art eine gute Rendite erzielt, kann mit größerer Ruhe warten, bis der Kurs seiner Aktien wieder zumindest das alte Niveau erreicht hat. (Zur Dividendenrendite mehr im Kapitel *Nützliche und »handliche« Analyseinstrumente*).

Dividendenrendite und Kurs-Gewinn-Verhältnis sind zwei Paar Stiefel

Sie dürfen die Dividendenrendite nicht mit dem Kurs-Gewinn-Verhältnis (KGV) verwechseln – obwohl es zwischen beiden Größen einen engen Zusammenhang gibt. Der Gewinn ist der Gesamtertrag, den ein Unternehmen erzielt, die Dividende der Teil davon, den es an die Aktionäre ausschüttet. Der Rest wird dazu verwendet, neue Investitionen zu finanzieren, Schulden abzubauen oder Rücklagen zu bilden. Wer sich darüber informieren möchte, ob der Kurs für eine Aktie angemessen ist, muss deshalb die gesamte Ertragskraft betrachten, und die wird durch das Kurs-Gewinn-Verhältnis ausgedrückt. Eine Aktie ist nämlich nicht deswegen billig, weil sie nur 50 Euro kostet, und eine andere teuer, weil ihr Kurs bei 100 Euro liegt. Profis messen die Bewertung am Verhältnis zwischen Kurs und Gewinn. Um das KGV zu ermitteln, teilt man den Kurs einer Aktie durch den erwarteten Gewinn je Aktie. Das KGV gibt also an, ob die Aktie beispielsweise mit dem Vier- oder Zehnfachen des Gewinns bezahlt werden muss. Je höher das KGV, desto teurer sind also die Aktien.

Beispiel

Die Aktie eines Unternehmens, die an der Börse 50 Euro kostet und deren KGV bei 20 liegt (weil der Gewinn je Aktie 2,50 Euro beträgt), ist deshalb teurer als das Papier einer Aktiengesellschaft, das 100 Euro kostet, aber ein KGV von 8 hat, weil der Gewinn je Aktie 12,50 Euro beträgt.

Bedeutung der KGV

Ob das ein Kaufsignal ist und was das KGV für den Aktionär bedeutet, lässt sich nur bei genauerer Betrachtung der jeweiligen Gesellschaft beurteilen (siehe auch *Nützliche und »handliche« Analyseinstriumente*):

- Unternehmen mit einem stetigen und hohen Gewinnwachstum weisen in der Regel ein höheres KGV auf als Gesellschaften mit nahezu konstanten Erträgen, weil ihre Zukunftsperspektiven von den Analysten höher eingeschätzt werden und die Anleger daher bereit sind, zu höheren Kursen zu kaufen.
- Ein niedriges KGV (zum Beispiel unter 10) kann aber auch ein Kaufsignal sein, weil die Aktie von der Börse zeitweise vernachlässigt wurde und der Kurs noch »Nachholbedarf« hat.
- Ein hohes KGV kann darauf hinweisen, dass der Kurs bereits spekulativ in die Höhe getrieben wurde und bald mit Rückschlägen zu rechnen ist, weil immer mehr Anleger dieses Papier verkaufen wollen, um »Gewinne mitzunehmen«.

Hier zeigt sich bereits, dass man an der Börse oft »um die Ecke« denken muss, um Kursbewegungen zu verstehen. So kann beispielsweise die Nachricht, dass im letzten Monat von der Wirtschaft viele zusätzliche Arbeitsplätze geschaffen wurden oder dass die Verbrauchernachfrage kräftig steigt, zu Kursrückschlägen führen. Viele Anleger sehen dann nämlich bereits die Gefahr, dass dies inflationär wirken könnte und Zinserhöhungen auslöst. Das wiederum führt für die Unternehmen zu höheren Kosten und sinkenden Gewinnen.

## Optionsscheine: Mit Hebel und Risiko

Optionsscheine, auch *Warrants* genannt, gehören zu den sogenannten Derivaten, also von Aktien und anderen Werten »abgeleiteten« Papieren. Je nach Ausgestaltung berechtigen sie den Besitzer innerhalb einer bestimmten Zeitspanne zum Bezug von Aktien, Devisen, Edelmetallen und anderen Werten zu einem vorher festgelegten Preis.
Interessant ist die Spekulation mit Optionsscheinen für den Anleger, weil sich die Kursentwicklung des Basiswertes, der dem Optionsrecht zugrunde liegt, beispielsweise einer Aktie, im Allgemeinen überproportional auf die Kursentwicklung des Optionsscheins auswirkt. Man spricht in diesem Zusammenhang daher auch zutreffend von der »Hebelwirkung« von Optionsscheinen.

Beispiel
Statt die X-Aktie direkt zu kaufen, erwirbt ein Anleger beispielsweise für 10 Euro einen Optionsschein und damit das Recht, die X-Aktie zu einem festgelegten Bezugspreis von 90 Euro während der Laufzeit des Scheins zu beziehen. Das ist uninteressant, solange der Aktienkurs niedriger als der Bezugspreis ist, also beispielsweise 80 Euro. Erst wenn der Kurs höher ist, bekommt der Optionsschein einen Wert.
Dieser wird umso höher, je stärker der Kurs der X-Aktie steigt. Wenn der Kurs zum Beispiel auf 160 Euro klettert, könnte der Anleger die Aktie beziehen und mit einem Gewinn von 60 Euro sofort wieder verkaufen. Der von ihm für 10 Euro erworbene Optionsschein hat daher einen Wert von 60 Euro. Sein eingesetztes Kapital hat sich versechsfacht, während der Wert der Aktie sich »nur« von 80 auf 160 Euro verdoppelt hat.

Mit einem viel kleineren Kapitaleinsatz lässt sich so ein weit höherer Gewinn erzielen – das ist die sogenannte Hebelwirkung von Optionsscheinen. Der Preis für diese Chance: Wenn der Aktienkurs nicht über 90 Euro steigt, wird der Schein wertlos und der Einsatz ist komplett verloren. Optionsscheine können daher zu überproportionalen Gewinnen, aber auch überproportionalen oder totalen Verlusten führen!

## Aktien, Fonds und Anleihen: Wie und wo man kauft

Für viele Anleger beginnt der Einstieg in das Wertpapiersparen zwar mit dem Kaufen von Fonds – entweder aus Mangel an eigener Erfahrung in puncto Geldanlage, aus Mangel an Zeit oder weil sie eine Möglichkeit suchen, »mäßig, aber regelmäßig« zu sparen. Dennoch beginnt dieses Buch mit dem Thema Aktienkauf, weil man auch Fonds besser versteht, wenn man die Zusammenhänge an der Börse durchschaut. Denn Sie können es zwar erfahrenen Fondsmanagern überlassen, nach den besten Anlagemöglichkeiten für Ihr Geld zu suchen. Aber nicht jedes Management ist gleich gut. Selbst kleine Unterschiede bei der für Sie erwirtschafteten Rendite können im Laufe der Jahre zu großen Unterschieden im Vermögenszuwachs führen. Das ist besonders wichtig, wenn man nicht nur kurzfristig an der Börse spekuliert, sondern vor allem an die finanzielle Absicherung des dritten Lebensabschnitts denkt, also langfristig anlegt.

Zu beachten ist auch, dass nicht nur die Rendite, sondern auch das Risiko bei den verschiedenen Investmentfonds ebenso wie bei Aktien sehr unterschiedlich sein kann. Ein weiterer wichtiger Punkt sind die oft höchst unterschiedlichen Gebühren, die die einzelnen Fondsverwalter für ihre Dienste verlangen. Denn die zehren an der Rendite und müssen durch eine entsprechend gute Leistung gerechtfertigt werden.

**WISO** Tipp

Erkundigen Sie sich vor dem Wertpapierkauf nach der Höhe aller Gebühren und Provisionen. Berufen Sie sich notfalls auf das BGH-Urteil Az. XI ZR 56/05.

Mit den Beschlüssen vom 9.3., 19.7. und 24.08.2011 (BGH, Az. XI ZR 191/10) entschied der BGH, dass Ausgabeaufschläge nicht »heimlich« von der Fondsgesellschaft wieder zurück an die Bank fließen dürfen. Diese sogenannten Kick-Backs sind Provisionszahlungen, über die der Kunde vor der Kaufentscheidung in Kenntnis gesetzt werden muss. Andernfalls hat er vor Gericht gute Karten, wenn er auf Schadensersatz klagt.

Die Antwort auf die Frage, welche Fonds für Sie persönlich die richtigen sind, hängt nicht zuletzt von Ihren Anlagezielen ab. Wichtig ist aber auch, wann oder wie schnell Sie das Geld im Bedarfsfall wieder »flüssig« machen möchten. Wir sagen Ihnen deshalb, auf welche Punkte Sie beim Fondssparen achten müssen (siehe das Kapitel *Geldanlage in Fonds*).

Es ist übrigens ein Gerücht, dass Sie nur mit größeren Summen an der Börse einsteigen können. Sie können auch kleine Stückzahlen ordern – zum Beispiel zehn Aktien von BASF oder 25 Anteile an der Deutschen Telekom. Sie können dem Berater aber auch sagen, dass Sie rund 500 oder 800 Euro anlegen wollen. Wenn diese Summe durch den aktuellen Kurs geteilt wird, ergibt sich daraus die Stückzahl, die die Bank für Sie beschafft. Der sogenannte Nennwert, der immer noch auf vielen Aktien aufgedruckt ist (zum Beispiel 5 Euro), spielt dabei keine Rolle. Entscheidend ist der aktuelle Preis (Kurs) an der Börse. Der Aktienpreis resultiert aus Angebot und Nachfrage. Wenn alle Investoren der Meinung sind, dass es sich um ein Top-Unternehmen handelt, könnte eine Aktie mit einem Nennwert von 1 Euro auch auf 1000 Euro oder höher steigen. Der Kurs kann aber auch unter dem Nennwert liegen. Zudem haben die meisten Aktiengesellschaften nach der Einführung des Euro ihre Nennwertaktien auf Stückaktien beziehungsweise Quotenaktien umgestellt, die entsprechend den internationalen Gepflogenheiten gar keinen Nennwert mehr haben. So stieg zum Beispiel die Apple-Aktie, die lange bei einem Kurs um 80 Dollar gedümpelt hatte, dank des Erfolgs von iPhone und iPad zeitweise auf 700 Dollar, um dann angesichts zunehmender Konkurrenz anderer Anbieter 2013 trotz glänzender Geschäfte wieder auf

400 Dollar abzustürzen. Der wesentliche Grund dafür war, dass sich die Einschätzung der Analysten und Anleger hinsichtlich der künftigen Gewinnaussichten des immer noch hoch profitablen Konzerns gewandelt hatte. Denn: An der Börse wird Zukunft gekauft.

Unabhängig von Nennwert oder Stück bescheinigt (verbrieft) jeder Anteilschein dem Inhaber, dass er oder sie einen bestimmten Anteil am Gesamtkapital der Gesellschaft besitzt. Wenn ein Unternehmen zum Beispiel 100 000 Aktien ausgegeben hat, dann verbrieft jede davon einen Anteil von 0,0001 Prozent am Grundkapital der Gesellschaft. Die meisten Aktiengesellschaften achten darauf, dass immer genügend Papiere im Umlauf sind, damit der Preis pro Aktie nicht zu hoch wird. Dadurch können sich auch Kleinanleger mit Beträgen an der Börse engagieren, die ihren finanziellen Möglichkeiten entsprechen. Anders als früher spielt es dabei keine Rolle mehr, ob sie 50 oder 100 Stück von einer bestimmten Aktie ordern oder sich für eine »krumme Zahl« entscheiden. Nur bei den Kosten kann es einen deutlichen Unterschied machen, welchen Umfang ihre jeweiligen Orders haben. Deswegen müssen Sie sich nicht nur mit der Frage beschäftigen, welche Wertpapiere Sie kaufen wollen, sondern auch, wo und bei wem. Dazu mehr in den folgenden Abschnitten.

**WISO** Tipp

Erst informieren, dann kaufen. Wenn Sie sich ohne die erforderlichen Kenntnisse auf Wertpapiergeschäfte einlassen, machen Sie fast unweigerlich eine Bruchlandung.

Der moderne Anleger muss auch wissen, welche Möglichkeiten der Information und Aktion ihm heute das Internet bietet – Möglichkeiten, die bis vor wenigen Jahren nur Profis zur Verfügung standen. Allerdings: Wo viel Licht ist, ist auch viel Schatten. Auch die Ganoven haben das Internet längst entdeckt. Deshalb sollten Sie vor den ersten Schritten an die Börse sachkundige Beratung suchen. Ein Depot, in dem Ihre Wertpapiere verwahrt werden, brauchen Sie in jedem Fall. Da bietet es sich an, beides miteinander zu verbinden.

## Bank, Sparkasse oder Direktbank?

Auch wenn die Börse in mancher Hinsicht viele Ähnlichkeiten mit einem Wochenmarkt hat, so gibt es doch auch deutliche Unterschiede. Zum Beispiel können Sie als privater Anleger nicht einfach über die Börse bummeln, sich das Angebot anschauen und hier ein paar Aktien von Siemens und dort ein paar von Infinion kaufen. Sie brauchen immer einen Vermittler. Das ist in der Regel Ihre Bank oder Sparkasse. Beim ersten Mal gehen Sie dazu an den Bankschalter und sprechen mit einem Berater.

Wenn Sie als Kunde bereits registriert und bekannt sind, können Sie Ihre Aufträge mündlich, telefonisch und schriftlich per Fax oder E-Mail geben. Bei Direktbanken oder entsprechender Freischaltung Ihres Wertpapierkontos ist auch die »Selbstbedienung« per Internet möglich.

Eine Order schnell ausführen lassen

In vielen Fällen ist es wichtig, dass Ihre Orders möglichst schnell ausgeführt werden. Denn die Kurse ändern sich nicht nur täglich, sondern oft von Minute zu Minute. Papiere, die am Morgen noch einen kleinen Gewinn hatten, können bei Börsenschluss im Minus stehen. Und die gleiche Aktie, die zu Handelsbeginn noch preiswert erschien, kann aufgrund von Übernahmegerüchten am Abend zu teuer geworden sein. Deshalb sollten Sie für Ihre Aufträge immer ein schnelles Medium wählen. Der Brief gehört heute nicht mehr dazu. Er kann aber ausreichen, wenn Sie auf diesem Weg Aufträge geben, die ohnehin zu einem späteren Termin abgewickelt werden – wie etwa der regelmäßige Kauf von Fondsanteilen am Monatsende zu einem vorher festgelegten Betrag. Brieflich erteilt werden können auch Aufträge zur Ausübung von Bezugsrechten oder zur Zeichnung von Aktien anlässlich einer »Initial Public Offer« (IPO), wie der erstmalige Börsengang eines Unternehmens genannt wird. In diesen Fällen bieten schriftliche Orders den Vorteil, dass Ihr Auftrag eindeutig dokumentiert ist.
Neben einem sogenannten Verrechnungskonto (das kann zum Beispiel Ihr Girokonto oder auch ein neues Konto sein) brauchen Sie zunächst einmal ein Depot zur Verwahrung der Wertpapiere, das Sie neu eröffnen müssen. Die meisten Papiere bestehen heute nur noch virtuell, also als Datei. »Tafelgeschäfte«, bei denen früher die Aktien oder Anleihen bei der Bank über den Tisch gereicht wurden, um gegen Hergabe eines Coupons die Dividende oder die Zinsen zu kassieren, sind da nicht mehr möglich. Ganz abgesehen davon, dass auch der Finanzminister das nicht gerne sieht – denn wer bar kassiert, vergisst leicht, Steuern zu zahlen.

Gebühren für die Auftragsausführung

Wenn der »Papierkram« erledigt ist, können Sie später Aufträge auch schriftlich oder telefonisch geben. Wenn Sie bei der Bank oder Sparkasse bereits bekannt sind, können Sie Ihre Wertpapiergeschäfte von zu Hause oder dem Büro aus erledigen. Es reicht, wenn Sie bei der Wertpapierabteilung der Bank anrufen und Ihrem Berater sagen, welche Aktien oder Fondsanteile Sie kaufen oder verkaufen wollen. Er führt dann den Auftrag so schnell wie möglich für Sie aus. Dafür berechnet die Bank Ihnen Gebühren. Später können Sie dann auch vom heimischen PC aus Wertpapiere über Ihre Bank kaufen und verkaufen.
Fortgeschrittene können auch über eine Direktbank ordern und die Möglichkeiten des Online-Brokerage am Computer nutzen. Sie können näm-

lich Geld sparen, wenn Sie Ihre Wertpapiere bei einer Direktbank oder bei einem Discount-Broker kaufen. Das geht dann aber nur per Telefon oder über das Internet. Sie erhalten in der Regel keine Beratung. Eine prompte Abwicklung zu niedrigeren Kosten als bei einem herkömmlichen Kreditinstitut wird jedoch garantiert. Beim Fondskauf fällt bei einer Direktbank das teure Aufgeld – bis zu 5 Prozent – ganz oder teilweise weg. Auch bei Aktien oder Optionsscheinen liegen die Preise für die Dienstleistung des Kreditinstituts deutlich niedriger. Einige Direktbanken werben damit, dass sie für ein Börsengeschäft nur etwa ein Viertel der Gebühren verlangen, die eine normale Bank berechnet. Bei einem Auftragsvolumen von beispielsweise 10000 Euro wären das 25 Euro statt der sonst fälligen 100 Euro. Auch die Depotkosten sind bei den Direktbanken deutlich niedriger. Und es geht auch noch billiger. Mindestens zehn Direktbanken werben mit »kostenlos«. Es werden sogar hohe Wechselprämien angeboten. Gänzlich entgeltfrei bleiben die Depots aber oft doch nicht. Zum Beispiel müssen Bedingungen eingehalten werden, wie das Führen des Girokontos bei der gleichen Bank, oder es fallen für Wertpapierorders fremde Spesen und Gebühren an, die dem Kunden berechnet werden. Bei fast allen Discount-Brokern kostet die Order am Telefon mehr, als wenn Sie Ihre Geschäfte online abwickeln. Abgesehen davon richten sich die Kosten für den Wertpapierkauf meist nach der Anlagesumme. Festpreise sind Mangelware. Wer seine Wertpapiere selten »umschichtet«, also nicht so oft kauft und verkauft, muss sich weniger um die Orderpreise als vielmehr um die Kosten rund um das Depot kümmern. Banken und Sparkassen sind da manchmal sehr einfallsreich. Je nach Institut können Kosten oder Gebühren nicht nur für die Lagerung von Wertpapieren, sondern auch für Steuerbescheinigungen oder das Führen des Wertpapierabrechnungskontos anfallen. Dafür schreibt der Gesetzgeber den Kreditinstituten ein amtliches Muster vor. Dies ist verbindlich für das Layout der Jahresbescheinigung. Von ihm darf nicht abgewichen werden.

**WISO** Tipp

Wehren Sie sich, wenn Ihnen die Bank Kosten für die Erstellung von Steuerbescheinigungen berechnet! Die Jahresbescheinigung muss nach Paragraf 24c des Einkommensteuergesetzes (EStG) kostenlos sein.

Fordern Sie außer der Steuerbescheinigung auch eine Aufstellung über Kapitalerträge und Veräußerungsgeschäfte aus Finanzanlagen an, die sogenannte Erträgnisaufstellung, kann die Bank dafür ein Entgelt in Rechnung stellen. Wenn Sie die Bank wechseln wollen, weil eine andere Ihnen günstigere Konditionen bietet, drohen außerdem Kosten für die Schließung des Kontos und die Übertragung der Wertpapiere auf das neue Depot. Das allerdings müssen Sie sich nicht gefallen lassen: Der BGH

(Az. XI ZR 200/03 und Az. XI ZR 49/04) entschied, dass Depotübertragungen kostenlos sein müssen, selbst wenn nur teilweise an eine andere Bank übertragen wird.

**WISO** Tipp

Vor dem Wechsel zu einer anderen Sparkasse oder Bank immer nach den Kosten fragen! Nur Direktbanken, die sich auf Wertpapiergeschäfte spezialisiert haben, sind für Anleger günstig.

Außerdem sollten Sie nicht nur auf die Gebühren achten, sondern auch die Kosten für Ferngespräche oder das Home-Banking, also Telefon- und Internetkosten berücksichtigen. Oft handelt es sich bei den Billiganbietern um Call-Center mit schlichter oder fehlender Beratung und zum Teil teuren Telefonnummern. Als Neueinsteiger sollten Sie mindestens drei Vergleichsangebote einholen. Vergleichslisten finden Sie im Internet oder bei auch in der Zeitschrift *Finanztest*. Analysieren Sie Ihr Orderverhalten und wählen Sie danach den passenden Anbieter aus. Wer es mit dem verstorbenen Altmeister André Kostolany hält und seine Aktien nach dem Kauf erst einmal vergessen will, für den spielen die Spesen beim Kauf und Verkauf keine so wichtige Rolle. Wer sich dagegen ständig bemüht, sein Depot zu optimieren, für den können die Entgelte ganz entscheidend sein.

Wichtig ist auch, dass Sie prüfen, in welcher Form Ihre Depotbank abrechnet. Es gibt nämlich sehr unterschiedliche Abrechnungssysteme:

- Bei einem Festpreis wird für jede Order ein bestimmter Betrag berechnet, unabhängig vom Volumen.
- Bei einer Festpreisstaffel gilt für jede Orderkategorie ein Festpreis.
- Bei einer Provisionsstaffel gilt: Je größer die Order, desto stärker sinkt die prozentuale Gebühr. Wer viel kauft, zahlt relativ gesehen weniger.

Weit verbreitet ist die prozentuale Provision. Das bedeutet, dass immer vom Anlagebetrag ein bestimmter prozentualer Betrag als Provision berechnet wird. Meist gibt es jedoch eine Mindestgebühr. Das fällt dann besonders ins Gewicht, wenn Sie regelmäßig kleinere Beträge anlegen. Viele Banken berechnen aber auch einen Grundpreis plus einer prozentualen Provision. Das bedeutet, dass auf einen festen Grundpreis noch eine Provision erhoben wird, die von der Ordergröße abhängt. Bei welcher Direktbank Sie am besten aufgehoben sind, richtet sich daher ganz nach Ihren persönlichen Bedürfnissen und nach Ihrem Typ:

- Als »Sparplan-Typ« sollten Sie darauf achten, dass von Ihrer Sparrate möglichst viel in den Fonds fließt und möglichst wenig für Ausgabeaufschläge und Depotgebühren draufgeht. Prüfen Sie außerdem, ob Ihr Wunschfonds beim günstigen Anbieter zu haben ist und wie viel Rabatt es auf den Ausgabeaufschlag gibt.

- »Wenig-Nutzer« sollten keine Mindestumsätze im Monat tätigen müssen, um an billige Depotkosten zu kommen. Aber auch ein Depot zum Nulltarif, dafür aber keine Rabatte beim Fondskauf (also auf den Ausgabeaufschlag), kann für Sie der richtige Weg sein, wenn Sie ein einmal erworbenes Depot lange behalten wollen.
- »Viel-Nutzer« können logischerweise am meisten herausholen, denn sie sind überall ein gefragter Kunde. In diesem Fall sollten Sie der Bank mit den niedrigsten Transaktionskosten den Zuschlag geben. Dabei sollten Sie vorher festlegen, ob Sie überwiegend am Telefon oder online ordern wollen. Das kann bei den Kosten im Laufe des Jahres viel ausmachen.
- »Online-Nutzer« müssen wissen, dass sie alle Bankgeschäfte nur noch elektronisch erledigen können. Das gilt sowohl für die Auftragserteilung, die Abwicklung als auch für die Depotauszüge. Da kommt nichts mehr mit der Post an. Dafür sind diese Angebote aber auch besonders preiswert und Guthaben auf dem Geldkonto werden zum Teil mit hohen Zinsen belohnt.

Der Handel mit Wertpapieren über Online-Broker ist immer billiger geworden. Das zeigt auch der sogenannte Transaktionskostenindex für den Handel über das Internet. Beim Start im Juli 2000 begann der Index mit 100, im März 2013 lag er bei unter 73 Punkten. Online-Broker wie Flatex drücken die Preise weiter nach unten. Doch auch das ist eine Überlegung wert: Die Angebote der Direktbanken hören sich zwar gut an, aber Neulinge an der Börse oder weniger erfahrene Anleger sollten auch überlegen, ob die Beratung bei der Bank für sie nicht wichtiger ist als diese Ersparnis. Ein guter, verantwortungsbewusster Berater kann Sie nämlich auf attraktive Möglichkeiten hinweisen oder Sie vor einem teuren Fehlgriff warnen und Ihnen damit entweder zu einem hübschen Gewinn verhelfen oder Sie vor vermeidbaren Verlusten bewahren. Das funktioniert am besten dann, wenn der Berater gegen Honorar arbeitet und nicht an den Finanzprodukten verdient, die er Ihnen empfiehlt. Die in Deutschland weitverbreitete Scheu, für Dienstleistungen einen angemessenen Preis zu bezahlen, hat schon manchen Anleger viel Geld gekostet.

**WISO** Tipp

Im Internet können Sie feststellen, welche Anbieter am günstigsten sind. Leistungsvergleiche finden Sie im Netz, zum Beispiel unter www.brokertest.de.

Niemand würde zu einem Arzt gehen, der seine Dienste scheinbar kostenlos anbietet, sich aber von Masseuren, Apothekern oder Pharmaherstellern dafür bezahlen lässt, dass er deren Produkte verschreibt (obwohl auch das gelegentlich vorkommt). Warum dann bei der Anlageberatung?

## Berater: Wem kann man vertrauen?

In vielen Fällen wird die Bank oder Sparkasse, bei der Sie auch jetzt schon Ihr Konto führen, für Sie der erste Ansprechpartner sein. Sie können aber auch zu jeder anderen Bank gehen, wenn Sie meinen, in Fragen der richtigen Geldanlage dort besser beraten zu werden, und dort einen Termin für ein erstes Gespräch vereinbaren. In vielen Fällen melden sich aber auch Anlageberater bei Ihnen, die selbstständig oder im Auftrag eines Finanzdienstleisters auf Sie zukommen, um Ihnen Vorschläge für die Geldanlage zu machen. Das sind möglicherweise Berater, mit denen schon Freunde und Bekannte gute Erfahrungen gemacht haben. Trotzdem sollten Sie sich immer informieren, um was für eine Firma es sich dabei jeweils handelt und welchen Ruf sie genießt. Das gilt natürlich erst recht, wenn Sie vorher noch nie von diesem Finanzdienstleister gehört haben. In dieser Branche gibt es sehr viele schwarze Schafe. Ganz unabhängig davon, von wem Sie sich nun tatsächlich beraten lassen, ist es wichtig, sich vorher Gedanken darüber zu machen, was man selbst eigentlich will und welche Ziele und Möglichkeiten man hat. Denn dann ist die Gefahr geringer, dass Sie »über den Tisch gezogen werden«.

**WISO** Tipp

Prüfen Sie sich selber, ehe Sie zum Bankberater gehen oder bei einer Direktbank ein Depot anlegen. Nutzen Sie unsere Checkliste.

Wichtige Grundfragen, auf die Sie sich zunächst selbst eine Antwort geben müssen, haben wir in der Checkliste »Eigene Grenzen« zusammengestellt. Mit dieser Liste können Sie sich nicht nur selber Klarheit verschaffen. Sie können sie auch beim Anlagegespräch der Bank vorlegen.

| Checkliste: Die eigenen Wünsche und Grenzen | |
|---|---|
| Wie viel Geld wollen Sie investieren – und wie lange? | |
| Wie hoch darf das Risiko sein? | |
| Was ist Ihnen wichtiger: eine hohe Dividende oder die Aussicht auf Kursgewinne? | |
| Wollen Sie einen langfristigen Sparplan verfolgen oder eine günstige Börsensituation für rasche Spekulationsgewinne nutzen? | |
| Welchen Anteil Ihrer Ersparnisse wollen Sie an der Börse investieren? | |
| Wie viel Geld soll auf Anleihen, Aktien, Fondsanteile und eventuell hoch spekulative Titel (wie Derivate und Termingeschäfte, siehe weiter unten) entfallen? | |

Wenn Sie sich statt in den Räumen einer Bank lieber zu Hause oder in den Büroräumen eines selbstständigen Beraters dessen Vorschläge anhören wollen, dann sollten Sie ihm zunächst selbst »auf den Zahn fühlen«. Ein seriöser Berater wird dafür volles Verständnis haben, denn er weiß, wie viele Anleger schon ihre gesamten Ersparnisse verloren haben, weil sie sich auf zweifelhafte Angebote eingelassen haben.

Selbstständiger Berater

Schauen Sie sich genau an, wer da vor Ihnen sitzt. Einiges sagt Ihnen schon der gesunde Menschenverstand. Zum Beispiel nimmt sich ein guter Berater Zeit für Sie und geht auf Ihre Fragen ein. Er kann sich verständlich ausdrücken, erklärt Ihnen Fachbegriffe und vermeidet Fremdwörter. Lassen Sie sich nicht von wohlklingenden Titeln und pompösen Visitenkarten blenden. Jeder kann sich Finanzberater, Anlageberater oder Finanzmakler nennen. Es handelt sich dabei nicht um geschützte Berufsbezeichnungen, die man tragen darf, nachdem man eine Fachprüfung abgelegt hat. Das gilt nur für vereidigte Sachverständige für Vermögensfragen, aber davon gibt es bisher nur sehr wenige.

Vereidigter Sachverständiger

Die Anlageberatung in Deutschland soll verbessert werden, so will es der Verbraucherschutz. Deshalb hat die Bundesanstalt für Finanzdienstleistungen (BaFin) seit Ende 2012 mehr Rechte. Die Behörde soll die Beratung der Banken stärker kontrollieren. Dazu wurde ein Register eingerichtet, das jeden Berater (eigentlich müsste es Verkäufer heißen) und Vertriebsbeauftragten erfasst. 300000 Berater von Banken und Sparkassen sind gelistet. Der Behörde sollen auch Kundenbeschwerden gemeldet werden. Bei mehrfacher Wiederholung oder einem besonders eklatanten Verstoß kann dem ins Zwielicht geratenen Berater zeitweise die Kundenberatung untersagt werden. Freie Berater, die durchaus eine signifikante Größenordnung in der Branche darstellen, werden allerdings nicht erfasst. Für sie soll ein eigenes gesetzliches Regelwerk erarbeitet werden. Die Überwachung wird dann bei den Gewerbeaufsichtsämtern angesiedelt. Das ist für den Kunden wenig befriedigend. Und ob damit windige Berater wirklich gefasst werden, bleibt abzuwarten. Besser, Sie passen selber auf.

Möglichkeit der Beschwerde

Immer mehr Finanzberater setzen auf eigene Ausbildungswege über Verbände. Zum Beispiel taucht immer wieder der Titel des zertifizierten Finanzplaners (CFP) auf. Diese international anerkannte Bezeichnung dürfen sie nur führen, wenn sie einen Studiengang Finanzökonomie abgeschlossen und eine Prüfung beim Deutschen Verband Financial Planners abgelegt haben. Eine Garantie für eine passgenaue Beratung ist das jedoch auch nicht.

Zertifizierter Finanzplaner

**WISO** Tipp

Unabhängige Berater verlangen zwar ein Honorar, aber das Geld ist in der Regel gut angelegt. Motto: Lieber kleines Honorar als großer Verlust.

Als Hilfe bei der Auswahl des richtigen Beraters können Sie auch eine von ihm unterschriebene Selbstauskunft fordern. Darin sollte der Berater unter anderem angeben, für welche Unternehmen er arbeitet, ob er angestellt oder selbstständig tätig ist, welche Ausbildung er hat und auf welchen Informationen seine Anlageempfehlungen basieren. Ein seriöser Berater ist auf eine solche Bitte vorbereitet und wird bereitwillig Auskunft geben. Prüfen Sie seine Unabhängigkeit! Einige Finanzberater haben sich in eigenen Verbänden zusammengeschlossen und »Fairplay«-Regeln aufgestellt. Diese sollten Sie sich vorlegen lassen. Unabhängige Finanzberater sind meist nicht ganz billig. Zwischen 100 und 200 Euro kann eine Stunde Beratung kosten. Der Aufwand lohnt sich aber, wenn dadurch teure Fehler vermieden und gemeinsam mit dem Berater rentablere Finanzprodukte zu günstigeren Konditionen als bei der Hausbank gefunden werden können. Denn auch gering erscheinende Gebühren, zum Beispiel beim Kauf von Fonds, können über die Jahre gerechnet Ihren Anlageerfolg ganz beträchtlich reduzieren. Denken Sie an den Zinseszinseffekt!

Berater auf Honorarbasis

Insbesondere wenn es nicht nur um diesen oder jenen Wertpapierkauf geht, sondern um eine grundsätzliche Ausrichtung Ihrer Geldanlage, Altersvorsorge oder Vermögensbildung, um die richtige Vermögensstruktur und langfristige Sparpläne, kann sich es sich lohnen, erst einmal in gute, unabhängige Beratung zu investieren. Berater auf Honorarbasis sind zwar in Deutschland noch selten, Sie finden sie aber unter anderem bei den Verbraucherzentralen. Auch bei den Mitgliedern des Bundesverbandes Finanz-Planer e. V. (www.bundesverband-finanz-planer.de), in dem rund hundert unabhängige Finanzberater zusammengeschlossen sind, können Sie davon ausgehen, dass Sie neutral und ohne Verkaufsinteresse beraten werden. Auskünfte über unabhängige Versicherungsfachleute können Sie bei der Arbeitsgemeinschaft Deutscher Versicherungsberater oder beim Deutschen Verband Financial Planners (www.devfp.de) einholen.

Ein guter Berater dokumentiert das Anlagegespräch in einem Beratungsprotokoll. Das gilt übrigens auch für Beratungsgespräche bei Banken. Wichtig ist, dass der Berater eine Haftpflichtversicherung vorweisen kann, die nach Falschberatung Vermögensschäden abdeckt. Außerdem sollte er Ihnen eine ausreichende Selbstauskunft vorlegen, aus der Sie ersehen können, mit wem Sie es zu tun haben und über welche Qualifikationen Ihr »Sparringspartner« beim Ringen um die beste Spar- und Anlagepolitik verfügt.

**Muster: Selbstauskunft eines freien Beraters, Vermittlers oder Maklers**

---

Name, Vorname
Anschrift dienstlich
Anschrift privat

Ich arbeite als:

- Angestellter für (Kreditinstitut, Versicherung, Bausparkasse, Kapitalanlagegesellschaft)
- Mehrfachvermittler
- Versicherungsmakler
- Finanzmakler
- Strukturvertrieb
- Vermittler auf Honorarbasis

Ich habe in dem Bereich, zu dem ich vermittle:

- allgemeine Kenntnisse
- gute Kenntnisse
- besondere Kenntnisse

Ich habe eine staatlich anerkannte Ausbildung in einem Finanzberuf mit folgendem Abschluss:

- Bankkaufmann
- Versicherungskaufmann
- abgeschlossenes Studium
- sonstiges

Ich habe an den folgenden Weiterbildungsmaßnahmen teilgenommen:

- Schulungen
- Kurse
- Seminare
- sonstiges

Meine Anlageempfehlungen basieren auf:

- Angaben, die mir meine Geschäftspartner machen, mit denen ich eine Provisionsvereinbarung habe
- Informationen von …

Ich kann das jeweils günstigste und beste Angebot für den Kunden auswählen:

ja

nein

Ich habe:

keine Vermögensschadenshaftpflichtversicherung

eine Vermögensschadenshaftpflichtversicherung, die bei einer falschen Beratung Ansprüche bis zu ... Euro je Schadensfall abdeckt

Schlusserklärung: Ich erkläre hiermit, dass ich alle Angaben wahrheitsgemäß vorgenommen habe. Mir ist bekannt, dass sich aus falschen Angaben Haftungsansprüche gegen mich ergeben können.

Ort, Datum, Unterschrift

---

Berater ist nicht gleich Berater. Seine Kompetenz, seine Unabhängigkeit und die Haftungsfrage hängen im Wesentlichen von seinem Beschäftigungsverhältnis ab. Ist der Berater zum Beispiel Angestellter einer Bank, steht das Unternehmen für die Fehler der Mitarbeiter gerade. Als geschädigter Anleger können Sie Ihre Ansprüche auf Schadensersatz dann direkt an die Bank richten. Auch für Vertreter, die im Auftrag eines oder mehrerer Kreditinstitute Geschäfte vermitteln (selbst wenn sie das nur nebenberuflich tun), müssen die jeweiligen Banken haften. Haben Sie dagegen einen selbstständigen Vermögensberater oder einen Finanzmakler mit Ihrer Geldanlage beauftragt, müssen Sie sich mit Schadensersatzansprüchen zuerst an ihn wenden. Im Normalfall geht es aber nicht gleich um einen Prozess wegen Schadenersatz. Der Normalfall ist, dass Sie bei schlechter Beratung weniger aus Ihren Ersparnissen herausholen, als bei guter Beratung möglich gewesen wäre. Das ist dann zwar nicht einklagbar, aber ärgerlich. Und diesen Ärger können Sie sich sparen, wenn Sie Ihren Berater mit Sorgfalt wählen oder so rasch wie möglich wechseln, wenn Sie ihm nicht mehr vertrauen.

**WISO** Tipp

Zögern Sie nicht, sich an einen anderen Fachmann oder eine andere Fachfrau zu wenden, wenn Sie nicht zufrieden sind – beim Arzt tun Sie es ja auch.

Wenn Sie den Eindruck haben, dass ein Anlageberater seine Pflichten nicht ernst nimmt und Ihnen ständig von hohen Gewinnen vorschwärmt, sollten Sie das Gespräch abbrechen und sich nach einem wirklichen Experten umsehen. Das gilt insbesondere dann, wenn ein Ihnen bisher unbekannter »Finanzexperte« versucht, Anlagegeschäfte per Telefon oder an der Haustür anzubahnen. Bei unerwünschten Anrufen und auch bei den vielen brieflichen Werbesendungen, mit denen angebliche Anlageprofis Ihnen unaufgefordert ihre Dienste und Produkte anbieten, sollten Sie immer nach der Devise handeln: Vorsicht ist die Mutter der Porzellankiste. Das gilt auch für »Opfer-Anwälte«, die sich beispielsweise die Adresslisten von Fondsanlegern beschaffen, sie mit Post bombardieren, vor drohenden Verlusten warnen und sich um das Mandat bemühen, im Namen des Anlegers zu klagen.

Hohe Gewinnversprechen sind immer ein Anlass, besonders sorgfältig zu prüfen, mit wem Sie es zu tun haben. Das gilt erst recht dann, wenn die mit hohen Gewinnaussichten fast immer verbundenen hohen Risiken herabgespielt oder ganz verschwiegen werden. Selbst ernannte Anlageberater, die sich auf dem sogenannten »Grauen Kapitalmarkt« tummeln, sind völlig skrupellos, wenn es darum geht, Gutgläubige um ihr Geld zu bringen.

**WISO** Tipp

Ein mieser Trick ist zum Beispiel, dass die versprochenen Gewinne zunächst tatsächlich fließen, um Sie zu beeindrucken und Ihnen noch mehr Geld abzuschwatzen. Doch dann kommt plötzlich nichts mehr. Nicht selten ist die gesamte Firma zusammen mit dem eingezahlten Kapital verschwunden.

## Risiko Falschberatung

Wie groß ist die Chance, Ihr Geld wiederzusehen, wenn etwas schiefläuft? Das hängt davon ab, ob Sie die Falschberatung beweisen können. Dabei muss Ihnen klar sein, dass der Berater nicht alles bis ins kleinste Detail erläutern muss. Nach der Rechtsprechung haben auch Sie Pflichten. Zum Beispiel müssen Sie Ihren Beratungsbedarf offenlegen und nachhaken, wenn Sie etwas nicht verstanden haben. Tun Sie das nicht, kann Ihnen eine Mitschuld zugesprochen werden. Die Richter stehen auf dem Standpunkt, dass Nachfragen zumutbar ist.

Das Beratungsgespräch wird auch für die Mitarbeiter in einer Bank immer wichtiger. Stichwort: Bankenhaftung bei falscher Anlageberatung. Wer nachweisen kann, dass er von seiner Bank in Sachen Geldanlage mangelhaft und nicht »typgerecht« beraten wurde und dadurch finanzielle Verluste erlitten hat, hat Chancen auf Schadensersatz. Wesentliches dazu wurde im Finanzmarktförderungsgesetz festgeschrieben. Dazu gehört auch eine EU-Richtlinie mit dem Kürzel MiFID, Markets in Financial Instruments Directive. Im Zuge der Schuldrechtsreform wurden außerdem die Verjährungsfristen geändert. Bei fehlerhafter Anlageberatung kann der

Berater nicht mehr 30 Jahre, sondern nur noch drei Jahre – nach Kenntnisnahme des Sachstands – rückwirkend haftbar gemacht werden. Deshalb: Wenn Sie glauben, einen hinreichenden Grund zu haben, sollten Sie nicht zögern, Ihre Ansprüche geltend zu machen.

Wenn es um hohe Summen geht, die vielleicht der Altersvorsorge dienen sollen, wird es umso wichtiger, sich vor Vertragsabschluss unabhängig und umfassend beraten zu lassen. Da im Streitfall auch immer Beweise vorgelegt werden müssen, sollten Sie bei wichtigen Gesprächen immer zu zweit sein, auch wenn es um Anlageberatung geht. Machen Sie sich während des Gesprächs Notizen. Nehmen Sie alles mit, was der Berater aufgeschrieben hat, auch wenn es zunächst nur nach einer Kritzelei aussieht. Im Ernstfall sind diese Vorsichtsmaßnahmen notwendig, um der Bank den Beratungsfehler beim Ombudsmann (Beschwerdestelle der privaten Banken) oder vor Gericht nachzuweisen. Die Kreditinstitute können sich dann nicht mehr damit herausreden, sie hätten selbst nichts vom Risiko der Anlageempfehlung gewusst. Die Banken müssen sich sachkundig machen, die Risikowünsche des Kunden, seinen Wissensstand und – bei langjährigen Geschäftsbeziehungen – auch sein bisheriges Anlageverhalten bei der Anlageempfehlung berücksichtigen. Natürlich gibt es keine Haftung für Kursverluste. Es sei denn, der Kunde wollte eine absolut sichere Geldanlage und es wurden ihm dennoch Aktien oder gar Optionsscheine verkauft. In diesem Fall wäre die Beratung nicht typ- oder anlegergerecht gewesen und der Kunde hätte ein Recht auf Schadensersatz.

**WISO Tipp**

Bewahren Sie alle Unterlagen über das Beratungsgespräch auf, damit Sie im Schadensfall die Falschberatung überzeugend nachweisen können.

Etwa zwei Drittel aller Streitigkeiten um Beraterhaftung werden außergerichtlich beigelegt. Je überzeugender und dichter Ihre Beweiskette ist, desto eher wird die Bank dazu bereit sein, einen Kompromiss zu schließen. Banken fürchten nichts mehr als lange, öffentlichkeitswirksame Prozesse, die mit kundenfreundlichen Urteilen enden. Das ist Ihre Chance!

Haben Sie eine Rechtsschutzversicherung, fällt es finanziell leichter, sich auf einen Rechtsstreit einzulassen. Denn wer etwa 50 000 Euro einklagen will, muss nach drei verlorenen Instanzen mit Kosten von 30 000 Euro rechnen. Doch nicht jede Rechtsschutzversicherung zahlt auch, zumal viele nach dem letzten Crash alle Börsengeschäfte aus ihrem Leistungskatalog gestrichen haben. Achten Sie bei einer Rechtsschutzversicherung daher immer auf die Ausschlussklauseln! Bevor Sie einen Rechtsanwalt beauftragen, sollten Sie bei Ihrer Versicherung erst die Deckungszusage einholen.

Wenn es dennoch zum Streit kommt und ein Vergleich mit der Bank nicht möglich ist, sollte Ihnen dies Mut machen: Die Verbraucherzentrale NRW hat vor dem Bundesgerichtshof (BGH) im Mai 2013 ein weitreichendes Urteil erstritten. Das oberste Zivilgericht kassierte eine Klausel, die schlecht beratenen Anlegern den Versicherungsschutz versagte, wenn sie ihre Anlageberater auf Schadenersatz verklagen wollten. Diese Klausel befand sich in vielen Rechtsschutz-Policen. (BGH, Az.: IV ZR 84/12 und Az.: IV ZR 174/12). Hintergrund: Im Zuge der Finanzkrise erlitten viele Verbraucher herbe Verluste durch Falschberatung bei der Kapitalanlage, weil ihre Berater in vielen Fällen nicht auf die Risiken hingewiesen hatten. Wer seinen Schaden dann geltend machen wollte, wurde oftmals ein zweites Mal enttäuscht. Denn eine Vielzahl von Versicherungen lehnte unter Hinweis auf die Klausel einen Deckungsschutz ab, wenn es um Wertpapiergeschäfte oder Kapitalanlagemodelle ging. Die Verbraucherzentrale rät allen Opfern der Finanzkrise, die wegen Falschberatung gegen einen Berater vorgehen wollen, unter Hinweis auf diese BGH-Urteile auf eine Deckungszusage zu pochen. Auch Verbraucher, die trotz fehlendem Versicherungsschutz geklagt haben, sollten nun ihre Versicherung zur Kostenübernahme auffordern. Dies gilt auch für diejenigen, deren Prozess bereits rechtskräftig entschieden ist.

Falschberatung und Rechtsschutz

## Das Beratungsprotokoll

Ein Beratungsprotokoll gilt als Garant, dass eine Aufklärung des Kunden stattgefunden hat und dass beide Seiten wissen, wovon sie reden und auf welche Anlageformen man sich geeinigt hat. Viele Institute arbeiten bereits mit einem entsprechenden Formular. Das ist auch gut so, denn werden nur mündliche Vereinbarungen getroffen, ist ein Streit im Schadensfall programmiert. Vor Gericht zählen nur Beweise und die muss meist der Kunde bringen, nicht die Bank.
Seit 2010 schreibt des Wertpapierhandelsgesetzes (§ 34 Abs. 2a) Finanzberatern und Bankern vor, ihren Kunden ein Protokoll auszustellen, wenn es um die Beratung und den Verkauf von Wertpapieren geht. Sinn dieser Regelung ist es, geschädigten Anlegern bei fehlerhafter Beratung ein wirksames Beweismittel für den Schadenersatzprozess an die Hand zu geben. Das Protokoll muss laut Gesetz folgende Angaben zwingend enthalten:

- den Anlass der Anlageberatung
- die Dauer des Beratungsgesprächs

- die der Beratung zugrunde liegenden Informationen über die persönliche Situation des Kunden, wie Einkommen, Alter, Lebenssituation und Lebensplanung
- die vom Kunden im Zusammenhang mit der Anlageberatung geäußerten wesentlichen Anliegen und deren Gewichtung, wie Anlageziel, Anlagedauer, Anlagehöhe
- Die im Verlauf des Beratungsgesprächs erteilten Empfehlungen und die für diese Empfehlungen genannten wesentlichen Gründe muss der Berater im Protokoll festhalten.

Lesen Sie das Protokoll gründlich

Soweit die Theorie, denn das Gespräch und auch das Protokoll bestimmt der Berater. Er trägt Ihre Angaben in das Protokoll ein. Dafür kann jede Bank ein eigenes Formular entwerfen. Der Gesetzgeber hat kein Muster vorbereitet. Verbraucherschützer warnen, das Protokoll zu unterschreiben. Dazu sind Sie als Kunde nicht verpflichtet. Das Protokoll dient der Absicherung des Beraters. Sie sollten es mit nach Hause nehmen und in Ruhe durchlesen und überprüfen. Zur Aushändigung ist der Berater verpflichtet.

Achten Sie bei der Prüfung vor allem darauf, dass Ihre Angaben zur Risikobereitschaft richtig eingetragen werden. Die Stufen sind bei den einzelnen Kreditinstituten unterschiedlich. Sie reichen von »1« für eine sichere bis »5« für eine hoch spekulative Anlage. Hier einige typische Beispiele, welche Anlageformen den verschiedenen Risikostufen entsprechen:

Stufe 1 Euro-Geldmarktfonds, kurz laufende Euro-Fonds, Euro-Anleihen sehr guter Bonität, offene Immobilienfonds.

Stufe 2 Euro-Anleihen guter Bonität, Investmentfonds deutscher Renten, kurz laufende Fonds in Hartwährungen, Anleihen sehr guter Bonität in Hartwährungen, international gestreute Rentenfonds, überwiegend in Hartwährungen.

Stufe 3 Wandel- und Optionsanleihen, deutsche Aktienfonds, deutsche Standardaktien, international gestreute Aktienfonds, Länderfonds in europäischen Hartwährungen.

Stufe 4 Deutsche Aktien-Nebenwerte, stark risikobehaftete Anleihen, Optionsscheine aller Art, Optionen und Futures.

Stufe 5 Ausländische Aktien-Nebenwerte, stark risikobehaftete Anleihen, Optionsscheine aller Art, Optionen und Futures.

Diese Hinweise sind ganz besonders wichtig, wenn Sie erstmals zu einem Ihnen bisher noch nicht bekannten Berater gehen, dessen Vorgehensweise Ihnen noch nicht aus früheren Gesprächen bekannt ist.

| Checkliste: Beratungsgespräch zur Geldanlage | |
|---|---|
| Lassen Sie sich nicht in eine Schublade stecken, geben Sie selbst den Ton an. Sie sind der Kunde. | |
| Benennen Sie Ihr Anlageziel klar und deutlich. | |
| Erläutern Sie beim Anlagegespräch vorab Ihre Einkommens- und Familiensituation. | |
| Notieren Sie sich auf einem Beratungsprotokoll den Namen des Beraters, Datum, Uhrzeit und Dauer des Gesprächs. | |
| Lassen Sie sich alle Fachbegriffe erklären, die Sie nicht kennen, und fragen Sie nach, wenn Sie etwas nicht verstanden haben. | |
| Erkundigen Sie sich nach dem Risiko der Geldanlage. | |
| Fragen Sie nach steuerlich relevanten Auswirkungen. | |
| Lassen Sie sich Anlagekosten, Gebühren und beim Wertpapierkauf auch die Kosten für das Depot auflisten. | |
| Verlangen Sie das Angebot schriftlich. | |
| Nehmen Sie alles mit nach Hause, auch wenn der Berater scheinbar nur Kritzeleien aufgeschrieben hat. | |
| Unterschreiben Sie Verträge niemals sofort, sondern erst, wenn Sie zu Hause noch einmal alles genau durchgelesen haben. | |
| Bei hoher Anlagesumme sollten Sie immer mehrere Angebote einholen. | |
| Fragen Sie nach dem Kundenservice. Zum Beispiel, ob Sie bei starken Kursverlusten außerplanmäßig informiert werden oder ob Ihnen regelmäßig kostenfrei Anlageempfehlungen unterbreitet werden. | |

Beipackzettel nicht vergessen!

Auf diese Informationen haben Sie einen Anspruch. Außerdem muss Ihnen der Berater für jedes Anlageprodukt einen sogenannten Beipackzettel aushändigen – ähnlich wie bei Medikamenten. Das sind Produktinformationsblätter, die Sie über Risiken und Nebenwirkungen aufklären, die mit der Geldanlage verbunden sind. Wenn Sie den Empfang der ausgehändigten Unterlagen bestätigen sollen, tun Sie das mit dem Vermerk »erhalten, aber noch nicht gelesen«. Dann kann im Nachhinein niemand behaupten, Sie hätten gleich reklamieren müssen. Heben Sie in jedem Fall alle Unterlagen auf, denn im Schadensfall zählen nur Beweise.
Wie Stichproben von WISO, aber auch Untersuchungen von Verbraucherschützern immer wieder zeigen, werden bei der Beratung von den Bank-Verkäufern häufig gravierende Fehler gemacht. Zu den Gründen gehören

mangelnde Qualifikation der Berater, die Vorgaben der Bank oder Sparkasse, möglichst bestimmte Produkte zu verkaufen, oder einfach nur Mangel an Zeit für eine ausführliche Beratung. Besonders gravierende Beispiele für Fehlberatung sind der Verkauf von geschlossenen Immobilienfonds an über 70-jährige Kunden mit 30 Jahren Laufzeit oder der Abschluss einer Lebensversicherung, die erst in 20 Jahren fällig wird.

Unterlagen über Börsengeschäfte sollten Sie immer sorgfältig archivieren. Es könnte nämlich sein, dass Sie diese Nachweise später für das Finanzamt noch brauchen, um vereinnahmte Zinsen und Dividenden sowie Gebühren und Spesen nachweisen zu können. Sie müssen dem Finanzamt vielleicht einmal beweisen, dass Gewinne tatsächlich außerhalb der vor 2009 geltenden Spekulationsfrist von zwölf Monaten erzielt wurden oder dass Sie Gewinne steuerfrei kassieren dürfen, weil Sie die Wertpapiere vor Ende 2008 erworben haben und daher nicht als Einkommen versteuern müssen. Die Aufbewahrung ist auch dann wichtig, wenn Sie Depots und Konten bei mehr als einer Bank unterhalten. Denn dann ist die abschließende Verrechnung von Gewinnen und Verlusten nur im Rahmen der Einkommensteuer möglich.

**WISO** Tipp

Abrechnungen von Wertpapiergeschäften können wichtige Beweise sein. Sie müssen auch aus steuerlichen Gründen mindestens zehn Jahre aufbewahrt werden.

## MiFID – Beratung maßgeschneidert

Die Beratung soll »nachweislich, angemessen, nachvollziehbar und transparent« und damit im besten Interesse des Kunden sein, heißt es in der EU-Verordnung. Die MiFID 2 (Markets in Financial Instruments Directive), mittlerweile in der dritten Überarbeitung, ist Teil der Finanzmarktrichtlinien und damit Gesetz. Sie soll Anleger europaweit besser vor einer falschen Beratung schützen und für mehr Transparenz bei der Geldanlage sorgen. Ziel ist eine maßgeschneiderte Beratung mit einer passenden Anlageempfehlung.

Um ihrer Aufklärungspflicht nachzukommen, müssen die Banken nunmehr – auch mit dem Beratungsprotokoll – bei jedem neuen Anlagegespräche ihre Privatkunden genauestens befragen. Das passierte zwar auch früher schon bei Wertpapiergeschäften mit dem sogenannten Wertpapierhandelsbogen, aber nicht so detailliert. Zu notieren sind jetzt auch Schulbildung, Beruf, Höhe und Herkunft des Einkommens, Schulden, Anlageziel und Ihr Wissensstand. Wer sein Geld in Wertpapieren, etwa Aktien, Anleihen, Investmentfonds, Zertifikaten oder Derivaten anlegen will, muss sich individuell beraten lassen. Sie sind verpflichtet, alle Fragen richtig und vollständig zu beantworten. Am besten füllen Sie das Formular gemeinsam mit Ihrem Berater aus, denn vieles darin ist erklärungsbedürftig. Achtung: Falsche Angaben haben Auswirkung auf die Haftung, wenn es zum Streitfall kommt. Wenn Sie gar keine Auskunft geben wollen, gibt es auch keine Beratung. Der Berater darf Ihnen dann auch keine Empfehlung aussprechen. Kaufen Sie trotzdem Wertpapiere, ist die Bank aus der Haftung raus. Das sollten Sie vermeiden!

Der Berater muss Ihnen auch ungefragt Auskünfte geben. Zum Beispiel muss er über Chancen und Risiken der Anlage aufklären oder sogar davor warnen, wenn es Gründe dafür gibt, etwa wenn schlechte Unternehmensnachrichten vorliegen.

**WISO** Tipp

Nutzen Sie die Auskunfts- und Informationspflicht von Anlageberatern, Bankern und Vermögensverwaltern und stellen Sie eher eine Frage zu viel als zu wenig.

Muss der Berater auch ungefragt über Provisionszahlungen aufklären oder nicht? Ja, sowohl nach der MiFID als auch schon zuvor nach einem Urteil des Bundesgerichtshofs (BGH: 19.12.06, AZ: XI ZR 56/05). Danach muss grundsätzlich jede Bank dem Bankkunden bei der Empfehlung mitteilen, ob sie Rückvergütungen oder Provisionen für die Anlageempfehlung erhält. Die sogenannten Kick-Backs fließen bei vielen Anlageprodukten zurück an die Bank beziehungsweise den Berater. Zum Beispiel zahlt der Anleger beim Fondskauf eine Reihe von Entgelten. Der größte Teil entfällt auf den Vertrieb, das Management und auf die Verwaltung durch die Fondsgesellschaften. Doch auch die Bank behält etwas als Provision ein oder erhält Zahlungen über den sogenannten Kick-Back wieder zurück. Das kann auch über eine regelmäßige jährliche Gebühr erfolgen. Das alles zehrt an Ihrer Rendite.

Im Urteilsfall vor dem BGH hatte der Anleger aufgrund einer Anlageempfehlung durch die Bank für über 140000 Euro Anteile an einem Aktienfonds erworben. Die Bank hat zwar über den Ausgabeaufschlag informiert, nicht aber über die Rückvergütungen, die die Bank aufgrund des Verkaufs erhalten hat. Der Aktienfonds hat danach Kursverluste erleiden müssen. Der Anleger hat daraufhin Schadensersatz gefordert. Seine Begründung: Hätte er von dem Interessenkonflikt der Bank gewusst, hätte er die Anlageempfehlung der Bank nicht wahrgenommen.

Das deutsche Recht geht damit sogar noch über die Forderungen der EU-Verordnung hinaus. Deshalb muss in Deutschland bei der Anlageberatung ein möglicher Interessenkonflikt aufgedeckt werden. So sind etwa Sparkassenberater verpflichtet, darauf hinzuweisen, dass es sich bei einer Empfehlung von Deka Fonds um die Fondsgesellschaft der Sparkassen handelt.

**WISO** Tipp

Lassen Sie sich alle Kosten der Geldanlage nennen. Verlangen Sie eine schriftliche Kostenaufstellung. Nur so können Sie Anlageempfehlungen vergleichen.

**WISO** Tipp

Bestehen Sie auf der für Sie schnellsten und kostengünstigsten Abwicklung Ihrer Kauf- und Verkaufsorder.

**WISO** Tipp

Es gibt Ausnahmen: Die Beraterregeln gelten nicht für Anlageprodukte, die nur auf dem sogenannten Grauen Kapitalmarkt gehandelt werden. Auch geschlossene Fonds, Kapitallebensversicherungen und andere nicht börsennotierte Wertpapiere fallen nicht darunter. Laut Gesetzgeber gelten die Regeln nur für handelbare Wertpapiere. Auch freie Vermögensverwalter müssen sich nicht an das neue Gesetz halten.

Die Best Execution, wie es in der MiFID heißt, ist die bestmögliche Auftragsausführung in preislicher, qualitativer, quantitativer und zeitlicher Hinsicht. Darauf hat der Anleger ein Anrecht. Dieser Begriff ist jedoch nicht genau definiert. Handelt es sich dabei auch wirklich um den schnellsten und billigsten Weg für den Kunden? Nicht immer, denn Banken arbeiten mit sogenannten Routern. Das heißt, es wird bei Auftragseingang nur gefragt, wo bei den der Bank zur Verfügung stehenden Handelssystemen und Handelsplätzen die »bestmögliche« Variante möglich ist. Dabei haben vor allem Verfügbarkeit und Schnelligkeit, zum Beispiel beim Aktienkauf und -verkauf, Priorität. Es kann nicht ausgeschlossen werden, dass der Auftrag nicht doch noch anderswo zu einem günstigeren Preis abgewickelt werden kann. Der Berater ist jedoch verpflichtet, darauf hinzuweisen, wenn etwa an einer Regionalbörse ein besseres Geschäft für den Kunden zu machen ist. Ein Beispiel: Der Kunde möchte Aktien der Gesellschaft XY kaufen. Normalerweise wird die Order über das Xetra-Dax-Handelssystem abgewickelt. Ist jedoch bekannt, dass an der Regionalbörse, an der das Unternehmen seinen Stammsitz hat, die Papiere billiger zu haben sind, muss der Banker darüber aufklären. Letztlich entscheidet dann der Kunde, wo er den Auftrag ausgeführt haben möchte. Dabei gehen Branchenkenner davon aus, dass eine Konkurrenzbelebung stattfinden wird. Schon jetzt ist zu erkennen, dass die Preise bei der Abwicklung von Wertpapiergeschäften in Bewegung geraten.

Ausgenommen von der sogenannten Best Execution-Regel sind Fonds. Die Banken dürfen sie weiterhin bei den Fondsgesellschaften zu dem dort festgelegten Preis erwerben.

Vermögensverwalter, als professionelle Manager für Ihr Geld, müssen Ihre Erfolge anhand eines Vergleichsmaßstabs belegen. Die sogenannte Benchmark gibt an, wie gut sich eine Anlage entwickelt hat. Das kann zum Beispiel bei deutschen Standardwerten der Dax sein oder bei Technologiewerten der TecDax. Achten Sie beim Vergleichen auf einen einheitlichen Maßstab. Lassen Sie sich mehrere Anlageprodukte vorschlagen, können Sie über die Benchmark die Entwicklung in der Vergangenheit beobachten. Die Übertragung auf die Zukunft ist damit jedoch nicht möglich.

Das heißt: Weder das Beratungsprotokoll noch die EU-Verordnungen oder die MIFID sind ein Allheilmittel gegen Falschberatung. Aus Sicht der Verbraucherschützer allerdings Schritte in die richtige Richtung. Letztlich hängt eine gute Beratung aber vom Wissensstand und der Qualität des Beraters ab. Hier gibt es noch einiges zu tun.

## Selbsteinschätzung: Kennen Sie Ihren Anlagetyp?

Unabhängig von der Frage, für welchen Berater, für welche Bank und für welche Konditionen Sie sich entscheiden: Sie müssen immer auch selbst wissen, was Sie wollen. Sie müssen sich selbst kennen – nämlich wissen, welcher Typ von Anleger Sie sind und zu welchen Fehlern Sie möglicherweise neigen. Viele Anleger bringen sich selbst um einen möglichen Erfolg oder handeln sich unnötige Verluste ein, weil ihnen die eigene Psyche im Weg steht. Emotionen bestimmen das Entscheidungsverhalten vieler Sparer weit stärker, als ihnen selbst bewusst ist. Diese Zusammenhänge werden im Rahmen der »Behavioral Finance« untersucht, einer Wissenschaft, die sich mit dem Einfluss psychologischer Faktoren auf die Entwicklung der Finanzmärkte beschäftigt. Aufgrund verschiedener Untersuchungen lassen sich »gefährdete Anlegertypen« erkennen, die jeweils zu ganz charakteristischen Fehlern neigen.

Der Vorschnelle

Einer dieser Typen ist der »Vorschnelle«. Er verfügt nur über wenige Informationen, entscheidet hastig und ist leicht durch allgemeine Ausführungen, die er in Zeitungen und Magazinen findet oder von Bekannten und angeblichen Experten hört, über den zu erwartenden Börsentrend zu beeinflussen. Das Ergebnis ist, dass er oft einen viel zu hohen Einstandspreis zahlt. Später verkauft er dann ebenso hastig und oft zum falschen Zeitpunkt und macht damit wieder den gleichen teuren Fehler wie beim Einstieg.

Der Einstiegsorientierte

Ein weiterer Typus kann als »einstiegsorientiert« bezeichnet werden. Er hat von allen seinen Aktien den Einstiegspreis im Kopf und will in jedem Einzelfall mit Gewinn abschließen. Er steigt deshalb oft auch dann nicht rechtzeitig aus einem Engagement aus, wenn schon Verluste eingetreten sind und weitere Einbußen drohen.

Der Rechthaber

Der dritte Typus, der seinem Erfolg als Anleger selbst im Weg steht, gehört zur Gruppe der »Rechthaber«. Er will nicht zugeben, dass er einen Fehler gemacht hat. Er ignoriert alle Nachrichten, die nicht in seine Vorstellungswelt passen. Damit verbaut er sich den rechtzeitigen Ausstieg. Die wichtige Regel »Der erste Verlust ist immer der kleinste Verlust« wird von ihm systematisch missachtet.

Wer nicht in seine eigene Psychofalle laufen will, sollte daher sein Verhalten immer wieder kritisch hinterfragen. Das gilt für Anfänger ebenso wie für alte Börsen-Hasen, die meinen, sie hätten bereits genügend Erfahrung gesammelt.

Finden Sie Ihren Anlagetyp mit einem Test heraus

Wichtige Hinweise auf das eigene (Fehl-)Verhalten können spezielle Tests geben, mit denen jeder sein eigenes Verhalten, seine Risikobereitschaft und seinen Kenntnisstand prüfen kann. Im Internet findet man zum Beispiel unter www.boersennotruf.de einen solchen Test, der erste Aufschlüsse über die eigene »Börsenpsyche« vermitteln kann.

Wenn Sie alle Fragen dort nach einem Multiple-Choice-Verfahren nach bestem Wissen und Gewissen beantworten (Zeitbedarf zwei bis drei Minuten), könnten die auf Knopfdruck erstellte Antwort und die damit verbundenen Ratschläge beispielsweise so lauten:

Laut Test sind Sie ein zu vorsichtiger Anlagetyp!

Aufgrund Ihrer Anlagementalität laufen Sie nicht Gefahr, große Teile Ihres Vermögens zu verlieren. Einige Tipps sollten Sie dennoch beachten:

- Zu viel Geduld kann teuer werden. Wenn Unternehmenszahlen absolut nicht auf Plan liegen und Analysten kritisch werden, dann raus aus der Aktie.
- Nutzen Sie zumindest kurzfristig die Chancen eines Trends. Internet-, Logistik- und Biotechnologie-Werte hatten und haben Boomphasen. Wenn Sie sich nicht sicher sind, steigen Sie erstmals mit einem kleinen Betrag ein.
- Stop-Loss-Orders eignen sich als Notbremse (besonders wenn Sie in Urlaub fahren). Setzen Sie auf steigende Kurse, erleichtern Ihnen Stop-Buy-Orders die Arbeit.
- Auch in schlechten Zeiten können sich gute Trends entwickeln. Steigt der Ölpreis, erhöht sich meist der Wert von Alternativ-Energie-Aktien.
- Setzten Sie nicht alles auf eine Karte. Nehmen Sie mindestens fünf, höchstens zehn Werte in Ihr Depot auf. Setzten Sie auf zwei bis drei Branchen und informieren sich gut über deren Entwicklung. Setzten Sie sich von Anfang an realistische Kursziele.
- Folgen Sie nicht den Tipps von selbst ernannten Börsengurus. Bilden Sie sich Ihre eigene Meinung. Das Internet ist hierzu die beste und günstigste Informationsquelle.
- Verfolgen Sie die Wirtschaftsentwicklung aufmerksam. Zum Beispiel bedeuten hohe Zinsen oft, dass Aktien fallen. »Krieg mag die Börse nicht.« Steigende Ölpreise bremsen die Wirtschaft.
- Halten Sie immer etwas Geld für schnelle Käufe zurück. Auch Profis sind nicht immer voll investiert.

Ob das dann wirklich auf Sie und Ihr Verhalten zutrifft, müssen Sie selber entscheiden. Es ist ohnehin nur ein erster Ansatz. Wichtig ist aber: Neben der Auswahl geeigneter Wertpapiere müssen Sie auch darauf achten, dass Sie sich nicht durch Emotionen leiten lassen oder sich in anderer Weise unvernünftig entscheiden.

Die »Behavioral Finance« hat typische Fehler erforscht und festgestellt, dass sehr viele Anleger diese Fehler begehen. Sie können aber auch schon mithilfe des folgenden Fragebogens einen ersten Hinweis darauf erhalten, was für ein Anlegertyp Sie sind.

Wenn Sie diese Fragen ehrlich beantworten, bekommen Sie Hinweise darauf, welche Formen der Geldanlage am ehesten zu Ihnen passen. Markieren Sie dazu die Punktzahlen, die am ehesten zu Ihrer Meinung, zu Ihrem bisherigen Verhalten oder den bisher bevorzugten Anlageformen passen. Aus der Gesamtzahl der Punkte ergibt sich dann, welcher Risikotyp Sie sind (siehe Auflösung unten).

---

Test: Welcher Risikotyp sind Sie?

Welche Kapitalanlagen haben Sie in der Vergangenheit bevorzugt (maximal zwei Nennungen)?

| | |
|---|---|
| 0 | Keine |
| 0 | Spar- und/oder Festgeldanlagen |
| 5 | Festverzinsliche Wertpapiere/Rentenfonds |
| 11 | Aktien/Aktienfonds |
| 11 | Geschlossene Immobilienfonds/Immobilien |
| ___ | Zwischensumme |

Welches waren bisher die wichtigsten Motive für die oben genannten Kapitalanlagen (maximal zwei Nennungen)?

| | |
|---|---|
| 5 | Keine Zeit, lange über meine Geldanlage nachzudenken |
| 0 | Keine Erfahrung mit anderen Formen der Geldanlage |
| 0 | Möglichst große Sicherheit, beständiger Wertzuwachs |
| 0 | Schnelle Verfügbarkeit des Geldes war mir wichtig |
| 0 | Hohe Renditechancen bei überschaubarem Risiko |
| 10 | Bin bereit, für höhere Gewinnchancen höhere Risiken zu akzeptieren |
| ___ | Zwischensumme |

Was ist in Zukunft bei Kapitalanlagen für Sie besonders wichtig (nur eine Antwort möglich)?

0 Konstanter Wertzuwachs, aber Sicherheit steht im Vordergrund
5 Hohe Erträge bei angemessenem Risiko
10 Bei höheren Gewinnchancen akzeptiere ich auch höhere Risiken
___ Zwischensumme

Wie lange können oder möchten Sie Ihr Kapital anlegen
(nur eine Antwort möglich)?

0 Kurzfristig, für ein bis drei Jahre
5 Mittelfristig, für drei bis fünf Jahre
10 Langfristig, für mehr als zehn Jahre
___ Zwischensumme

Wie viel Prozent Ihres Vermögens steht für die von Ihnen beabsichtigte Geldanlage zur Verfügung (nur eine Antwort möglich)?

5 Bis zu 30 Prozent
5 Bis zu 50 Prozent
0 Mehr als 50 Prozent
___ Zwischensumme

Wie werden sich Ihre künftigen Einnahmen (Gehalt, Kapitaleinkünfte, Mieten usw.) entwickeln (nur eine Antwort möglich)?

5 Einnahmen werden eher wachsen
5 Einnahmen werden eher gleich bleiben
0 Einnahmen werden eher abnehmen
___ Zwischensumme

___ Gesamtsumme

Quelle: Commerzbank Journal/WISO

**Auswertung**
Addieren Sie nun die sechs Zwischensummen und prüfen Sie anhand des Ergebnisses, welchem Risikotyp Sie eher angehören beziehungsweise welche grundsätzliche Haltung in Vermögensfragen am besten zu Ihrer Lebenssituation passt:

**Bis zu 30 Punkte** Sie sind ein »Ertragstyp« oder leben in einer Situation, die es nicht sinnvoll erscheinen lässt, Sicherheit oder Verfügbarkeit des Geldes infrage zu stellen. Der Ertragstyp bevorzugt eine sicherheitsbetonte Geldanlage. Die Erträge sollen planbar sein, das Vermögen soll lieber langsam, dafür aber stetig wachsen und keinen Verlustrisiken ausgesetzt sein.

**31 bis 50 Punkte** Sie gehören eher zu den »Wachstumstypen«. Sie wünschen sich ein Sowohl-als-auch, indem Sie ein ausgewogenes Verhältnis von Chancen und Erträgen anstreben. Sie sind aber bereit, kurzfristige Kursschwankungen zu akzeptieren.

**51 Punkte und mehr** Sie sind ein »Chancentyp« oder können es sich aufgrund Ihrer Einkommens- und Vermögensverhältnisse beziehungsweise Ihrer familiären Situation leisten, einen Teil Ihres Kapitals mit höherem Risiko zu investieren. Sie vertreten die Ansicht, dass man auch mal etwas wagen muss, um zu gewinnen. Sie wollen Kursgewinne erzielen, nehmen größere Kursschwankungen dafür in Kauf und wissen, dass eine Spekulation auch mal schiefgehen kann.

## Fazit

Wenn Sie selber noch nicht genügend Erfahrung haben oder sich auf ein neues Feld vorwagen wollen: Lassen Sie sich beraten. Aber schauen Sie sich genau an, von wem Sie sich beraten lassen und denken Sie darüber nach, welche Eigeninteressen der Berater beziehungsweise Verkäufer und sein Arbeitgeber angesichts der Ihnen präsentierten Vorschläge möglicherweise haben. Scheuen Sie sich nicht, Geld für einen unabhängigen, qualifizierten Berater auszugeben – besonders dann, wenn es sich um eine aus Ihrer Sicht größere Summe oder eine langfristige Spar-Strategie handelt. Das Honorar könnte eine sehr sinnvolle und lohnende Ausgabe sein. Und nicht zuletzt: Verschaffen Sie sich Klarheit darüber, welcher Anlegertyp Sie sind. Denn sonst werden Sie weder reich noch glücklich mit Ihren Geldanlagen.

Zukunft kaufen 62

Die Börse: Entstehung und Entwicklung 64

Aus dem Crash lernen 70

Prime Standard, General Standard und Open Market 73

Indizes: Die Stimmungsbarometer der Börse 76

Die Dax-Familie und ihre Bedeutung 78

Stoxx: Der Index Europas 85

Ausländische Aktien und Märkte 87

# Wie die Börse funktioniert

Bei einem Investment in Aktien kommt es den meisten Anlegern weniger auf die Dividende als vielmehr auf das Kurspotenzial ihres Papiers an. Bei der Kursentwicklung spielen viele Faktoren eine Rolle. Nicht immer sind sie rational nachvollziehbar, denn Emotionen und Erwartungen spielen an der Börse eine fast ebenso wichtige Rolle wie Daten und Fakten. Dieses Kapitel erklärt Ihnen die Entstehung und das Funktionieren der Börse und stellt Ihnen die wichtigsten Indizes und Märkte vor – sowohl in Deutschland als auch im Ausland.

## Zukunft kaufen

Jeder, der die Wertpapiermärkte beobachtet, bemerkt sehr rasch: Die Börse und damit die Kurse der Aktien folgen ihren eigenen Gesetzmäßigkeiten, die auch bei Insidern immer wieder zu Überraschungen führen. Deshalb wurden und werden auch Börsenprofis immer wieder auf dem falschen Fuß erwischt und müssen herbe Verluste hinnehmen. Auch im Herbst 2007 oder im Januar 2008 hat keiner der »üblichen Verdächtigen« aus dem Kreis der Banker, Analysten oder Fondsmanager, die sich im Börsensaal regelmäßig den Fragen der Finanzjournalisten stellen, die schweren Kurseinbrüche vorausgesehen, die durch die Krise des Finanzsektors ausgelöst wurden. Auch den Aufschwung ab Mitte 2012, der schon ein knappes Jahr später, nämlich im Mai 2013, zu neuen Höchstständen beim deutschen Leitindex Dax führte, haben nur einige Berufsoptimisten kommen sehen. Das zeigt: Wirklich zuverlässige Prognosen über die Kursentwicklung gibt es nicht. Oft finden Sie im Anlageteil von Tageszeitungen sogar am gleichen Tag auf verschiedenen Seiten einander widersprechende Einschätzungen verschiedener Anlageexperten – auch Analysten genannt – über die zu erwartende Entwicklung der Märkte, einzelner Branchen oder bestimmter Aktien.

Zuverlässige Prognosen gibt es nicht

Nicht zu unterschätzen ist auch die Politik. So kann zum Beispiel allein eine Diskussion über die eventuelle Abschaffung von Abschreibungsmöglichkeiten bei Immobilien die Anleger ebenso verunsichern wie die Baubranche und den Kurs der betreffenden Aktien nach unten in Bewegung setzen. Die Veröffentlichung aktueller Meldungen über die Entwicklung der Konjunktur, über Investitionsneigung und Verbraucherverhalten zeigt meist schon nach wenigen Minuten Wirkung an der Börse. Je nachdem, ob sie positiv oder negativ ausfallen, Erwartungen erfüllen oder enttäuschen, können sie die Kursentwicklung entweder stimulieren oder bremsen. Fällt zum Beispiel der ifo-Geschäftsklimaindex, der als wichtiger Indikator für die wirtschaftliche Stimmung in Deutschland gilt, dreimal hintereinander, kann daraus das Signal für einen drohenden Abschwung abgeleitet werden. Steigt er dagegen mehrfach in Folge, sind die Unternehmer – und mit ihnen die Anleger – wieder optimistischer. Denn das lässt auf steigende Umsätze und Gewinne hoffen und damit auch auf steigende Aktienkurse. Weil dann jeder der Erste sein will, der noch zu günstigen Bedingungen investiert, steigen die Kurse.

Wichtiger Indikator: der ifo-Geschäftsklimaindex

Bis die Wirtschaft tatsächlich in Schwung kommt, kann es zwar noch ein paar Monate dauern. Die Reaktion der Börse dagegen erfolgt sofort: Die

Anleger kaufen nämlich in Erwartung besserer Zeiten. Wenn dann nach einigen Monaten tatsächlich festgestellt werden kann, dass die Produktion steigt, die Umsätze wachsen und die Gewinne kräftiger sprudeln, ist das in der Regel in den Kursen bereits vorweggenommen. Es kann daher sein, dass die Aktienkurse genau dann wieder fallen, weil beispielsweise die Anleger zu diesem Zeitpunkt schon wieder daran denken, dass der Aufschwung in naher Zukunft ein Ende nehmen könnte.

Aus diesen Beispielen und den dahinterstehenden Verhaltensmustern lässt sich eine für Anleger außerordentlich wichtige Regel ableiten: An der Börse wird Zukunft gekauft. Wenn die erwartete Situation bereits eingetreten ist, denkt man am Aktienmarkt bereits an die Zeit danach. Unerfahrene Anleger machen daher oft den Fehler, dass sie erst kaufen, wenn die Unternehmen stolz melden, dass sie ein erfolgreiches Geschäftsjahr hinter sich haben. Doch das ist für die Börse dann schon Vergangenheit und interessiert erfahrene Anleger nur noch wenig. Es wird nur noch die Frage gestellt, ob der Gewinn im kommenden Jahr ebenso hoch, noch besser oder eher niedriger ausfallen könnte. Je nachdem, welche Antworten die Analysten darauf geben, fallen oder steigen die Kurse.

Am Aktienmarkt lösen aber nicht nur positive oder negative Unternehmensmeldungen Kursbewegungen aus. Rückschlüsse auf die gesamtwirtschaftliche Entwicklung lassen sich auch aus der Politik der Zentralbank herleiten. Wenn die Wirtschaft lahmt, drehen die Notenbanker den Geldhahn auf und sorgen für sinkende Zinsen, um die Investitionen wieder anzukurbeln. Zinssenkungen machen Geld billig und damit Investitionen und private Neuanschaffungen günstig. Das lässt auf bessere Zeiten hoffen und damit die Kurse steigen. Umgekehrt ist es für die Börsen immer ein negatives Signal, wenn die Zentralbank die Leitzinsen erhöht. Denn das zeigt, dass die Notenbanker Gefahren für den Geldwert sehen und daher die Konjunktur und Inflation bremsen wollen. Allgemein ausgedrückt: Steigende Zinsen sind für die Aktienkurse Gift, fallende Zinsen ein anregendes Elixier.

Allerdings muss man immer darauf achten, ob nicht andere Einflüsse stärker wirken als die Erwartung steigender oder fallender Zinsen. So können die Kurse auch dann sinken, wenn die Anleger zwar mit niedrigeren Zinsen rechnen, die Regierung aber gleichzeitig Steuererhöhungen angekündigt hat oder auch nur die Sorge wächst, dass sie dies tun könnte. Auch ein drohender militärischer Konflikt oder die Angst, dass die Öl- und Gasversorgung in den nächsten Monaten gefährdet sein könnte, kann

**WISO** Tipp

Wenn Sie erfolgreich agieren wollen, dürfen Sie den Wirtschaftsteil Ihrer Zeitung nicht überschlagen, sollten die TV-Nachrichten verfolgen und sich im Internet informieren.

selbst in einem an sich freundlichen wirtschaftlichen Umfeld einen plötzlichen Kurssturz auslösen.

Wer sich mit wirtschaftlichen Informationen nicht beschäftigen will oder es aus Zeitgründen nicht kann, sollte lieber die Finger von Aktien lassen oder es erfahrenen Fondsmanagern überlassen, die Anlageentscheidungen für ihn zu treffen. Doch auch in diesem Fall kann Ihnen niemand die Entscheidung abnehmen, für welche Fonds Sie sich entscheiden: Glauben Sie, dass Wertpapierkörbe, in die nur deutsche oder europäische Aktien hineinkommen, größere Chancen bieten als Fonds, die sich auf Anteile an chinesischen, indischen oder lateinamerikanischen Unternehmen spezialisieren? Wenn Sie sich dabei nicht völlig auf Ihren Berater verlassen wollen, kommen Sie um eine eigene Bewertung der angebotenen Wertpapiere nicht herum.

## Die Börse: Entstehung und Entwicklung

Deutsche sind nach wie vor Aktienmuffel. In keinem anderen hoch entwickelten Land ist der Anteil der Bürger, die Aktien und andere »Risikopapiere« besitzen, so niedrig wie in Deutschland. Die Abneigung vieler Bundesbürger gegenüber Börse und Aktien liegt sicher auch daran, dass viele sich gleich beim ersten Versuch, Wertpapiere anzufassen, gründlich die Finger verbrannt haben. Denn um die Jahrtausendwende ging es an der Börse so heiß her wie schon lange nicht mehr. Das lockte viele an, die glaubten, sie könnten hier mal rasch ein paar schnelle Euro machen – auch ohne sich der Mühe unterziehen zu müssen, sich vorher ausreichend zu informieren. Sie vor allem waren die Opfer des plötzlichen Kurseinbruchs. Denn nach einer Hausse, wie es sie seit Jahrzehnten nicht mehr gegeben hatte, folgte ein Absturz, wie ihn viele nicht mehr für möglich gehalten hatten. Was in jenen wilden Börsenjahren geschah, wird schnell deutlich, wenn man die Kursentwicklung über einen etwas längeren Zeitraum betrachtet.

Der Deutsche Aktienindex Dax, der am 1. Juli 1988 erstmals offiziell berechnet wurde und damals bei 1000 Punkten startete, überschritt erst neun Jahre später, nämlich im Jahr 1997, die Grenze von 3000 Punkten. Danach stieg er in nur zwei Jahren, nämlich bis Ende 1999, auf über 5000 Punkte und schoss in den ersten drei Monaten des Jahres 2000 noch einmal steil nach oben: Am 7. März 2000 erreichte der Dax mit 8136,16 Punkten seinen vorläufigen Höchststand – um danach fast ebenso schnell wieder in die Tiefe zu rauschen. Anfang 2003 durchbrach er die Grenze von 1000 Punkten nach unten und war nach fast genau sechs Jahren wieder da, wo er 1997 seinen steilen Anstieg begonnen hatte, nämlich bei 2189. Erst im Jahr 2007 überschritt er erstmals wieder mehrfach die Marke von 8000 Punkten. Doch schon Anfang 2008 knickte der Dax erneut ein und landete rund ein Jahr später bei 3589 Punkten. Auslöser war diesmal nicht eine schlechte Konjunktur, sondern die Bankenkrise, deren Ursache ein zum Teil krimineller Handel mit Krediten am US-Hypothekenmarkt war. Als der Schwindel aufflog, geriet der gesamte Finanzsektor weltweit in eine schwere Krise, die nur deshalb nicht im völligen Desaster endete, weil die Regierungen die »systemrelevanten Banken« auf Kosten der Steuerzahler mit Milliardenbeträgen stützten. Die großen Banken hatten weltweit mit nicht ausreichend besicherten Hypothekenkrediten aus den USA spekuliert und milliardenschwere Pakete untereinander weiterverkauft. Man kann sich das wie bei einem der berüchtigten »Kettenbriefe« vorstellen: Solange alle mitspielen, geht es gut. Die Banken verdienten jahrelang kräftig an der kurzfristigen Übernahme riskanter Kredite. Doch als die erste US-Bank keine Liquidität mehr hatte und notleidend wurde, schwand das Vertrauen unter den Mitspielern und die Spekulationsblase platzte.

Kettenbriefe

Die globale Finanzkrise war damit im ersten Jahrzehnt des neuen Jahrtausends bereits der zweite Crash. Denn schon zwischen 2001 und 2003 waren die Kurse kaskadenartig gefallen, als die Träume und die Spekulationsblase rund um die »New Economy« platzte: Auch in Deutschland traf es dabei vor allem den sogenannten Neuen Markt, an dem es für kurze Zeit so ausgesehen hatte, als ob jeder, der sich an die Börse traute, mühelos und in kürzester Zeit zum Millionär werden könne. Doch diese vermeintlichen Hoffnungswerte stürzten nach einer rasanten Kurvenfahrt so steil ab, dass schließlich auch das Börsensegment selber im Strudel der Krise unterging. Am 5. Juni 2003 wurde der Neue Markt von der Deutschen Börse AG, die so schnell wie möglich dieses unrühmliche Kapitel in ihrer sonst so erfolgreichen Geschichte beenden wollte, für immer geschlossen. Viele Anleger, die in diesen Jahren zwischen Hausse und Baisse zu Zockern und Spekulanten geworden waren, haben schmerzlich erleben müssen, wie schnell man an der Börse ein Vermögen nicht nur gewinnen, sondern auch (wieder) verlieren kann.

New-Economy-Blase

Eine neue Generation von Anlegern musste so die gleiche Lektion lernen wie schon ihre Väter und Großväter: Wenn sich die Kurse vom Boden der wirtschaftlichen Realität entfernen, wenn Geld nicht mehr wohlüberlegt angelegt, sondern verzockt wird, bildet sich eine Spekulationsblase, die früher oder später platzt. Das ist eine Erfahrung, die nicht nur Aktienanleger machen. Überhitzte Spekulationen mit Gold oder Silber, mit Immobilien oder Hochzinsanleihen, mit Devisen oder Schweinebäuchen enden regelmäßig auf die gleiche Weise. Wer da nicht rechtzeitig aussteigt, erlebt am eigenen Leib, was der Spruch bedeutet: »Den Letzten beißen die Hunde.«

Doch auch aus dem tiefsten Jammertal sind die Börsen immer wieder aufgetaucht. Im Mai 2013 erreichte der Dax mit deutlich über 8000 Punkten ein neues Allzeithoch. Wer 2009 zu den damaligen Tiefstkursen – bei einem Dax von knapp unter 3600 Punkten – eingestiegen ist, konnte sein Investment verdoppeln, auch dann, wenn er nicht nur besonders erfolgreiche Einzelwerte, sondern schlicht den »ganzen Dax« gekauft hatte. (Wie das geht, erfahren Sie im Kapitel *Zertifikate: Den ganzen Markt kaufen*.) Doch das Kunststück ist nur wenigen privaten Anlegern gelungen, denn die verhielten sich wieder einmal nach dem Motto: »Gebranntes Kind scheut das Feuer.« Deshalb waren vor allen Investmentbanken und Großinvestoren die Gewinner, während der (deutsche) Privatanleger weitgehend außen vor blieb. Bundesbürger suchten stattdessen nach dem vermeidlichen »sicheren Hafen« für ihr Geld und entschieden sich für Gold und Immobilien. Die eigene oder die zu vermietende Immobilie steht hoch im Kurs. Die Preise halten sich auf hohem Niveau. Das Einfamilienhaus in Bayern ist so teuer wie noch nie. Vor allen in Städten, Ballungszentren und in guten Lagen scheint die Preissteigerung kein Ende zu nehmen. Dafür sind die Rahmenbedingungen in Deutschland nach wie vor gut: Bevölkerungswachstum durch Zuwanderung, historisch niedriges Zinsniveau, mangelndes Vertrauen in den Kapitalmarkt. Dagegen befindet sich der Goldpreis seit Mitte 2012 im Sinkflug. »Einst der gefeierte Star mit zwölf erfolgreichen Jahren hintereinander, scheint die goldene Dekade ein jähes Ende zu finden«, kommentierte ein Bank-Analyst.

Immobilie als sicherer Hafen

Das Gold hat eine lange Geschichte, mit vielen Durststrecken und Höhenflügen. Wer zum Beispiel nach dem Ende der Goldpreisbindung das gelbe Metall gehortet und sich über den schwindelerregenden Preisanstieg gefreut hatte, der 1971einsetzte, nachdem sich die USA von der Verpflichtung befreit hatten, den Dollar jederzeit gegen eine bestimmte Menge Gold einzutauschen, musste bis Ende 2005 warten, um den Goldpreis wenigstens wieder in der Nähe der einstigen Spitzenkurse zu sehen. Wer vorher sein Geld brauchte und verkaufen musste, hat heute eine andere Meinung über die vermeintlich wertsichere Geldanlage in Gold. Aber im-

Das Auf und Ab beim Gold

merhin: Seit 2001 stieg der Goldpreis wieder nachhaltig und überschritt im März 2008 erstmals die Traummarke von 1000 Dollar. Leider war das mit einer optischen Täuschung verbunden. Denn selbst nach Überschreitung der »Traummarke« lag der Goldpreis inflationsbereinigt noch weit unter seinem früheren Allzeithoch, das er 28 Jahre zuvor erreicht hatte. Wer seit dem Boom, der nach der Freigabe des Goldpreises 1971 einsetzte, auf seinem Hort sitzen geblieben war, musste sehr lange auf echte Gewinne warten und zudem zwischenzeitlich auf jede Zinseinnahme verzichten. Wer dagegen erst 2006 in Gold investiert hatte, konnte sich bis 2010 über eine Wertsteigerung freuen, die die Inflationsrate in hohem Tempo überholte. Danach allerdings ging es beim Goldpreis erst einmal wieder bergab.

Das zeigt: Weder Aktien noch Gold, weder Immobilien noch Anleihen sind eine absolut sichere Geldanlage. Über Gewinne entscheidet zudem immer der Einstiegspreis. Nicht einmal das Sparbuch ist wirklich sicher, denn das dort »gebunkerte« Geld bringt zu wenig Zinsen, um das Ersparte vor der schleichenden Entwertung durch Preissteigerungen zu schützen. Die Summe auf dem Sparkonto steigt einschließlich der Zinsgutschrift zwar jedes Jahr ein wenig, aber die Kaufkraft des Ersparten nimmt unter Umständen deutlich ab.

Sparbuch = mickrige Zinsen

Doch dagegen und gegen so manche andere Gefahr können Sie sich – und Ihr Geld – schützen. In diesem Buch werden wir Ihnen an vielen Stellen zeigen, wie man einerseits mit Aktien verdienen kann – und zwar sogar bei fallenden Kursen – und andererseits nachhaltige Verluste vermeidet. Dazu gehört neben einigem technischen Wissen auch, sich vor egoistischen, »halbseidenen« und betrügerischen Beratern zu schützen, die mehr an ihrem eigenen Gewinn als an Ihrer Rendite interessiert sind.

## Wer Geld verliert, ist oft selbst schuld

Auch in Zukunft wird es neben Perioden einer moderaten Kursentwicklung immer wieder zu mehr oder weniger großen Schwankungen kommen. Das bietet cleveren Anlegern große Chancen, ist aber immer auch mit Risiken verbunden. Das gilt besonders für den Handel mit den sogenannten Derivaten, das heißt mit den vielfältigen Anlageinstrumenten, die auf der Basis von Aktien und Anleihen entstanden sind und ständig neu entwickelt werden. Nicht nur die Geschichte der Börsen, sondern auch die Zukunft der Wertpapiermärkte ist eine Geschichte heiß-kalter Wechselbäder. Seit es Börsen gibt, hat es auch immer wieder Zeiten einer übersteigerten Spekulation und anschließend eines tiefen Absturzes gegeben. Geschickte Spekulanten haben dabei ohne große Mühen ein Millionenvermögen gemacht. Andere haben ihre durch harte Arbeit erworbenen Ersparnisse verloren, weil sie zu spät auf den fahrenden Zug aufgesprungen sind und dann nicht den Mut fanden, sich ihren Irrtum rechtzeitig einzugestehen und so mit nur einem kleinen Verlust wieder auszusteigen.

Das Schicksal uninformierter oder halsstarriger Anleger läuft fast immer nach dem gleichen Muster ab: Sie kaufen erst, wenn die Kurse schon kräftig gestiegen sind. Wenn die Entwicklung kippt, warten sie zu lange mit einem Verkauf. Dann steigen sie schließlich doch aus, um zu retten, was noch zu retten ist – und sind nicht mehr investiert, wenn die Kurse endlich wieder steigen. Das geht nun schon seit drei Jahrhunderten so.

## Betrüger und Spekulanten

Die erste Aktienbörse entstand schon im 17. Jahrhundert in Amsterdam. Dort wurden zunächst die Aktien der Ostindischen und etwas später der Westindischen Kompanie gehandelt. Auf dem ersten noch erhaltenen Kurszettel der Amsterdamer Börse aus dem Jahr 1747 standen bereits 44 verschiedene Papiere, darunter drei niederländische und drei englische Aktien, 25 öffentliche Anleihen der Niederlande sowie vier englische und sechs deutsche Schuldverschreibungen. Fast gleichzeitig mit dem Börsengeschäft wurde auch der Spekulant geboren.

Schon bald entdeckten gerissene Geschäftsleute, dass sich durch gezielte Käufe und Verkäufe sowie durch das Verbreiten von Nachrichten und Streuen von Gerüchten die Kurse beeinflussen lassen. Und weil es in Zeiten stark steigender Kurse so leicht ist, das Geld gutgläubiger oder habgieriger Anleger einzusammeln, entstanden auch bald die ersten Schwindelfirmen. Es waren Kolonialgesellschaften, die ihren Aktionären alle Reichtümer der Neuen Welt versprachen. Als die Regierung 1720 eingriff und Gesetze zum Schutz der Anleger erließ, brach die Spekulation über Nacht zusammen. Tausende waren ruiniert. Selbst die Bank von England konnte sich nur knapp vor einem Zusammenbruch retten.

**WISO** Tipp

Fallen Sie nicht auf Gerüchte herein! Ein geschickt formuliertes Gerücht kann die Handelsumsätze der betreffenden Aktie kurzfristig enorm steigern – zum Vorteil derer, die das Gerücht in die Welt gesetzt haben, aber meist zum Schaden derer, die ihnen gutgläubig gefolgt sind.

Gerüchte bewegen die Kurse im Durchschnitt um 2,8 Prozent nach oben oder unten – abhängig davon, ob es sich um ein positives oder ein negatives Gerücht handelt (siehe Tipp). Professor Thießen (TU Chemnitz) charakterisiert ein »gutes« Gerücht so:

»Es muss an eine aktuelle Diskussion anknüpfen, es muss über den bisherigen Informationsstand hinausgehen und es sollte an unterbewusste Ängste appellieren.«

## Der »Freitag«, der ein Donnerstag war

An der Börse gilt: Geschichte wiederholt sich. Der Zusammenbruch von 1720 war nicht der erste und blieb bis heute nicht der letzte spektakuläre Börsenkrach. Besondere »Berühmtheit« erreichte der »Schwarze Freitag« des Jahres 1873. In den »Gründerjahren« nach dem Deutsch-Französischen Krieg 1870/71 und der deutschen Reichsgründung hatte der wirtschaftliche Boom zu einer stark überhitzten Kursentwicklung geführt. Das Ende wurde am Freitag, dem 4. Mai 1873, eingeläutet.

In Erinnerung daran wurde auch der Tag des Jahres 1929, an dem es nach einem monatelangen Kursfeuerwerk völlig überraschend zu einem katastrophalen Kurseinbruch an der Wall Street in New York kam, als »Schwarzer Freitag« bezeichnet, obwohl es ein Donnerstag war. Dieser bis heute berüchtigte »Schwarze Freitag« seit Bestehen des organisierten Handels mit Wertpapieren fand am Donnerstag, dem 24. Oktober 1929, statt. Dieser Börsencrash war der bislang folgenschwerste Börsenunfall der Geschichte. Schon am ersten Tag stürzten die Kurse der wichtigsten amerikanischen Aktien innerhalb von wenigen Stunden um 13 Prozent. Das wiederum löste panikartige Verkäufe in allen Marktbereichen aus. Tausende von Anlegern, die oftmals ihre Wertpapiere mithilfe von Krediten erworben hatten (auch ein Fehler, der bis heute immer wieder gemacht wird), trennten sich ebenso gedankenlos von ihren Papieren, wie sie diese zuvor gekauft hatten.

Der GAU

Vier Jahre lang – nämlich bis 1933 – ging es fast ohne Unterbrechung immer weiter bergab. Dabei wurden auch Aktien von Unternehmen mit in den Strudel gerissen, die gut fundiert waren und glänzend verdienten. Denn wenn erst einmal Panik um sich greift, interessiert – ebenso wie zuvor im Boom – die tatsächliche wirtschaftliche Lage einer Aktiengesellschaft niemanden mehr. So stürzte während des großen Börsenkrachs von 1929 zum Beispiel auch die Aktie von General Motors von stolzen 180 auf lächerliche 10 Dollar. Wer damals beherzt zugriff (und neben dem notwendigen Mut auch noch über das dazu notwendige Geld verfügte), war Jahre später ein gemachter Mann. Wenn bei Ihnen jetzt Erinnerungen an die Entwicklung am Frankfurter »Neuen Markt« in den Jahren 1999/2000 wach werden sollten, ist das sicher kein Zufall.

Das Spiel wiederholte sich in der zweiten Hälfte des vergangenen Jahrhunderts – wenn auch in gemäßigter Form. Auch nach dem Zweiten Weltkrieg hat es nach Zeiten heißer Spekulation mehrfach kräftige Rückschläge gegeben. Trotz aller schmerzhaften Erfahrungen gelingt es windigen Geschäftemachern immer wieder, unerfahrene und von Habgier geblendete Anleger in solchen Situationen über den Tisch zu ziehen. Als Konsequenz daraus wurden die Gesetze zum Schutz der Anleger immer strenger und die Börsenaufsichtsbehörden immer mächtiger. Doch das alles konnte und kann nicht verhindern, dass es nach Phasen übertriebener Erwartungen immer wieder zu bösen Rückschlägen kommen kann.

## Aus dem Crash lernen

Die alte Regel »Aus Schaden wird man klug« gilt an der Börse offenbar nur begrenzt oder wird nach einer gewissen Zeit wieder vergessen. Seit 1720 musste zwar immer wieder die Erfahrung gemacht werden, dass es an den Aktienmärkten nicht nur nach oben geht und dass nach einem allzu raschen Kursanstieg ein Rückschlag fast so sicher ist wie das Amen in der Kirche.

Viele Anleger tappen immer wieder in die gleiche Falle

Dennoch tappen Anleger immer wieder in diese Falle. Das gilt nicht nur für die Masse der Kleinaktionäre, sondern auch für die Mehrzahl der Fondsmanager und Analysten. Im Boom können sie alle mit klotzigen Gewinnen und – solange die Kurse immer weiter klettern – mit zutreffenden Prognosen aufwarten. Erst in der Krise zeigt sich der Meister. Den bevorstehenden Knick in der Kursentwicklung hat im Jahr 2000 kaum ein Analyst rechtzeitig erkannt. Außer einigen notorischen Schwarzsehern, die immer die Krise an der nächsten Ecke vermuten, sahen die meisten den Dax zum Jahresende 2001 eher über als unter 10 000 Punkten. Das hat nicht nur Tausende von Kleinanlegern um einen großen Teil ihrer Urteilskraft und anschließend ihres Vermögens gebracht. Auch viele deutsche und ausländische Banken sowie große Versicherungen kamen 2002/2003 in eine »Schieflage«, weil sie – trotz oder wegen der Heerscharen von professionellen Analysten, die sie damals beschäftigten – die Entwicklung an den in- und ausländischen Aktienmärkten völlig falsch eingeschätzt hatten. Ein Extrembeispiel: Die Mannheimer Versicherung geriet durch ihre Fehlspekulationen am Aktienmarkt schließlich in eine derartige Schieflage, dass Mitte 2003 auch der letzte Rettungsversuch scheiterte. Noch schlimmer traf es einige Banken und Investmenthäuser im Verlauf der Finanzkrise 2007/2008. Doch es wurde auch gerettet, die sogenannten systemrelevanten Banken. Noch gut in Erinnerung: Hypo Real Estate, etliche Landesbanken und die große Commerzbank, sie alle mussten mit staatlicher Unterstützung von ihren riskanten Geschäften »gesäubert« werden. Schulden wurden in »Bad Banks« verschoben, Sanierungspakete geschnürt, um wieder zur Tagesordnung übergehen zu können. Das Geld wird in der Bank weiterhin mit Investmentbanking verdient. Daran hat auch die Finanzkrise nichts geändert.

An der Börse geht es seither bergauf, bis auf eine kurze Ausnahme: den »Schwarzen August 2011«. Es wurde wild spekuliert, ob aufgrund der europäischen Schuldenkrise und der lahmenden Weltkonjunktur Schlimmeres zu befürchten ist. Das Minus mit 25 Prozent innerhalb eines Monats war deutlich, aber fast harmlos im Vergleich zu den Börseneinbrüchen nach dem Platzen der New-Economy-Blase im Jahr 2000 oder nach Ausbruch der Finanzkrise 2008. Damals ging es in wenigen Monaten um 73 beziehungsweise 55 Prozent in den Keller. Börsenkrisen laufen meistens nach ähnlichen Mustern ab: Es beginnt oft mit einem deutlichen Minus, dann beruhigt sich die Lage zunächst, die Kurse steigen wieder – doch dann rauschen sie erneut in die Tiefe, dümpeln danach manchmal wochenlang auf diesem Niveau. Erst im Nachhinein weiß man, ob es sich um eine längere oder nur um eine kurze Korrekturphase gehandelt hat, wie sie häufig an der Börse vorkommt. Der große Crash bleibt eine Seltenheit. Auch im August 2011 blieb er trotz der Euro-Schuldenkrise letztlich aus.

Die Entwicklungskurve des Dax zeigt immer wieder, dass der Aktienmarkt auch von politischen Ereignissen stark beeinflusst wird. Doch wer bei seinem Start alle 30 Werte entsprechend ihrer Gewichtung kaufte (und sein Depot den regelmäßigen Änderungen in der Zusammensetzung des Index anpasste), konnte bis März 2000 sein Vermögen um gut 700 Prozent vermehren. Wer nicht rechtzeitig ausstieg, dessen Aktienvermögen betrug bis zum Tiefpunkt der »Salami-Baisse« – des Absturzes in Scheiben, also auf Raten – zwar nur noch ein Drittel des Spitzenwertes. Aber selbst dieses Vermögen hatte immer noch mehr als den doppelten Wert des Startkapitals.

**WISO** Tipp

Je längerfristiger und globaler Ihr Sparplan angelegt ist, desto größer ist die Chance, mit Aktien eine angemessene Wertsteigerung zu erzielen.

Wer angesichts einer überhitzten Spekulation nicht auch noch den letzten Euro mitnehmen will, sondern rechtzeitig aussteigt, dafür aber zu den Ersten gehört, die nach einem Absturz wieder einsteigen (auch auf die Gefahr hin, dass es kurzfristig vielleicht noch einmal etwas billiger werden könnte), macht die besseren Geschäfte (und schläft ruhiger). Und wer es sich nicht zutraut, diese Punkte einigermaßen genau zu erwischen, fährt am besten mit einer regelmäßigen Anlage – in guten wie in schlechten Zeiten. Denn so profitiert man mit Sicherheit vom langfristigen Trend.

**WISO** Tipp

Mit zunehmendem Alter sollten Sie den Anteil der Aktien an Ihren Gesamtersparnissen schrittweise zurückfahren.

Wertpapiersparen sollte eine wichtige, allerdings nie die einzige Säule sein, auf der Ihre Geldanlage und Ihre private Vorsorge ruhen. Denn wer einen Teil seiner Mittel in Aktien oder in Aktienfonds anlegt und damit nicht zu spät beginnt, hat gute Chancen, sich später einmal mehr leisten zu können als andere, die zwar hart für ihr Geld arbeiten, aber nicht wissen, dass man das Geld auch selbst arbeiten lassen kann. Eine zusätzliche private Alterssicherung ist heute ein absolutes Muss. Ob Sie dabei den Weg über die sogenannte Riester-Rente gehen, eine selbst gemanagte private Vorsorge bevorzugen oder beides kombinieren wollen, müssen Sie aufgrund Ihrer persönlichen Situation entscheiden.

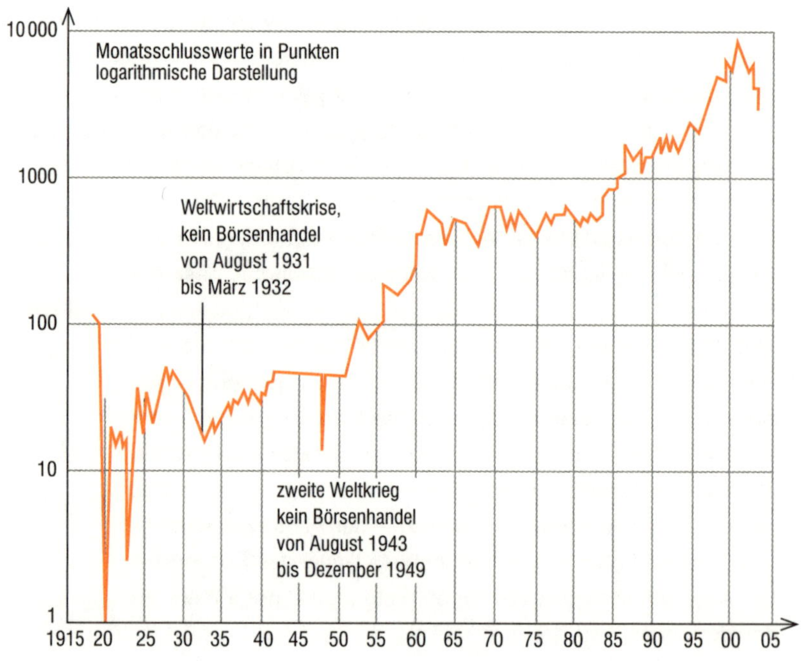


Hier hat der Autor (Heribert Müller, Trust AG) den schwierigen Versuch unternommen, die Entwicklung des deutschen Aktienmarktes seit der Zeit des 1. Weltkriegs bis 2005 zu berechnen. Sie zeigt die schweren Einbrüche als Folge des Kriegs, der Hyper-Inflation in den zwanziger Jahren, der Weltwirtschaftskrise und anderer negativer Einflüsse. Aber sie zeigt auch: Früher oder später geht es immer wieder aufwärts.

Dass sich Unternehmensbeteiligungen mittel- und langfristig immer gelohnt haben – trotz gelegentlicher und manchmal auch sehr schwerer Rückschläge –, zeigt der Rückblick bis 1988. Noch deutlicher wird dies bei einer sehr langfristigen Betrachtung: Sie beginnt hier mit dem Ende des Ersten Weltkriegs im Jahr 1918. Zwar haben die Hyperinflation in den 20er-Jahren, die Weltwirtschaftskrise und der Zweite Weltkrieg auch für Aktionäre verheerende Folgen gehabt. Aber den langfristigen Aufwärtstrend an der deutschen Börse haben selbst diese »Super-GAUs« nur unter-, aber nicht gebrochen. Ähnliches gilt für alle anderen wichtigen Börsen weltweit.

## Prime Standard, General Standard und Open Market

Der deutsche Kapitalmarkt hat sich in den vergangenen Jahren weitgehend von einigen traditionell gewachsenen deutschen Besonderheiten befreit und sich den internationalen Standards angepasst. Denn die großen und kleinen Anleger orientieren sich weltweit mehr denn je an Kriterien wie Transparenz, Liquidität, Rechtssicherheit und Integrität. Die Deutsche Börse hat darauf mit einer Neustrukturierung des Aktienmarktes reagiert. Es handelt sich nämlich nicht um einen »Großmarkt«, an dem Wertpapiere aller Art wild durcheinander gehandelt werden. Es gibt vielmehr mehrere klar voneinander getrennte Handelsbereiche und wichtige Indikatoren, die zeigen, welche Stimmung dort gerade herrscht.

Die Deutsche Börse AG hat nach dem Debakel am Neuen Markt Anfang 2003 die Konsequenzen gezogen und neue Marktsegmente sowie teilweise auch neue Indizes (siehe dazu das folgende Kapitel) eingeführt. Zu den wichtigsten gehört die Dax-Familie. Durch die Neugestaltung soll sich die Transparenz der Märkte erhöhen. Am wichtigsten ist die Unterscheidung zwischen dem *Prime Standard* und *General Standard* einerseits (früher »Amtlicher Markt« und »Geregelter Markt«) und dem *Open Market* (früher »Freiverkehr«) andererseits. Für Aktien und Zertifikate, die auf Aktien basieren, gibt es aufgrund der Börsenordnung vom 1. Januar 2003 zwei neue Segmente mit unterschiedlich hohen Transparenzanforderungen: Unternehmen, die mit ihren Aktien im Prime und General Standard vertreten sein wollen, müssen weit strengere Regeln befolgen als die Aktiengesellschaften, deren Anteile im Open Market gehandelt werden. Im General Standard müssen die Unternehmen die nationalen gesetzlichen Mindestanforderungen, im Prime Standard darüber hinaus internationale

Bedingungen für die Aufnahme in die Dax-Familie

Transparenzanforderungen erfüllen. Zur Berechnung von Indizes (zum Beispiel Dax oder TecDax) werden nur Aktien aus dem Prime Standard herangezogen.

General Standard

Zu den gesetzlichen Mindestanforderungen, die Unternehmen erfüllen müssen, die mit ihren Aktien im General Standard vertreten sind, gehören vor allem: Jahresbericht- und Halbjahresberichterstattung, Ad-hoc-Mitteilungen über wichtige Ereignisse, die den Kurs beeinflussen können (wie geplante Übernahmen, Fusionen, Zulassung eines wichtigen Produkts im Pharmabereich) in deutscher Sprache. Zielgruppe dieses Marktsegments sind national ausgerichtete Unternehmen, denen ein kostengünstiges Listing an der Börse ermöglicht werden soll.

Prime Standard

Im *Prime Standard* kommen folgende international übliche Transparenzanforderungen hinzu:

- Quartalsberichterstattung
- Anwendung internationaler Rechnungslegungsstandards (IAS oder US-GAAP)
- Veröffentlichung eines Unternehmenskalenders mit den wichtigsten Terminen
- mindestens eine Analystenkonferenz im Jahr
- Ad-hoc-Mitteilungen und laufende Berichterstattung in deutscher und zusätzlich in englischer Sprache

Open Market

Im Marktsegment *Open Market* sind die Anforderungen hinsichtlich der Publizität, der Zahl der täglich gehandelten Aktien und anderer Kriterien deutlich weniger anspruchsvoll. Hier werden neben deutschen Aktien überwiegend ausländische Aktien, Renten deutscher und ausländischer Emittenten, Zertifikate und Optionsscheine gehandelt. Derzeit sind Aktien aus über 60 Ländern notiert.

Der *Open Market* entstand am 10. Oktober 2005 und ist neben dem Regulierten Markt das zweite gesetzlich geregelte Marktsegment in Deutschland. Die Aufsicht hat das Bundesaufsichtsamt für Finanzen, BaFin. Der offene Markt ist kein organisierter Markt im Sinne des Wertpapierhandelsgesetzes. Es gibt deutlich weniger formale Voraussetzungen für die Zulassung und keine Folgepflichten für den Emittenten, also den Aussteller der Wertpapiere. Bei Wertpapieren, die vorher an keinem organisierten Markt gehandelt wurden, muss der Antragsteller aber nähere Angaben über den Emittenten in Form eines Exposés vorlegen, das eine zutreffende Beurteilung ermöglicht. Der Antragsteller muss die Deutsche Börse AG über wesentliche Umstände bezüglich der einbezogenen Wertpapiere informieren. Die Publikationen für Anleger müssen auf Deutsch oder Englisch veröffentlicht werden. Für Aktienemittenten ist der *Open Market* ein alternativer Kapitalmarktzugang zu den EU-regulierten Segmenten Amtlicher Markt und Geregelter Markt. Insbesondere kleinere und mittlere Unternehmen profitieren von einer einfachen, schnellen und kosteneffizienten Einbeziehung in den Börsenhandel.

Um Unternehmen, die innerhalb des Marktbereichs *Open Market* neu an der Börse gelistet werden wollen, bei ihrem ersten Börsengang (Initial Public Offer, IPO) bei den Anlegern einen gewissen Vertrauensvorschuss zu verschaffen, hat die Deutsche Börse AG den sogenannten Entry Standard geschaffen. Den Anlegern wird zwar kein wesentlich höheres Schutzniveau geboten als im übrigen offenen Markt. Aber wer in die »gute Stube« kommen will, muss wenigstens zu etwas mehr Transparenz bereit sein, als dies sonst im Freiverkehr von den Unternehmen gefordert wird. Unter anderem müssen sie auf ihrer Internetseite einen testierten Konzernjahresabschluss, einen Zwischenbericht, ein kurzes Firmenporträt und einen Unternehmenskalender mit wichtigen Daten veröffentlichen. Zudem muss jeder Börsenkandidat eine Bank an seiner Seite haben, die ihn auf seinem Weg auf den Kapitalmarkt begleitet. Sie soll den Neuling unterstützen und bei der Veröffentlichung der vorgeschriebenen und freiwilligen Informationen für die Anleger beraten. Das bedeutet, dass einerseits der bürokratische Aufwand und die Kosten, die mit einem Börsengang verbunden sind, für ein Unternehmen geringer ausfallen als bei einer Notierung im General Standard. Auf der anderen Seite ist dafür aber auch die Haftungs- und Informationsbasis für Investoren viel geringer.

Entry Standard

Bereits Anfang 2006 gab es wieder Hinweise darauf, dass sich ein Unternehmen auf betrügerische Weise über ein IPO Geld an der Börse beschafft hatte. Deshalb sind die im Entry Standard und erst recht die im Open Market gehandelten Unternehmen eher etwas für erfahrene Investoren, die diese Risiken abschätzen und tragen können. Weniger erfahrene Anleger sollten es lieber den Managern von Investitionsfonds überlassen, unter den im Freiverkehr gehandelten Aktien die Perlen zu finden.

Anleger sollten sich darüber informieren, welche Unternehmen hinter den Wertpapieren stehen, die im Open Market gehandelt werden. Die Bedingungen sind wesentlich weicher als im Prime und General Standard, aber eine Notierung in diesem Marktsegment muss nicht unbedingt bedeuten, dass diese Gesellschaften weniger vertrauenswürdig sind. Oft handelt es sich um bekannte, international tätige Unternehmen wie Adobe, Black&Decker, Cathay Pacific, 3M oder Wal-Mart. Sie sind zwar daran interessiert, dass ihre Aktien in Deutschland gehandelt werden. Der deutsche Kapitalmarkt ist aber nicht so wichtig für sie, dass sie die mit der Zulassung im Prime und General Standard verbundenen Kosten und Publizitätspflichten übernehmen wollen. Open Market ist also nicht gleichbedeutend mit »Freibank« – einem Markt, an dem früher minderwertiges Fleisch für Arme verkauft wurde.

ETF, Exchange Traded Funds, ist das Marktsegment der Deutschen Börse für börsengehandelte Fondsanteile. Anleger haben die Wahl zwischen passiv gemanagten Fonds, die einem Index folgen, oder aktiv gemanagten Fonds, die einen Index übertreffen oder auch schlechter abschneiden können (siehe dazu auch das Kapitel *Geldanlage in Fonds*). Der Handel ist fortlaufend und so einfach wie bei Aktien.

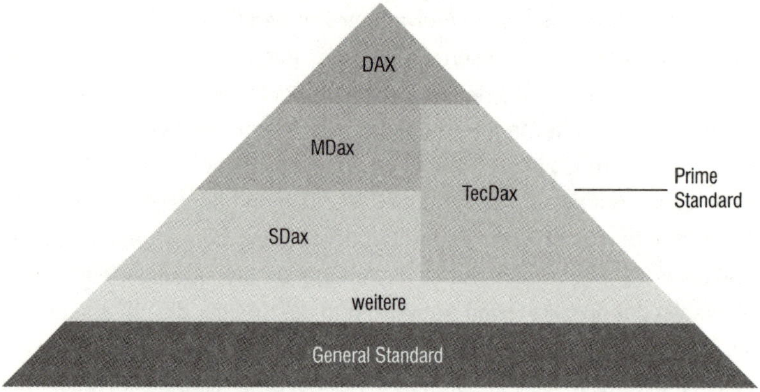


Die Struktur des deutschen Aktienmarktes und seiner Indizes
Quelle: Deutsche Börse AG

Mit Xetra Stars können auch die attraktivsten internationalen Aktien in besonderen Qualitätssegmenten gehandelt werden. Das Segment Xetra US Stars enthält beispielsweise rund 200 US-Werte. Das Segment Xetra European Stars ermöglicht den Handel in allen niederländischen, französischen, belgischen und finnischen Werten, die im Dow Jones Stoxx 50 Index enthalten sind.

## Indizes: Die Stimmungsbarometer der Börse

Ob es Sie interessiert oder auch nicht: Auch wer noch nie eine Aktie besessen hat, erfährt in den TV-Nachrichten oder im Rundfunk täglich den aktuellen Stand der wichtigsten Börsenbarometer. Indizes sind daher das bekannteste Instrument zur Beobachtung der Entwicklung an den Wertpapiermärkten. Und hier wiederum stehen in Deutschland der Dax, in den USA und auch weltweit der Dow Jones bei den Börsenbeobachtern ganz vorn im Rampenlicht.

»Wertpapierindex« ist ein Sammelbegriff für die Vielzahl von Aktien-, Renten- und sonstigen Indizes, die an jedem Börsentag berechnet werden. Dax, Stoxx und andere dienen dazu, die Gesamtverfassung eines Marktes in einer einzigen Kennzahl darzustellen. Indizes werden in Deutschland nur für die Aktien berechnet, die im Prime Standard gehandelt werden, deren Kursbildung also einer besonders scharfen Kontrolle durch die Börsenaufsicht unterliegt.

Indizes

Weltweit berechnen alle Börsen solche Kennzahlen, um den Marktteilnehmern Anhaltspunkte dafür zu geben, welche Tendenz gerade vorherrscht. An der Börse in Tokio ist der Nikkei der wichtigste Maßstab, in Paris der CAC, in London der FTSE, in Wien der ATX. Eine besondere Rolle spielt weltweit der an der Wall Street in New York berechnete Dow Jones. Er ist trotz seines hohen Alters nach wie vor der populärste Indikator für das Klima am Aktienmarkt. Sein Auf und Ab wird nicht nur in den USA, sondern in der ganzen Welt aufmerksam beobachtet. Stärkere Ausschläge des Dow Jones nach oben oder unten beeinflussen daher sofort auch die Kursentwicklung an anderen Börsen rund um den Globus – auch wenn es an sich keinen sachlichen Grund dafür gibt, dass deutsche oder japanische Aktien fallen, weil schlechte Nachrichten von General Motors, Microsoft oder IBM den Börsianern in den USA die »Stimmung verderben«. Aber schlechte Stimmung in New York hatte in der Vergangenheit schon oft auch negative Auswirkungen auf andere Märkte. Weil man das weiß, verkaufen viele Anleger sofort, wenn sie hören, dass die Kurse in New York sinken – und dann sinken sie eben auch in London, Paris oder Frankfurt.

Neben den Indizes der einzelnen nationalen Börsen gibt es länderübergreifende europäische Indizes. Dazu zählen der Euro Stoxx 50 für die 50 größten Aktiengesellschaften innerhalb der Eurozone und der Stoxx 50 für die 50 bedeutendsten Unternehmen Europas (dazu mehr in dem entsprechenden Kapitel *Stoxx: Der Index Europas*). In den USA werden neben dem Dow Jones zahlreiche andere Indizes berechnet. Darunter ist der S&P 500 besonders wichtig, da er die Entwicklung des Marktes auf viel breiterer Basis widerspiegelt. Neben zahlreichen Spezial-Indizes gibt es auch einen Index, der sich an den Kursen der größten Unternehmen der Welt orientiert: der Dow Jones Global Titans.

## Die Dax-Familie und ihre Bedeutung

In der Bundesrepublik hat sich der Deutsche Aktienindex als das führende Stimmungsbarometer für den heimischen Aktienmarkt etabliert. Seit dem 1. Juli 1988 wird er offiziell berechnet und hat mittlerweile einige Töchter bekommen. Zu den wichtigsten Mitgliedern der Dax-Familie gehören:

Dax Er stellt den durchschnittlichen Kursverlauf für die 30 größten und umsatzstärksten deutschen Aktienwerte (Blue Chips) dar, von denen außerdem eine ausreichend große Zahl von Aktien für den freien Handel verfügbar sein muss.

MDax Er umfasst die 50 wichtigsten Werte mittelgroßer deutscher Aktiengesellschaften (Mid Caps).

TecDax Der Index der 30 größten Technologiewerte (darunter viele »Überlebende« des ehemaligen Nemax).

SDax Ein Index für 50 kleinere Unternehmen (Small Caps). Das ist ein Index, der von vielen Anlegern zu Unrecht wenig beachtet wird. Denn dahinter stehen Perlen der deutschen Wirtschaft.

Daneben gibt es noch Indizes wie den CDax, HDax (30 Dax-Werte und 50 MDax-Werte), DivDax (dividendenstarke Unternehmen) oder ÖkoDax. Er gehört zu den Strategieindizes und repräsentiert seit 2007 Unternehmen aus dem Bereich der erneuerbaren Energien. Indizes werden täglich berechnet, um den Anlegern möglichst viele Anhaltspunkte für die Entwicklung der Märkte zu bieten (mehr dazu weiter unten), oder andere, mit deren Hilfe sich die Kursentwicklung in einzelnen Branchen (wie Auto, Bau oder Chemie) sowie von Anleihen, Pfandbriefen oder Optionsscheinen verfolgen lässt.
In den einzelnen Indizes sind bei Weitem nicht die Kurse aller Gesellschaften enthalten, die an den deutschen Börsen insgesamt oder in einem bestimmten Teilmarkt (Börsensegment) gehandelt werden. Zur Darstellung der allgemeinen Kursentwicklung werden vielmehr nur solche Unternehmen ausgewählt, die bestimmte Anforderungen erfüllen. Dazu gehören vor allem die Zahl der handelbaren Aktien, die täglichen Umsätze mit diesen Papieren und eine umfassende Publizitätspflicht der jeweiligen Unternehmen.

## Dax

Da der Dax die Kursbewegungen der 30 größten deutschen Aktiengesellschaften am jeweiligen Tag in einer einzigen Indexzahl fortlaufend darstellt, handelt es sich um einen Durchschnittswert. Dahinter können sich bei den einzelnen Gesellschaften völlig unterschiedliche Kursbewegungen verbergen. So kann es zum Beispiel sein, dass die Aktien des Softwareherstellers SAP und des Elektrokonzerns Siemens an einem Tag um 3 oder 4 Prozent steigen, während gleichzeitig die Papiere von VW, BMW und Daimler fallen, weil die einen Firmen steigende Gewinne in Aussicht stellen und bei den anderen die aktuellen Zulassungszahlen einen Rückgang der Neuwagenverkäufe signalisieren. Ob der Dax oder ein anderer Index steigt oder fällt, hängt immer davon ab, ob die Tops oder die Flops überwiegen.

Die Basis für die Berechnung der Verlaufskurve des Dax sind die im Computerhandel »Xetra« gebildeten Kurse. Ihr Auf und Ab kann an einer Anzeigetafel im großen Saal der Frankfurter Börse abgelesen werden. Auf sie sind täglich auch die TV-Kameras gerichtet. Aber niemand muss bis zu den abendlichen Nachrichten warten, um zu erfahren, wie sich der Dax und seine Artgenossen verhalten. Die Kurse der einzelnen Aktien und die Entwicklung der Indizes werden von der Frankfurter Börse AG in Form eines Datenstroms kontinuierlich an Nachrichtenagenturen, Banken, Sparkassen und viele andere Abnehmer geliefert und über das Internet verbreitet. Wer entsprechend ausgerüstet ist, kann die Kursentwicklung deshalb auch im Büro oder am heimischen PC jederzeit verfolgen und sich ein Bild von der Gesamtverfassung des Marktes machen.

Für das Kurvenbild ist nicht nur entscheidend, ob die Zahl der fallenden oder steigenden Papiere überwiegt, es ist auch wichtig, welche Bedeutung diese im Dax haben. Denn die Aktien der 30 wichtigsten deutschen Aktiengesellschaften werden bei der Berechnung des Dax sehr unterschiedlich gewichtet, nämlich entsprechend ihrer Marktkapitalisierung (Kurs multipliziert mit der Gesamtzahl der jeweiligen Aktien). Daher beeinflusst eine Kursveränderung der Allianz-Aktie, die mit rund 7 Prozent gewichtet wird, den Dax wesentlich stärker als eine Kursveränderung der Henkel-Aktie, die mit unter 2 Prozent im Gesamtindex berücksichtigt wird.

Aktien- und andere Indizes sind nicht nur Barometer für die allgemeine Stimmung am Markt. Wertpapierindizes dienen auch als Erfolgsmaßstab für Investmentfonds. Wenn ein Aktienfonds besser abschneidet als der Index, sein Wert also schneller steigt als beispielsweise der Dax, kann der

Anleger mit der Wahl des Fonds zufrieden sein und das Management kann unter Hinweis auf seine Erfolge um neue Kunden werben. Indizes werden aber auch als Instrument der Kursabsicherung verwendet.

Der Dax ist ein Performance-Index

Der Dax spiegelt nicht nur die aktuelle Börsenlage wider. Dieser laufend aktualisierte Performance-Index liefert auch Zeitreihen, die die Kursentwicklung deutscher Aktien über einen längeren Zeitraum vergleichbar machen. Er startete 1987 mit 1000 Punkten an allen deutschen Börsen und fasst seither während der Handelszeiten die Veränderungen der Börsenkurse fortlaufend in einer einzigen Größe zusammen. Bei den 30 Werten, aus deren Kurs der Index errechnet wird, handelt es sich um die Aktien großer deutscher Kapitalgesellschaften. Um in den Dax aufgenommen zu werden – und drin zu bleiben – müssen bestimmte Kriterien erfüllt sein. Dazu gehören neben Publizitätspflicht vor allem:

- hoher Umsatz der jeweiligen Aktie an der Börse
- hohe Börsenkapitalisierung
- frühe Eröffnungskurse
- breite Streuung

Raus aus dem Dax – rein in den Dax

Das Management der Börse überprüft in regelmäßigen Abständen, ob die Dax-Unternehmen noch alle Anforderungen erfüllen. Ist das nicht mehr der Fall, wird der Titel aus dem Index herausgenommen und durch andere ersetzt, die bisher nur im MDax notiert waren. Das geschah bereits mehrfach. Im Jahr 2000 mussten die Aktien der einstigen Hoechst AG aus dem Dax genommen werden, weil sie durch Fusion mit der französischen Rhône-Poulenc zu Aventis geworden war, deren Anteile hauptsächlich an der französischen Börse notiert werden. 2001 wurde die Aktie der Dresdner Bank, eine der traditionsreichsten deutschen Aktiengesellschaften, aus dem Index genommen, weil die Bank von der Allianz übernommen wurde. Die Dresdner Bank wurde durch den Finanzdienstleister MLP ersetzt. Doch dem brachte das wenig Glück. Schon 2004 flog er wieder aus der ersten Liga heraus und rutschte in den MDax ab. Continental gelang dadurch 2012 der Wiedereinstieg. Im September 1995 wurde zum Beispiel die Deutsche Babcock aus dem »Korb« herausgenommen und durch die Stammaktie des Softwareherstellers SAP ersetzt. Und im November 1996 ersetzten die Aktien der Deutschen Telekom (die T-Aktie) die Anteilscheine der Metallgesellschaft im Dax.

Seit 2001 ist auch ein ausreichender Streubesitz Voraussetzung für die Aufnahme in den Dax und auch in den Euro Stoxx. Denn nur ein ausreichender Streubesitz (Anteil von Aktien, die frei handelbar sind, weil sie

sich im Besitz von Kleinanlegern, Fonds und ähnlichen Aktienbesitzern befinden und nicht als Paket bei Großaktionären liegen) sorgt dafür, dass der Markt für die jeweilige Aktie ausreichend liquide ist und es bei den Kursen nicht zu Zufallsschwankungen kommt, weil sie schon durch relativ geringe Käufe oder Verkäufe beeinflusst werden können.
Der Dax zeichnet sich durch einige Besonderheiten aus, die ihn von vielen anderen Aktienindizes qualitativ unterscheiden. Es handelt sich um einen »gewichteten und bereinigten« Index. Das heißt, bei seiner Berechnung werden die Tageskurse der Aktiengesellschaften mit dem jeweiligen Grundkapital gewichtet. Um Kapitalveränderungen zu berücksichtigen, wie sie zum Beispiel durch Bezugsrechte und Dividenden entstehen, wird der Index um diese Faktoren bereinigt. Das soll Verzerrungen verhindern. Demgegenüber handelt es sich beispielsweise bei dem Dow Jones nur um einen ungewichteten Kursdurchschnitt.

## TecDax

Neben den traditionellen Aktienmärkten für große und mittlere Unternehmen haben in Deutschland und in anderen Ländern Ende der 90er-Jahre die sogenannten Neuen Märkte für Furore gesorgt. Sie wurden für den Handel mit Aktien junger, dynamischer Unternehmen aus dem Technologiesektor geschaffen. Besonders der Neue Markt in Frankfurt gelangte dabei zu trauriger Berühmtheit. Nach einem rasanten Aufstieg Ende der 90er-Jahre, in denen er als erfolgreichste Technologiebörse Europas gefeiert wurde, geriet er in den Strudel der weltweiten Börsenkrise und vernichtete viele Vermögen schneller, als sie zuvor entstanden waren.
Er geriet aber auch deshalb in Verruf, weil immer mehr Börsengänge fragwürdiger junger Unternehmen, betrügerische Aktiengeschäfte, Kursmanipulationen und Bilanztricksereien bekannt wurden. Nicht nur die Anleger, sondern auch die seriösen jungen Unternehmen kehrten diesem in Verruf geratenen Markt daher schließlich den Rücken. Der Deutschen Börsen AG, die sich vorher im trügerischen Glanz ihrer jungen Börse gesonnt hatte, blieb schließlich nichts anderes übrig, als den Neuen Markt Mitte 2003 in aller Stille zu beerdigen. An seine Stelle trat – nachdem die Spreu vom Weizen getrennt worden war – 2003 der TecDax als neuer Index des Technologiemarkts.
Der TecDax ist das Schaufenster für die mittleren und kleinen Technologiewerte und bietet Anlegern die Möglichkeit, in zukunftsträchtige Unternehmen und deren Produkte zu investieren. Er enthält die 30 größten

Aktien aus Technologiebranchen. Seine Mitglieder dürfen, anders als früher, nun bei zunehmender Bedeutung und Größe in die erste Börsenliga aufsteigen, also in den Dax. Die Kontrollen sind schärfer, die Publizität größer. Der Markt ist dadurch seriöser geworden. Doch neue Engagements sollten trotzdem mit Vorsicht eingegangen werden. Die Aktien im TecDax gehören zu Unternehmen, die ihrer Natur nach nicht so krisenfest sind wie die großen Dax-Unternehmen. Die innovativen Firmen haben meist nur eine verhältnismäßig geringe Marktkapitalisierung. Wenn diese Wertpapiere von Brokerhäusern oder Aktieninformationsdiensten empfohlen oder von »kaufen« auf »halten« oder gar »verkaufen« zurückgestuft werden, kann es daher zu starken Kursschwankungen kommen. Es kann deshalb auch nicht ausgeschlossen werden, dass gelegentlich Empfehlungen von »Börsengurus« gezielt gegeben werden, um die Kurse zu bewegen. Unerfahrene Anleger, die sich von stark steigenden Kursen blenden lassen, können dann die Opfer derartiger Manöver werden.

Innovative Firmen im TecDax

Wer aber unerschrocken genug war, vor allem in den immer noch von Pessimismus geprägten Jahren 2003 und 2004 Geld in die verbliebenen Technologiewerte zu investieren, erhielt die Aktien zu Ausverkaufspreisen und wurde für seinen Mut schon in den beiden folgenden Jahren reichlich belohnt. Der Index, der bis Mitte 2003 auf fast 300 Punkte abgesackt war, stieg bis Anfang 2006 auf Werte um 760 Punkte. Einzelne Aktien legten noch rasanter zu: Qiagen verdreifachte sich fast, von 4,43 Euro auf fast 13 Euro. Wer in IDS Scheer investiert hatte, konnte zusehen, wie der Wert seines Einsatzes fast um das Vierfache stieg, nämlich von 4,43 Euro auf über 16 Euro.

Beispiel

Geradezu raketengleich schossen auch die zuvor arg gebeutelten Anteile von Tele Atlas, einem Hersteller von Navigationsgeräten, in die Höhe, nämlich von 0,62 auf 32 Euro. Das war das 51-Fache des Einsatzes. Wer damals beispielsweise 155 Euro aus der »Spielgeldkasse« riskiert hätte, um 250 Stück Tele Atlas zu kaufen, hätte bei einem Verkauf im März 2006 dafür exakt 8000 Euro einstreichen können. Aber »wenn« und »hätte« zählen an der Börse nicht. Im Nachhinein kann sich jeder reich rechnen.

In der Realität gelingt der Einstieg am Tiefpunkt nur selten und meist fehlt auch der Mut, aber das Beispiel zeigt, was sich gewinnen lässt, wenn man beides hat: viel Mut und ein wenig Glück. Auch wenn man erst den Mut gefunden hätte, nachdem der Kurs auf 1,24 Euro pro Aktie gestiegen war und sich damit bereits verdoppelt hatte, hätte man immer noch einen traumhaften Gewinn gemacht. Und auch wer die Aktie erst bei einem Kurs von 10 Euro entdeckte, konnte mit dem Ergebnis zufrieden sein – musste ihn aber mit einem wesentlich höheren Einsatz (und Risiko) erkaufen. Das Investment wäre aber in jedem Fall höchst spekulativ gewesen. Denn bis Anfang 2006 hatte es Tele Atlas noch nie geschafft, in die Gewinnzone zu kommen. Leider sind solche Schnäppchen nur recht selten zu machen.

**WISO** Tipp

Der Risikostreuung wegen sollten Sie nur einen Teil des Investments in Technologieaktien stecken. Empfehlungen von Beratern oder Börsendiensten sollten Sie hier besonders sorgfältig prüfen.

Kursbewegungen im TecDax von 10 Prozent nach oben oder unten sind keine Seltenheit. Deshalb hat der »kleine Crash« Anfang 2008 die Anleger weniger stark erschüttert als die Anleger in der »old economy«, die einen solchen Kursrutsch seit dem 11. September 2001 nicht mehr erlebt hatten. Aber auch in diesem Fall war es nur ein Zwischentief, wie Anleger spätestens im Mai 2013 feststellen konnten, als der Dax neue historische Höchststände erreichte. Der seit Juli 2007 berechnete TecDax allerdings hatte zu diesem Zeitpunkt mit 960 Punkten seinen bis dahin erreichten Höchststand (1058 Punkte im November 2007) immer noch nicht wieder erreicht. Das zeigt, dass sich die verschiedenen Segmente der deutschen Börsen zwar meist in dieselbe Richtung, aber keineswegs immer parallel entwickeln.

## SDax

SDax für deutsche Nebenwerte

Eine Hilfe für den Anleger, der sich für deutsche Nebenwerte (siehe das Kapitel *Nebenwerte sind keine Nebensache*) interessiert, ist die 1999 geschaffene Handelsplattform SDax. Dieses elektronische System war nicht für die am Neuen Markt gehandelten jungen Unternehmen gedacht, sondern für erfolgreiche, etablierte mittelständische Gesellschaften. Firmen, die sich für den SDax-Handel registrieren lassen wollen, müssen die von der Deutschen Börsen AG gesetzten Bedingungen erfüllen und ihre Einhaltung gewährleisten. Es werden zum Handel in diesem Bereich der Börse deshalb nur Aktien zugelassen, die folgende Bedingungen erfüllen:

- Sie müssen für den Handel im Premium Standard zugelassen sein.
- Mindestens 20 Prozent (und möglichst 25 Prozent) der Aktien eines Unternehmens müssen für den freien Handel zur Verfügung stehen, dürfen also nicht in »festen Händen« sein.
- Die Unternehmen müssen regelmäßig und zeitnah Quartalsberichte (auch in englischer Sprache) vorlegen.

- Ein Kreditinstitut oder Finanzdienstleister muss als Betreuer fungieren und auf Anfrage Kurse nennen sowie Informationsmaterial bereitstellen.
- Die Gesellschaft muss sich dazu verpflichten, auch Kleinaktionären bei einer Übernahme ein Abfindungsangebot zu machen.
- Der Aktienbesitz von Vorstand und Aufsichtsrat muss im Jahresbericht genannt werden.
- Die Aktiengesellschaft muss mindestens einmal im Jahr eine Informationsveranstaltung für Analysten anbieten.

Die im SDax notierten Nebenwerte bieten damit dem Anleger eine gewisse Gewähr für Qualität. Die Entwicklung der Spitzenvertreter unter den im SDax vertretenen Aktiengesellschaften wiederum zeichnet der SDax-Index nach, der 50 Werte umfasst und ebenfalls 1999 das Licht der Börsenwelt erblickte. Dieser Index soll die Entwicklung der wichtigsten Nebenwerte abbilden und damit einen Maßstab setzen, an dem alle in diesem Bereich notierten Aktien gemessen werden können. Er bildet auch die Grundlage für neue Derivate (Wertpapiere, deren Wert sich an der zugrunde liegenden Aktie oder einem Aktienkorb orientiert), die an die Entwicklung der Nebenwerte anknüpfen.

## MDax und andere

MDax für mittelgroße deutsche Aktiengesellschaften

Daneben gibt es seit 2003 einen von 70 auf 50 Aktien verkleinerten MDax für mittelgroße deutsche Aktiengesellschaften sowie Indizes für 18 verschiedene Branchen. Dazu kommen noch einige andere weniger bedeutende Aktienkörbe. Diese Indizes können auch ausländische Werte aufnehmen. Dadurch wurde beispielsweise der europäische Luft- und Raumfahrtkonzern EADS zum größten MDax-Titel.

Neben den Performance-Indizes gibt es weitere Kennziffern für spezielle Zwecke. Dazu gehört der VDax, der die Volatilität des Marktes widerspiegelt, also die Stärke von Kursschwankungen. Ein hoher Wert weist auf einen unruhigen Markt hin, niedrige Werte lassen eine Entwicklung ohne starke Kursschwankungen erwarten. Der VDax wird auch »Angstbarometer« genannt. Ein anderer ist der Late-Dax: Um Investoren auch nach Ende des Xetra-Handels Anhaltspunkte für die Entwicklung der deutschen Benchmark-Indizes zu bieten, berechnet die Deutsche Börse seit dem 3. November 2003 abends zwischen 17.30 Uhr und 20.00 Uhr im Minutentakt Late-Indizes. Diese »Spät-Indikatoren« entsprechen in ihrer Zusammensetzung exakt dem Dax, MDax, SDax oder TecDax, stützen sich aber auf die Kurse des Parketthandels an der Frankfurter Wertpapierbörse.

Dazu kommen »private« Indizes wie die von der *Frankfurter Allgemeinen Zeitung (FAZ)* berechneten Zahlenreihen. Auf die Aktienkurse wirken sich diese Indikatoren aber kaum aus. Aber Aktien, die bei Neuordnungen aus einem der wichtigen Indizes herausfallen, können unter Druck geraten. Analysten, die Öffentlichkeit und große Investoren interessieren sich dann weniger für solche Titel. Das kann den Kurs negativ beeinflussen und dazu führen, dass die Kursbewegungen wesentlich träger verlaufen. Daraufhin steigen manche Anleger aus solchen Anleihen aus, was wiederum zu Kursverlusten führen kann.

So wichtig Indizes sind, um die Entwicklung am Markt zu verfolgen, Trendwenden zu erkennen oder die Wertentwicklung von eigenen Aktien oder Fonds durch Vergleich mit dem Dax, Stoxx oder anderen Indikatoren zu messen – Kurvenbeobachtung allein reicht nicht. Jeder Anleger muss sich auch ein Bild davon machen, mit wem und auf was er sich einlässt, wenn er Anteile an einem bestimmten Unternehmen kauft.

Natürlich verlangt niemand von Ihnen, dass Sie zunächst eine Ausbildung als Aktienanalyst abschließen, ehe Sie mit dem Kauf von Wertpapieren beginnen. Sie können sich vielmehr auf die umfangreichen Informationen und Analysen stützen, die das große Heer der Experten bereitwillig liefert. Die Berufsbörsianer wenden dabei zwei höchst unterschiedliche Methoden an: die »technische Analyse« und die »Chartanalyse«. Bei der ersten Methode werden alle verfügbaren Daten über die allgemeine Konjunktur einerseits und die spezielle Situation des jeweiligen Unternehmens andererseits ausgewertet. Im zweiten Fall werden aus der bisherigen Kursentwicklung Rückschlüsse auf das künftige Schicksal der betreffenden Aktie gezogen (zu den Analysetechniken siehe das Kapitel *Wie man die richtigen Aktien findet*).

## Stoxx: Der Index Europas

Die führenden Börsen im Euro-Land haben sich bereits 1998 auf gemeinsame Indizes geeinigt, die die Kursentwicklung nicht nur in einzelnen Ländern, sondern in der gesamten Währungsunion und zusätzlich in einem um wichtige andere Märkte erweiterten Europa abbilden. Es sind der Euro Stoxx 50 als EWU-Index und der Stoxx 50 für die gesamte Europäische Union und die Schweiz. Börsenbarometer mit einem gesamteuropäischen Aktienmix haben für Anleger eine wachsende Bedeutung, da die im Index enthaltenen Unternehmen das Börsengeschehen über die jeweiligen Ländergrenzen hinweg beeinflussen und die Kursbewegungen dieser Aktien meist ausgeprägter sind als bei den Nebenwerten.

Entwickelt wurden die Indizes von Stoxx Ltd., einem Gemeinschaftsunternehmen der Börsen Frankfurt, Paris, Zürich und des amerikanischen Unternehmens Dow Jones. Im Euro-Index Dow Jones Euro Stoxx 50 sind die bedeutendsten Aktienwerte aus den Mitgliedsländern der Währungsunion enthalten. Er bildet den durchschnittlichen Kursverlauf der 50 »Börsenschwergewichte« aus der gesamten Europäischen Union einschließlich der Schweiz ab. Ausgewählt werden die Index-Unternehmen nach den Kriterien Marktkapitalisierung (Zahl der gehandelten Aktien, multipliziert mit ihrem Kurs), Liquidität (gemessen am täglichen Umsatz dieser Aktien) und Branchenzugehörigkeit. Da sich hier immer wieder Änderungen vollziehen (zum Beispiel durch Fusionen), werden die Stoxx-Indizes immer wieder an neueste Entwicklungen angepasst – so wie auch der Dax.

**WISO** Tipp

Als Anleger sollten Sie Nachrichten über die künftige Zusammensetzung der »Börsenliga« aufmerksam verfolgen. Auf- oder Abstieg einer Aktie führt häufig zu Kursbewegungen.

Neben den beiden »großen« Stoxx-50-Indizes, die nur die größten, umsatzstärksten Aktienwerte enthalten (»Blue Chips«), wurden der Dow Jones Stoxx geschaffen, der 666 börsennotierte Unternehmen aus 16 europäischen Ländern umfasst, sowie der Dow Jones Euro Stoxx, der den Kursverlauf von 326 Unternehmen aus dem EWU-Gebiet abbildet. Sie sind vergleichbar mit dem deutschen MDax: Beide enthalten Aktien mittelgroßer europäischer Aktiengesellschaften. Auch diese Indizes werden regelmäßig daraufhin überprüft, ob die Unternehmen weiterhin die Bedingungen für die Aufnahme in den Index erfüllen oder durch Aufsteiger ersetzt werden müssen.

Das geschieht nicht erst, nachdem die Entscheidung gefallen ist, sondern bereits vorher. Immer nach dem Motto: An der Börse wird Zukunft gekauft. Einer der Gründe dafür ist, dass Fonds, die mit ihrem Aktienkorb die Zusammensetzung der Indizes nachbilden, die Anteilscheine der Aufsteiger in ihr Portefeuille aufnehmen müssen und die Absteiger verkaufen. Das führt bei Stoxx-Werten ebenso wie beim Dax zu steigender Nachfrage oder (bei Absteigern) zu einem Abgabedruck. Und das bleibt in der Regel nicht ohne Auswirkungen auf den Kurs dieser Aktien.

Davon können aber nur Anleger profitieren, die sich regelmäßig in den Medien informieren und frühzeitig in diese Unternehmen investieren. Denn wenn der Beschluss erst einmal öffentlich verkündet wurde, ist das längst in den Kurs »eingepreist«.

## Ausländische Aktien und Märkte

»Bleib zu Haus und nähr dich redlich.« Dieser Spruch aus der Welt der Kleinstaaterei und der abgeschotteten Märkte gilt für Aktiensparer schon lange nicht mehr. Es gibt nicht mehr »die Börse«. Weltweit gibt es zahlreiche Märkte für Wertpapiere oder standardisierte Waren wie Gold, Silber, Schweinehälften, Weizen oder Rohöl. Auch in Deutschland werden Wertpapiere an verschiedenen Börsen gehandelt. Neben der dominierenden Wertpapierbörse in Frankfurt gibt es regionale Börsen in Düsseldorf, Stuttgart, München, Berlin und anderen Orten. Auch diese Börsen sind wieder in Teilmärkte (Segmente) untergliedert oder haben sich auf bestimmte Finanzprodukte (wie Optionsscheine und andere Derivate) spezialisiert. Stuttgart hat sich als Marktführer im Derivatehandel etabliert und will auch das Segment der Mittelstandsanleihen für sich erobern. Hamburg sieht sich als führend beim Handel mit offenen Immobilienfonds. Die Berliner Börse bietet die meisten ausländischen Aktien an – und mit Tradegate eine Handelsplattform, die besonders lange geöffnet ist und oft günstigere Abwicklungsentgelte bietet als andere Börsen. Beim Handel vom heimischen Computer aus können Sie oft selbst bestimmen, wo Ihre Geschäfte abgewickelt werden.

**WISO** Tipp

Schauen Sie sich die Regionalbörsen an: Sie bieten oft günstigere Konditionen und spezielle Angebote, zum Beispiel für Geschäfte mit Optionen.

Und alle diese Märkte stehen nicht nur Banken, Versicherungen oder Großaktionären, sondern auch dem normalen Anleger offen.

Aktionäre sind schon lange nicht mehr darauf angewiesen, ihr Geld nur in Anteilen von inländischen Unternehmen anzulegen. Kapital kann in Sekundenbruchteilen jeden Börsenplatz der Welt erreichen. Wenn Sie der Meinung sind, dass amerikanische, französische, indische oder chinesische Unternehmen Ihnen einen größeren Wertzuwachs bescheren könnten, ist es heute überhaupt nicht mehr schwer, gezielt in diese Unternehmen zu investieren. Es kann zwar sein, dass der direkte Kauf an der Heimatbörse ausländischer Aktiengesellschaften Ihnen zu teuer oder zu kompliziert ist. Doch viele der interessanten Titel werden auch an einer deutschen Börse gehandelt. Vor allem die Börsen in München, Berlin und Frankfurt haben sich auf Auslandsaktien spezialisiert.

**WISO** Tipp

Viele ausländische Unternehmen haben ihre Aktien aus Kostengründen nur in Berlin, München oder Stuttgart registrieren lassen.

Es empfiehlt sich allerdings, im Internet nachzusehen oder den Broker zu fragen, wo mit der jeweiligen Aktie die größten Umsätze gemacht werden und an welcher Börse im Augenblick der Kurs am günstigsten ist. Zwischen den verschiedenen Handelsplätzen kann es nämlich kurzfristig zu gewissen Unterschieden kommen. Außerdem sollten Käufe oder Verkäufe möglichst zu einer Zeit stattfinden, in der auch die Heimatbörse geöffnet ist – bei einer in New York notierten Aktie also gegen Ende der Handelszeit in Deutschland. Wenn in Tokio, Hongkong oder New York keine aktuellen Kurse gestellt werden, haben die Händler in Deutschland nämlich keinen genauen Anhaltspunkt dafür, wohin die Reise geht. Die Spanne zwischen Kauf und Verkauf (Spread), die der Börsenmakler berechnet, ist dann sehr hoch. Da die Papiere in Deutschland bei Weitem nicht in so großen Mengen gehandelt werden wie an ihrer jeweiligen Heimatbörse und sie auch im Vergleich zu den Dax-Werten relativ geringe Umsätze haben, sollten Sie immer festlegen, welchen Kurs Sie bei Kauf oder Verkauf höchstens oder mindestens zu akzeptieren bereit sind – also Limits setzen (siehe dazu das Kapitel *Limits: Dem Risiko Grenzen setzen*). Andernfalls könnte es sein, dass Sie bei den Kursen, die später auf der Abrechnung stehen, eine böse Überraschung erleben. Denn in »engen Märkten« können auch kleinere Orders die Kurse rasch in Bewegung setzen. Sprechen Sie darüber mit Ihrem Berater oder nutzen Sie bei Orders im Internet die Möglichkeiten, Limits zu setzen.

Der Spread

## Was sind »ausländische« Aktien?

Hier muss zwischen Unternehmen unterschieden werden, die ihren Sitz in beziehungsweise außerhalb des Euro-Raumes haben. Aktien von Unternehmen in Frankreich, Italien, den Niederlanden, Finnland oder einem anderen Euro-Land sind für den deutschen Anleger keine »ausländischen« Aktien mehr. Sie werden mit dem gleichen Geld gekauft wie deutsche Aktien, mit dem Euro. Seit 1999 spielen Wechselkursveränderungen hier also keine Rolle mehr.

Grundsätzlich gelten aber auch außerhalb von Euro-Land hinsichtlich der Risiken und Gewinnaussichten beim Aktienkauf im Ausland die gleichen Überlegungen wie beim Kauf deutscher Aktien. Der hauptsächliche Unterschied besteht im Wechselkursrisiko, das zusätzlich zum Kursrisiko hinzukommt – aber auch in der Chance eines Extragewinns. Wenn der Wechselkurs der Währung steigt, in der die Aktien notiert werden, kann dies zu einem zusätzlichen Profit führen. Wenn diese Währung (zum Beispiel Pfund Sterling, Schweizer Franken, Yen, US- oder australischer Dollar) an den Devisenbörsen dagegen im Kurs fällt, schmälert dies den möglichen Gewinn beziehungsweise verschärft den Verlust aus dem Aktiengeschäft.

Wechselkursrisiko

Beispiel
Sie kaufen US-Aktien im Wert von 1000 Dollar. Dafür müssen Sie bei einem Wechselkurs von 0,90 Euro je Dollar 900 Euro aufbringen. Wenn jetzt der Kurs der Aktien um 10 Prozent steigt, können Sie beim Verkauf 1100 Dollar kassieren. Das entspricht einem Gewinn von 10 Prozent. Sollte inzwischen der Dollarkurs auf 0,80 Euro gefallen sein, erhalten Sie beim Umtausch aber nur 880 Euro gutgeschrieben. Der erhoffte Gewinn hat sich wegen des gefallenen Dollarkurses in einen Verlust von 20 Euro verwandelt, 2,2 Prozent des eingesetzten Kapitals: Der Währungsverlust hat den Börsengewinn aufgezehrt. Umgekehrt wäre es, wenn in der Zwischenzeit der Dollarkurs auf 0,95 Euro gestiegen wäre. Dann würde Ihnen der Umtausch 1045 Euro einbringen. Der Gesamtgewinn würde bei insgesamt 16 Prozent des eingesetzten Geldes liegen.

**WISO** Tipp

Es kann sinnvoll sein, neben dem üblichen Bankkonto in Euro bei Ihrer Bank auch Währungskonten in Dollar, Yen und anderen Währungen anzulegen – als Zwischenparkplatz.

Wechselkursveränderungen wirken also entweder als Verstärker oder Dämpfer auf die an der Börse erzielten Resultate. Innerhalb der Währungsunion gehören solche Risiken der Vergangenheit an. Es herrschen die gleichen Verhältnisse wie innerhalb Deutschlands: Ein Euro bleibt ein Euro – unabhängig davon, ob er bei einem Verkauf an der Börse in Paris, Amsterdam oder Frankfurt erzielt wurde.
Wenn Sie Aktien oder andere Wertpapiere außerhalb des Euro-Raums besitzen, die Sie mit Blick auf den Kurs oder die zu erwartende Entwicklung des Unternehmens verkaufen möchten, der derzeitige Wechselkurs für Sie aber ungünstig ist, können Sie das Geld auf einem Währungskonto (beispielsweise einem Dollarkonto) »parken«. Das können Sie bei jeder Bank im In- oder Ausland einrichten. Sie können dann mit dem Umtausch des Erlöses in Euro warten, bis der Wechselkurs für Sie wieder günstiger geworden ist.
Es gibt auch die Möglichkeit, mit dem Geld auf diesem Konto kurz- oder langfristig neue Wertpapiere zu erwerben und so bis zum endgültigen Umtausch in Euro noch Zinsen zu kassieren oder Kursgewinne zu machen.
Aktienkäufer orientieren sich immer weniger am herkömmlichen nationalen Markt, sondern tummeln sich auf den Wertpapiermärkten im Euro-Währungsgebiet. Wer beispielsweise davon ausgeht, dass Energieerzeuger oder Banken vor einem kräftigen Aufschwung stehen, kann sich innerhalb des Euro-Raumes diejenigen heraussuchen, die nach seiner Meinung das größte Potenzial haben, ohne dabei ein Wechselkursrisiko einzugehen. Im Hinblick auf künftige Kurssteigerungen oder eine gute

**WISO** Tipp

Ein Investment in Small-Caps »exotischer Länder« sollten Sie darauf spezialisierten Fondsmanagern überlassen – oder den Index kaufen.

Dividende kann eine spanische Bank interessanter erscheinen als beispielsweise ein deutsches oder belgisches Kreditinstitut. Gleiches gilt für Aktien- und Rentenfonds (mehr dazu im Kapitel *Geldanlage in Fonds*). Auch hier denkt man international. Allerdings gibt es etwas zu bedenken: Wenn es schon im Heimatland schwierig ist, sich die zum eigenen Risikoprofil und zum persönlichen Sparziel passenden Wertpapiere herauszusuchen und dabei auch einige der kleinen, aber feinen Unternehmen aus der großen Zahl der Small Caps herauszupicken, dann gilt das erst recht für den EU-Markt, für Osteuropa, Asien oder Lateinamerika.

## Aktienverlagerung statt Arbeitsplatzverlagerung

Was die Unternehmen immer häufiger tun, können Aktionäre schon lange: Die Chancen im Osten ausloten. Für private Anleger ist das sogar noch viel einfacher. Wenn sie Teile ihres Kapitals in Osteuropa investieren wollen, brauchen sie nur zum Telefon zu greifen, um ihrer Bank einen entsprechenden Auftrag zu geben. Unternehmen, die Arbeitsplätze nach Polen oder Ungarn verlagern wollen, haben da schon größere Widerstände zu überwinden.

**WISO** Tipp

Auch wenn Informationen über osteuropäische Unternehmen schwer zu bekommen sind, können Sie über Fondsanteile oder Zertifikate in diese Märkte investieren.

Risikofreudigen Anlegern bieten sich auf den »Emerging Markets« im Osten neue Chancen. Das gilt für Bulgarien und Rumänien, mehr noch für Russland und die Börsen der Länder Mittel- und Osteuropas, die bereits Vollmitglieder der Europäischen Union sind. Denn immer mehr der dort ansässigen Unternehmen profitieren in hohem Maße vom Beitritt zur EU und den offenen Grenzen für ihre Produkte. Solange sie als »Niedriglohnländer« gelten und immer mehr Teile und Fertigprodukte von dort in die »Hochlohn- und Hochsteuerländer« importiert werden, erzielen sie schnell steigende Umsätze und Gewinne. Doch auch in diesem Fall ist es für den normalen Anleger außerordentlich schwer, die goldene Nadel im Heuhaufen zu entdecken. Sich direkt im Land, aus der dortigen Presse, aus Informationsdiensten oder Quellen im Internet zu informieren scheitert meist an der Sprachbarriere. In deutsch- oder englischsprachigen Medien wird – wenn überhaupt – nur wenig berichtet. Daher empfiehlt es sich, diese Investments über Fonds oder den Kauf von Zertifikaten vorzunehmen.

Wer diese Chance rechtzeitig erkannt hat, musste das nicht bereuen. Beispiel: Gut geführte Fonds, die sich auf die »Emerging Markets«, die aufsteigenden Märkte Osteuropas und Russlands, spezialisiert hatten, erzielten von 2005 bis 2006 innerhalb eines Jahres einen Wertzuwachs von über 50 Prozent. Anleger, die bereits seit 2002 in solche Fonds investierten, konnten sich oft über eine Verdreifachung ihres Einsatzes freuen – am meisten dann, wenn sie auch rechtzeitig wieder ausstiegen. Denn auch die Märkte in Osteuropa und anderen Boomregionen der Welt blieben von der Finanzkrise nicht verschont. 2011 verlor der MSCI Emerging Market Index, der die Entwicklung von Aktienkurse in 25 Staaten aus Lateinamerika, Asien und Osteuropa widerspiegelt, über 20 Prozent. Nach anderthalb Jahren konnte der Index diese Verluste wieder weitgehend wettmachen.

Solche Erfahrungen zeigen, welche Chancen die Emerging Markets bieten können, sie zeigen aber auch, dass derartige Geldanlagen nichts für Sparer mit schwachen Nerven sind. Andererseits: Beim Lesen der Wachstumsprognosen für die sogenannten BRIC-Staaten (Brasilien, Russland, Indien, China) können Berater immer noch ins Schwärmen geraten, wenn sie deren Aussichten mit denen der alten Industriestaaten vergleichen. Während die westeuropäischen Industriestaaten um anderthalb Prozentpunkte Wirtschaftswachstum bangen, reichen die Prognosen für die Schwellenländer (und diejenigen, die die Schwelle schon deutlich überschritten haben) bis zum Vierfachen oder Fünffachen. 2013 haben die Schwellenländer hinsichtlich ihrer Wirtschaftskraft zum ersten Mal das Niveau ihrer ehemaligen Lehrmeister erreicht.

**WISO** Tipp

Wer auf hohem Niveau einsteigt, darf nicht erwarten, dass es immer so bleibt. Es ist meist besser, auf einen Rückschlag zu warten und dann zu investieren, wenn die Talsohle erreicht ist. Der richtige Zeitpunkt ist meist nur per Zufall zu erwischen. Ein schrittweises Vorgehen ist die bessere Strategie, einen günstigen Durchschnittspreis zu erzielen.

Einen außerordentlich starken Aufschwung haben seit 2001 auch die Aktienmärkte der Schwellenländer im Nahen Osten und in Afrika genommen. Das gilt besonders für die Türkei. Sie entwickelte sich zu Europas Wachstumsmeister. Dabei war sie 1994 nahezu pleite. Während der Dax in den Jahren zwischen 2003 und 2013 zwar kräftig zulegte, dabei aber nur seine alten Höchststände wieder erreichte (und das nur, weil er als Performance-Index auch die zwischenzeitlichen Dividendenausschüttungen wiederspiegelt), trumpften türkische Anteilscheine groß auf. Der Istanbul-ISE-100-Index explodierte im gleichen Zeitraum regelrecht: Von 12 500 Punkten im Jahr 2003 auf 87 500 Punkte zehn Jahre später.

Eine überdurchschnittliche Wertentwicklung können auch exotische Börsenplätze wie Ägypten, Jordanien, Saudi-Arabien, Kuwait und andere Länder aufweisen. Die »Petrodollars« heizen die Kurse an. Da der Handel mit Erdöl hauptsächlich in US-Dollar abgerechnet wird, bezeichnet man das hierfür verwendete Geld als Petrodollar. Die europäischen Anleger haben diese Börsen lange Zeit ebenso ignoriert wie die Aktienmärkte Lateinamerikas. Das war ein Fehler. Der brasilianische Leitindex Bovespa und der Index der mexikanischen Börse notierten immer wieder Höchststände. Der Hintergrund waren haussierende Rohstoffpreise und eine insgesamt stark wachsende Weltwirtschaft. Der chinesische Rohstoffhunger kommt nicht zuletzt den südamerikanischen Lieferanten von Eisenerz, Kupfer und Sojabohnen zugute. In Brasilien waren es aber auch erfolgreiche Investitionen, die Entwicklung einer aktiven sozialen Mittelschicht und nicht zuletzt auch die Wachstumsimpulse, die von den Olympischen Spielen und der Fußballweltmeisterschaft ausgingen.

**WISO** Tipp

Wenn Sie langfristig sparen, kann es sinnvoll sein, bis zu 20 Prozent des Aktienkapitals in den aufstrebenden Ländern zu investieren.

Angesichts der politischen Verhältnisse in Lateinamerika ist der Kursanstieg, der seit der Jahrtausendwende zu beobachten war, zwar noch weniger als in anderen Teilen der Welt eine Garantie dafür, dass sich dort sorgenlos investieren lässt. Aber für risikobereite Anleger gilt heute: »Mein Feld ist die Welt.« Doch diese Welt ist in ständiger Bewegung. Wer sein Geld in »Emerging Markets« anlegt, sollte die Aktienkurse ständig verfolgen. Wer erst nach einigen Jahren nachsieht, was daraus geworden ist, wird möglicherweise kaum noch etwas finden.

Wer Zweifel hat, ob das alte Europa noch einmal die Kraft aufbringt, seine Wirtschaft und Gesellschaft so zu reformieren, dass sie das Wachstumstempo mithalten kann, das die aufstrebenden Länder Asiens und Lateinamerikas vorlegen, sollte bei seiner Geldanlage entsprechend disponieren.

Wer sich an zukunftsträchtigen Unternehmen außerhalb Europas beteiligen will, muss deshalb nicht unbedingt versuchen, an den dortigen Börsen zu kaufen oder zu verkaufen oder bei dortigen Banken Konten einzurichten. Viele Anteilscheine asiatischer, südamerikanischer oder osteuropäischer Länder werden ebenso wie viele Aktien australischer oder neuseeländischer Gesellschaften auch an deutschen Börsen gehandelt. Sie hier zu kaufen hat für private Anleger große Vorteile: Damit diese Aktiengesellschaften in Deutschland zum Handel zugelassen werden, müssen sie Mindestanforderungen hinsichtlich Transparenz und Aktionärsfreundlichkeit erfüllen. Die Papiere werden hier in Euro gehandelt statt in der Heimatwährung des Gesellschaften. Auch wegen der ansonsten oft sehr hohen Kosten und aus steuerlichen Gründen empfiehlt es sich in den meisten Fällen, diese Papiere nicht an ihrer Heimatbörse, sondern in

Deutschland zu erwerben. Die hier gelisteten Unternehmen werden in vielen Fällen von europäischen Analysten beobachtet und von Banken in ihre Empfehlungslisten aufgenommen. Auch die Medien berichten regelmäßig über viele dieser Gesellschaften. In der Wirtschaftspresse finden sich daher immer wieder Hinweise, welche Aktien für ein Investment infrage kommen könnten. Wer aber mit dem hier verfügbaren Angebot an Beteiligungsmöglichkeiten nicht zufrieden ist oder sich nicht zutraut, die Perlen herausfischen zu können, sollte den Einstieg in die Aktienmärkte der BRIC-Länder über den Erwerb entsprechender Investmentfonds oder Zertifikate wählen.

Und wer sich gleich an der Wirtschaft der ganzen Welt beteiligen will, kann dies ebenfalls tun. Zertifikate auf den MSCI-Weltindex und seine vielen speziellen Branchenindizes spiegeln die Entwicklung an den wichtigen Börsen der Welt.

Übrigens: Weltweit anlegenden Aktienfonds dient der MSCI World Index als Benchmark (Vergleichsmaßstab) für den eigenen Erfolg – oder auch Misserfolg.

## Die asiatischen Märkte

Wer sich an der Entwicklung des MSCI-World beteiligt, erzielt damit zwar eine sehr breite Streuung von Risiken und Chancen, kauft aber Gewinner und Verlierer in einem Sack.

Bessere Renditen lassen sich erzielen, wenn man sich als Anleger auf die Regionen der Welt konzentriert, die die höchsten Wachstumschancen versprechen. Aber wo die liegen, weiß man erst im Rückblick ganz genau. Doch dann ist es zu spät, die Chancen zu nutzen, die ein früher Einstieg in die Zukunftsmärkte bietet. Heute wissen wir, dass Investments in Asien in den vergangenen Jahren ansehnliche Renditen brachten, und die Wahrscheinlichkeit ist hoch, dass sie noch für lange Zeit ein Zugpferd für Wachstum und Entwicklung sein werden. Auch das BRIC-Konzept ist aufgegangen, wie man im Rückblick sagen kann. Brasilien, Russland, Indien und China haben als Gruppe die in sie gesetzten Erwartungen erfüllt. Aber Wunder gibt es auch in den BRIC-Staaten nicht. Anfang 2008 riss der »kleine Crash« auch die asiatischen Börsen mit. Sie verloren überproportional. Das ist keine Seltenheit. Es sind immer die Börsenplätze, die am meisten verlieren, die zuvor besonders deutlich zugelegt hatten. Die asiatischen Märkte sind sehr volatil und reagieren empfindlich auf das Geschehen an den amerikanischen und europäischen Börsen. Die Sorge um eine US-Rezession, ein schwacher Dollar oder auch die Eurokrise wirken sich auch auf der anderen Seite der Welt aus. Beispiel: Weil sich 2011 die Überschuldungskrise des kleinen Griechenland dramatisch zuspitzte, sackten die Kurse auch in den Schwergewichten der Weltwirtschaft ab.

## BRIC, MIST, SMIT und Next Eleven

Immer neue Abkürzungen bereichern die Sammlung der Schwellenländer. Während BRIC, die Buchstaben stehen für Brasilien, Russland, Indien und China, dem interessierten Anleger seit 2001 geläufig sind, tauchen immer mehr Akronyme zur Beschreibung neuer, vielversprechender Aktienkörbe auf. Das liegt daran, dass es den Industrieländern in Zukunft an Dynamik fehlen könnte und auch den BRIC-Ländern in kommenden Jahren nicht mehr das Wachstumspotenzial von einst zugetraut wird. Unbestreitbar ist, dass es BRIC im ersten Jahrzehnt des neuen Jahrtausends auf jährliche Wachstumsraten von rund 13 Prozent gebracht und damit im internationalen Vergleich eine erstklassige Performance gezeigt hat. Aber mit zunehmender Reife werden sich in diesen Ländern auch die Wachstumsraten normalisieren.

**WISO** Tipp

Die elf Länder, von denen viele Börsenexperten heute träumen, können Sie in einem Korb an der deutschen Börse kaufen.

Deshalb machten sich die Jäger zukünftiger Schätze – wie etwa Jim O'Neill von Goldman Sachs, der Vater der »BRIC-Idee«, erneut auf die Suche nach einem ähnlich erfolgversprechenden Konzept. Die neuen Wachstumskandidaten versammelte er zunächst unter dem Begriff MIST. Dahinter verbergen sich wieder vier Länder. Diesmal sind es Mexiko, Indonesien, Südkorea und die Türkei. Doch das Akronym war ungeschickt gewählt. Die neuen Stars unter den Aktienmärkten ließen sich als »MIST« nur schwer unters Volk bringen. Deshalb wurde MIST von Marketingstrategen in SMIT umgetauft. Sie hoffen nun für die kommenden Jahre auf ein Ergebnis, das dem Boom bei BRIC zwischen 2007 und 2012 entspricht. Die SMIT-Volkswirtschaften werden sich nach Ansicht vieler Wirtschaftsforscher zwar nicht so explosiv entwickeln wie die BRIC-Länder in ihrer Anfangsphase, aber zumindest die Türkei hat nach 2010 die kühnsten Erwartungen übertroffen. Der Aktienmarkt war 2012 mit einem Plus von mehr als 57 Prozent einer der renditeträchtigsten der Welt.
Die Spürnasen unter den Analysten suchen ständig weiter nach den kommenden Favoriten – immer getreu dem Motto »An der Börse wird Zukunft gekauft«. So glauben einige, bei ihrer Suche die »Next Eleven« entdeckt

zu haben. Ob dieser Ansatz ebenso griffig ist wie BRIC und sich vom Marketing her so erfolgreich umsetzen lässt, muss sich erst noch erweisen. Es wird vor allem davon abhängen, ob die elf Staaten sich zumindest mehrheitlich als ausreichend reformfähig und politisch stabil erweisen, um an den Erfolg der BRIC-Staaten anknüpfen zu können. Denn es geht um Ägypten, Bangladesch, Indonesien, Iran, Mexiko, Nigeria, Pakistan, die Philippinen, Südkorea, die Türkei.

Die Bedeutung der Next-Eleven-Staaten ergibt sich auch aus ihrer Bevölkerungsstruktur. Sie haben eine junge, stark wachsende Bevölkerung mit immer höheren Ausbildungsstandards. Viele verfügen über wertvolle Rohstoffe und Energiereserven. Das gilt selbst für Ägypten, nachdem dort große Erdgaslagerstätten entdeckt wurden. Der Ausbau der Infrastruktur geht in vielen Staaten der 11er-Gruppe schnell voran. Als Geheimtipp unter den Next-Eleven-Staaten gilt Vietnam.

Aber es gibt auch Risiken: Besonders die instabile politische Lage in einigen Ländern kann sich als schwerwiegendes Hemmnis für die wirtschaftliche Entwicklung erweisen. Weitere Probleme können die mangelhafte Rechtssicherheit und der eingeschränkte Zugang zum Kapitalmarkt darstellen. Zudem besteht die Gefahr, dass unvorhersehbare Ereignisse – wie beispielsweise Revolutionen, Religionskriege oder Naturkatastrophen – die wirtschaftliche Entwicklung des einen oder anderen Landes ausbremsen.

Eine Geldanlage in den Next-Eleven-Staaten ist also eher etwas für risikofreudige Anleger. Wer die Entwicklung zunächst nur verfolgen und sich nur mit überschaubaren Beträgen engagieren will, kann das über einen Index tun. Die Deutsche Börse hat für global denkende Anleger den Länderindex *DAX global Emerging-11* aufgelegt, der die Performance der Next-Eleven-Staaten abbildet.

### Fazit

Der Begriff »Weltwirtschaft« war noch nie so zutreffend wie heute. Und diese Entwicklung setzt sich fort. Das bedeutet, dass auch Sparer und Anleger global denken und ihr Geld (zumindest zu einem Teil) dort anlegen sollten, wo jeweils die größten Chancen winken. Da der private Anleger nur selten wissen kann, welche Unternehmen »am anderen Ende der Welt« für ein Beteiligung infrage kommen, empfiehlt sich der Kauf von Länderfonds oder – oft besser und in jedem Fall billiger – von Zertifikaten, die die Kursentwicklung der aus unserer Sicht »exotischen« Börsen nachbilden.

Börsen-Babel 98

Die Aktie: Ein Begriff und viele Varianten 99

Genussscheine: Zwischen Aktien und Anleihen 104

Der individuelle Daumenabdruck:

Wertpapierkennnummern (WKN) 105

Bookbuilding: Die Preisfindung 107

Limits: Dem Risiko Grenzen setzen 108

Gratisaktien und Stock-Splits 114

Bezugsrechte sind bares Geld wert 117

Nebenwerte sind keine Nebensache 119

Auf die Vermögensstruktur achten 120

Der richtige Mix schafft das optimale Depot 125

Gold: Ein »Wert an sich«? 127

# Sicher auf dem Börsenparkett

Würden Sie mit einem Chinesen über ein wichtiges Geschäft verhandeln, ohne dessen Sprache zu verstehen? Natürlich nicht. Und als Aktiensparer kommen Sie ohne Kenntnis der Börsensprache nicht sehr weit. Denn ähnlich wie andere Berufsgruppen verwenden auch die Profis der Geldanlage ihr eigenes Vokabular. Solange Sie nicht genau wissen, wovon die Rede ist, sollten Sie lieber die Finger von Aktien- und anderen Wertpapiergeschäften lassen. In diesem Kapitel erläutern wir die wichtigsten Begriffe der Börsensprache und die grundlegenden Techniken zur Risikokontrolle.

## Börsen-Babel

Selbst wenn Sie sich aus Zeit- oder anderen Gründen dafür entschieden haben, die Geldanlage weitgehend Ihrem Berater zu überlassen oder vorwiegend in Fonds zu investieren, sollten Sie sich trotzdem zumindest so viele Kenntnisse aneignen, dass Sie beurteilen können, ob die Vorschläge in die richtige Richtung gehen, ob Sie seriös beraten werden oder ob der Anlageberater nicht in erster Linie in die eigene Tasche wirtschaftet. Das gilt besonders dann, wenn Sie es mit Vermittlern zu tun haben, die nicht in den Diensten von Banken und Sparkassen oder eines anderen renommierten Finanzdienstleisters stehen. Denn die Damen und Herren, die sich auf dem Grauen Kapitalmarkt tummeln, verstehen es oft meisterhaft, ihre Kunden mit Worten zu betäuben, um ihnen dann umso leichter das Geld aus der Tasche ziehen zu können. Das trifft nicht nur kleine Sparer. Die Liste der Prominenten, die in ihren besten Zeiten Millionen verdienten und fast alles verloren haben, ist lang.

Grauer Kapitalmarkt

Auch wenn Sie sich bereits für den Kauf oder Verkauf einer bestimmten Aktie entschieden haben, müssen Sie Ihrer Bank (oder dem Computer beim Online-Banking) noch verschiedene weitere Anweisungen geben, damit das Kreditinstitut oder das elektronische Handelssystem Ihre Orders korrekt und in Ihrem Sinne ausführen kann: So müssen Sie gegebenenfalls sagen, ob Sie Stamm- oder Vorzugsaktien erwerben möchten. Sie müssen entscheiden, ob Sie einen limitierten oder unlimitierten Auftrag erteilen wollen. Sie können zudem – als eine Art eingebaute Notbremse – auch »Stop-Loss-Orders« oder »Stop-Buy-Orders« geben, um im Ernstfall Verluste in engen Grenzen zu halten. Sie müssen vielleicht erklären, ob Sie Bezugsrechte nutzen oder lieber verkaufen wollen. Sie müssen heute zwar nicht mehr darauf achten, ob die Spekulationsfrist abgelaufen ist (außer bei Immobiliengeschäften). Aber Sie sollten immer prüfen, wie sich im Rahmen der Abgeltungsteuer Gewinne und Verluste miteinander verrechnen lassen. Und obwohl die ehemalige Spekulationsfrist seit 2009 nur noch Historie ist, kann es sein, dass sie für Sie gelegentlich doch noch sehr wichtig werden kann. Denn Gewinne aus Wertpapiergeschäften, die vor dem 31.12.2008 erworben wurden, können Sie steuerfrei kassieren – auch dann noch, wenn Sie sich erst in fünf oder zehn Jahren zum Verkauf entschließen. Wer dies und manches andere nicht weiß, wird früher oder später teure Fehler machen. Deshalb werden die wichtigsten Begriffe der Börsensprache in den folgenden Abschnitten erläutert.

Spekulationsfrist

## Die Aktie: Ein Begriff und viele Varianten

In den vorangehenden Kapiteln haben Sie bereits erfahren, was unter einer Aktie generell zu verstehen ist. Aber ganz so einfach ist das leider nicht, denn Aktie ist nicht gleich Aktie. Es gibt sie unter anderem als Stamm- und als Vorzugsaktien, als Inhaberaktien und als Namensaktien. Es gibt in- und ausländische Aktien, Aktienindizes und Aktienfonds, Aktienderivate und Aktienanleihen.

### Stammaktien und Vorzugsaktien

Stammaktien sind die Grundform und zugleich die am weitesten verbreitete Form der Aktie in Deutschland. Die Stammaktie gewährt dem Aktionär im Gegensatz zur Vorzugsaktie alle »normalen« Rechte und Pflichten. Mindesten 50 Prozent der ausgegebenen Aktien müssen Stammaktien sein. Das schreibt das deutsche Aktienrecht vor. Der Inhaber einer Stammaktie ist Teilhaber an einer Aktiengesellschaft und an dem Gewinn anteilsmäßig beteiligt. Die Rechte und Pflichten eines Stammaktionärs werden im Aktiengesetz (AktG) geregelt. Zu den wichtigsten Rechten des Stammaktionärs gehören:

Rechte des Stammaktionärs

- Das Recht auf Teilnahme an der Hauptversammlung.
- Das Stimmrecht in der Hauptversammlung. Jeder Stammaktionär hat hierbei eine Stimme pro Aktie. Eine Ausnahme bilden lediglich Mehrstimmrechtsaktien, die aber inzwischen Seltenheitswert haben.
- Das Recht auf anteilige Dividende, wenn die Gesellschaft die Ausschüttung des Gewinns beschließt.
- Das Recht auf Information. Jeder Aktionär kann in der Hauptversammlung vom Vorstand Auskunft über Dinge oder Vorkommnisse verlangen, die zur Beurteilung des betreffenden Tagesordnungspunktes notwendig sind.
- Bei Auflösung (Liquidation) der Gesellschaft hat der Aktionär einen Anspruch auf den anteilsmäßigen Liquidationserlös.

Im Gegensatz zu anderen Unternehmensbeteiligungen (wie GmbH- oder Kommanditanteile) können Aktien an jedem Börsentag ohne weitere Formalitäten gekauft und verkauft werden. Das gilt natürlich nur für Gesellschaften, deren Kapitalanteile an der Börse notiert sind.
Die Pflichten des Aktionärs erstrecken sich im Wesentlichen auf die Leistung der vereinbarten Einlage, also auf die Zahlung des festgelegten Aus-

gabepreises am ersten Börsentag. Danach kann er seine Aktie sofort weiterverkaufen. Niemand kann ihn zwingen, zur Hauptversammlung zu gehen oder dort abzustimmen. Aktionäre müssen auch kein Geld nachschießen, wenn ihre Gesellschaft in Zahlungsschwierigkeiten kommt. Sie sind nicht verpflichtet – aber in vielen Fällen berechtigt –, junge Aktien zu zeichnen, mit denen sich ihr Unternehmen später vielleicht frisches Kapital besorgen kann.

Vorzugsaktien gewähren ihrem Inhaber besondere Rechte bei der Gewinnverteilung – allerdings um den Preis, dass andere Rechte eingeschränkt sind oder ganz fehlen. Vorzugsaktionäre erhalten in der Regel eine höhere Dividende als Inhaber von Stammaktien. Außerdem ist die Aktie bei Auflösung der Gesellschaft meist mit einem Vorrecht ausgestattet. Das bedeutet, dass zunächst die Vorzugsaktionäre aus dem Erlös bedient werden. Vorzugsaktien können auch mit einem nachzuzahlenden Vorzug ausgestattet sein. In diesem Fall werden bei geringen Gewinnen oder bei Verlusten die Dividenden über ein oder mehrere Jahre ausfallen und den Inhabern von Vorzugsaktien Gewinnanteile später bevorzugt nachgezahlt. Die übrigen Aktionäre müssen sich mit dem zufriedengeben, was danach noch übrig ist.

Der Preis für diese Vorrechte besteht in der Regel darin, dass die Besitzer von Vorzugsaktien auf der Hauptversammlung kein Stimmrecht haben. Der Vorzugsaktionär kann also an der Beschlussfassung nicht teilnehmen. Unternehmen greifen immer dann gern zu dieser Möglichkeit, wenn sie einerseits Kapital brauchen, andererseits die Macht von Großaktionären aber nicht eingeschränkt werden soll. Das funktioniert allerdings nur so lange, wie das Unternehmen profitabel arbeitet. Kommt es in einem Jahr nicht zur Dividendenzahlung und wird dieser Rückstand im nächsten Jahr nicht aufgeholt, erhalten die Vorzugsaktionäre so lange das Stimmrecht, bis die ihnen zustehenden Dividenden nachgezahlt werden. Stimmrechtslose Vorzugsaktien dürfen nur bis zu einem Höchstbetrag ausgegeben werden. Dieser Betrag darf nicht über dem Gesamtkapital der Stammaktien liegen. Das bedeutet, dass höchstens die Hälfte des Grundkapitals einer Aktiengesellschaft in Form von Vorzugsaktien ausgegeben werden kann.

**WISO** Tipp

Wenn es sich um Unternehmen handelt, bei denen Übernahmen oder Fusionen möglich sind, haben Sie als Stammaktionär die größere Chance auf kräftige Kursgewinne oder eine höhere Abfindung – zum Beispiel wenn Ihre Aktien gebraucht werden, um eine Kapitalmehrheit zu erreichen.

Für den Kleinanleger bieten Vorzugsaktien trotz der eingeschränkten Rechte eine interessante Alternative zu Stammaktien. So ist bei langfristiger Anlage die Rendite oft deutlich höher als bei Stammaktien, da als Ausgleich für das fehlende Stimmrecht auf der Hauptversammlung meist eine höhere Dividende gezahlt wird. Der Verlust des Stimmrechts bedeutet für Kleinaktionäre übrigens keine allzu große Einschränkung, da sie aufgrund ihres geringen Anteils am gesamten Grundkapital der AG ohnehin nur einen sehr geringen bis gar keinen Einfluss auf der Hauptversammlung haben.

Zweiklassengesellschaft an der Börse

An der Börse gibt es mindestens eine Zweiklassengesellschaft. Amerika hat es vorgemacht. Vor allem die oft sehr jungen, erfolgreichen Unternehmensgründer – ob sie nun Mark Zuckerberg oder Bill Gates heißen – wollen bei einem späteren Börsengang kein Risiko eingehen. Sie wollen Millionen einsacken, aber die Kontrolle behalten. Und das geht so: Mark Zuckerberg, der Gründer von Facebook, gab 2012 zwar Millionen von Aktien ab, besitzt aber mit gut 57 Prozent der Stimmrechte die Mehrheit. Dabei ging er recht trickreich vor: Einerseits überließen ihm einige aus dem Kreis der Alt-Aktionäre ihre Stimmrechte, andererseits stellte er auf Anraten seiner Anwälte zwei verschiedene Arten von Aktien zum Verkauf. Diesen Trick hatte schon der Suchmaschinenbetreiber Google angewendet. 2004 teilte er sein Grundkapital in A- und B-Aktien auf. Die A-Aktien mit einfachen Stimmrechten gingen an Privatanleger, B-Papiere mit zehnfachem Stimmrecht behielten die Gründer. Um das Kapital noch weiter zu dehnen und die Macht zu zementieren, gibt es bei Google mittlerweile sogar C-Aktien, die ganz ohne Stimmrechte sind. Aber nicht nur bei den neuen Giganten im Internet und an der Börse werden solche Kniffe angewendet. Auch bei kleineren Börsengängen jonglieren die erfolgreichen Gründer mit verschiedenen Aktientypen. Beim Online-Spieleanbieter Zynga sind C-Aktien je Stück 70 Stimmen wert. Sie bleiben in der Hand der Gründer. Hinter den B-Aktien stehen immerhin noch sieben Stimmen. Und die Inhaber von A-Aktien für den Privatgebrauch haben nur noch eine Stimme. Auch vom Berufsnetzwerk LinkedIn oder der Rabattplattform Groupon existieren Aktien in zwei Güteklassen.

## Namensaktien und Inhaberaktien

Namensaktien sind im Gegensatz zu den vor allem in Deutschland immer noch verbreiteten Inhaberaktien nicht anonym. Inhaberaktien ähneln in dieser Hinsicht Geldscheinen: Wer sie besitzt, gilt als ihr Eigentümer. Bei Namensaktien dagegen sind ihre jeweiligen Besitzer der Gesellschaft bekannt, weil sie in das Aktienbuch des Unternehmens eingetragen werden. Das bedeutet, dass nach jedem Besitzwechsel eine Korrektur vorgenommen werden muss. Bei Namensaktien müssen in Deutschland neben dem

Namen auch der Wohnort und Beruf des Inhabers in das Aktionärsbuch eingetragen werden. Daher war dieser Aktientyp in Deutschland lange Zeit eher selten. Heute lassen sich Namensaktien aber ebenso schnell kaufen und verkaufen wie Inhaberaktien, da alles über die Datenverarbeitung läuft. Noch strenger geht es bei den vinkulierten Namensaktien zu. Bei ihnen muss vor Kauf und Verkauf des Papiers nämlich die Genehmigung der Gesellschaft eingeholt werden. Durch vinkulierte Namensaktien soll das Unternehmen vor Überfremdung geschützt oder die Übernahme durch unliebsame Konkurrenten verhindert werden. Ein Beispiel dafür ist die Lufthansa, die ihre Anteilscheine aus rechtlichen Gründen 1997 in vinkulierte Namensaktien umgewandelt hat. Sie blockiert einen Handel mit ihren Aktien allerdings nur dann, wenn sie zum Beispiel mit Rücksicht auf internationale Luftverkehrsabkommen dazu gezwungen ist.

Hinsichtlich der Rechte und Pflichten gibt es ansonsten kaum einen Unterschied zwischen den Besitzern von Namens- oder Inhaberaktien. Allerdings kann bei Namenspapieren nur der namentlich genannte Inhaber oder sein Rechtsnachfolger die verbrieften Rechte und Ansprüche geltend machen. Er hat außerdem das Recht, in die Aktienpositionen aller anderen Aktionäre Einblick zu nehmen.

Namensaktien (mit Ausnahme der sogenannten vinkulierten Namensaktien) können ebenso wie Inhaberaktien jederzeit und ohne Einwilligung der Gesellschaft übertragen werden. Allerdings muss sich der neue Inhaber wieder mit seinem Namen registrieren lassen, da er nur dann gegenüber der Gesellschaft legitimiert ist und seine Ansprüche (wie Vertretung in der Hauptversammlung, Zahlung von Dividende, Ausübung von Bezugsrechten) geltend machen kann. In der Regel übernimmt dies aber die Bank oder Sparkasse, bei der die Aktien im Depot verwahrt werden. Deshalb macht es für Sie als Anleger praktisch keinen Unterschied, ob Sie Namens- oder Inhaberaktien erwerben. Nur Aktionäre, die ihre Wertpapiere selbst verwahren – was sehr selten geworden ist –, müssen sich persönlich um die Eintragung und den Transport der Papiere kümmern.

Aktionäre, die anonym bleiben wollen, können ihre Erfassung im Aktienbuch verhindern, müssen dann allerdings auch auf eine Stimmabgabe auf der Hauptversammlung verzichten. Das lässt sich zwar umgehen, wenn eine Depotbank ins Buch eingetragen wird und diese wiederum dem Aktionär eine Vollmacht zur Ausübung des Stimmrechts gibt, doch das alles ist für normale Anleger irrelevant. Nur wer vor dem Finanzamt etwas zu verbergen hat, größere Aktienpakete besitzt oder eine Gesellschaft ohne Aufsehen aufkaufen will, wird zu solchen Mitteln greifen.

Obwohl die Verwaltung mit größerem Aufwand verbunden ist, haben in Deutschland seit Ende der 90er-Jahre viele Aktiengesellschaften (darunter so große Unternehmen wie Siemens, Telekom, SAP oder die Deutsche Bank) von Inhaber- auf Namensaktien umgestellt. Als Gründe dafür werden genannt:

- schnellerer und direkterer Kontakt zu den Aktionären
- leichtere Zulassung zum Handel in den USA, wo Namensaktien Standard sind
- Anpassung an den internationalen Standard, um mehr ausländische Anleger als Kapitalgeber zu gewinnen

Eine Registrierung der Anteilseigner erleichtert es den Gesellschaften, einen Überblick über die Struktur ihrer Aktionäre zu bekommen (In- oder Ausländer, Männer oder Frauen, Berufsgruppen, Fonds, andere Unternehmen oder private Anleger). So können sie zum Beispiel leichter erkennen, ob sich ein einzelner Investor oder eine Gruppe darum bemüht, eine Mehrheit der Kapitalanteile an sich zu bringen.

## Die Nennwertaktien und Stückaktien

Früher hatten alle Aktien in Deutschland einen aufgedruckten »Nennwert« in Höhe von 5,50 oder 100 Euro beziehungsweise Mark. Dabei spielte es keine Rolle, ob es sich um Namens- oder Inhaberaktien handelte oder ob es um Stamm- oder Vorzugsaktien ging. Dieser Aufdruck hatte allenfalls bei der Erstausgabe eine Bedeutung. Für den Preis oder den Kurs, zu dem die Aktie tatsächlich an der Börse gehandelt wurde, spielte der Nennwert keine Rolle. Heute kommen alle neuen Aktien daher ohne Nennwert, als »Stück« auf den Markt. Und auch die Anteilscheine bestehender Aktiengesellschaften werden mehr und mehr auf nennwertlose Papiere umgestellt. Das ändert aber nichts daran, dass jedes dieser Wertpapiere nach wie vor einen bestimmten Anteil am Gesamtkapital der Gesellschaft repräsentiert.

Eine deutsche Aktiengesellschaft kann nicht beide Aktienformen parallel verwenden. Sie muss entweder nur Nennwertaktien oder nur Stückaktien ausgeben. Bei Nennwertaktien ist zwar grundsätzlich nicht festgelegt, wie hoch der »aufgedruckte Wert« sein muss, aber er muss mindestens ein Euro betragen. Stückaktien dagegen werden auch als nennwertlose Aktien oder Quotenaktien bezeichnet. Deutsche Stückaktien sind eigentlich unechte Stückaktien, weil sie sich auf den Anteil am Grundkapital beziehen, nicht aber auf einen Anteil an der Gesellschaft. Echte Stückaktien dagegen, die vor allem in den USA und Kanada verbreitet sind, werden auch als Quotenaktien bezeichnet. Der Anteil am Grundkapital, den die einzelne Aktie verbrieft, lässt sich hier errechnen, indem das vorhandene Grundkapital durch die Zahl der ausgegebenen Aktien geteilt wird.

Stückaktien waren in Deutschland bis Ende der 90er-Jahre nicht zulässig. Mit Blick auf die Europäische Währungsunion und die internationalen Gepflogenheiten wurden sie seit 1998 aber auch in der Bundesrepublik von immer mehr Gesellschaften eingeführt und verdrängen die herkömmliche Form immer mehr. Für den Aktionär ändert sich durch die Umstellung von Nennwert- auf Quotenaktien weder beim Kurs, bei der Dividende noch in anderer Hinsicht etwas. Bei Anlageentscheidungen kann daher die Frage, ob es sich um Nennwert- oder Quotenaktien handelt, vernachlässigt werden.

Allerdings werden Aktien- oder Stock-Splits, also die Aufteilung einer Aktie in mehrere Anteile, um den Preis pro Stück zu senken, durch die Einführung von Stück- oder Quotenaktien wesentlich erleichtert. Durch Splits werden die Aktien an der Börse leichter handelbar, was für die Aktionäre vorteilhaft ist (mehr zu Gratisaktien und Stock-Splits weiter unten). Die Mehrzahl der großen deutschen Aktiengesellschaften hat inzwischen auf nennwertlose Aktien umgestellt.

## Genussscheine: Zwischen Aktien und Anleihen

Schon einmal etwas von Genussscheinen gehört? Sie spielen neben Aktien an der Börse immer noch eine gewisse Rolle und haben auch einen gewissen Charme. Es handelt sich dabei aber nicht um Essensgutscheine für ein Feinschmeckerlokal, sondern um eine Art »Zwitter« aus Anleihen und Aktien. Viele Anleger lassen sie deshalb links liegen. Dabei können sie – nicht zuletzt in Zeiten schwächelnder Kurse – durchaus eine interessante Variante sein oder zu einer ausgewogenen Struktur eines Wertpapierdepots beitragen. Mit Anleihen haben Genussscheine gemeinsam, dass sie meist eine feste Grundverzinsung haben und in der Regel zu einem festgelegten Termin zum Nennwert zurückgezahlt werden. Von der Aktie stammt, dass der Zins nur gezahlt wird, wenn dafür ein ausreichend hoher Ertrag erwirtschaftet wurde. Der Inhaber kommt aber vor den Aktionären »in den Genuss« einer Ausschüttung. Stimmrechte sind mit Genussscheinen nicht verbunden. Ansonsten können sie höchst unter-

**WISO** Tipp

Bei Pleiten gehen Sie als Inhaber von Genussscheinen unter Umständen leer aus, weil Sie in der Rangfolge der Gläubiger recht weit hinten stehen.

schiedlich ausgestattet sein. Statt einer festen Verzinsung (sofern das Unternehmen einen entsprechenden Gewinn erwirtschaftet hat) kann die Ausschüttung auch an die Höhe der Dividende gebunden sein. Auch hinsichtlich der Rückzahlung gibt es Gestaltungsspielräume.

Um dieses höhere Risiko auszugleichen, erhalten die Inhaber von Genussscheinen in der Regel eine höhere Verzinsung als Besitzer von Bundes- oder Unternehmensanleihen gleich hoher Bonität. Deshalb können Anleger wählen, ob sie Genussscheine als rentablere Beimischung zu ihrem Rentenbestand oder als sicherheitsorientierte Ergänzung ihres Aktiendepots betrachten. Je nach den Gewinnaussichten und ihrer Rentabilität im Vergleich zu Anleihen gibt es auch bei Genussscheinen Kursschwankungen.

**WISO** Tipp

Achten Sie beim Kauf von Genussscheinen ebenso wie bei Anleihen auf die Bonität des Unternehmens.

Das heißt: Unternehmen, die nicht kurzfristig nach Mitteln für eine Investition suchen, sondern kontinuierlich Kapital aufnehmen wollen, geben auch heute noch Genussscheine aus. Genussrechte können als Eigenkapital bilanziert werden, wenn das Genussrechtskapital langfristig (mindestens fünf Jahre) investiert ist. Da Anleger bei Genussrechten ein höheres Risiko als zum Beispiel bei Staatsanleihen eingehen, sollten sie unbedingt auf die Bonität des Unternehmens achten. Insbesondere die Eigenkapitalquote ist hier von Bedeutung. Ist diese gering, wird der Genussrechte-Inhaber stärker an möglichen Verlusten beteiligt.

## Der individuelle Daumenabdruck: Wertpapierkennnummern (WKN)

Jedes Wertpapier hat eine eigene Kennnummer. Wenn Sie eine Aktie, einen Optionsschein, Fondsanteile oder Zertifikate kaufen wollen, verwenden Sie sowohl beim Kauf im Internet als auch bei telefonischen Aufträgen am besten (auch) die Wertpapierkennnummer (WKN). Im Gegensatz zu Firmennamen, bei denen es leicht einmal zu einem Hör- oder Schreibfehler kommen kann, ist die WKN in jedem Falle eindeutig. Verwechslungen sind bei Benutzung von Namen und Wertpapierkennnummer weitgehend auszuschließen. Auch die Suche nach bestimmten Wertpapieren im Internet wird dadurch sehr vereinfacht. Wenn Sie Informationen über eine bestimmte Aktie im Internet suchen, eine Aktie in ein echtes oder virtuelles Depot aufnehmen wollen, das Sie über das Internet beobachten, oder wenn Sie die Aktie eines bestimmten Unternehmens bei einem Internet-

Broker oder einer Direktbank kaufen wollen, geht dies am einfachsten, wenn Sie die WKN eingeben. Denn wenn Sie bei der Suche über den Namen des Wertpapiers den Namen nicht ganz präzise schreiben (können), erhalten Sie oft eine lange Liste von Wertpapieren ähnlicher Art – und müssen dann herausfinden, welches das Richtige ist. Dabei kann es schnell zu Irrtümern kommen.

Die Wertpapierkennnummer ist in Deutschland eine sechsstellige Identifikationsnummer, die ausschließlich für in der Bundesrepublik handelbare Wertpapiere verwendet wird. Die WKN für eine Aktie lässt sich im Internet einfach ermitteln. Meist reicht es, in Suchmaschinen den Namen eines Unternehmens einzugeben, und schon ist die entsprechende WKN da. Ebenso lässt sich eine bestimmte Aktie leicht finden, wenn man die Kennziffer eingibt.

## ISIN

Eine weitere Möglichkeit, Wertpapiere eindeutig zu identifizieren, bietet die ISIN (»International Securities Identification Number«). Sie wird für den internationalen Gebrauch und zunehmend auch in Deutschland verwendet. Sie dient zu einer weltweit eindeutigen Kennzeichnung von Wertpapieren und löst die verschiedenen nationalen WKN zunehmend ab. In der Regel können die nationalen WKN auf einfache Weise in die ISIN überführt werden, da das global geltende Kennziffernsystem sowohl Zahlen als auch Buchstaben in beliebiger Mischung enthalten darf. Hat die nationale WKN weniger als neun Stellen, wird sie vorne durch Nullen ergänzt. Den neun Ziffern wird das aus zwei Buchstaben bestehende Länderkürzel (nach der ISO 3 166-Kodierliste) vorangestellt. Rechts wird zum Schluss noch eine Prüfziffer hinzugefügt. Es gibt kein einheitliches Umstellungsdatum oder eine Umstellungspflicht von den nationalen WKN auf ISIN.

**WISO** Tipp

Sie sollten bei der Suche nach einem bestimmten Wertpapier und vor allem bei Käufen und Verkäufen immer den Weg über die WKN oder ISIN wählen. Dadurch werden Irrtümer ausgeschlossen.

An deutschen Börsen wird die ISIN seit Oktober 2002 verwendet. Sie ist seither auf dem Vormarsch und wird von vielen Ländern bereits als Ergänzung zur nationalen Wertpapierkennung herangezogen. Wichtig dabei ist, dass keine ISIN oder WKN doppelt vergeben wird. Mit beiden kann daher jedes Wertpapier eindeutig identifiziert werden.

Wenn Sie die WKN oder ISIN kennen, sollten Sie diese statt des Namens der Gesellschaft nutzen. So vermeiden Sie Fehler.

## Bookbuilding: Die Preisfindung

Gute Gewinnchancen haben Anleger oft bei einer »Initial Public Offer« (IPO), wie der erste Börsengang genannt wird. Bei Anteilen von Unternehmen, die erstmals Aktien ausgeben (emittieren) und an die Börse bringen, ist die Nachfrage in den meisten Fällen weit höher als das Angebot. Deswegen kommt bei der Erstausgabe häufig nur ein kleiner Teil der Interessenten zum Zuge. Für die Zuteilung wird deshalb häufig das sogenannte Bookbuilding-Verfahren angewendet.

Bei der erstmaligen Emission von Aktien funktioniert die sonst übliche Preisbildung aufgrund von Angebot und Nachfrage noch nicht. Da vor der Emission noch kein Handel an der Börse stattgefunden hat, muss der Emissionspreis anders festgelegt werden. Dazu gibt es unterschiedliche Verfahren und Möglichkeiten.

Emissionskurs festlegen

Der Emissionskurs kann einfach von den Banken, die den Börsengang begleiten, festgesetzt werden. Die interessierten Anleger können dann nur noch entscheiden, ob und wie viele Aktien sie zeichnen wollen. Der Nachteil bei diesem Verfahren ist, dass es bei Festlegung des Preises zu einer Fehleinschätzung des Marktes kommt, wenn ein zu hoher oder ein zu niedriger Kurs gewählt wird. Liegt der Kurs nach Meinung der Anleger zu hoch, haben sie kein Interesse an einer Zeichnung. Dann müssen die Banken die Aktien selbst übernehmen und bleiben vielleicht lange auf ihnen sitzen. Liegt der Emissionspreis dagegen zu niedrig, können zwar alle Aktien problemlos bei den Anlegern untergebracht werden, das Unternehmen erhält aber weniger Eigenkapital durch die Emission, als eigentlich möglich gewesen wäre.

Bookbuilding-Verfahren

Beim Bookbuilding-Verfahren dagegen gibt das Emissionskonsortium keinen festen Preis vor, sondern legt lediglich eine Preisspanne für die betreffenden Aktien fest. Die Anleger können dann innerhalb einer bestimmten Frist Gebote abgeben. Sie müssen sich dabei innerhalb der vorgegebenen Spanne bewegen, können aber innerhalb dieser Spanne selbst bestimmen, wie viele Aktien sie zeichnen möchten und welchen Preis sie dafür höchstens zahlen wollen.

Am Ende der Frist ermittelt das Bankenkonsortium den endgültigen Preis für die Aktien aufgrund der abgegebenen Gebote. Der Preis wird so gewählt, dass der maximale Umsatz zustande kommt. Die Gefahr, den Markt falsch einzuschätzen, reduziert sich bei diesem Verfahren darauf, dass die Preisspanne falsch gewählt wird, und ist damit deutlich geringer als bei einer starren Festlegung. Innerhalb der vorgegebenen Kursspanne entscheiden Angebot und Nachfrage über den tatsächlichen Verkaufspreis der Aktie.

Die Zuteilung der Aktien erfolgt im Anschluss an die Preisfeststellung so, dass die Banken alle Anleger bedienen, deren Gebote mindestens dem Preis entsprechen, der endgültig festgelegt worden ist. Alle Anleger, die einen Preis geboten haben, der unterhalb des Emissionskurses lag, gehen leer aus. Wer darüber lag, erhält die Wertpapiere zu einem geringeren Preis. Liegt zu dem bestimmten Kurs die Nachfrage nach den Aktien über dem Angebot, müssen die Banken die Aktien nach einem bestimmten Schlüssel zuteilen. Die Emissionskurse für die Aktien von Adidas oder der Deutschen Telekom (T-Aktie) wurden mithilfe des Bookbuilding-Verfahrens festgestellt.

## Limits: Dem Risiko Grenzen setzen

Anleger können ihrer Sparkasse oder Bank Kauf- und Verkaufsaufträge für Aktien mit und ohne Preisgrenzen geben. Bei Kauf- oder Verkaufsaufträgen ohne Preisbegrenzung spricht man im Wertpapiergeschäft von »bestens« ausgeführten Aufträgen. Kauf oder Verkauf werden ohne bestimmte Preisgrenzen zum nächstmöglichen Zeitpunkt und zu dem Kurs ausgeführt, der in diesem Augenblick gilt. Der kann höher oder niedriger sein, als er es zu der Zeit war, in der Sie den Auftrag an die Bank gegeben haben.

Nicht immer können Orders sofort ausgeführt werden. Das kann daran liegen, dass in bewegten Börsenzeiten die Banken mit Aufträgen geradezu überschwemmt werden und daher nicht alle gleichzeitig abwickeln können. Es kann aber auch daran liegen, dass sich für bestimmte Aktien nicht sofort ein entsprechendes Angebot oder eine passende Nachfrage finden lässt. Je »marktenger« ein Papier ist, umso größer ist diese Gefahr. Wenn Sie vermeiden wollen, dass Sie Aktien zu einem Preis kaufen oder verkaufen, der deutlich über beziehungsweise unter Ihren Vorstellungen liegt, dann können Sie Ihren Auftrag »limitieren«. Das bedeutet, dass er nur ausgeführt wird, wenn dies zu dem von Ihnen festgelegten Kurs möglich ist. Das bewahrt Sie vor unangenehmen Überraschungen. Ein solcher limitierter Auftrag gilt in der Regel bis zum Ende des Monats. Danach muss er erneuert werden.

Meist ist ein Tageslimit vorzuziehen. Dann können Sie am nächsten Morgen aufgrund der Börsenlage neu entscheiden.

Beispiel

Sie können mit solchen Limits auch »auf Zeit spielen«. Wenn Sie beispielsweise erwarten, dass der Kurs von Siemens in den kommenden Tagen von derzeit 80 auf 65 Euro sinken wird, können Sie Ihre Bank beauftragen, zum Kurs von 75 zu kaufen. Sie sind dann sicher, dass Sie diesen günstigen Einstiegskurs nicht verpassen, wenn die Aktie tatsächlich so weit fällt. Wenn Sie umgekehrt BASF-Aktien besitzen, die Anfang 2013 75 Euro notierten und von denen Sie erwarten, dass sie in absehbarer Zeit nicht über 80 Euro steigen werden, dann können Sie den Auftrag geben, die Aktien zu verkaufen, sobald sie das von Ihnen gesetzte Kursziel erreicht haben.

Die Preislimitierung gilt aber lediglich als Ober- beziehungsweise Untergrenze. Bei einem Verkaufslimit muss also mindestens der vorgegebene Kurs erreicht werden. Ein höherer Kurs ist natürlich nicht nur erlaubt, sondern aus der Sicht des Verkäufers erwünscht. Umgekehrt legt ein Kauflimit lediglich die Preisobergrenze fest. Niedrigere Kurse sind aber möglich und natürlich für den Käufer von Vorteil.

**WISO** Tipp

Limitierte Aufträge sind vor allem in einem engen Markt (geringes Angebot) zu empfehlen oder wenn es um Aktien kleinerer Unternehmen geht, bei denen schon wenige Orders die Kurse bewegen können.

In bestimmten Situationen kann es dennoch sinnvoll sein, zu »jedem Preis« zu kaufen oder zu verkaufen – zum Beispiel wenn Sie erwarten, dass das Papier auf jeden Fall in den kommenden Wochen und Monaten stark steigen wird. Das Gleiche gilt, wenn Sie in naher Zukunft einen Kursabsturz befürchten. Bei Aktien großer Gesellschaften, die täglich millionenfach gehandelt werden – wie das bei allen im Dax notierten Unternehmen der Fall ist –, kann Ihnen dabei wenig passieren. Ihr Auftrag hat in diesem Fall wegen seiner verhältnismäßig geringen Größe keinen Einfluss auf die Kursbildung.

Bei Auftragserteilung muss der Anleger die Gültigkeitsdauer des vorgegebenen Limits festlegen. In der Regel werden Limitierungen entweder nur für einen Tag oder aber bis Monatsende vergeben. Abweichende Regelungen sind jedoch möglich. Für die Limitierung der Wertpapierorder berechnet die Bank eine Gebühr, weil ihr erhöhte Kosten entstehen, wenn wiederholt versucht werden muss, den Auftrag zum vorgegebenen Preis durchzuführen. Wird das Limit lediglich für den Tag der Auftragsvergabe vorgegeben oder wird das Limit schon am ersten Tag der Laufzeit erreicht, werden aber oftmals keine Gebühren berechnet. Aber für eine Limitänderung oder eine spätere Löschung eines Limits werden oft Entgelte verlangt. Online-Broker, bei denen Sie alles selbst im Internet erledigen, bieten den Service meist kostenlos an oder machen ihn von einem Mindestauftragsvolumen abhängig. Achtung: Besonders teuer sind Limits, die Sie telefonisch durchgeben. Daher gilt folgender Rat: Erkundigen Sie sich nach den jeweils für Ihre Börsengeschäfte berechneten Gebühren, ehe Sie sich für einen bestimmten Anbieter von Börsendienstleistungen entscheiden. Besonders wenn Sie eher ein Trader als ein langfristig disponierender Anleger sind, also relativ oft kaufen und verkaufen, sind die dabei jeweils anfallenden Gebühren ein wichtiges Entscheidungskriterium für die Wahl der Bank.

**WISO** Tipp

Erkundigen Sie sich vor dem Setzen eines Limits bei Ihrem Kreditinstitut nach den Konditionen für Limits und andere Anweisungen. Informationen finden Sie auch im Preisaushang.

Limitierte Wertpapierorders können grundsätzlich bei allen Wertpapiergeschäften vergeben werden, die über die Börse getätigt werden. So lassen sich Kauf- und Verkaufslimits bei dem Handel mit Aktien, Anleihen, Optionsscheinen, aber auch bei Derivaten wie Optionen und Futures einsetzen. Auch bei Emissionen von Wertpapieren, bei denen die Preisfindung mithilfe des Bookbuilding-Verfahrens (siehe das entsprechende Kapitel weiter oben) stattfindet, können Kauflimits vorgegeben werden. Kommt es während der Laufzeit der Limitierung eines Aktienkaufs oder -verkaufs zu einer Dividendenausschüttung und damit zu einem Kursabschlag bei dem betreffenden Papier, wird bei dem vorgegebenen Preislimit automatisch ein entsprechender Abschlag vorgenommen. Der offensichtliche Vorteil von limitierten Aufträgen ist, dass der Anleger nicht riskiert, bei einem Kauf einen zu hohen Preis zu zahlen beziehungsweise bei einem Verkauf einen zu niedrigen Preis zu erzielen. Auf der anderen Seite geht der Anleger natürlich immer das Risiko ein, nicht zum Zuge zu kommen, wenn der Kurs des gewünschten Papiers knapp über oder bei einem beabsichtigten Verkauf unter seinem Limit liegt. Denn wenn der Kurs der Aktie an den folgenden Tagen weiter in die gleiche Richtung läuft, verpasst der Anleger entweder mögliche Gewinne oder muss zusehen, wie der Wert von Tag zu Tag weiter sinkt. Der Verlust ist schließlich größer, als er es bei einem sofortigen, unlimitierten Verkauf gewesen wäre – aber natürlich nur dann, wenn die Aktie doch noch verkauft wird. Rechnet der Anleger damit, dass der Kurs sich bald wieder erholt, lohnt es sich zu warten.

Ein Anleger geht auch das Risiko ein, leer auszugehen, wenn er bei der Zeichnung von jungen Aktien im Rahmen eines Bookbuilding-Verfahrens ein Limit vorgibt. Liegt der von dem Bankenkonsortium festgestellte Emissionspreis über der vorgegebenen Preisobergrenze, kommt der Anleger bei der Zeichnung nicht zum Zuge. Wenn er die betreffenden Papiere trotzdem haben möchte, muss er sie später über die Börse teurer erwer-

ben. Auf der anderen Seite kann er mithilfe der Preislimitierung vermeiden, die Aktien zu einem aus seiner Sicht nicht marktgerechten (also zu hohen) Kurs zu zeichnen. Denn nicht immer steigt der Kurs nach der ersten Börsennotiz. Es ist nicht selten, dass man sie einige Zeit nach dem IPO, also der ersten Börsennotiz, billiger bekommen kann.
Häufig werden Neuemissionen als »Schnäppchen« angepriesen. Die davon überzeugten Anleger gehen davon aus, dass die erste Kursnotierung über dem Einstiegspreis liegt. Es kommt dann aber öfter vor, dass die Aktienneuemissionen überzeichnet sind. Das bedeutet, dass nicht jeder Interessent auch welche bekommt.

**WISO** Tipp

Auch bei Neuemissionen empfiehlt sich eine Aktien- und Kostenanalyse. Die Bank darf eine mäßige Pauschalgebühr bei der Zeichnung verlangen. (Bundesgerichtshof BGH, Az. XI ZR 156/02).

## Weitere Verlustbremsen: Stop-Loss und Stop-Buy

Eine andere Form der Verlustbremse stellen »Stop-Buy-« und »Stop-Loss-Orders« dar. Sie haben eine ähnliche Bedeutung für Anleger wie die Limits für Kauf und Verkauf und funktionieren auch in ähnlicher Weise. Stop-Orders sind Aufträge, die nicht sofort ausgeführt werden, sondern erst bei Erreichen eines bestimmten Kurses greifen.
Stop-Loss-Orders stellen eine einfache und relativ kostengünstige Möglichkeit dar, einzelne Aktienpositionen gegen größere Kursverluste abzusichern. In Deutschland können Stop-Loss-Aufträge erst seit 1989 erteilt werden. Es handelt sich dabei um einen Verkaufsauftrag, der bei sinkenden Kursen automatisch ausgeführt wird, sobald das Wertpapier einen vom Kunden vorgegebenen Preis erreicht. Stop-Loss-Aufträge sind als Kurssicherungsinstrument auch für Kleinanleger geeignet, da sie mögliche Verluste automatisch begrenzen.

Beispiel

Sie haben eine Aktie für 7,50 Euro gekauft, die inzwischen auf 11 Euro gestiegen ist. Sie hoffen zwar, dass der Kurs weiter klettert, und wollen deshalb nicht wegen einer kleinen Abwärtsbewegung verkaufen. Gleichzeitig soll der bereits erzielte Gewinn aber abgesichert werden. Sie können das tun, indem Sie eine Stop-Loss-Order von 10 oder 10,50 Euro setzen. Dann ist Ihnen ein Gewinn von etwa 2,50 Euro je Aktie in jedem Fall sicher – und Sie halten sich dennoch die Möglichkeit offen, von weiteren Kurssteigerungen zu profitieren. Denn wenn die Börse schwächelt und der festgelegte Börsenkurs erreicht oder unterschritten wird, wird das Papier von der Bank oder dem Brokerhaus automatisch verkauft.

Ein Stop-Loss-Auftrag bedeutet für die Bank keine so strikte Bindung wie ein Limit. Das ist auch sinnvoll, weil es bei einer allgemeinen Verkaufswelle oft nicht möglich ist, den gewünschten Punkt exakt zu erwischen. Der tatsächlich erzielte Verkaufspreis kann sowohl unter als auch über der Stop-Loss-Marke liegen, weil sich an bewegten Tagen die Kurse am Markt von Minute zu Minute ändern. Wenn es – wie ab Anfang 2000 oder auch zu Beginn des »Salami-Crash« von 2008 – an der Börse zu einem Crash kommt, kann der tatsächlich erzielte Preis deutlich vom Stop-Loss-Kurs abweichen, weil es vielleicht erst Stunden nach Unterschreiten der gesetzten Grenze möglich ist, Käufer für die Papiere zu finden. Aber in normalen Zeiten bewegen sich die Abweichungen in der Größenordnung von wenigen Cent.

**WISO** Tipp

Mit einem Stop-Loss-Auftrag können Sie zwar einen erreichten Gewinn absichern oder Verluste begrenzen. Allerdings ist dann die Aktie weg – und damit auch die Chance, von einer späteren Erholung des Kurses zu profitieren. Kommt es nur kurzfristig zu einer Unterschreitung der Stop-Loss-Marke und gleich wieder zu einem kräftigen Kursanstieg, sind die Aktien bereits verkauft.

Stop-Loss-Aufträge werden für eine bestimmte Dauer erteilt, meist bis zum Monatsende. Für die Entgegennahme und tägliche Überwachung eines Stop-Loss-Auftrags verlangen Banken oder Broker unterschiedlich hohe Entgelte.

Dies zeigt erneut, dass ein aktiver Aktionär, der seine Papiere nicht als Daueranlage betrachtet, sondern vom Auf und Ab der Kurse an der Börse profitieren will, einen ständigen Balanceakt zwischen Sicherheit und Chancenmanagement vollziehen muss. Bei der Verwendung von Stop-Loss-Aufträgen ist also grundsätzlich sowohl das Börsenumfeld als auch der zugrunde liegende Wert zu beachten. Kommt es aufgrund von externen Einflüssen (wie beispielsweise hohen Verlusten an ausländischen Börsen) zu kurzfristigen Kurseinbrüchen an der deutschen Börse, obwohl die grundsätzliche (fundamentale) Situation gut ist, kann es sinnvoll sein, auf einen automatischen Verkaufsauftrag zu verzichten. In einem solchen Fall sollte ein Anleger das tägliche Geschehen an der Börse aber besonders aufmerksam verfolgen und einen eventuell notwendig werdenden Verkauf durch einen kurzen Anruf bei der Bank oder Sparkasse selbst auslösen. Seit es die Möglichkeit gibt, die Kursentwicklung im Internet online zu verfolgen, ist diese Überwachung leichter geworden. Wird allerdings ein größerer Rückschlag befürchtet oder ist der Anleger zeitlich nicht in der Lage (wegen Beruf, Urlaub oder Krankheit), seine Papiere ständig im Auge zu behalten, kann ein Stop-Loss-Auftrag vor größeren Kursverlusten schützen oder erreichte Gewinne nach unten absichern.

Ein Stop-Loss-Kurs sollte so gesetzt werden, dass keine Gefahr besteht, dass Sie die Aktien schon bei kurzfristigen Kursausschlägen verlieren.

Um das zu vermeiden, kann man beispielsweise den Stop-Loss-Kurs immer auf 10 bis 15 Prozent unter den aktuellen Kurs bei Auftragsvergabe legen. Dann besteht keine große Gefahr, dass der Auftrag aufgrund eher zufälliger kleinerer Kursausschläge ausgelöst wird. Allerdings sollte auch dann die Kursentwicklung beobachtet werden. Bei steigenden Kursen sollte auch der Stop-Loss-Kurs nachgezogen werden. Andernfalls kann der schöne Gewinn wieder verloren gehen, ehe der automatische Verkaufsauftrag greift. Eine Anpassung nach unten, also eine Herabsetzung des Stop-Loss-Kurses, kann sinnvoll sein, wenn sich der Kurs der jeweiligen Aktie zwar der gesetzten Marke nähert, der Anleger aber schon eine deutliche Erholung erwartet. Wenn es allerdings erst einmal weiter bergab geht, ist es besser, die Aktie später billig zurückzukaufen.
Solange eine Aktie jedoch nicht verkauft wurde, stehen Gewinne oder Verluste nur auf dem Papier und interessieren das Finanzamt nicht. Nur bei einem realisierten Wertzuwachs, also nur wenn Aktien, Anleihen, Fondsanteile oder Derivate auch tatsächlich verkauft wurden und aus dem virtuellen Gewinn ein realer geworden ist, kommt die Abgeltungsteuer zum Tragen. (Zu den steuerlichen Aspekten siehe das Kapitel *Abgeltungsteuer: Wie man Steuervorteile richtig nutzt.*)

## Stop Buy: In diesem Fall heißt das kaufen

Das Instrument der Stop-Buy-Order ist ebenso wie der Stop-Loss-Auftrag seit 1989 in Deutschland zugelassen. Bei Stop-Buy-Orders gibt der Anleger seiner Bank den Auftrag, von einer bestimmten Aktie eine vorher festgelegte Zahl zu erwerben, wenn ihr Kurs einen festgelegten Wert erreicht oder überschreitet. Der vereinbarte Kurs wird in der Regel als Stop-Buy-Kurs beziehungsweise Stop-Buy-Marke bezeichnet. Die Bank erwirbt dann die vereinbarte Zahl von Aktien zum nächsten aktuellen Börsenkurs. Der Kurs, zu dem das Geschäft ausgeführt wird, kann dadurch sowohl etwas über als auch ein wenig unter dem vereinbarten Stop-Buy-Kurs liegen. Der Kurs, zu dem der Auftrag durchgeführt wird, kann hier ebenso wenig exakt limitiert werden wie bei Stop-Loss-Aufträgen.
Stop-Buy-Aufträge können jeder im Wertpapiergeschäft tätigen Bank oder jedem Brokerhaus erteilt werden. Voraussetzung ist allerdings, dass der Anleger dort ein Depotkonto führt. Auch für diese Dienstleistung verlangen Banken, Sparkassen oder Brokerhäuser Entgelte, die von Institut zu Institut unterschiedlich sein können.
Ein Anleger kann mithilfe von Stop-Buy-Aufträgen an einer plötzlichen

Kursrallye teilnehmen, ohne den betreffenden Wert schon lange vor Beginn des aktuellen Kursanstiegs in seinem Depot haben zu müssen. Denn obwohl die Bezeichnung »Stop-Buy« den Eindruck erweckt, von dieser Grenze an dürfe nicht mehr gekauft werden, handelt es sich um ein Einstiegssignal. Vermutet ein Anleger beispielsweise, dass ein bestimmtes Unternehmen in nächster Zeit Ziel einer Übernahme durch ein anderes Unternehmen sein könnte, kann er einen Stop-Buy-Auftrag an seine Bank geben, dieses Papier ab einem bestimmten Kurs zu erwerben, den der Anleger als Zeichen für eine Übernahme wertet.

Problematisch bei Stop-Buy- wie auch bei Stop-Loss-Aufträgen ist, dass sie in extremen Börsensituationen, wie zum Beispiel bei einem sich anbahnenden Crash, verstärkend auf die ohnehin schon übertriebenen Kursbewegungen wirken können. Kommt es in einer Haussephase zu starken Kurssteigerungen, so werden diese durch eventuelle Stop-Buy-Aufträge weiter verstärkt. Sie sorgen für eine zusätzliche Erhöhung des Nachfragedrucks und damit für einen weiteren Anstieg der Kurse. Dadurch werden möglicherweise weitere Stop-Buy-Marken erreicht, was wiederum zu einer Verstärkung der Kursausschläge führt.

So können als Verkäufer einer Kaufoption einen Stop-Buy-Auftrag für die Aktie erteilen, die der Option zugrunde liegt. Dadurch wird Ihr Verlustrisiko bei einem steigenden Kurs eingeschränkt.

**WISO** Tipp

Stop-Buy-Aufträge eignen sich zur Absicherung von Optionsgeschäften, können aber auch als spekulatives Anlageinstrument genutzt werden.

## Gratisaktien und Stock-Splits

Gelegentlich spendieren Unternehmen ihren Aktionären Berichtigungs- oder Gratisaktien. Doch das sind in Wirklichkeit keine Geschenke. Es sind Aktien, die durch Umwandlung von Rücklagen in Grundkapital entstehen und unentgeltlich an die Aktionäre des betreffenden Unternehmens ausgegeben werden. Das Grundkapital wird um denselben Betrag erhöht, wie die Rücklagen vermindert werden. Durch diese Kapitalerhöhung aus Gesellschaftsmitteln und die damit verbundene Ausgabe von Berichtigungsaktien fließen dem Unternehmen daher auch keine zusätzlichen Eigenmittel zu. Es wird lediglich eine Position auf der Passivseite der Bilanz verringert (Rücklagen) und dafür eine andere Position um den gleichen Betrag erhöht (Grundkapital). Es kommt daher nur zu einer Veränderung der Struktur des Eigenkapitals, die Aktionäre erhalten also eigentlich nur etwas, das ihnen ohnehin schon gehört.

Kapitalerhöhung

Da so die Zahl der ausgegebenen Aktien steigt, ohne dass sich das Vermögen der Gesellschaft ändert, sinkt in der Regel der Aktienkurs nach der Ausgabe der zusätzlichen Anteilscheine. Ein Vorteil aus der Sicht der Aktionäre kann aber sein, dass dadurch die Aktie optisch billiger erscheint und dadurch neue Käufer anlockt. Dadurch kann der Wert des Papiers an der Börse wiederum steigen.

Eine Kapitalerhöhung aus Gesellschaftsmitteln kann auch dann von Vorteil für die Aktionäre sein, wenn das Unternehmen die Dividende pro Aktie unverändert lässt, also nicht im Verhältnis zur Kapitalerhöhung reduziert. In diesem Fall erhält der Aktionär nach erfolgter Zuteilung der Berichtigungsaktien eine höhere Gesamtdividende als vor der Kapitalerhöhung (Anzahl der Aktien multipliziert mit der Dividende pro Aktie).

Solche Kapitalerhöhungen werden meistens dann vorgenommen, wenn die Rücklagen im Verhältnis zum Grundkapital übermäßig hoch sind oder wenn das Grundkapital im Verhältnis zur Gesamtbilanz zu niedrig wirkt. Die Ausgabe von Berichtigungsaktien unterscheidet sich daher vom sogenannten Aktien-Split, bei dem das vorhandene Grundkapital nur neu aufgeteilt wird – allerdings ebenfalls mit dem Effekt, dass die Aktie optisch billiger wird.

Aktiensplit

Beim Aktien- oder Stock-Split werden die umlaufenden Aktien einer Gesellschaft eingezogen, entwertet und durch eine höhere Anzahl neuer Aktien ersetzt. Wie das Umtauschverhältnis gestaltet wird, kann jede Gesellschaft selbst entscheiden. Das Splitting-Verhältnis von alten und neuen kann beispielsweise eins zu zwei oder eins zu drei, aber auch eins zu zehn betragen. Das hängt vor allem davon ab, wie »leicht« die neue Aktie gemacht werden soll. Wenn der Kurs zuvor bei 1000 Euro lag, wird sie selbst nach einem Split eins zu zehn optisch immer noch teuer sein. Erfolgreiche Unternehmen, deren Kurs an der Börse sehr stark gestiegen ist, greifen deshalb oft mehrfach hintereinander zu diesem Mittel. Andernfalls könnten kleine Anleger deren Aktien kaum noch kaufen.

Beispiel

Eine Aktie von Lindt & Sprüngli kostete an der Börse in Zürich im Jahr 2000 rund 23000 Schweizer Franken. Das schreckt jeden durchschnittlichen Anleger vom Kauf eines so teuren Papiers ab. Damals entschied der Verwaltungsrat, die Aktie im Verhältnis 1:5 zu splitten und damit optisch billiger zu machen. Der Anteil, den der einzelne Aktionär an dem Unternehmen hielt, änderte sich durch diesen Stock-Split nicht, denn statt einer hatte er nun fünf L&S-Aktien im Depot. Das Vermögen der Gesellschaft verteilte sich also zahlenmäßig auf mehr Aktien als vorher. Seither ist der Kurs von Lindt & Sprüngli aber wieder kräftig gestiegen: Mit rund 44 000 Franken erzielte die Aktie im April 2013 einen neuen Kursrekord. Sie war damit wieder zu einem Papier der Superreichen geworden. Für durchschnittlich verdienende Anleger erscheint auch nur eine Aktie des schweizerischen Schokoladenkonzerns abschreckend teuer. Doch wer sich im Jahr 2000 von dem optisch zwar niedrigeren – aber immer noch hohen – Kurs von rund 4600 Franken nicht abschrecken und die Aktie seither im Depot liegen ließ, konnte seinen Einsatz fast verzehnfachen. Und der Gewinn kann bei einem Verkauf in Deutschland sogar steuerfrei kassiert werden. Da die Aktie vor Einführung der Abgeltungsteuer erworben wurde und die ehemalige Spekulationsfrist längst abgelaufen ist, geht der Fiskus leer aus.

**Am Beispiel der Schokoladenaktie lässt sich wegen des hohen Kurses besonders gut zeigen, welchen Sinn Stock-Splits haben. Allerdings hatte in diesem Fall die Gesellschaft bisher wenig Interesse daran, mehr Kleinaktionäre anzulocken. Ganz anders bei Adidas:**

Beispiel
Der fränkische Sportartikelhersteller vollzog im März 2006 einen Aktien-Split im Verhältnis eins zu vier. Zu diesem Zeitpunkt war Adidas mit einem Kurs von rund 160 Euro eine der am höchsten bewerteten Aktien im Dax und daher für viele Anleger nicht mehr in größerer Stückzahl erschwinglich. Gleichzeitig wurde zur Beschaffung frischen Kapitals die Ausgabe von 20 Millionen neuer Aktien geplant – was angesichts des dann optisch niedrigeren Kurses bei privaten Anlegern leichter zu schaffen war als vor dem Split.

Stock-Split

**Ein Stock-Split fällt an sich in die Kategorie »psychologische Verkaufsförderung«. Der Anstoß dazu kommt immer von der Gesellschaft. Grundsätzlich handelt es sich um eine anlegerfreundliche Maßnahme. Denn den Aktionären entstehen durch die Umwandlung keine Kosten, dafür aber oft Vorteile. Der Effekt einer optischen Verbilligung ist nämlich meist noch stärker als bei der Ausgabe von Gratisaktien. Da Splits in der Regel von Gesellschaften vorgenommen werden, deren Anteile ein besonders großes Kurspotenzial haben, werden durch den jetzt scheinbar niedrigeren Preis zusätzliche Anleger angelockt. Deren Käufe treiben den Wert des Papiers an der Börse dann in die Höhe. Bereits die Ankündigung eines Splits führt manchmal schon zu Kurssteigerungen. Für Anleger kann es sich daher unter spekulativen Gesichtspunkten lohnen, in solche Papiere zu investieren, bei denen ein Aktien-Split zu erwarten ist.**

## Bezugsrechte sind bares Geld wert

Etwas ganz anderes als Berichtigungsaktien oder Splits ist die Ausgabe sogenannter »junger Aktien«. Hier geht es darum, dass sich das Unternehmen durch die Ausgabe zusätzlicher Anteilscheine frisches Geld besorgen möchte. Wenn von der Hauptversammlung nichts Gegenteiliges beschlossen wurde, haben die bisherigen Aktionäre dabei eine Art Vorkaufs- oder Bezugsrecht. Dadurch soll verhindert werden, dass sich die Mehrheitsverhältnisse ändern. Wenn es dagegen das ausdrückliche Ziel einer Kapitalerhöhung ist, einen starken Partner am Unternehmen zu beteiligen, muss die Hauptversammlung das gesetzliche Bezugsrecht ausdrücklich ausschließen.

Bezugsrecht = Kaufrecht

Diese Bezugsrechte stellen ein Kaufrecht dar: Die Anteilseigner haben das Recht, aber nicht die Pflicht, zu jeder Aktie, die sie bereits besitzen, eine bestimmte Anzahl junger Aktien hinzuzuerwerben. Die Alt-Aktionäre müssen sich meist innerhalb von zwei bis drei Wochen entscheiden, ob sie ihr Bezugsrecht ausüben wollen oder nicht. Den Bezugspreis für die jungen Aktien legt das Management des Unternehmens fest. Er ist immer niedriger als der Kurs der alten Aktien, da es sich für die Anteilseigner sonst nicht lohnen würde, junge Aktien zu erwerben. Alt-Aktionäre sind durch diesen Abschlag (Disagio) im Vorteil gegenüber anderen Interessenten. Sie können entweder die neuen Aktien verbilligt beziehen oder ihre Bezugsrechte an der Börse verkaufen. Denn da nur diejenigen junge Aktien kaufen können, die über ein Bezugsrecht verfügen, kann mit diesem Recht gehandelt werden. Es hat einen eigenen Wert – allerdings nur bis zu dem Tag, an dem die »jungen Aktien« ausgegeben werden.

Bezugsrechthandel

Um diesen Wert zu ermitteln, wird der Kurs der alten Aktie in Beziehung zum Preis der jungen Aktie gesetzt. Wenn eine alte Aktie an der Börse zum Preis von 100 Euro gehandelt wird, die jungen Aktien aber nur 80 Euro kosten, ist das Bezugsrecht 20 Euro wert. Solange die Frist bis zur Ausgabe der neuen Aktien läuft, wird das Bezugsrecht an der Börse wie ein selbstständiges Wertpapier gehandelt. Man kann es kaufen oder verkaufen. Der an der Börse notierte Kurs kann dabei vom rechnerischen Wert des Bezugsrechts abweichen. Denn ebenso wie bei den Aktien bestimmen auch beim Bezugsrecht allein Angebot und Nachfrage den Preis des »Papiers« an der Börse.

Der Bezugsrechtshandel wirkt sich auch auf den Kurs der alten Aktien aus. Mit Beginn der Bezugsfrist, also am ersten Handelstag, wird der rechnerische Wert des Bezugsrechts vom Kurs der alten Aktie abgezogen.

Beispiel

Wenn die alte Aktie mit 600 Euro notiert ist und das Bezugsrecht 50 Euro wert ist, sieht die Rechnung so aus: 600 Euro minus 50 Euroo für das Bezugsrecht ergibt einen Kurswert von 550 Euro. Auch das eigentliche Bezugsrecht lässt sich leicht errechnen: Die Aktiengesellschaft besitzt im Beispielfall ein Grundkapital in Höhe von 300 000 Euro. Die Kapitalerhöhung soll 60 000 Euro betragen. Daraus ergibt sich ein Bezugsverhältnis von fünf zu eins: Wer fünf alte Aktien besitzt, kann eine junge Aktie beziehen. Wird der Börsenkurs der alten Aktie mit 600 Euro notiert und die neue Aktie wird für 300 Euro zum Bezug angeboten, ergibt sich rechnerisch der Wert des Bezugsrechts nach der folgenden Formel:

$$\text{Wert des Bezugrechts} = \frac{\text{Börsenkurs der alten Aktie} - \text{Bezugspreis der neuen Aktie}}{\text{Bezugsverhältnis} + 1}$$

Bezogen auf das Beispiel also:

$$50 \text{ Euro} = \frac{600 \text{ Euro} - 300 \text{ Euro}}{(5 + 1)}$$

Der rechnerische Wert des Bezugsrechts beträgt pro junge Aktie also 50 Euro.

Wenn der Alt-Aktionär aus Geldmangel oder anderen Gründen kein Interesse am Bezug junger Aktien hat, kann er sein Recht verkaufen. Welcher Preis (Kurs) sich an der Börse erzielen lässt, hängt davon ab, ob das Interesse am Bezug junger Aktien bei den bisherigen Anteilseignern oder neuen Käufern groß oder klein ist. Die Entscheidung darüber, ob ein Aktionär sein Bezugsrecht ausübt, hängt nicht nur davon ab, wie er das Unternehmen und damit das Potenzial seiner Aktien einschätzt, sondern auch davon, ob er zum gegebenen Zeitpunkt überhaupt über die notwendigen Mittel zum Kauf junger Aktien verfügt.

Wenn Sie Ihrer Bank keine Weisung geben, wie mit dem Bezugsrecht verfahren werden soll, wird es am Ende der Frist automatisch verkauft und der Erlös auf Ihr Konto überwiesen. Selbst wenn Sie es vergessen haben sollten, im Urlaub waren oder aus anderen Gründen Ihrer Sparkasse oder Bank keine Weisung erteilt haben, müssen Sie nicht fürchten, plötzlich einen Haufen Geld für junge Aktien auf den Tisch legen zu müssen.

Neben den Fragen, ob für die Ausübung des Bezugsrechts genügend Geld zur Verfügung steht und ob es sich mit Blick auf die zukünftige Kursentwicklung überhaupt lohnt, noch mehr Geld in das Unternehmen zu investieren, muss auch geprüft werden, ob ein Kauf im Hinblick auf die aktuelle Zusammensetzung des eigenen Depots sinnvoll erscheint. Denn der Spruch, dass man »nicht alle Eier in einen Korb legen soll«, gilt auch für die Strukturierung der persönlichen Geldanlage.

Damit Sie zu einem ausgewogenen Verhältnis von Risiko und Chance kommen, nicht abhängig von der Entwicklung einer bestimmten Branche werden, eine ausreichende Rendite erzielen, gegebenenfalls ohne Probleme und Verluste wieder an liquide Mittel kommen, sollten Sie regelmäßig nicht nur die Struktur Ihres Wertpapierdepots, sondern auch ihrer gesamten Vermögenswerte überprüfen: Immobilien, Wertpapiere, Gold, Barreserve – sofern vorhanden.

**WISO** Tipp

Denken Sie regelmäßig über die Struktur Ihrer Geldanlage nach.

## Nebenwerte sind keine Nebensache

Small Caps

Bei den Nebenwerten oder Small Caps geht es um die Anteilscheine mittelgroßer, oft schon seit Jahrzehnten existierender Unternehmen, die auch von professionellen Analysten häufig vernachlässigt werden.

Anleger, die den Nervenkitzel ständiger Kursänderungen weniger schätzen, dafür aber an regelmäßigen und angemessenen Dividenden interessiert sind, sollten sich bei den zahlreichen Nebenwerten im In- und Ausland umsehen. Ein Investment in kleine Aktiengesellschaften kann lohnender sein als Anleihen und gleichzeitig auf mittlere und lange Sicht auch noch erfreuliche Kursgewinne bescheren.

Viele Nebenwerte fristen an den Börsen ein Schattendasein. Großanleger meiden sie wegen ihrer geringen Markt- oder Börsenkapitalisierung, die den Kauf oder Verkauf größerer Pakete schwer machen. Private Anleger kennen die Gesellschaften oft nicht. Informationen über sie sind nur schwer zu bekommen. Dabei finden sich unter den mittelgroßen Unternehmen sehr ertragsstarke Gesellschaften. Oft wendet sich das Interesse der Analysten und Kleinaktionäre ihnen erst dann zu, wenn nach einem längeren Kursanstieg die »Blue Chips« ausgereizt erscheinen und bei den trendigen Aktien die Kurse solche Höhen erreicht haben, dass ein Rückschlag zu befürchten ist.

Da ist dann derjenige in einer guten Position, der rechtzeitig in die Märkte der Small und Mid Caps investiert hat. Für langfristig orientierte Anleger bieten sie auch deshalb oft interessante Perspektiven, weil das Kurs-Dividenden-Verhältnis bei vielen sehr günstig ist. Während bei Dax-Werten das Kurs-Gewinn-Verhältnis (KGV) bei 20 und mehr liegen kann, ist es bei den Small Caps oft nicht höher als zwölf oder vierzehn (zum KGV und

Kurs-Dividenden-Verhältnis siehe die entsprechenden Abschnitte im Kapitel *Nützliche und »handliche« Analyseinstrumente*).
Das war nicht immer so: Im deutschen Aktienmarkt galten in den 1970er- und 1980er-Jahren KGVs von 8 als billig und 15 als teuer. Seit den 1990er-Jahren schwanken die KGVs im Bezug auf den Gesamtmarkt zwischen 12 und 25. Bei den 30 Dax-Werten liegt das KGV im historischen Durchschnitt bei 14,6 und im Durchschnitt der drei Jahrzehnte vor 2013 bei 19. Die Spanne ist dabei groß. Beispielsweise betrug das KGV Ende 2008 deutlich weniger als 10, im bisherigen Rekordjahr 1993 erreichte das durchschnittliche KGV dagegen stolze (oder eher beängstigende) 33. Gemessen an ihren Gewinnen waren deutsche Aktien daher viel zu teuer. Im Dax-Rekordjahr 2013 dagegen wiesen viele Dax-Konzerne ebenso wie die Small und Medium Caps noch ein relativ günstiges KGV auf. Das lag vor allem daran, dass die Unternehmen ihre Kosten im Griff hatten und deutlich höhere Gewinne erzielten als in früheren Boomzeiten. Daraus zogen viele Experten den Schluss, dass deutsche Aktien auch bei einem Dax-Stand von 8400 Punkten noch nicht zu teuer waren.

**WISO** Tipp

Das Dax-KGV der drei Jahrzehnte vor 2013 lag durchschnittlich bei 19. Werte, die darunter liegen, gelten als günstig, Werte darüber können als Warnsignal betrachtet werden.

## Auf die Vermögensstruktur achten

Beim Aufbau eines Wertpapierdepots sollte immer darauf geachtet werden, eine ausgewogene Zusammensetzung der darin enthaltenen Risikopapiere und Renditetitel zu erreichen. Die Banken unterscheiden zwischen drei verschiedenen Depotkategorien: »Sicherheit«, »Ausgewogen« und »Chance«. Neben Aktien sollten deshalb auch andere Formen der Geldanlage nicht vergessen werden. Andernfalls kann eine Branchenkrise oder eine allgemeine und vielleicht für längere Zeit anhaltende Schwächephase an der Börse zu argen finanziellen Problemen führen.
Wenn nicht schon ein gewisses Vermögen vorhanden ist oder eine Erbschaft den Start erleichtert, wird es beim Einstieg in das Wertpapiersparen meist schwer sein, auf eine ausgewogene Zusammensetzung der im Depot enthaltenen Wertpapiere und anderer Vermögenswerte zu achten. Das ist dann allenfalls durch den Kauf von Fondsanteilen zu erreichen, deren Anlagepolitik sowohl auf Sicherheit als auch auf die Nutzung von Renditechancen setzt (mehr dazu im Kapitel *Geldanlage in Fonds*). Mittel- und langfristig sollte aber für die gesamte Vermögensanlage eine ausgewogene Mischung angestrebt werden.

Das gilt insbesondere dann, wenn die Vermögensbildung der Altersvorsorge, dem Ansparen für einen späteren Hauskauf, der Sicherung von Familienangehörigen oder dem Aufbau einer Rücklage dienen soll. Dann kommt es nämlich darauf an, dass neben den Vermögenswerten, die im Hinblick auf eine deutliche Wertsteigerung (also chancenorientiert) oder aus spekulativen Gründen erworben wurden, auch solche Anlageformen vertreten sind, die geringen Wertschwankungen unterliegen, eine sichere Rendite bringen und jederzeit auch wieder »versilbert« werden können, wenn Bargeld gebraucht wird.

**WISO** Tipp

Es kann passieren, dass ein Teil des spekulativ angelegten Geldes zumindest theoretisch verloren ist, weil der derzeitige Kurs deutlich unter dem Einstandspreis liegt. Wenn Sie dringend Geld benötigen, kann es sein, dass Sie bestimmte Wertpapiere – oder nach einem Crash vielleicht sogar alle – nur mit einem hohen Verlust verkaufen können.

Die ideale Depot- und Vermögensstruktur gibt es jedoch nicht. Denn was im Einzelfall »ideal« ist, hängt unter anderem vom jeweiligen Einkommen, vom Alter und Gesundheitszustand, von der familiären Situation und den Erwartungen ab, die später im Ruhestand an den Lebensstandard gerichtet werden. Wichtig ist, ob Sie dann auch mit einer Rente plus einer Betriebsrente, einer berufsständischen Versorgung, der Auszahlung einer Lebensversicherung oder einer Erbschaft rechnen können. Vielleicht müssen Sie den Vermögensaufbau aber auch ganz aus eigener Kraft stemmen.

Schon diese wenigen Beispiele zeigen, dass es kein Patentrezept für eine optimale Anlagestruktur geben kann. Hinzu kommt, dass auch das individuelle Risikoprofil höchst unterschiedlich ist. Wer nachts keinen Schlaf mehr findet, sobald an der Börse die Kurse dreimal hintereinander nach unten gehen, sollte Risikopapiere jeder Art von vornherein meiden. Die für Sie passende Risikostruktur gehört deshalb neben der Diskussion Ihrer Anlageziele zu den wichtigsten Punkten, die jeder seriöse Berater im Gespräch mit Ihnen klären muss, ehe er mit speziellen Empfehlungen kommt. Aber Sie sollten sich auch selbst darüber Klarheit verschaffen und sich nicht allein auf das Urteil eines Beraters verlassen. Vor allem dann nicht, wenn er Ihnen etwas verkaufen will.

**WISO** Tipp

Sie erkennen einen seriösen Anlageberater daran, dass er immer erst versuchen wird, sich ein Bild von seinen Kunden zu machen.

Ein seriöser Berater fängt das Gespräch nicht damit an, dass er Ihnen irgendwelche Finanzprodukte aufzuschwatzen versucht. Er versucht erst einmal wie ein guter Arzt bei der Anamnese, zu ergründen, wen er vor sich hat und welche Bedürfnisse sein Kunde hat. Um wie viel Geld geht es? Welche Vermögenswerte sind bereits vorhanden (Immobilien, Pension, Lebensversicherung)? Wird ein Teil des Geldes zu einem bestimmten Zeitpunkt benötigt? Welche Erfahrungen hat der Kunde mit Börsengeschäften? Zu welchem »Risikotyp« gehört er? Wie ist seine Lebenssituation? Stehen größere Ausgaben bevor, für die Liquidität verfügbar sein muss? Wie sieht es mit der Risikovorsorge und Alterssicherung aus? Kreditinstitute sind gesetzlich verpflichtet, dies zunächst zu erkunden und neue Kunden auch sorgfältig über die Risiken bestimmter Anlageformen aufzuklären. Wenn Sie das Gefühl haben, dass ein Anlageberater diese Pflichten nicht ernst nimmt und nur von hohen Gewinnen schwärmt, sollten Sie das Gespräch abbrechen und sich nach einem wirklichen Experten umsehen (siehe dazu auch das Kapitel *Berater: Wem kann man vertrauen?*).

## Prüfsteine für den richtigen Vermögensaufbau

Auch wenn es keine Patentrezepte gibt, so gibt es doch einige Anhaltspunkte, die bei der individuellen Planung als »Prüfsteine« dienen und den längerfristigen Überlegungen zugrunde gelegt werden können. Hilfreich ist zunächst eine grobe Unterteilung in vier Kategorien:

- Kasse
- Reserve
- Vermögen
- »Spielgeld«

Kasse Auf dem Konto sollte so viel sein, dass kleinere unvorhergesehene Ausgaben jederzeit bewältigt werden können, ohne gleich teure Kredite (dazu zählt der »Dispo-Kredit« auf dem Girokonto und erst recht die sehr teure ungenehmigte Überziehung!) in Anspruch nehmen zu müssen. Oft lässt sich dieses Geld allerdings auch so anlegen, dass es bei kurzfristiger Verfügbarkeit wenigstens einen bescheidenen Zinsertrag bringt. Ein Tagesgeldkonto oder ein Geldmarktfonds sind dafür am besten geeignet.

Reserve Dazu sollten Geldanlagen dienen, die nicht jederzeit, aber doch relativ kurzfristig verfügbar gemacht werden können. Auch wenn größere Anschaffungen oder Ausgaben (Auto, der Urlaub im nächsten Jahr) vorhersehbar sind, sollten sie aus einer solchen Reserve finanziert werden. Hier bieten sich neben Tagesgeldkonten oder Termingeld Anleihen mit mittlerer Laufzeit an. Die Alternative heißt in Niedrigzinsphasen: Entweder schlechter verzinst oder man bekommt gar nichts mehr fürs Geld. Warum soll das Geld nicht so lange Zinsen bringen, bis es gebraucht wird? Dabei kann auch das Konto-Hopping, der Wechsel von Bank zu Bank mit dem jeweils besten Zinsangebot, erhöhend auf die Rendite wirken. Etwas lästig vielleicht, weil mit Arbeit und Zeit verbunden, aber so nutzen Sie als Neukunde Bonus und Zins am besten aus. Da die hohen Zinsen in der Regel zeitlich befristet sind und es danach meist nur mit mickrigen Zinsen weitergeht, dürfen Sie den rechtzeitigen Wiederausstieg nicht vergessen.

Halten Sie sich bei den Tagesgeldangeboten an die Spielregeln, die für höchstmögliche Sicherheit stehen: Achten Sie auf die in Euro-Land garantierte Einlagensicherung bis 100 000 Euro pro Anleger und Bank. Wählen Sie – sozusagen als doppelten Boden – eine Bank, die dem freiwilligen Einlagensicherungsfonds deutscher Banken angeschlossen ist.

**WISO** Tipp

Gerade in Niedrigzinsphasen locken manche Banken mit Zinsen, die weit über dem Durchschnitt liegen. Achten Sie dann besonders sorgfältig darauf, wem Sie Ihr Geld anvertrauen.

Legen Sie Wert auf gute Bonität des Staates, in dem Sie Ihr Geld anlegen. Wer sein Geld in einem notleidenden Staat anlegt – zum Beispiel durch den Kauf von hochverzinsten Staatsanleihen –, muss mit einem Schuldenschnitt rechnen. Griechenland ist dafür ein mahnendes Beispiel aus der jüngeren Vergangenheit. Investoren von Staatsanleihen erhielten nur noch die Hälfte des eingezahlten Geldes zurück. In Zypern mussten Sparer, die dort mehr als 100 000 Euro auf dem Konto hatten, eine 20-prozentige Zwangsabgabe leisten. Das traf dort vor allen Russen. Argentinien hat seine Gläubiger sogar schon mehrfach auf ihren Anleihen sitzen lassen. Sie hatten sich durch die extrem hohen Zinsen dazu verlocken lassen, die Hochrisiko-Papiere zu zeichnen.

Vermögen Hier können Aktien oder Aktienfonds den Schwerpunkt bilden, weil diese Papiere bei einer langfristigen Anlagestrategie die höchsten Erträge erwarten lassen. Aber auch hier heißt es: Nicht alles auf eine Karte setzen, sondern eine sinnvolle Depotstruktur anstreben. Das bedeutet, dass nicht nur Aktien aus verschiedenen Branchen und Ländern, sondern auch Fondsanteile und Anleihen angemessen berücksichtigt werden müssen. Das trägt zur Risikostreuung bei und erhöht gleichzeitig die Chancen, weil die wirtschaftliche Entwicklung nicht überall gleich verläuft. Wenn die Unternehmen einer Branche etwas lahmen, boomt es vielleicht woanders. Wenn es in Deutschland nicht gelingt, die Wirtschaft in Schwung zu halten, brummt das Geschäft möglicherweise in Indien oder China. Sehr sinnvoll ist es auch, neben dem Geld- und Wertpapiervermögen auch Rohstoffe und Gold mit in die Strukturplanung aufzunehmen (siehe weiter unten).

Immobilien sind ebenfalls eine Form der Geldanlage, die Stabilität ins Depot bringt. Dazu muss man nicht gleich ein ganzes Haus kaufen. Ein

Immobilienvermögen kann auch mit kleineren Beträgen durch den Kauf von Anteilen an offenen Immobilienfonds aufgebaut werden. Die sind zwar auch mächtig ins Straucheln geraten. 12 Fonds mit einem Gesamtvolumen von über 20 Milliarden Euro werden 2013 abgewickelt, melden die Analysten von der Scope-Ratingagentur. Das heißt für den Anleger nichts anderes als Auflösung des Fonds, Verkauf der Anteile – und Verluste. Der vermeidlich sichere Immobilienfonds, der jahrzehntelang zur Altersvorsorge empfohlen wurde, diente vor allem Großinvestoren als Parkplatz fürs Geld. Sie brachten die Branche ins Wanken. Zukünftig sollen Privatanleger davor besser geschützt werden.

Besondere Vorsicht ist bei »geschlossenen Fonds« – egal ob Immobilien, Wind, Sonne oder Wald – zu empfehlen: Die Anteile sind vor Ablauf der Festlegungsfrist meist nur schwer wieder zu verkaufen.

**WISO** Tipp

Legen Sie kein Geld in Papieren an, deren Wirkung Sie nicht verstehen. Wenn schon der Text im Informationsblatt nicht verständlich ist, sollten Sie die Finger von der Anlage lassen.

Da gerade mit geschlossenen Fonds immer wieder Anleger in Investments gelockt werden, die sie nicht verstehen, müssen Anbieter von geschlossenen Fonds und anderen riskanten Kapitalanlagen seit Juni 2012 die wichtigsten Anlegerinformationen in einem Informationsblatt (VIB) zusammenstellen. Stiftung Warentest und der Bundesverband der Verbraucherzentralen (Vzbv) haben den Inhalt geprüft und ein verheerendes Fazit gezogen. Diese Informationsblätter erfüllten oft die gesetzlichen Anforderungen nicht und sind daher für Anleger weitgehend wertlos.

Informieren Sie sich auch über Immobilienaktien. Sie sind eine interessante Variante, da sie die Flexibilität einer Aktienanlage mit der Sicherheit von Grundbesitz kombinieren. Der eigene Grunderwerb (Eigentumswohnung, Grundstück, Einfamilienhaus) ist ebenfalls eine wichtige Form der Vermögensbildung. Wer schon über »sicheren« Grundbesitz verfügt, kann den Aktienanteil am Gesamtvermögen etwas höher ansetzen.

»Spielgeld« Wenn die Punkte oben berücksichtigt sind, kann auch ein Teil der verfügbaren Mittel für etwas gewagtere Spekulationen eingesetzt werden. Bei entsprechender Risikobereitschaft kann es in Anlageformen mit großem Kurssteigerungspotenzial (aber auch entsprechenden Verlustrisiken) investiert werden. Dazu zählen Aktien junger, innovativer Firmen, wie sie früher am Neuen Markt (heute im TecDax) oder an der Nasdaq in New York gehandelt werden. Sie können auch mal etwas Geld riskieren, indem Sie Anteile an Unternehmen erwerben, die in einer akuten Krise stecken, denen Sie es aber zutrauen, die Probleme zu meistern. Nach einem Turnaround winken in solchen Fällen schnelle und hohe Kurssteigerungen. Natürlich gehören auch die sogenannten Derivate zu den Papieren, mit denen Sie außergewöhnliche Gewinne erzielen, aber auch alles verlieren können. Deshalb darf hier immer nur ein kleiner Teil der verfügbaren Mittel investiert werden.

Berufsanfänger, die gerade erst mit dem Vermögensaufbau beginnen, sollten keine Spielgeldkasse anlegen, es sei denn, Sie können es sich leisten. Beim Blick auf die schwindsüchtige Rentenversicherung ist das vornehmliche Ziel, sich kontinuierlich eine eigene Alterssicherung aufzubauen. Sie können nicht davon ausgehen, gleich von Beginn an eine optimale Streuung Ihrer Geldanlagen zu erreichen. Sie würden sich sonst zu sehr verzetteln und die Kosten würden die Erträge auffressen. Aber Sie sollten sich dennoch von Anfang an Ziele setzen und sich mit Ihren Anlageentscheidungen schrittweise an das Optimum heranarbeiten. Wer ein Haus baut, setzt ja auch jeden Stein und jeden Balken nach Plan und wirft nicht alles einfach auf einen Haufen.

Berufsanfänger

## Der richtige Mix schafft das optimale Depot

Auch für die Struktur des eigentlichen Wertpapierdepots gelten ganz ähnliche Überlegungen wie für die Verteilung der vorhandenen Mittel insgesamt. Neben Blue Chips, wie die Aktien renommierter, wirtschaftlich gesunder großer Unternehmen genannt werden (dazu zählen die meisten der im Dax oder Stoxx gelisteten Gesellschaften) kann das Depot auch Wachstumswerte enthalten. Darunter versteht man vor allem Aktien von Unternehmen, die mit innovativen Produkten und Dienstleistungen zu rasch steigenden Umsätzen und Erträgen kommen könnten – Hoffnungswerte also. Auch auf eine ausgewogene Branchenstruktur muss geachtet werden. Wer nur Banktitel besitzt, weil dort gerade die Kurse besonders kräftig steigen, wird voll erwischt, wenn zum Beispiel durch eine Bankpleite oder eine neue Schuldenkrise in Südamerika in Europa oder sogar weltweit die Finanztitel unter Druck geraten.

Blue Chips

Wachstumswerte

Außer Aktien aus dem Euro-Raum, Japan oder den USA können unter dem Gesichtspunkt »Chancenmanagement« auch Papiere im Depot sein, die aus den »Emerging Markets« kommen. Dazu zählen nach der Jahrtausendwende vor allem die osteuropäischen Staaten, Indien und China, aber auch Lateinamerika und, wie bereits erwähnt, die »Next Eleven«, die

Papiere aus den Emerging Markets

Staaten in zweiter Reihe unter den Schwellenländern mit guten Wachstumsprognosen. Hier ist es für den durchschnittlichen Anleger allerdings außerordentlich schwer, einzelne Werte einzuschätzen, da über Unternehmen aus diesen Regionen bei uns nur selten berichtet wird. Deshalb empfiehlt es sich, den darauf spezialisierten Fondsmanagern die Auswahl der einzelnen Werte zu überlassen.

Natürlich darf man auch in Haussezeiten, wenn fast alle Kurse täglich mehr oder weniger stark steigen, nicht allein auf Aktien setzen, sondern sollte auch Anleihen im Depot haben. Die Auswahl ist nicht immer ganz leicht. Im Mai 2013 stehen die Leitzinsen der großen Industrienationen wie USA, Japan und Deutschland bei null oder nahezu bei null. Da ist ein Investment wenig verlockend. Dagegen ist die Geldanlage in Staatsanleihen der Risikokandidaten Europas, die hohe Zinsen bieten müssen, um Anleihen verkaufen zu können, für den Privatanleger zu riskant. Deshalb kauft vor allen die Europäische Zentralbank Anleihen von notleidenden Euro-Ländern auf. Nur so können diese Länder die Finanzierung ihrer laufenden Ausgaben sichern und die Wirtschaft wieder in Gang bringen. Im Idealfall werden beim Investment in Anleihen regelmäßig Zinsen überwiesen und am Ende der Laufzeit wird garantiert der volle Nennbetrag zurückgezahlt, wenn der Kreditnehmer ein solider Schuldner ist.

Zweifelhafte Einschätzung der Rating-Agenturen

Trotz des Vertrauensverlustes, den die Rating-Agenturen nach dem Griechenland-Desaster (gute Noten kurz vor einer griechischen Insolvenz) zu verantworten haben, schauen Anleger und Investoren weiterhin auf deren Notengebung. Sie prüfen nicht nur die Bonität von Staaten, sondern auch einzelner Unternehmen, und bewerten die Aussicht, ob der Schuldner pünktlich das geliehene Geld an den Anleger zurückzahlen kann.

Dass Rating-Agenturen irren können, ist bereits seit der Subprime- und späteren Bankenkrise klar. Denn sie beziehen ihre Daten aus der Vergangenheit und aktualisieren sie aufgrund der Angaben, die sie von den Unternehmen erhalten, die für das Rating bezahlen. Dennoch ist es Wirtschaftsprüfern und Rating-Agenturen nicht gelungen, das Liquiditätsrisiko einzuschätzen, das sich aus dem Handel mit faulen, zweitklassig abgesicherten Krediten ergeben kann. Genau genommen hatten die Agenturen keine Methode, um diese Risiken überhaupt zu erfassen. Dafür gab es viel Schelte und das »Feintuning« der Bewertungsmethoden läuft seither auf Hochtouren. Eine einzige Note reicht also nicht aus, um ein Risiko bei der Geldanlage völlig auszuschließen. Neben soliden Anleihen (mit einem AAA-Rating) können Sie auch in Hochzinsanleihen bis hin zu den »Junk-Bonds« (D-Rating) anlegen. Das sind Anleihen, von denen nicht völlig sicher ist, ob der Schuldner sie auch wirklich zurückzahlen kann. Für diese Ungewissheit muss er die Anleger mit hohen Zinsen entschädigen. In diesem Fall ist es übrigens auch wieder besser, Anteile an Fonds zu kaufen, die in solche Hochprozenter investieren. Denn da sie ihre Mittel viel breiter streuen können, als dies einem einzelnen Anleger möglich ist, und weil die darauf spezialisierten Manager die Sicherheit der Schuldner professioneller bewerten können, wirkt sich der Totalverlust bei einer Anleihe weniger gravierend aus, als wenn man selbst dort (zu) groß eingestiegen ist.

Bei Gold, das früher – und oft auch heute noch – immer als Bestandteil eines ausgewogenen Depots genannt wurde, ist zu der gleichen Vorsicht zu raten wie bei Aktien (dazu mehr im folgenden Abschnitt). Ähnliche Überlegungen gelten für Diamanten, die zudem oft auch noch von Betrügern aus dem Bereich des Grauen Kapitalmarkts angeboten werden und sich später als kaum verkäuflich oder sogar als ganz wertlos erweisen.

## Gold: Ein »Wert an sich«?

Das gelbe Edelmetall, das für viele als die sichere Anlage schlechthin gilt, wird in Form von Münzen und Barren gehandelt. Barren sind die reinste Form, da sie einen Goldgehalt von 999 Promille haben. Es gibt sie in Gewichtsklassen von 5 Gramm bis 12 Kilogramm. Je kleiner der Barren, umso größer ist der Aufschlag, den die Anbieter für die Herstellung verlangen (zwischen 1 bis 8 Prozent). Wichtig beim Goldkauf ist der Prägestempel einer seriösen Schmelze und der Erwerb über eine Bank. Nur so können Sie das Risiko von Fälschungen vermeiden.

Richtig ist: Gold war über Jahrhunderte der Inbegriff von Wert und Wertbeständigkeit und wurde in zahlreichen Staaten zunächst physisch als Geld und später als Deckungsgarantie für die umlaufenden Zahlungsmittel verwendet (Gold- und Goldkernwährung). Auch private Sparer haben schon vor Tausenden von Jahren Gold und Silber gehortet, weil es die einfachste und meist auch beste Möglichkeit war, liquides Vermögen zu bilden. Es war als Medium der Wertaufbewahrung besonders gut geeignet, weil es nicht beliebig vermehrbar ist (wie Papiergeld, wenn seine Produktion durch die Notenbank nicht strikt limitiert wird) und weil es in Notzeiten entweder auf der Flucht vor Feinden mitgenommen oder – ohne Schaden zu nehmen – für lange Zeit vergraben oder in anderer Form versteckt werden konnte.

Mythos Gold

Falsch ist aber, dass Gold immer seinen Wert behält. Aus der Gier nach dem edlen Metall, das im Lauf von Jahrhunderten zum Symbol für Reichtum wurde, entstand der »Mythos des Goldes«, der auch heute noch dazu führt, dass Gold von vielen Sparern als eine besonders wertvolle und wertbeständige Form der Geldanlage betrachtet wird. Das ist aber leider nicht der Fall. Selbst in normalen Zeiten besteht eine hohe Verlustgefahr, wenn Gold oder andere »ewige Werte« wie Diamanten als »Zahlungsmittel für alle Fälle« im Haus aufbewahrt werden. Zwar ist nur so garantiert, dass man im Krisenfall schnell an seine Schätze herankommt. Leider gilt die leichte Erreichbarkeit in diesem Fall aber auch für Ganoven. Sofern das Horten von Gold nicht als Liebhaberei (insbesondere in Form von Münzen, Schmuck und Medaillen) geschieht oder in Krisenregionen als die einzige Möglichkeit gesehen wird, Vermögenswerte bei der Flucht zu retten, muss dieses wie andere Edelmetalle als Anlagemedium ebenso kritisch betrachtet werden wie alle anderen Formen der Geldanlage, denn:

- Gold bringt keine Zinsen oder sonstigen Erträge.
- Gold verursacht Lager- und Versicherungskosten oder ist bei persönlicher Verwahrung in höchstem Maße diebstahlgefährdet.
- Beim Erwerb in Deutschland muss, anders als bei Wertpapieren, Mehrwertsteuer gezahlt werden. Das mindert den möglicherweise bei einem Steigen des Goldpreises zu erwartenden Ertrag.
- Goldmünzen (in einigen Ländern offiziell immer noch ein gesetzliches Zahlungsmittel) haben An- und Verkaufspreise, die in den Tageszeitungen veröffentlicht werden. Der jeweilige Preis hängt an der Goldpreisentwicklung plus einen kleinen Aufschlag. Als gesetzliche Zahlungsmittel unterliegen sie nicht der Mehrwertsteuer, bringen aber ebenfalls keinen Zinsertrag. Ihr Preis fällt, wenn der Goldpreis sinkt.
- Goldmedaillen sind »Liebhaberstücke«, die ebenso wie Goldschmuck zu Preisen verkauft werden, die weit über dem Metallwert liegen. Als Geldanlage sind sie daher auf keinen Fall zu empfehlen. Ein Wiederverkauf ist – wie bei allen Medaillen – nur selten (oder nur zum meist geringen Materialwert) möglich.

Diese Nachteile wurden in den 80er- und 90er-Jahren des vorigen Jahrhunderts nicht durch entsprechende Steigerungen des Goldpreises aufgewogen. Im Gegenteil: Jahrzehntelang hatte die US-Notenbank durch entsprechende An- und Verkäufe dafür gesorgt, dass der Goldpreis exakt 35 Dollar je Feinunze (31,1035 Gramm) betrug. Seit dem Höchststand von rund 850 Dollar je Feinunze, der kurz nach der Freigabe des Goldpreises im Jahr 1980 erreicht wurde, war er bis zum Ende der 90er-Jahre auf rund 250 Dollar gefallen. Trotz des Kriegs im Irak und anderer Krisen lag der Preis für die Feinunze Gold auch Mitte 2003 erst wieder bei 345 Dollar. Das war nach mehr als 20 Jahren nicht einmal die Hälfte des damals erreichten Spitzenwertes. Auch Anfang 2006 war er trotz eines kräftigen Anstiegs mit rund 550 Dollar je Feinunze immer noch weit davon entfernt. Erst Ende 2007 wurde der alte Rekord eingestellt und im März 2008 erstmals die Marke von 1000 Dollar je Feinunze überschritten. Den neuen Höchststand feierte die Feinunze Gold im asiatischen Handel mit 1900 Dollar im August 2011. Doch schon im April 2013 waren es dann nur noch 1400 Dollar. Ein Verlust von 27 Prozent innerhalb von nur 20 Monaten.

Und während 2013 die Aktienbörsen in Deutschland, den USA, Japan oder der Türkei von Rekord zu Rekord stürmten, dümpelte der Goldpreis um 1300 Dollar je Unze.

So zeigt sich auch beim Gold: Der Einstiegspreis ist entscheidend. Wer erst 2002 eingestiegen ist, konnte sich schon 2004 über eine Verdopplung seines Einsatzes freuen und wer bis 2011 durchhielt, hätte reich werden können – selbst wenn man den Zinsverlust berücksichtigt.

**WISO** Tipp

Bei Goldanlagen muss immer beachtet werden, dass die unterschiedliche Kursentwicklung von Euro und Dollar die Gewinne oder Verluste mit Gold verstärken oder abschwächen können.

## Besser als das Original: Edelmetall in Gestalt von Papier

Gold zum Anfassen ist schön, aber aus der Sicht von Anlegern teuer und unpraktisch. Wer mit Gold Geld verdienen will, sollte deshalb das Edelmetall besser in Form von Papier besitzen.

Dass sich ein Investment in Werte, die von der Entwicklung des Goldpreises abhängen, oft mehr lohnen als der physische Erwerb des gelben Metalls, lässt sich an der Wertentwicklung von Fonds ablesen, die in Goldwerte investieren. So konnte der erst 2005 aufgelegte World Mining Fund (MLIIF), der in Aktien von Goldminen investiert, von der Gold-Hausse kräftig profitieren. Auch über einzelne Goldminenaktien können Anleger indirekt an der Entwicklung des Goldmarktes teilnehmen. Das Risiko für ein Engagement in solche Titel gilt allerdings als hoch. Die Kosten der Förderung steigen immer weiter, und nur wenn der Goldpreis hoch genug ist, machen die Minen ausreichende Gewinne.

Wer wie einst der französische General und Staatspräsident Charles de Gaulle vom »Mythos und ewigen Wert« des gelben Metalls überzeugt ist, aber so clever ist, das »barbarische Metall« (so der große Wirtschaftswis-

**WISO** Tipp

Kaufen Sie statt Gold lieber Aktien von Goldminen, Goldoptionen, Goldzertifikate oder Fonds, die in Goldwerte investieren. Das spart Mehrwertsteuer sowie Lagerkosten und vermindert das Diebstahlrisiko.

senschaftler John Maynard Keynes) nicht unbedingt selbst in die Hand zu nehmen, hat dennoch vielfältige Möglichkeiten, vom Auf und Ab der Goldnotierung zu profitieren, die Vorteile eines Goldinvestments zu nutzen, ohne die Nachteile des direkten Besitzes in Kauf nehmen zu müssen. Hier die wichtigsten Möglichkeiten, mit Gold zu spekulieren:

Goldzertifikate Für Privatanleger sind Goldzertifikate eine günstige Alternative für ein Investment im Goldmarkt. Sie werden wie Wertpapiere gehandelt und bilden die Preisschwankungen des Goldes (zum Beispiel zum Spotpreis in London) eins zu eins nach. Andere Goldzertifikate setzen zum Beispiel auf den Amex Gold Bugs Index als Basiswert, der sich aus Goldminen zusammensetzt, die ihre Produktion für maximal zwei Jahre auf Termin verkauft haben. Interessant sind auch sogenannte Endloszertifikate, um nicht am Laufzeitende wieder ein neues Goldzertifikat kaufen zu müssen. Beachten Sie auch bei diesen Investments das Währungsrisiko, denn der Goldpreis wird in Dollar notiert!

Boomt die Nachfrage nach bestimmten Anlagen, lässt sich die Branche viel Neues einfallen. Anlegern werden jetzt von Investmentbanken sogenannte Express-Zertifikate mit »Handbremse« angeboten. Sollte am Stichtag der Goldpreis über dem Startniveau liegen, findet eine vorzeitige Rückzahlung des eingesetzten Nennwertes plus eines Aufschlags in Euro pro Zertifikat statt. Erst nach einem Kursrückgang von vorher festgelegten Prozentpunkten schreiben Anleger rote Zahlen. Das Zertifikat macht daher vor allem für vorsichtige Anleger Sinn. Wer der Ansicht ist, dass Gold weiter mit kräftigen Preissteigerungen glänzen wird, sollte besser ein Papier ohne Handbremse beziehungsweise Gewinnlimit wählen.

Zertifikate sind in der Regel nicht mit Gold abgesichert. Gerät ein Institut – wie es beispielsweise im Gefolge der amerikanische Hypothekenkrise der Fall war – in finanzielle Probleme, kann es den Wert des Goldzertifikats möglicherweise nicht mehr zurückzahlen. Wer nach dem Platzen der Immobilienblase im Besitz von Lehman-Zertifikaten war, weiß, wovon die Rede ist. Zwar schafften es die Insolvenzverwalter, den Gläubigern der Pleite-Bank letztlich den größten Teil ihres Geldes zu erstatten, aber die meisten privaten Gläubiger mussten viele Jahre lang um ihr Geld zittern.

Gold-Fonds Investmentfonds, die in Gold investieren, setzen zumeist auf Goldminen. Das tut die Branche vor allen nach starken Kurseinbrüchen.

Manager scheuen Aktien und schichten um. Dabei ist nicht nur Gold zur Absicherung gefragt, sondern auch andere Rohstoffe. Die Frage, ob man als Anleger jetzt noch zu den Höchstkursen einsteigen soll, ist schwierig. Denn auch der Goldpreis reagiert zyklisch: Entdecken die Anleger die Aktie wieder und erholen sich Dollar und Ölpreis, wird auch die Nachfrage nach Gold nachlassen, was zu sinkenden Kursen führt. Wer zu Höchstpreisen einsteigen will, müsste demnach auch pessimistisch für die US-Wirtschaft sein.

Gold-Termingeschäfte Aufgrund von limitierten Ressourcen weist der Goldpreis auch langfristig ein enormes Ertragspotenzial auf, sagen die Rohstoff-Optimisten. Deshalb empfehlen Anlageberater den Handel mit Terminkontrakten. Damit können Sie sowohl bei steigenden als auch bei fallenden Märkten Gewinnchancen ausnutzen. Solche Papiere sind hochspekulativ und haben nichts mehr mit der Absicherung des Depots zu tun. Sie gehören zur Kategorie »Spielgeld«.

Xetra-Goldanleihe Hier gibt es keine Verzinsung, sondern den Goldpreis in Euro. Seine Wertentwicklung spiegelt die Anleihe eins zu eins wider. Solche Papiere sind leicht zu handeln. Schon ab dem Gegenwert für ein Gramm Gold ist ein Kauf möglich. Sinnvoll sind jedoch etwas höhere Beträge, damit die Entgelte für den Erwerb im Verhältnis zum Investment nicht zu hoch ausfallen. Die Anlage ist mit Gold abgesichert. Das heißt, die Abwicklungsgesellschaft erwirbt entsprechende Goldansprüche. Vor Währungsschwankungen sind Anleger dagegen nicht geschützt. Sollte etwa der Goldpreis in Dollar steigen, während die US-Währung schwächelt, wie es in der Vergangenheit immer wieder vorkam, werden auch die Käufer der Xetra-Goldanleihe dabei in Mitleidenschaft gezogen. Die Wertentwicklung des Goldes in Euro fällt dann (durch die fehlende Absicherung) oft deutlich geringer aus oder kann sich sogar in einen Verlust verwandeln. Steigender Goldpreis bei gleichzeitig steigendem Dollarkurs ist dagegen für Goldfreunde ein Anlass, die Sektkorken knallen zu lassen.

Gold-Fonds (ETFs) oder Gold-Funds-Plus Solche Fonds werden meist im Ausland gehandelt, etwa in der Schweiz. Sie bieten den Anlegern einen Ausfallschutz. Wird der Emittent zahlungsunfähig, besteht die Option für die physische Auslieferung des Goldes. Es gibt auch Fonds, die außer Gold noch weitere Rohstoffe wie Platin und Silber beimischen, wie der DWS Gold plus Fonds. Hier wird das Währungsrisiko flexibel gemanagt.

Das heißt: Auch Gold kann keinen sicheren Schutz bieten vor Inflation oder langfristigen Kursrückschlägen an den Aktienmärkten. Es bringt zudem in Schwächephasen keinen Trost in Form von Dividenden oder Zinsen. Es kommt – wie bei anderen Rohstoffen auch – allein darauf an, ob der Goldpreis gegenüber dem Einstiegspreis steigt oder fällt. Wer kurz vor einem Goldrausch, wie wir ihn nach 2008 erlebt haben, Geld in Gold angelegt hat, konnte sich im wahrsten Sinne des Wortes eine goldene Nase verdienen. Wer sich dagegen erst später beim allgemeinen Run hat mitreißen lassen und auf dem Höhepunkt des Zyklus in das »barbarische Metall« investierte, musste sich anschließend in Geduld üben und auf eine erneute Flucht in den »ewigen Wert« warten, um ohne Verlust aus dem Engagement herauszukommen – oder sein Geld 2012/13 in Aktien umschichten, um die beim Gold erlittenen Verluste wieder wettzumachen.

Wie sich die unterschiedlichen Medien der Geldanlage und Vermögensbildung im Jahr 2012 im direkten Vergleich entwickelt haben, zeigt die folgende Übersicht.

Erträge verschiedener Geldanlagen
Was innerhalb eines Jahres aus 10000 Euro wurde, die 2012 am ersten Börsentag angelegt worden wären

| | |
|---|---|
| Deutsche Aktien (30 Dax-Werte) | 12800 € |
| Gold | 10430 € |
| Bundesobligationen (5-Jahre Laufzeit) | 10300 € |
| Sparbriefe (4 Jahre Laufzeit)* | 10200 € |
| Termineinlage bei Banken (ein Jahr Laufzeit)* | 10130 € |
| Spareinlage (mit 3 Monate Kündigungsfrist)* | 10050 € |

Quelle: Bankenverband * Durchschnittswerte verschiedener Banken

Das typisierte Ergebnis einer Geldanlage von 10000 Euro im Jahr 2012 in einigen der in Deutschland besonders verbreiteten Sparformen fällt in einer Hochzinsphase natürlich ganz anders aus als in Zeiten extrem niedriger Zinsen. Das Gleiche gilt, wenn an den Börsen Trübsal geblasen wird oder die Anleger sich angesichts schlechter Daten über die Geldwertentwicklung und bei miesen Konjunkturaussichten wieder stärker dem Gold zuwenden. Wer möglichst in jeder gesamtwirtschaftlichen Situation sein Vermögen mehren oder wenigstens bewahren will, muss daher seine Anlageentscheidungen immer wieder überprüfen und bei Bedarf anpassen. Aber 2012 führte fast jede Geldanlage außerhalb des Aktienbereichs zu realen Verlusten. Denn die extrem niedrigen Zinsen reichten nicht einmal zum Inflationsausgleich – erst recht nicht, wenn die Erträge noch vom Fiskus durch die Abgeltungsteuer (plus Soli und eventuell Kirchensteuer) um mehr als ein Viertel geschrumpft wurden.

## Fazit

Wer sich nicht allein auf Vater Staat verlassen will, muss selber – zumindest zusätzlich – vorsorgen. Wer auch im dritten Lebensabschnitt gut leben will, muss sich zumindest ein kleines Vermögen aufbauen, um sich die kleinen oder großen »Extras« leisten zu können, die das Leben schön machen. Um das zu schaffen, muss man den Umgang mit Geld und die Regeln des Vermögensaufbaus oder die Sprache der Börsianer ebenso lernen, wie Radfahren, Autofahren oder eine Fremdsprache. Dass das keine Unmöglichkeit ist, sondern nur ein wenig Interesse und praktische Übung erfordert, davon konnten Sie sich beim Lesen dieses Kapitals überzeugen. Und je mehr Sie sich selber mit dem Thema Geld und Börse beschäftigen, umso weniger sind Sie mehr oder weniger seriösen Beratern ausgeliefert oder fallen auf vermeintlich »todsichere« Anlagevorschläge herein.

Die Qual der Wahl 136

Aktienanalyse ist wichtig 137

Fundamentalanalyse und technische Analyse 140

Nützliche und »handliche« Analyseinstrumente 147

Aktienanalyse: Do it yourself 157

Welche Aktien kaufen? Wie viel Geld in Risikopapiere investieren? 162

# So finden Sie die richtigen Aktien

»Was schert mich mein Geschwätz von gestern«, sagte Konrad Adenauer, wenn er es sich anders überlegt hatte. Das gilt sinngemäß auch für die Börse. Denn hier wird »Zukunft gekauft«. Es ist nicht wichtig, welche Aktie gestern gestiegen oder gefallen ist, wie viel ein Unternehmen im vergangenen Jahr an Dividende gezahlt hat oder ob der Vorstand früher die richtigen Entscheidungen getroffen hat. Entscheidend ist, was die Zukunft erwarten lässt: Oft sind Gerüchte stärker als Fakten und allein die Erwartungen der Anleger bestimmen den Preis, zu dem die Aktien gehandelt werden. Doch was bestimmt die Erwartungen?

## Die Qual der Wahl

Die Grundfrage bei jeder Anlageentscheidung lautet: Welche Aktien bieten die besten Chancen auf künftige Kurssteigerungen und hohe Dividenden? Welche Papiere sollte man besser meiden, weil dem Unternehmen schwere Zeiten bevorstehen? Wenn Sie eine Antwort auf diese Fragen suchen, sollten Sie sich nicht nur im Inland, sondern auch im Ausland umsehen. Als Anleger können Sie heute selbst mit bescheidenen Summen global agieren. Sie können sowohl im In- als auch im Ausland nach dem Kriterium vorgehen: Welche Unternehmen bieten derzeit die besten Aussichten auf eine positive Kursentwicklung? Sie können sich aber auch fragen, welche Gesellschaften so gute Dividenden zahlen, dass sie Ihnen auch in Zeiten geringer Kursbewegungen oder gar sinkender Notierungen einen angemessenen Ertrag bringen. Die Dividendenrendite ist zwar gerade bei hoch bewerteten Unternehmen oft recht bescheiden, weil sie ihre Gewinne einbehalten, um Investitionen oder Übernahmen zu finanzieren – oder derzeit noch mit hohem Aufwand in Entwicklung und Forschung dafür sorgen wollen, dass dies in Zukunft möglich ist. In diesen Fällen sind auch den Anlegern kräftig steigende Kurse lieber als hohe Ausschüttungen. Allerdings sind in solchen Fällen auch starke Kursschwankungen möglich – zum Beispiel wenn die publizierten Renditen und Absatzzahlen auch nur geringfügig schlechter ausfallen, als die Analysten erwartet haben. Da muss man als Anleger starke Nerven haben. Deshalb ziehen Anleger, die gut schlafen wollen, dividendenstarke Titel vor. Bei vielen Unternehmen sind nämlich die Renditen deutlich höher als bei Anleihen. Das gilt insbesondere dann, wenn eine Aktie nach einem kräftigen Kursrutsch erworben wurde, die Geschäfte des Unternehmens aber weiterhin so gut laufen, dass das gewohnte Dividendenniveau gehalten werden kann. Wichtig: Die täglich berechnete Dividendenrendite einer Aktie bezieht sich immer auf den aktuellen Kurs. Ihre »persönliche« Dividendenrendite dagegen errechnet sich aus dem Kaufkurs Ihrer Aktien und der jeweils gezahlten Dividende.

**WISO** Tipp

Beim Kauf von Aktien außerhalb des eigenen Währungsgebiets können Wechselkursänderungen die erhoffte Rendite steigern oder schmälern.

Beispiel: Eine Ausschüttung von 1,50 Euro entspricht bei einen Aktionär, der seine Papiere zu einem Kurs von 15 Euro erworben hat, einer Rendite von 10 Prozent. Wer das gleiche Papier zu einem späteren Zeitpunkt für 30 Euro gekauft hat, erhält dagegen nur eine Verzinsung des eingesetzten Kapitals von 5 Prozent.

Wenn Sie als »Renditejäger« auf interessante Unternehmen stoßen, die nicht im Euro-Währungsraum angesiedelt sind, sondern in den USA, Japan oder Großbritannien, müssen Sie das Währungsrisiko im Auge behalten. Wechselkursänderungen können Ihren Gewinn erhöhen, aber auch deutlich senken.

Da die Mittel des einzelnen Anlegers begrenzt sind und die Zahl der angebotenen Wertpapiere in Deutschland groß, innerhalb der Europäischen Union riesig und unter Einschluss der amerikanischen und asiatischen Börsen sogar unübersehbar groß ist, muss immer eine Auswahl zwischen den möglichen Kandidaten getroffen werden. Dies gilt erst recht, wenn auch die Börsen in den mittel- und osteuropäischen Ländern oder in Lateinamerika in die Überlegungen miteinbezogen werden. Je weiter entfernt die Unternehmen sind und je exotischer die Länder, umso schwieriger ist es für den normalen Anleger, die Spreu vom Weizen zu trennen.

Jeder Aktiensparer möchte natürlich einen größtmöglichen Erfolg mit seiner Anlage erzielen, die Renner unter den Aktien entdecken und um die Fußkranken einen großen Bogen machen. Doch schon hier scheiden sich die Geister. Denn es geht nicht nur darum, ob eher kurz- oder überwiegend langfristige Anlageziele verfolgt werden, sondern auch um die Frage, ob in der Hoffnung auf einen höheren Ertrag auch ein höheres Risiko akzeptiert werden soll.

Wenn Sie sich bei der Suche nach den Perlen nicht allein bei den Dax-Werten umsehen wollen, die je nach dem Zeitpunkt des Einstiegs auch ansehnliche Vermögenszuwächse bescheren können, dann finden Sie dazu im folgenden Kapitel Hinweise.

Aber auch hier gilt: Entscheidend für den Anlageerfolg ist nicht allein die Aktie, sondern der Zeitpunkt, zu dem sie gekauft wird. Denn wenn der Kurs von Siemens bei 77 Euro steht, dann kann das für den einen Aktionär einen schönen Gewinn bedeuten, für den anderen aber einen herben Verlust. Denn der eine hat sie vielleicht vor einem Jahr für 58 Euro gekauft, der andere vor ein paar Wochen für 83 Euro. Wenn beide zum gleichen Zeitpunkt verkaufen, stehen unter dem Strich zwei höchst unterschiedliche Ergebnisse.

**WISO** Tipp

Im Zweifel sollte Sicherheit vor Ertrag gehen. Nur bei dem Teil Ihrer verfügbaren Mittel, den Sie als »Spielgeld« betrachten, können Sie auch mal eine Wette auf eine höhere Rendite eingehen. Aber selbst dann sollten Sie die Börse nicht mit dem Roulette verwechseln.

## Aktienanalyse ist wichtig

Es ist ganz ähnlich wie beim großen Gesundheitscheck: Eine Analyse allein reicht dem Arzt nicht aus, um sich ein abschließendes Urteil zu bilden. Erst ein Check »auf Herz und Nieren« erlaubt ein fundiertes Urteil über den Gesamtzustand. Das gilt auch bei der Bewertung von Aktien: Keines der Kriterien sollte allein als Maßstab genommen werden. Erst in ihrer Kombination geben sie dem Anleger eine brauchbare Hilfestellung. An Analyseinstrumenten herrscht dabei kein Mangel. Die Frage ist nur, welche davon wirklich sinnvoll sind und was sie dem Anleger sagen.

Die Kursentwicklung hängt stark von der Verfassung des gesamten Aktienmarktes und der wirtschaftlichen Lage ab. Zur Bewertung der Chancen einer Geldanlage an der Börse gehört daher neben einem genauen Blick auf die zur Wahl stehenden Aktien immer auch ein Blick auf die Gesamtwirtschaft, also auf die zu erwartete Zinsentwicklung, die Arbeitslosenquote, die Lohnentwicklung, den Trend der Konsumnachfrage, auf die Exportaussichten und andere wichtige volkswirtschaftliche Kennziffern. Dazu gehören der Preisindex für die Lebenshaltung, die staatliche Verschuldungsquote oder die Entwicklung der Devisenkurse – denn die beeinflussen ihrerseits die Exportchancen der Unternehmen. Ein wichtiger Faktor neben diesen exakt messbaren Größen ist auch die Stimmung in der Wirtschaft. Sehen Unternehmer und Manager mit Optimismus in die Zukunft oder blasen sie eher Trübsal? Die Veröffentlichung des ifo-Geschäftsklimaindexes, der regelmäßig die Stimmungslage in den Führungsetagen misst, hat daher oft einen starken Einfluss auf die Kursentwicklung. Pessimismus auf den Vorstandsetagen ist für viele Anleger ein Signal, auszusteigen und »Gewinne mitzunehmen«.

Ansteckungsgefahr herrscht an den Börsen ohnehin immer. Einfluss auf die Kursentwicklung haben daher auch immer die jeweiligen »Vorgaben« der großen Börsenplätze Tokio, Frankfurt oder New York, denn der Handel folgt dem Lauf der Sonne: Wenn sich in Tokio der Börsentag dem Ende zuneigt, beginnt er in Europa. Ehe in Frankfurt die letzten Aufträge abgewickelt worden sind, beginnt in New York das Spiel von Angebot und Nachfrage.

Der Dax kann auch am Ende eines guten Tages zum Schluss ins »Minus drehen«, wenn in New York die Kurse stark fallen – und umgekehrt. Denn mehr als jede andere Börse beeinflusst die Stimmung an der Wall Street immer noch das weltweite Börsenklima. Und wenn wichtige US-Unternehmen ihre Gewinnprognosen nach unten revidieren oder wichtige Indikatoren eine Abschwächung des Konsums signalisieren, dann fallen oft auch in Paris, London oder Frankfurt die Kurse. Das kann auch Aktien von Unternehmen in Mitleidenschaft ziehen, die in ganz anderen Branchen zu Hause sind. Selbst wenn die gesamtwirtschaftlichen Daten in Deutschland oder in der Europäischen Währungsunion positiv sind, kann ein durch plötzlich aufkommende Zinsängste ausgelöster Kursrutsch an der Wall Street an europäischen Börsen eine Verkaufswelle auslösen. Umgekehrt kann ein kräftiger Kurssprung an der Wall Street die deutschen Börsen aus einer tagelangen Lethargie reißen.

Nicht immer ist die Wall Street schuld. Auch ein Börsencrash in Asien – wie im Oktober 1997 in Hongkong – kann einen weltweiten Kursrutsch auslösen, dem sich kein Wertpapiermarkt ganz entziehen kann. Gelegentlich schafft das auch ein einzelner Unternehmer. Als sich Ende 2005 herausstellte, dass ein junger Mann, der in Japan zeitweise als wirtschaftlicher Wunderknabe gefeiert worden war, vor allem Luftschlösser gebaut hatte, brachte das nicht nur in Japan den lange ersehnten Kursaufschwung erst einmal wieder zum Stillstand. Die Welle der Kursverluste erreichte auch Europa und die USA.

Emotionen statt Fakten

Emotionen statt Fakten? Ängste oder überzogene Hoffnungen können an der Börse – wenn auch in Fällen wie oben meist nur kurzfristig – die sogenannten »fundamentalen Faktoren« überlagern. Langfristig bestimmen diese jedoch die grundlegende Tendenz der Kursentwicklung. Deswegen ist es wichtig, sich zumindest mit den Grundlagen der Aktienanalyse zu beschäftigen. Das gilt vor allem dann, wenn man nicht nur als kurzfristig agierender Spekulant oder »Day-Trader« versucht, durch schnelle Käufe und Verkäufe von Tagesschwankungen zu profitieren, sondern längerfristig definierte Anlageziele verfolgt, ein finanzielles Ruhekissen für das Alter aufbauen möchte.

**WISO** Tipp

Achten Sie auf die Analystenurteile, die von vielen Zeitungen, im Internet oder von Kreditinstituten veröffentlicht werden. Sie sind zwar nicht unfehlbar, geben aber oft interessante Hinweise.

Aktienanalyse ist die systematische Untersuchung kursrelevanter Informationen mit dem Ziel einer Prognose des künftigen Verlaufs des Aktienkurses. Banken, Fonds, Versicherungsgesellschaften und andere Kapitalsammelstellen versuchen, mithilfe geeigneter Verfahren zu analysieren, welche Aktien in Zukunft die besten Renditen erwarten lassen. Sie agieren schließlich selbst auf den Aktienmärkten und verwalten Milliardenbeträge im Auftrag ihrer Kunden. Von Banken und Sparkassen wird zudem erwartet, dass ihre Berater sachkundige Auskünfte und Anlagetipps geben können, die ihren Kunden zu den erhofften Renditen verhelfen.

Privatanleger, die ihre Entscheidungen weitgehend selbst treffen, müssen versuchen, sich aufgrund der vorliegenden gesamtwirtschaftlichen Daten, der verfügbaren Unternehmensnachrichten und einer Analyse der für sie interessanten Aktien ein eigenes Urteil zu erarbeiten. Doch man kann und sollte auch auf dem Wissen und der Analyse von Experten aufbauen:

Vermögensverwalter, Sparkassen und Banken, Investmentfonds und Versicherungen beschäftigen Heerscharen von Spezialisten, die sich mit der Analyse von Aktien und anderen Wertpapieren beschäftigen, um Erkenntnisse für den Eigenhandel und die Beratung ihrer Kunden zu gewinnen. Zwar sind sie keinesfalls unfehlbar, aber sie verfügen in der Regel über mehr Informationen und bessere Analyseinstrumente als der private Anleger.

Die professionellen Wertpapieranalysten arbeiten zwar mehr oder weniger mit den gleichen Informationen und Daten, ziehen daraus aber nicht immer die gleichen Schlüsse. Daher ist es für kritische Anleger immer interessant, vor der Entscheidung über Kauf oder Verkauf einer bestimmten Aktie zu prüfen, ob und wie viele Analysten sich aktuell mit dem Geschäftsmodell des Unternehmens beschäftigt haben und wie sie die künftige Entwicklung von Umsatz, Gewinn, Dividende oder Marktanteil einschätzen. Dabei zeigt sich oft, dass die Meinungen auch unter Profis weit auseinandergehen können: Während die einen noch die Empfehlung »kaufen« geben, können sich andere nur zu dem Urteil »halten« durchringen oder verpassen der Aktie sogar den Stempel »verkaufen«. Nun ist es an Ihnen, zu entscheiden: Gehen Sie mit der Mehrheit oder halten Sie mutig dagegen und machen sich das Urteil des Außenseiters unter den Analysten zu eigen?

**WISO** Tipp

Prüfen Sie vor dem Kauf oder Verkauf, ob es aktuelle Urteile von Analysten gibt – und ob alle der gleichen Meinung sind.

Übrigens: Die Erfahrung lehrt, dass die Wirklichkeit sich oft auch dann um die Analysten nicht schert, wenn alle ausnahmsweise der gleichen Meinung waren. Denn schon wenige Tage nach Veröffentlichung der Analysen kann eine neue Nachricht alles über den Haufen werfen – zum Beispiel wenn bekannt wird, dass jahrelang die Bilanzen gefälscht wurden. Der japanische Kamerahersteller Olympus, die US-Konzerne WorldCom und Enrod oder die deutsche Flowtex lieferten dafür spektakuläre Beispiele.

## Fundamentalanalyse und technische Analyse

Es gibt zwei grundlegende Formen der Aktienanalyse: die Fundamentalanalyse und die technische Analyse, die oftmals mit dem Begriff Chartanalyse gleichgesetzt wird. Daneben gibt es noch eine Reihe wichtiger Kennziffern – wie Kurs-Gewinn-Verhältnis, Dividendenrendite, Betafaktor oder Volatilität –, die bei der Betrachtung einzelner Aktien wichtige Hinweise auf deren Potenzial liefern (mehr dazu in den folgenden Kapiteln).

Fundamentalanalyse und technische Analyse unterscheiden sich stark voneinander. Während sich die Fundamentalanalyse vor allem mit der betreffenden Aktiengesellschaft und ihrem wirtschaftlichen Umfeld beschäftigt, setzt die technische Analyse ganz auf die Untersuchung von börsenbezogenen Daten, wie beispielsweise die Kursentwicklung der Vergangenheit, das Angebots- und Nachfrageverhalten nach dem betreffenden Papier sowie die gehandelten Volumina (Umsatz) der jeweiligen Aktie. Obwohl beide Teilgebiete ihre eingeschworenen Anhänger haben, kann man nicht von *der* richtigen Methode sprechen.

Ein sicheres Instrument zur Vorhersage von Kursentwicklungen gibt es nicht – nicht zuletzt wegen des Faktors »Emotion«. Hinzu kommen unkalkulierbare politische Ereignisse – von der Ankündigung von Steuererhöhungen über Regierungswechsel bis hin zu Unruhen und Kriegen. Wäre die Kursentwicklung genau kalkulierbar, würde es nur noch »todsichere Tipps« geben. Alle Anleger würden zur gleichen Zeit entweder kaufen oder verkaufen, die Gewinnchancen wären minimiert.

Trotzdem können Analyseinstrumente dabei helfen, die Gewinnchancen zu erhöhen und das Verlustrisiko zu reduzieren. Wenn beispielsweise die Bank- oder Autoaktien generell steigen oder fallen, hilft es, wenn man jeweils die relativ Besten der Branche besitzt. Bei der Suche danach helfen die Analyseinstrumente.

**WISO** Tipp

Sowohl bei der Fundamentalanalyse als auch bei der technischen Analyse handelt es sich nicht um streng wissenschaftliche Verfahren. Sie unterliegen Unsicherheiten; die Ergebnisse geben nur Hinweise auf theoretisch mögliche Kursentwicklungen!

## Die Fundamentalanalyse

Mithilfe der Fundamentalanalyse wird versucht, die Auswirkungen wirtschaftlicher und konjunktureller Einflüsse auf den Börsenkurs einer speziellen Aktie, einer Branche oder des gesamten Aktienmarktes zu erfassen. In das Gesamtergebnis der Fundamentalanalyse fließen die Ergebnisse aus drei Teilbereichen ein: Konjunkturanalyse, monetäre Analyse und Unternehmensanalyse.

Konjunkturanalyse Hier geht es um die Untersuchung der voraussichtlichen gesamtwirtschaftlichen Entwicklung einer Volkswirtschaft, einer bestimmten Region (wie etwa der EU) oder der gesamten Weltwirtschaft. Dabei wird davon ausgegangen, dass der Gewinn eines Unternehmens nicht nur von seiner Stellung im Markt, der Qualität seiner Produkte und den Fähigkeiten der Mitarbeiter und des Managements abhängt, sondern auch von seinem wirtschaftlichen Umfeld. Ein Unternehmen, das Kon-

sumgüter herstellt, wird zum Beispiel umso geringere Umsätze und damit in der Regel auch geringere Gewinne machen, je mehr Menschen arbeitslos sind und je geringer das verfügbare Einkommen ist.
Neben so offensichtlichen Zusammenhängen werden auch komplexere Wechselwirkungen analysiert. So hat man festgestellt, dass es bei einem rückläufigen Bruttosozialprodukt häufig zu einer expansiven Geldpolitik der Zentralbank (früher der Bundesbank, heute der Europäischen Zentralbank, EZB) kommt. Eine expansive Geldpolitik, also der Anstieg der Geldmenge, führt im Allgemeinen zu einem Rückgang der Zinsen. Das ist gut für den Aktienmarkt: Bei sinkenden Zinsen für Anleihen und andere festverzinsliche Werte steigen viele Anleger auf Aktien um.
Deshalb sollten Sie darauf achten, ob von der EZB Signale für Zinserhöhungen oder Zinssenkungen kommen. Weil steigende Preise über kurz oder lang dazu führen, dass die EZB den Leitzins erhöht, sind starke Preissteigerungsraten für Aktionäre immer ein erstes Alarmsignal: Zinserhöhungen drohen. Deshalb kommt es oft zu einem Kursrückschlag, wenn die Statistiker eine höhere Inflationsrate melden.
Ähnliches gilt, wenn in den USA steigende Beschäftigtenzahlen gemeldet werden. Angesichts der geringen amerikanischen Arbeitslosenquote kann das auf eine drohende Überhitzung der Wirtschaft hinweisen – die wiederum die US-Zentralbank durch Zinserhöhungen zu verhindern sucht. Die Folge: Anleger fürchten Kursverluste, verkaufen Aktien – und lösen dadurch den Kursrutsch tatsächlich aus.

Monetäre Analyse Während die Konjunkturanalyse bevorzugt zur Bestimmung langfristiger Anlagestrategien verwendet wird, untersucht die monetäre Analyse die Auswirkungen, die die Entwicklung von Geldmenge und Zins auf den Aktienmarkt haben. Die monetäre Analyse beruht auf der Überlegung: Wenn viel und billiges Geld im Markt ist (niedrige Zinsen!), entsteht Anlagedruck. Das Geld muss investiert werden und das kommt auch dem Aktienmarkt zugute. Knappes und teures Geld (hohe Zinsen!) macht es den Unternehmen schwer, Investitionen zu finanzieren und ihre Produkte zu verkaufen. Das hat sinkende Umsätze und Gewinne zur Folge. Viele Anleger wollen deshalb verkaufen, um ihr Geld in die nun höher verzinsten Anleihen zu investieren. Ergebnis: Die Aktienkurse fallen, die Anleihekurse steigen.

Unternehmensanalyse Dies ist aus Sicht der Anleger der wichtigste Teilbereich der Fundamentalanalyse. Hier geht es um die Prognose der Kursentwicklung einzelner Aktien. Untersucht wird neben der gegenwärtigen wirtschaftlichen Situation vor allem die künftig zu erwartende Entwicklung einer Aktiengesellschaft. Der Unternehmenswert wird dabei anhand zahlreicher Faktoren und Quellen bestimmt. Dazu gehören die Gewinn- und Verlustrechnung, die Bilanz, der Geschäftsbericht und Aussagen des Managements über die künftige Strategie. Auch innovative Produkte, die noch »in der Pipeline sind«, können bei der Bewertung eine Rolle spielen. Besonders bei Unternehmen aus der Pharmabranche spielt das eine wichtige Rolle.

Der so ermittelte Wert des Unternehmens wird durch die Anzahl der ausgegebenen Aktien dividiert. Das ergibt den sogenannten »fairen Wert« der Anteile. Liegt er unter dem aktuellen Börsenkurs der Aktie, deutet dies auf entsprechendes Kurspotenzial hin.

**WISO** Tipp

Wenn der aktuelle Kurs weder dem aktuellen noch dem erwarteten künftigen »fairen Wert« entspricht, ist die Aktie spekulativ überbewertet.

Wenn der aktuelle Kurs deutlich vom fairen Wert abweicht, sollten Sie als Aktionär hellhörig werden und sich überlegen, ob es nicht an der Zeit ist, zu verkaufen – ehe auch alle anderen merken, dass das Papier zu teuer ist. Es kann aber auch sein, dass die anderen Anleger trotzdem an den Aktien festhalten, weil sie die Übernahme durch einen Konkurrenten erwarten. Denn der könnte bereit sein, die Anteile zu einem Preis zu erwerben, der über dem von den Analysten ermittelten fairen Wert liegt.

Umgekehrt kann es ein Kaufsignal sein, wenn der Aktienkurs deutlich unter dem fairen Wert liegt, weil er durch fragwürdige Gerüchte oder eine allgemein schlechte Stimmung zu weit nach unten gedrückt worden ist.

## Technische Analyse

Bei der technischen Analyse wird versucht, das Kurspotenzial eines Wertpapiers allein aus Entwicklungen in der Vergangenheit zu erklären. Im Gegensatz zur Fundamentalanalyse ist sie vollständig losgelöst von der wirtschaftlichen Lage des betreffenden Unternehmens (Gewinn, Umsätze, Stellung im Markt, Innovationen) und der gesamtwirtschaftlichen Entwicklung. Die technische Analyse konzentriert sich ausschließlich auf Börsendaten. Dazu gehören insbesondere die bisherige Kursentwicklung und die Börsenumsätze mit diesem Wert, aber auch die Entwicklung der Indizes wie Dax oder Stoxx, die die Entwicklung des Gesamtmarktes widerspiegeln.

Ein wichtiges Instrument ist die sogenannte Chartanalyse. Dazu wird das

Angebots- und Nachfrageverhalten in verschiedenen Varianten grafisch dargestellt. Dabei werden auf der horizontalen Achse die Zeit und auf der vertikalen Achse die Kurswerte eingetragen. Aus dem Verlauf der Kurven, Balken oder Punkte werden Schlüsse auf die künftige Kursentwicklung gezogen. Es gibt drei Hauptformen der Darstellung: Liniencharts, Balkencharts und Point-&-Figure-Charts.

Liniencharts Hier werden die Schlusskurse des beobachteten Papiers auf der vertikalen Achse eingetragen. Es entsteht eine Kurve oder Linie, die den Kursverlauf während des betrachteten Zeitraums darstellt.

Balkencharts Bei einem Balkenchart werden pro Zeiteinheit (Tag, Woche oder Monat) der Höchst- und Niedrigstkurs sowie Eröffnungs- und Schlusskurs eingetragen. Balkencharts geben mehr Auskunft über die täglichen Schwankungen – und damit über Verhalten von Angebot und Nachfrage – als Liniencharts.

Point-&-Figure-Charts Diese Form des Charts dient dazu, das Wechselspiel von Angebot und Nachfrage grafisch darzustellen. Hierzu werden Kursbewegungen, solange sie in eine Richtung gehen, über- oder untereinander mit jeweils demselben Symbol (meist eine 0 für Kursrückgänge und ein X für Kurssteigerungen) eingetragen. Sobald es zu einem Richtungswechsel kommt, fängt man eine neue Reihe an, bis es erneut einen Richtungswechsel gibt.

Aktienkurse verlaufen selten kontinuierlich auf- oder abwärts. Sie weisen vielmehr Wellenbewegungen auf, die jedoch einem Trend folgen. Das können Sie erkennen, wenn Sie sich am Computer (zum Beispiel mit dem Programm WISO-Börse, siehe weiter unten, oder bei einem der Anbieter von Börseninformationen im Internet) nicht nur den tatsächlichen Kursverlauf darstellen lassen, der oft ein hektisches Auf und Ab zeigt, sondern dadurch zum Beispiel eine 30-Tage-Linie legen, die an jedem Punkt den Durchschnittskurs der jeweils letzten 30 Tage wiedergibt. Häufig verwendet wird daneben auch eine 200-Tage-Linie, die aus den täglichen Ausschlägen eine noch stärker geglättete Trendlinie macht. So erkennt auch ein noch wenig geübter Anleger sofort, welchem Trend die Kursentwicklung folgt: ob der Kurs steigt, fällt oder offenkundig ein Richtungswechsel stattfindet. Das sagt weit mehr aus als der Blick auf den jeweiligen Tageskurs mit seinen Zufälligkeiten.

Für den Satz von Wilhelm Busch »Unverhofft kommt oft« gab es in den vergangenen Jahren genügend Belege. Wenn zum Beispiel bekannt wird, dass das Unternehmen bei groben Verstößen gegen das Korruptionsverbot erwischt wurde, dass ein wichtiges Patent angefochten wird oder ein teurer Schadensersatzprozess droht, kann der Kurs von einem auf den anderen Tag einbrechen. Das zeigt, dass man neben der abstrakten Kurvenbetrachtung immer auch die reale Welt und ihre Nachrichten im Auge behalten muss.

**WISO** Tipp

Eine kontinuierlich steigende Linie ist keine Garantie dafür, dass es in den kommenden Wochen oder Monaten so weitergeht! Chartanalysten haben immer eine Ausrede parat, warum der Kurs sich nicht an die Chartsignale hielt. Wäre es anders, würden alle Chartanalysten binnen Kurzem zu Millionären.

Ziel der Chartanalyse ist es, diesen Trends frühzeitig auf die Spur zu kommen. Es wird analysiert, ob der Kurs der beobachteten Aktie in Wellenbewegungen steigt oder fällt. Chartanalysten werden die betreffende Aktie kaufen, wenn sie einen Aufwärtstrend entdeckt zu haben glauben. Sie lassen sich dann auch nicht von kurzfristigen Wellenbewegungen nach unten irritieren. Sie werden sich erst wieder von dem Papier trennen, wenn sie beobachten, dass es zu einer Trendumkehr gekommen ist und der Kurs nun längerfristig einem Abwärtstrend folgt. Kurzfristig orientierte Chartanalysten werden unter Umständen auch versuchen, innerhalb der einzelnen »Wellen« zu spekulieren, also auf dem unteren Wendepunkt einer Welle (Bottom) zu kaufen und am oberen Wendepunkt (Top) wieder zu verkaufen.

Typisch für die technische Analyse ist, dass bestimmte Formationen oder grafische Bilder, die in der Vergangenheit zu bestimmten Kursverläufen geführt haben, zur Prognose zukünftiger Kurse verwandt werden. Chartanalytiker gehen davon aus, dass bestimmte grafische Bilder auf ganz bestimmte Kursverläufe in der Zukunft hindeuten. Daraus werden Signale für Kauf oder Verkauf abgeleitet. Sie erstellen mithilfe von Lineal und Bleistift komplizierte Grafiken, in denen Kenner dann Kopf-Schulter-Formationen, Rechteck-, Dreieck-, Flagge- oder Wimpel-Formationen, Nackenlinien, Widerstands- oder Unterstützungspunkte erkennen und darüber sinnieren, ob der Kurs sie in absehbarer Zeit nach unten oder oben durchbrechen könnte. Zu jeder dieser Formationen empfehlen Chartisten bestimmte Strategien. Daraus leiten sie dann ihre Kauf- oder Verkaufsempfehlungen ab.

Hinter dieser auf den ersten Blick merkwürdig erscheinenden Prognosetechnik steht die Überzeugung, dass sich die große Mehrzahl der Börsianer in ähnlichen Situationen immer wieder gleich verhält. Diese Verhaltensmuster spiegelt der Kursverlauf der Aktie nach Meinung der Chartisten wider. Wer die typischen Formationen richtig deutet, kann daraus Trend-

prognosen ableiten: über steigende oder fallende Kurse und über das Ausmaß dieser Veränderungen.
Die Problematik liegt allerdings darin, dass die jeweilige Formation rechtzeitig erkannt und anschließend zum richtigen Zeitpunkt gehandelt werden muss. Auch hier wird wieder vorausgesetzt, dass sich die Mehrzahl der Anleger wieder so verhalten wird, wie es in der Vergangenheit beobachtet wurde. Selbst wenn sie es wieder so tun (würden), können aktuelle Nachrichten den tatsächlichen Kurs in eine ganz andere Richtung bewegen.

Technische Indikatoren Neben der Chartanalyse spielt im Rahmen der technischen Aktienanalyse auch die Interpretation von technischen Indikatoren eine wichtige Rolle. Hierbei handelt es sich um mathematische Kennzahlen, deren Werte auf bestimmte Kursbewegungen hindeuten sollen. Zu den technischen Indikatoren gehören beispielsweise: der gleitende Durchschnitt, das Momentum, die relative Stärke und der Betafaktor (siehe weiter unten). Die Ergebnisse der mathematischen Berechnungen werden erneut in Charts eingetragen und zu interpretieren versucht.
Zu den bekanntesten technischen Analyseinstrumenten zählen die Wertpapier-Indizes (wie Dax, Stoxx, Rex, Dow Jones). Aus den Kursen einer großen Zahl von Wertpapieren (wie Aktien, Anleihen oder Pfandbriefe) werden täglich fortlaufend Durchschnittswerte errechnet. Dann wird die Kursentwicklung einzelner Aktien oder Aktienfonds mit der Entwicklung des Wertpapierindex verglichen. Sie können dadurch als Über- oder Unterperformer erkannt werden. Aus den Unterschieden zur Entwicklung des Index lassen sich unter Umständen auch Schlüsse auf die künftige Entwicklung der Papiere ziehen.
Die Berechnung, Erstellung und Interpretation von Charts und technischen Indikatoren hilft nur dann, wenn sie sehr sorgfältig vorgenommen werden. Deshalb müssen sich Anleger, die diese Analyseinstrumente nutzen wollen, sehr intensiv damit beschäftigen. Sie versprechen nur dann Erfolg, wenn der Investor damit genug Erfahrungen gesammelt hat, um Fehlinterpretationen so weit wie möglich auszuschließen.

**WISO** Tipp

Sie sollten sich nie auf die Aussage nur eines einzelnen Analyseinstruments verlassen.

Nutzen Sie möglichst viele verschiedene Analyseinstrumente. Nur so können Sie die Fehlerwahrscheinlichkeit reduzieren. Denn auch hier gilt: Niemand ist unfehlbar – auch kein Computer. Eine noch so günstige Chartsituation garantiert keine steigenden Kurse, wenn Meldungen über Gewinnwarnungen, Konjunktureinbrüche oder Finanzkrisen den Anlegern die Laune verderben.

Gerade bei der Chartanalyse, die einen gewissen wissenschaftlichen Eindruck vermittelt, aber eher eine »Kunst« ist, muss davor gewarnt werden, sich blind darauf zu verlassen – selbst wenn ein ausgewiesener Kenner die Kurvenbilder auswertet. Sichere Aussagen können damit nicht getroffen werden – allein schon deshalb nicht, weil sich die Anleger ihre gute oder schlechte Stimmung von den Analysten oft einfach nicht verderben lassen wollen. Es geht nur um Wahrscheinlichkeiten. Das Risiko, auf das falsche Pferd zu setzen, lässt sich nie ganz ausschließen. Allerdings: Wenn viele Anleger sich nach den Charts richten, kann die erwartete Entwicklung nach dem Prinzip der »Selffulfilling Prophecy« tatsächlich eintreten.

## Nützliche und »handliche« Analyseinstrumente

Neben der recht anspruchsvollen Fundamentalanalyse und der technischen Analyse, die man Fachleuten überlassen sollte, auf deren Aussagen Sie sich bei Ihren eigenen Überlegungen stützen können, gibt es eine Reihe von Einzelinstrumenten, die auch ein »normaler« Anleger kennen und nutzen sollte. Für den Umgang damit sind keine umfangreichen Vorkenntnisse erforderlich.

### Die Dividendenrendite

Der für den Aktionär bestimmte Ertrag einer Aktie im Verhältnis zu ihrem aktuellen Kurs ist eine der am häufigsten verwendeten Kennzahlen zur Bewertung und zum Vergleich von Aktien. Die Dividendenrendite setzt die vom Unternehmen gezahlte Dividende in ein Verhältnis zum Kurs der Aktie. Berechnet wird sie in Prozent des Aktienkurses.

Beispiel
Eine Dividende von 1,20 Euro ergibt bei einem aktuellen Börsenkurs von 31 Euro eine Rendite von 3,87 Prozent.

Die Dividendenrendite kann sowohl auf Basis der zuletzt gezahlten Dividende als auch mit Blick auf die erwartete (oder bereits angekündigte) künftige Dividende berechnet werden. Die Höhe der Dividendenrendite wächst mit steigender Dividende und/oder fallendem Aktienkurs. Umgekehrt sinkt die Dividendenrendite, wenn das Unternehmen seine Gewinnauszahlung kürzt oder der Aktienkurs steigt. Bei der Berechnung wird nämlich immer gefragt, mit welcher Rendite ein Anleger rechnen kann, der das Papier aktuell kauft. Wenn Sie die Aktie bereits besitzen, können Sie bei der Berechnung Ihrer persönlichen Rendite natürlich von dem Kurs ausgehen, zu dem Sie das Papier erworben haben.

Beispiel

Wenn Sie beispielsweise 2003 eine BASF-Aktie 2008 für 20 Euro gekauft haben, dann bedeutet eine im Jahr 2013 gezahlte Dividende von 2,60 Euro für Sie eine Rendite von stolzen 13 Prozent auf Ihr eingesetztes Kapital. Da lohnt sich die Überlegung, ob man diese Aktie nicht als dauerhafte Geldanlage behalten sollte, denn eine so gute Verzinsung ist mit soliden Anleihen nicht zu erreichen. Anders sieht die Rechnung für einen Anleger aus, der erst im April 2013 Aktionär des Chemiekonzerns geworden ist. Zu diesem Zeitpunkt musste pro Aktie ein Kurs von etwa 72 Euro gezahlt werden. Da errechnet sich bei 2,60 Euro Gewinnausschüttung nur noch eine Dividendenrendite von 3,61 Prozent. Allerdings war das zu diesem Zeitpunkt immer noch deutlich höher als die Rendite von »sicheren« Bundesanleihen. Für Papiere mit zehnjähriger Laufzeit gab es im gleichen Zeitraum Renditen zwischen 1,3 und 1,7 Prozent.

**WISO** Tipp

Aktien sind keine Papiere mit fester Verzinsung. Schon ein Jahr später kann die Rechnung ganz anders aussehen! Vor allem wenn die Dividende ganz gestrichen wird.

Aber: Da die Dividendenrendite lediglich von zwei Faktoren abhängt, ist ihr Aussagewert nur begrenzt. Es muss immer gefragt werden, was hinter der errechneten Rendite steckt. Eine hohe Dividendenrendite kann sich ergeben, wenn das Kursniveau der betrachteten Aktie im Vergleich zur ausgeschütteten Dividende relativ niedrig ist. Der Grund kann eine Unterbewertung der Aktie sein – was die Chance auf künftige Kurssteigerungen erhöht (wie im Beispiel ThyssenKrupp). Es kann aber auch daran liegen, dass der Kurs deshalb niedrig ist, weil das Unternehmen in wirtschaftliche Schwierigkeiten geraten ist. Dann ist es vielleicht gar nicht mehr in der Lage, erneut eine so hohe Dividende zu zahlen wie im Vorjahr. Neben sinkenden Gewinnausschüttungen ist daher auch mit einem weiteren Kursverfall zu rechnen. Wer in einem solchen Fall allein auf die Dividendenrendite schielt, macht einen schweren Fehler. So war nach der von Fehlspekulationen mit amerikanischen Hypothekenkrediten 2007/2008 ausgelösten Finanzkrise die Dividendenrendite mancher Banken recht hoch – aber ein Kauf von Finanztiteln höchst riskant.

Das bedeutet umgekehrt, dass auch eine niedrige Dividendenrendite hinterfragt werden muss. Sie kann auf eine Überbewertung der betreffenden

Aktie an der Börse hindeuten, die früher oder später nach unten korrigiert wird. Kursverluste drohen. Eine niedrige aktuelle Dividendenrendite kann aber auch darauf zurückzuführen sein, dass die Anleger sehr gute Geschäftsergebnisse erwarten, die eine höhere Ausschüttung als im Vorjahr erlauben. Sie haben sich deshalb mit dieser Aktie eingedeckt. Deshalb werden Dividendenrenditen von Wertpapieranalysten auch häufig auf der Basis der von ihnen erwarteten Gewinne und der daraus resultierenden Dividendenzahlungen in den nächsten Jahren errechnet. So kann der Anleger prüfen, ob der derzeitige Kurs angesichts der vermuteten wirtschaftlichen Entwicklung des Unternehmens zu niedrig oder zu hoch ist.

**WISO** Tipp

Aktien mit hoher Dividendenrendite können auch eine interessante Alternative zu Anleihen oder Schuldverschreibungen sein.

Beispiel

Während die Apple-Aktie jahrelang von Rekord zu Rekord eilte und das Unternehmen gemessen an der Börsenkapitalisierung zeitweise zum wertvollsten Unternehmen der Welt machte, zahlte der Elektronik-Gigant seinen Eigentümern keinen Cent Dividende – obwohl er schließlich Gewinne von mehr als hundert Milliarden Dollar thesauriert hatte. Erst als es mit dem Kurs wieder bergab ging (vom all-time-high bei 700 Dollar im Herbst 2012 auf kaum mehr als die Hälfte nur sechs Monate später), rückte das Unternehmen etwas von seinem gehorteten Geld heraus. Ein Grund, auf deutlich niedrigerem Niveau die Aktie zu kaufen? Die Frage können Sie zu dem Zeitpunkt, an dem Sie diese Zeilen lesen, im Rückblick klar beurteilen. Aber das hilft nur wenig, wenn Sie im gleichen Moment vor der Entscheidung stehen: Apple aktuell kaufen oder nicht? Denn dann geht es erneut um die Frage, was bringt die Zukunft? Kann sich der Konzern gegen die zahlreichen Konkurrenten behaupten oder verliert er weitere Marktanteile? Oder ist die Dividendenrendite jetzt so interessant, dass ein Kauf sich zumindest unter diesem Gesichtspunkt lohnt?

In Zeiten einer allgemein schwachen Börse können Investments in Aktien mit hoher Dividendenrendite selbst ohne nennenswerte Kursgewinne einen besseren Ertrag bringen als festverzinsliche Papiere. Dem Aktionär bleibt überdies die Hoffnung auf eine Erholung der Kurse.

Sie finden Hinweise auf die Dividendenrendite in vielen Tageszeitungen und auch bei zahlreichen Anbietern im Internet. Bei OnVista zum Beispiel können Sie auf einen Blick feststellen, wie hoch die Dividendenrendite der im Dax, Stoxx, CAC und zahlreichen anderen in- und ausländischen Indizes erfassten Unter-

**WISO** Tipp

Die Dividendenrendite – oder entsprechende Vergleichstabellen – müssen Sie nicht selbst berechnen.

nehmen gemessen am aktuellen Kurs jeweils ist (http://aktien.onvista.de). Der Kehrwert der Dividendenrendite, die sogenannte Preis-Dividenden-Ratio, drückt aus, wie viel der Anleger heute für 1,00 Euro an Dividende zahlen muss, die er in Zukunft erhält. Eine Preis-Dividenden-Ratio von 15 zeigt also, dass der Anleger für 1 Euro Gewinnanteil beim Kauf der Aktie heute 15 Euro zahlen muss. Damit ist die Preis-Dividenden-Ratio dem Kurs-Gewinn-Verhältnis sehr ähnlich. Man sollte hier aber beachten, dass diese Kennziffer entweder auf der zuletzt gezahlten Dividende beruht – dann gibt es keine Gewissheit, ob auch in Zukunft wieder so viel gezahlt wird – oder auf Schätzungen, die ebenfalls unsicher sind.

**WISO** Tipp

Eine Bewertung von Aktien allein mithilfe der Dividendenrendite kann zu falschen Schlüssen führen. Auch andere Kennzahlen sind wichtig.

Zu den weiteren wichtigen Indikatoren gehört beispielsweise das Kurs-Gewinn-Verhältnis, die Standardabweichung oder Volatilität einer Aktie oder der sogenannte Betafaktor (siehe dazu die folgenden Abschnitte). Außer den Kennziffern sollte sich ein Anleger aber immer auch die Wirtschaftsnachrichten, Geschäftsberichte und die von Banken veröffentlichten Analysen ansehen, um ein abgerundetes Bild zu gewinnen.

## Das Kurs-Gewinn-Verhältnis (KGV)

Neben der Dividendenrendite zählt das Kurs-Gewinn-Verhältnis (KGV) zu den am meisten verwendeten Kennzahlen zur Bewertung und zum Vergleich von Aktien. Es gibt das Verhältnis zwischen dem erwirtschafteten Gewinn pro Aktie und dem Kurs dieser Aktie wieder. Das KGV zeigt also, wie viel der Käufer einer Aktie im Verhältnis zum künftigen Gewinn dieser Aktiengesellschaft bezahlen muss. Der Gewinn pro Aktie ergibt sich aus dem Jahresüberschuss geteilt durch die Zahl der ausgegebenen Aktien. Der Jahresüberschuss eines Unternehmens ist in der zum Geschäftsbericht des Unternehmens gehörenden Gewinn- und Verlustrechnung zu finden. Aber beachten Sie: Im Unterschied zur Dividendenrendite handelt es sich hier nicht um den Gewinn, der an die Aktionäre ausgeschüttet wird, sondern um den gesamten Überschuss des Unternehmens, der zum Teil für andere Zwecke (wie Investitionen oder Rücklagen) verwendet wird.

Beispiel

Hat eine Aktie ein KGV von 20, muss der Käufer dieser Aktien für 1 Euro zukünftigen Gewinn heute 20 Euro bezahlen. Anders ausgedrückt: Wenn die Aktie an der Börse 600 Euro kostet und das Unternehmen einen Gewinn von 30 Euro je Aktie erwirtschaftet, wird sie mit dem 20-Fachen des Gewinns bezahlt. Aber Achtung: Ein gutes Kurs-Gewinn-Verhältnis (KGV) bedeutet nicht, dass das Unternehmen auch eine gute Dividendenrendite bietet. Das hängt davon ab, wie viel von dem Gewinn es an seine Anteilseigner in Form einer Dividende auszahlt.

Neben dem KGV, das auf dem im vergangenen Jahr erwirtschafteten Gewinn basiert, wird häufig auch ein KGV auf Basis zukünftiger, von Analysten geschätzter Gewinne errechnet. Schließlich interessiert es den Anleger beim Kauf der Aktie vor allem, wie viel ein Unternehmen in der Zukunft verdienen wird. Die Gewinne der Vergangenheit sind ihm weniger wichtig. Für sich allein genommen sagt ihm das KGV allerdings wenig. Die Kennziffer hilft dem Anleger nur dann bei der Auswahl einer Aktie, wenn er sie mit dem KGV anderer Unternehmen vergleicht. Erst dann sieht er, ob sie vergleichsweise billig oder teuer ist.

So kann ein Anleger, der sich in der Chemiebranche engagieren will, mithilfe des KGV vergleichen, ob die Aktien der BASF billiger sind als die von Bayer oder Henkel. Denn ob die eine Aktie an der Börse 63, die zweite 32 und die dritte 96 Euro kostet, sagt nichts darüber aus, welche von ihnen am billigsten ist. Das kann durchaus die Henkel-Aktie mit 93 Euro sein, wenn ihr KGV niedriger ist. Wenn ein Anleger die künftige Ertragskraft der drei Unternehmen etwa gleich einschätzt, sollte er die Aktie kaufen, deren Kurs-Gewinn-Verhältnis am niedrigsten ist.

**WISO** Tipp

Sehr übersichtlich geordnet finden Sie das KGV der in den unterschiedlichsten Indizes enthaltenen Unternehmen bei OnVista (http://aktien.onvista.de/topflop).

So mussten zum Beispiel zeitweise die Aktien von SAP mit dem 29-Fachen des Jahresgewinns bezahlt werden; bei der Deutschen Telekom reichte das 12-Fache, bei TUI das 8-Fache. Extrem teuer war die im SDax notierte EM-TV-Aktie. Sie kostete das 83-Fache des Jahresgewinns. Anleger, die solche Aktien kaufen, sollten sehr gute Gründe dafür haben. Bei EM-TV waren es offenbar die falschen, denn zwei Jahre später hatte sich ihr Kurswert von 5 Euro auf 2,50 Euro halbiert.

Zudem muss immer beachtet werden, dass der Aktienkurs nicht nur die Höhe der aktuell erwirtschafteten oder der zukünftigen Gewinne widerspiegelt, sondern auch andere Faktoren. Dazu gehören beispielsweise die im Unternehmensbesitz befindlichen Vermögenswerte, stille Reserven sowie die Anfälligkeit des Kurswerts für konjunkturelle Schwankungen.

Oft haben auch irrationale Faktoren Einfluss auf die Kursentwicklung bestimmter Aktien und damit auf das KGV. So ist der Kurs der Bayer-Aktie zwischen 1999 und 2001 im Vergleich zu vielen anderen Werten kaum gestiegen, obwohl die Gesellschaft ihre Erträge sowie ihre Wettbewerbs-

**WISO** Tipp

Sie sollten sich bei einer Kaufentscheidung nie auf die Aussagekraft einer einzelnen Kennzahl verlassen – zumal diese zum Beispiel beim KGV sehr stark von Sondereinflüssen abhängig ist.

position stetig verbessert hatte. Als Grund hierfür wurde von Analysten der sogenannte Konglomeratsabschlag genannt. Dieser Abschlag vom Unternehmenswert wird damit begründet, dass ein Unternehmen nicht nur auf seinem Kerngebiet tätig ist, sondern mehrere wirtschaftliche Schwerpunkte hat. Das lässt sich auch so interpretieren, dass unter einem Firmennamen mehrere, voneinander weitgehend unabhängige Unternehmen existieren.
Solche Betrachtungsweisen und Bewertungsideologien sind modeabhängig und ihr Sinn kann angezweifelt werden. Denn während seit den 90er-Jahren die Konzentration auf »Kernaktivitäten« ganz im Vordergrund stand, wurden zu anderen Zeiten Unternehmen bevorzugt, die mehrere »Standbeine« besaßen. Das kann sich auch wieder ändern.
Neben dem KGV für einzelne Aktien werden auch Kurs-Gewinn-Verhältniszahlen für Indizes oder ganze Börsen berechnet. Hierbei wird der jeweilige Aktienindex durch die Gewinne aller Aktien geteilt. Ein solches KGV kann bei der Beurteilung der Gesamtverfassung eines Marktes helfen. So kann man bei einem besonders niedrigen KGV darauf schließen, dass die Anleger die Gewinnchancen der an der jeweiligen Börse gehandelten Aktien besonders pessimistisch eingeschätzt haben, die wirkliche Lage aber deutlich besser ist. Wenn auch andere Kennziffern und Indikatoren darauf hindeuten, dass der jeweilige Markt im Vergleich zu anderen Börsen noch billig ist, kann das ein Zeichen dafür sein, dass sich interessante Einstiegschancen bieten. Ein niedriges KGV kann aber auch auf eine bevorstehende Wirtschaftskrise hindeuten.
Die Berechnung des KGV für einen Index kann helfen, einen erreichten Indexstand besser zu beurteilen.

Beispiel
Anfang 2006 kletterte der Dax zum ersten Mal seit fünf Jahren wieder über den Stand von 6000 Punkten. Daraus den Schluss zu ziehen, dass der Aktienmarkt ebenso überhitzt sei wie damals, wäre aber voreilig gewesen. Ende der 90er-Jahre stürmten die Kleinanleger massenhaft auf den Markt und die Kurse wurden immer weiter in die Höhe getrieben. Kaum jemand fragte danach, ob sie noch etwas mit den wirtschaftlichen Realitäten zu tun hatten. Die aber sahen 1998 ganz anders aus als 2006. Gemessen an ihren Erträgen waren die im Dax vertretenen Unternehmen damals überbewertet. 2006 und auch in den Jahren danach war die Profitabilität der 30 Dax-Unternehmen deutlich höher als um die Jahrtausendwende und das KGV ist daher günstiger als damals. Das zeigt

erneut: Börsendaten müssen immer hinterfragt werden, wenn sie dem Anleger wirklich helfen sollen. Bei gleichem Indexstand kann der Dax mal teuer, mal günstig sein. Es kommt eben immer darauf an, was tatsächlich im Korb ist. Auch als der Dax im ersten Quartal 2013 nach vielen Jahren erstmals wieder über 8000 Punkte stieg und für kurze Zeit mit 8074 Punkten ein neues Allzeithoch erreichte, war von Überhitzung angesichts der guten Unternehmensdaten keine Rede – eher davon, ob die Schuldenkrise das schöne Kursgebäude nicht von außen zum Einsturz bringen könnte.

Die Dividendenrendite oder das KGV geben Anhaltspunkte für die Abschätzung künftiger Erträge bei einem langfristigen Engagement in einer bestimmten Aktienanlage. Sie sagen aber nichts darüber aus, welchen Kursrisiken diese Aktie ausgesetzt ist. Um zu einer ausgewogenen Anlageentscheidung zu kommen, benötigen Investoren daher weitere Entscheidungshilfen, die ihnen Informationen über das Verhältnis von Chancen und Risiko bestimmter Anlageformen geben. Zur Beurteilung von Aktien wurden verschiedene Kennzahlen entwickelt, die zusammengefasst als Risikomaße bezeichnet werden. Volatilität und der Betafaktor (siehe die folgenden Unterkapitel) sind die wichtigsten unter diesen Warnlämpchen.

## Volatilität: Wie »flatterhaft« ist eine Aktie?

Die Volatilität drückt das Ausmaß der Renditeschwankungen eines bestimmten Papiers über einen bestimmten Zeitraum aus. Der Begriff der Volatilität kommt ursprünglich aus dem Italienischen und bedeutet so viel wie »Flatterhaftigkeit«. In der Regel wird die Volatilität einer Aktie über einen Zeitraum von einem Jahr in Prozenten ausgedrückt; ihre Berechnung beruht auf der sogenannten Standardabweichung. Eine Darstellung in absoluten Zahlen ist aber auch möglich. Diese Kennziffer wird von der Deutschen Börse AG börsentäglich berechnet. Die Berechnung beruht auf der sogenannten Standardabweichung.
Die täglich berechnete Volatilität bezieht sich immer auf den Kurs an diesem Tag. Wird also beispielsweise an einem bestimmten Tag für die Siemens-Aktie eine Volatilität von 15 Prozent bezogen auf ein Jahr errechnet, so bedeutet dies, dass die Rendite, die ein Investor mit der Aktie im Jahresverlauf erzielen konnte, im Durchschnitt 15 Prozent um den Kurs an diesem Tag schwankte. Die Volatilität gibt allerdings keinen Hinweis darauf, ob die Renditen positiv oder negativ waren, sodass allein aus der

Volatilität noch kein Rückschluss darauf gezogen werden kann, ob die Aktie im Jahresverlauf nur gestiegen, nur gefallen oder gar ständig zwischen 15 Prozent über und 15 Prozent unter dem aktuellen Kurs geschwankt ist. Die Volatilität gibt nur an, wie groß die Schwankungen waren, aber nicht, in welche Richtung sie gingen. Allgemein kann man sagen, dass das Risiko, aber auch die Ertragschancen einer Anlage mit zunehmender Volatilität steigen.

Beispiel

An einem bestimmten Tag wird für die Aktie der Deutschen Bank AG ein Kurs von 32 Euro festgestellt. Gleichzeitig wird auf Basis der Kurse des letzten Jahres eine Volatilität von 20 Prozent errechnet. Für den Anleger bedeutet dies, dass der Kurs der Aktie der Deutschen Bank im Durchschnitt 20 Prozent um den an diesem Tag erreichten Kurs schwankte. Wichtig: Es wird mit dieser errechneten Volatilität keine Aussage darüber getroffen, ob die Renditen positiv oder negativ waren, der Kurs der Aktie also gestiegen oder gefallen ist.

**WISO** Tipp

Bei engen Märkten können Empfehlungen »vertraulicher Börsenbriefe« und ähnlicher Quellen leicht zu einer »Selffulfilling Prophecy« führen: Raten sie zu Kauf oder Verkauf, steigen oder fallen die Kurse tatsächlich aufgrund der dadurch ausgelösten höheren Orders. Diese scheinbare Bestätigung veranlasst beim nächsten Mal noch mehr Anleger, diese »fundierten« Ratschläge zu befolgen. Die Urheber dieser angeblich vertraulichen, aber oft alles andere als seriösen Tipps leben davon recht gut.

Die Volatilität einer Aktie ist in der Regel umso höher, je enger der Markt ist – je mehr Umsatz also im Verhältnis zur Zahl und zum Wert der vorhandenen Aktien gemacht wird. Wenn nur wenige Aktien für den Handel zur Verfügung stehen, können selbst kleinere Kauf- oder Verkaufsorders zu starken Kursausschlägen führen.

Umgekehrt ist es bei »marktbreiten« Werten, also bei Aktien von Unternehmen mit hoher Markt- oder Börsenwertkapitalisierung (das ist der Wert aller Aktien multipliziert mit ihrem aktuellen Kurs). Um hier die Kurse in eine bestimmte Richtung zu bewegen, müssen massive Kauf- oder Verkaufsaufträge vorliegen. Manipulationen sind daher bei diesen Papieren nur schwer möglich. Auch Gerüchte, durch die ohne eigenen Kapitaleinsatz die Kurse manipuliert werden können, weil sie viele Anleger gleichzeitig dazu bringen, die Aktie zu kaufen oder zu verkaufen, sind hier schneller als »Latrinenparolen« entlarvt, als dies bei kleinen, in der Öffentlichkeit kaum bekannten Unternehmen der Fall ist.

Beispiel

Wenn von einer Gesellschaft 10 000 Aktien umlaufen und ihr Kurs an einem bestimmten Tag bei 345 Euro liegt, dann beträgt die gesamte Börsenkapitalisierung 3 450 000 Euro. Das ist der Börsenwert der Gesellschaft an diesem Tag. Diese Summe müsste aufgebracht werden, um das gesamte Unternehmen über die Börse aufzukaufen. Allerdings: Steigt oder sinkt der Kurs am nächsten Tag, verändert sich auch die Börsenkapitalisierung, also der Marktwert des Unternehmens.

Auf diese windige Art erwirbt sich mancher Börsenguru den Ruf großer Weitsicht und den Anschein der Unfehlbarkeit. Anfänger können dabei böse hereinfallen. Denn ebenso schnell, wie die Kurse manchmal hochgejubelt werden, können sie auch wieder fallen. Besonders oft geschah dies bei den am ehemaligen »Neuen Markt« in den Jahren vor 2000 gehandelten Aktien. Das Nachsehen hatten diejenigen, die den Ratschlägen vertrauensvoll gefolgt sind. Die Börsenaufsicht nimmt derartige Fälle zwar immer mal wieder unter die Lupe, aber dann ist der Schaden meist schon entstanden.
Dass auch Finanzexperten nur mit Wasser kochen, zeigt sich auch daran, dass es noch vor jedem Crash Börsengurus im Dutzend gab, die »weiter steigende Kurse« prophezeiten.

## Der Betafaktor: Abweichler erkennen

Neben der Volatilität wird häufig auch der Betafaktor einer Aktie angegeben. Der Betafaktor drückt aus, wie sich die Rendite der betreffenden Aktie verhält, wenn sich die Rendite des Gesamtmarkts um 1 Prozent verändert. Hierbei werden in der Regel Wertpapierindizes als Maß für die Veränderung des Gesamtmarktes verwendet. In Deutschland zieht man meist den Dax als Maß für den Gesamtmarkt der deutschen Aktien heran. Wird also beispielsweise für eine Aktie ein Betafaktor von 1,7 errechnet, so bedeutet dies, dass sich der Wert der Aktie um 1,7 Prozent positiv oder negativ verändert, wenn sich der Wert aller Aktien des Gesamtmarktes um 1 Prozent nach oben oder unten verändert. Für spekulative Anleger ist das ein wichtiger Hinweis, denn er zeigt, welche Aktien meist »überreagieren«, wenn es an der Börse auf- oder abwärts geht.
Meist wird der Betafaktor einer Aktie ebenso wie die Volatilität als Durchschnittswert über ein Jahr errechnet. Wenn eine Aktie einen Betafaktor von 2,1 hat, so bedeutet dies, dass sich die Aktie im Durchschnitt 2,1-mal so stark wie der Gesamtmarkt verändert hat. Die Einzelwerte können an den 250 Börsentagen im Jahr aber weit von diesem Wert abweichen. Der Aussagewert des Betafaktors ist für sich allein genommen daher relativ gering. Aus diesem Grund wird der Betafaktor einer Aktie meist in Zusammenhang mit dem Korrelationskoeffizienten dieses Papiers betrachtet.

## Korrelationskoeffizient: Auf die Richtung kommt es an

**Der Korrelationskoeffizient ist ein statistisches Maß, das angibt, wie stark der Zusammenhang zwischen der Renditeänderung einer Aktie und der Renditeänderung des Gesamtmarktes ist. Mithilfe des Korrelationskoeffizienten lässt sich also eine Aussage darüber treffen, ob ein vermeintlicher Zusammenhang zwischen der Renditeentwicklung einer Aktie und dem Gesamtmarkt tatsächlich besteht oder lediglich zufällig ist. Zusätzlich gibt der Korrelationskoeffizient an, ob dieser Zusammenhang positiv oder negativ ist. Der Wert kann dabei nur zwischen +1 und –1 schwanken.**

Beispiel

Hat eine Aktie beispielsweise einen Betafaktor von 1,7 und einen Korrelationskoeffizienten von +1, so bedeutet dies, dass die Aktie in der Vergangenheit tatsächlich immer um 1,7 gestiegen ist, wenn der Gesamtmarkt (gemessen am Dax, Stoxx, Nikkei oder einem anderen ausgewählten Index) um 1 Prozent gestiegen ist. Wichtig für den Anleger: Für die Zukunft lässt sich mit hoher Wahrscheinlichkeit ein ähnliches Verhalten des jeweiligen Aktienkurses vorhersagen. Umgekehrt bedeutet ein Korrelationskoeffizient von -1, dass der Wert dieser Aktie um 1,7 Prozent fällt, wenn der durchschnittliche Wert aller Aktien im Markt um 1 Prozent sinkt. Würde für die Aktie ein Korrelationskoeffizient von null errechnet, so bedeutet dies, dass der Betafaktor von 1,7 ein rein zufälliger Durchschnittswert ist, der keine Aussage über die tatsächliche Entwicklung der Aktie im Verhältnis zur Steigerung des Gesamtmarkts um 1 Prozent erlaubt. Die Aktien können dann also um einen beliebigen Prozentsatz steigen, sinken oder sich auch gar nicht verändern.

**Je näher der Korrelationskoeffizient den Werten +1 oder –1 kommt, desto höher ist der Aussagewert des Betafaktors. Je weiter der Korrelationskoeffizient sich dem Wert null nähert, desto geringer wird der Zusammenhang zwischen Marktrendite und Rendite der betrachteten Aktie.**
**Theoretisch lassen sich mithilfe von Betafaktoren und Korrelationskoeffizienten völlig risikolose Aktienportefeuilles zusammenstellen. Dazu müssen Aktien mit positiven und negativen Korrelationskoeffizienten, aber mit gleichen Betafaktoren in einem Aktienkorb kombiniert werden. Die Kursschwankungen solcher Papiere würden sich dann genau ausgleichen. Damit würde sich der Wert des so gestalteten Depots über die Laufzeit nicht verändern – völlig unabhängig davon, wie sich der gesamte Aktienmarkt entwickelt.**

In der Realität ist eine solche risikolose Wertpapierzusammenstellung allerdings nicht möglich, da sich keine Aktien finden lassen, die einen Korrelationskoeffizienten von genau +1 oder –1 aufweisen. Zudem sind die Betafaktoren im Zeitablauf nicht konstant. Da sie aber immerhin Anhaltspunkte liefern, können diese Kennziffern sinnvoll genutzt werden. Insbesondere Manager von Fonds wenden sie an, um ihre verschiedenen Fondstypen an die Bedürfnisse unterschiedlicher Anlegerkreise anzupassen. Aber das heißt nicht, dass nur die Großanleger mit diesen Indikatoren arbeiten können. Dank des Internet können auch private Anleger auf solche Informationen zugreifen.

**WISO** Tipp

Sie müssen nicht selber rechnen. Nutzen Sie die Analyseinstrumente, die verschiedene Anbieter im Internet bereitstellen.

Leider muss auch hier wieder etwas Wasser in den schönen Wein gekippt werden: Es ist nicht möglich, dauerhaft Gewinne zu erzielen, indem man die Aktien auswählt, die meist schneller steigen als der Markt. Denn dafür gehen sie in der Regel auch schneller in den Keller, wenn die Kurse fallen. Aber immerhin: Wer das weiß, kann versuchen, rechtzeitig auf- oder abzuspringen, wenn der Zug sich in Bewegung setzt. Früher hatten nur Profis die Möglichkeit, den Instrumentenkasten der Aktienanalyse zu nutzen. Die dazu erforderlichen umfangreichen Berechnungen können private Anleger kaum selbst durchführen. Heute können auch Kleinanleger die verschiedenen Indikatoren nutzen. Sie finden sie kostenlos bei verschiedenen Finanzdienstleistern im Internet. Nutzen Sie dieses Angebot. Es hilft bei der Auswahl aussichtsreicher Kandidaten für Ihr Depot.

## Aktienanalyse: Do it yourself

Wer selbst Aktienanalyse betreiben will, findet in den Zeitungen, Wirtschaftsmagazinen und Fachblättern eine Fülle von Informationen. Dazu gehören neben Meldungen über Umsatz- und Gewinnentwicklung, Investitionsvorhaben, Übernahmepläne oder Forschungsergebnisse auch wichtige Kennziffern wie Marktkapitalisierung, Aktionärsstruktur, Volatilität, Kurs-Gewinn-Verhältnis und vieles mehr. Durch die Auswertung solcher Daten kann man sich etwas näher an das mögliche Kurspotenzial einer Aktie herantasten.

Befindet sich zum Beispiel der größte Teil der Aktien eines Unternehmens in der Hand weniger Aktionäre oder einer Familie, können selbst kleinere Käufe oder Verkäufe den Kurs an der Börse heftig in Bewegung bringen, da nur wenige Papiere für den Handel zur Verfügung stehen – wenn der

Großaktionär das nicht dadurch verhindert, dass er durch die Abgabe von Aktien aus seinem Bestand oder durch gezielte Zukäufe den Kurs »pflegt«. Wenn dagegen bei einem marktbreiten Papier viele Aktionäre für eine ständige Bewegung bei Angebot und Nachfrage sorgen, kann keiner von ihnen den Kurs in seinem Sinn beeinflussen. Bei kleinen Unternehmen dagegen, von denen relativ wenige Aktien im Handel sind, können durch Kaufempfehlungen von Börsendiensten, positive oder negative Berichte in Tageszeitungen oder durch Gerüchte (wie sie auch im Internet immer häufiger verbreitet werden) starke Kursbewegungen ausgelöst werden. Aus dieser Schwankungsbreite ergeben sich für rasch entschlossene Anleger Chancen für schnelle Kursgewinne. Sie bergen aber auch hohe Risiken für Anleger, die zum falschen Zeitpunkt kaufen oder verkaufen.
Außerdem können gute oder schlechte Nachrichten aus dem politischen Bereich jederzeit für einen Stimmungswechsel an der Börse sorgen. Auf die Euphorie von gestern kann morgen schon eine Torschlusspanik folgen – und wenige Tage später wieder eine nüchterne Einschätzung. Ob man es nun wahrhaben will oder nicht: Emotionen bestimmen die Entwicklung an der Börse oft stärker als alle Fakten. Deshalb können Anleger, die sich mehr auf ihr Gefühl als auf Analysen verlassen, hin und wieder bessere Renditen erzielen als die hoch bezahlten Experten der Banken und Fonds, die über ihren Charts brüten. Allerdings sollten Sie sich in solchen Fällen immer fragen, ob es nicht in Wirklichkeit der Zufall war, der Ihnen geholfen hat. Das kann Sie davor bewahren, übermütig zu werden und zu glauben, das Spiel an der Börse nun zu beherrschen. Schon mancher hat sein ganzes Vermögen verloren, weil er nach ein paar gelungenen Spekulationen davon überzeugt war, er könne nun den Markt richtig einschätzen.
Umgekehrt kann aber auch jemand, der sich darum bemüht, die Chancen von Aktien aufgrund seiner Analysen ganz rational einzuschätzen, bei seinen Anlageentscheidungen schwere Fehler machen. Denn er übersieht möglicherweise, dass die Mehrzahl der Aktionäre oft emotional an das Thema herangeht und sich daher von positiven oder negativen Unternehmensergebnissen oder Konjunkturdaten kaum beeindrucken lässt. Ein Aktionär, der sich durch seine Tageszeitung und die Wirtschaftsmeldungen von Radio und TV über sein Unternehmen informiert, kann sich der Meinung renommierter Börsenbeobachter und Analysten anschließen. Er kann aber auch seine eigenen Kursprognosen entwickeln und dazu fundamentale Daten heranziehen: Da wird zum Beispiel berichtet, dass bei einem Unternehmen der Vorstandschef wechselt, dass sich die

Auftragslage verbessert hat, dass eine Fusion erwartet wird, dass ein Personalabbau geplant ist. Eine Bewertung dieser Informationen ergibt ein vollständigeres Bild als nur die reine Kurvenbetrachtung. Aber auch die Charts sollte man durchaus zurate ziehen – schon allein deswegen, weil andere das auch tun und sich möglicherweise danach richten. Schön, wenn Sie dann schon vorher disponiert haben.

**WISO** Tipp

Nutzen Sie die Möglichkeiten der Analyse und Risikoabsicherung. Sie sollten aber auch ein Gespür dafür entwickeln, wohin »der Hase laufen könnte«.

Wie der Markt dann tatsächlich auf Meldungen und Charts reagiert, zeigt sich schon bald an Angebot und Nachfrage. Bieten aufgrund einer schlechten Nachricht viele Anteilseigner ihre Aktien an und gibt es wenige Käufer für das Papier, fällt der Kurs. Das geht so lange, bis sich zu einem niedrigeren Kurs genügend Interessenten für die angebotene Menge an Aktien finden – und umgekehrt.

Der Blick auf steigende oder fallende Kurse allein sagt aber bei vielen Aktien noch nicht alles darüber aus, wie es um Angebot und Nachfrage bestellt ist. Deshalb sind bei Aktien kleinerer Unternehmen oder von Gesellschaften, von denen nur ein geringer Teil des Aktienkapitals an der Börse gehandelt wird, den Schlusskursen des Tages oft noch Kürzel wie B, G oder T angehängt. Sie geben Hinweise auf den Handelsverlauf und erläutern das Verhältnis von Angebot und Nachfrage bei der Kursbildung. Hier die wichtigsten Kurszusätze und ihre Bedeutung:

B = Brief Zum aufgeführten Kurs wurden Papiere zum Verkauf angeboten, es lagen aber keine Kaufaufträge vor.

G = Geld Zu dem entsprechenden Kurs wollen zwar einige Anleger kaufen, aber niemand will verkaufen.

BB Nur ein Teil der Verkaufsaufträge wurde ausgeführt: Das Angebot überstieg die Nachfrage.

BG Nicht alle Kaufaufträge konnten erfüllt werden: Es gab zu viele Kaufinteressenten.

T = Taxe Der Kurs wurde lediglich geschätzt, da keine Umsätze zustande kamen.

Bei Gesellschaften, die im Dax, MDax oder TecDax gelistet sind, gibt es derartige Zusätze nicht. Hier sind immer viele Käufer und Verkäufer am

Markt. Während des Börsenhandels ist das Angebot bei diesen Papieren daher immer so groß, dass Kauf- und Verkaufsorders jederzeit problemlos abgewickelt werden können. Es handelt sich um sogenannte »marktbreite« Papiere. Bei Aktien dagegen, die nur im Rahmen des »Prime Standard« und »General Standard« oder im Freiverkehr (siehe das entsprechende Kapitel) gehandelt werden, ist die Zahl der jeweiligen Käufer und Verkäufer meist sehr viel geringer. Gelegentlich kommt tagelang überhaupt kein Abschluss zustande.
Wurde der Kurs einer seltener gehandelten Aktie nur taxiert, also geschätzt, kann es bedeuten, dass bei dieser Aktie kein Abschluss zustande kam, weil ein Angebot oder eine Nachfrage nach diesen Papieren fehlte oder die Preisvorstellungen von Anbieter und Nachfrager zu weit auseinander lagen. Denn bei Kauf- und Verkaufsaufträgen, die bei der Bank aufgegeben oder per Internet durchgeführt werden, können Sie durch Limits den Höchst- oder Mindestpreis bestimmen, zu dem Sie kaufen oder verkaufen wollen (siehe dazu *Limits: Dem Risiko Grenzen setzen*). Bei Aktien kleiner Gesellschaften kann es daher vorkommen, dass Interessenten unter Umständen mehrere Tage warten müssen, bis sich ein Anbieter findet, der diese Aktie verkaufen möchte. Ähnliches kann geschehen, wenn die Mehrzahl der Anteile fest bei einem oder mehreren Großaktionären liegt. In der Praxis werden Sie das aber nicht allzu oft erleben.

## Aktuelle Kursinformationen

Natürlich kann man dem Rat des erfahrenen Spekulanten André Kostolany folgen: Aktien kaufen, vergessen und dann nach ein paar Jahren schauen, was daraus geworden ist – nämlich nach seinen Erfahrungen in der Mehrzahl der Fälle ein hübscher Gewinn. Kostolany ist zwar schon vor Jahren verstorben, aber dieser einfach zu befolgende Ratschlag wird immer noch gern zitiert und von manchem Sparer auch befolgt. Aber es spricht manches dafür, die Kurse etwas genauer im Auge zu behalten, um gegebenenfalls rasch handeln zu können. Denn sonst kann es auch passieren, dass Sie wach werden und das ganze schöne Geld ist weg.
Die Kurse lassen sich heute auf vielfältige Weise beobachten. Neben den Tageszeitungen mit ihren oft sehr ausführlichen Übersichten gibt es heute viele andere und sehr viel schnellere Medien. Dazu gehören neben der aktuellen Berichterstattung im Fernsehen und dem Videotext der TV-Sender auch die Kursabfrage per Mobiltelefon oder Blackberry sowie die viel-

fältigen Möglichkeiten, aktuelle Börseninformationen von den Internetseiten der Sender, von Banken und Sparkassen und zahlreichen Finanzdienstleistern zu erhalten. Sie können diese Informationen jederzeit abrufen, wenn Sie über eine entsprechende technische Ausstattung und einen Zugang zum Internet verfügen. Sie können in Echtzeit oder mit einer kleinen Zeitverzögerung feststellen, zu welchem Kurs die von Ihnen gesuchte Aktie aktuell gehandelt wird und ob die Kursangabe eines der oben genannten Zusatzkürzel trägt.

Je nach Ausstattung Ihres Programms können Sie auch feststellen, wie viele Käufer oder Verkäufer zurzeit bereit sind, eine bestimmte Aktie zu einem von Ihnen festgelegten Preis zu kaufen oder zu verkaufen. Sie können sogar erkennen, ob in diesem Moment in Stuttgart für das Papier ein etwas höherer Preis geboten wird als beispielsweise in Frankfurt oder auf »Xetra«. Sie können dann dort kaufen oder verkaufen, wo es für Sie im Augenblick am günstigsten ist.

**WISO** Tipp

Dieses »Do-it-yourself« empfiehlt sich nur für Anleger, die bereits über ausreichende Erfahrungen verfügen und den Umgang mit dem PC, dem Internet und in den erforderlichen Softwareprogrammen beherrschen. Andernfalls kann es zu bösen und teuren Irrtümern kommen.

Weniger erfahrene Anleger sollten die Abwicklung der Aufträge ihrem Berater bei der Bank überlassen, können meist aber schon während ihres Telefongesprächs mit ihm erfahren, ob und zu welchem Kurs das Geschäft zustande gekommen ist. Denn auch der Bankmitarbeiter gibt wie Sie zu Hause die Orders heute direkt am Computer ein und sieht nach wenigen Sekunden, ob und zu welchen Konditionen der Auftrag abgewickelt wurde.

Sehr hilfreich ist es, wenn man sich bei einem der vielen Anbieter im Internet ein virtuelles Depot einrichtet. Je nach Ausgestaltung dieser oft kostenlos angebotenen Dienste werden neben den aktuellen Kursen gleich auch die jeweiligen Gewinne oder Verluste bei einzelnen Aktien angegeben oder die Wertentwicklung des gesamten Depots berechnet. Diese Möglichkeit bieten wir Ihnen auch auf den Börsenseiten des ZDF. Noch besser geht es mithilfe der Software von WISO-Börse, die dem Nutzer zudem umfangreiche Analysemöglichkeiten bietet.

## Nützliche Software

WISO hilft beim Verwalten: Das Softwareprogramm WISO-Börse bietet Ihnen nicht nur die Möglichkeit, ein Probedepot zu führen und erst einmal ohne jedes Risiko das Aktiengeschäft zu üben. Sie können auch die Entwicklung der Aktien genauestens verfolgen – egal ob Sie die Anteile tatsächlich besitzen oder nur virtuell kaufen und verkaufen.

**WISO** Tipp

Ehe Sie tatsächlich Aktien kaufen, können Sie mit einem virtuellen Depot den Umgang mit Aktien üben, die Sie noch gar nicht besitzen.

Mit einem Musterdepot im Internet haben Sie die Möglichkeit, kostenlos, unverbindlich und vor allem risikolos Aktien zu kaufen und zu verkaufen, unter ganz realen Bedingungen. Ob Sie ein gutes Händchen bei der Auswahl haben, sehen Sie schon bald an der »Performance«, also an der Wertentwicklung des von Ihnen zusammengestellten Depots. Dabei empfiehlt es sich, mit Beträgen zu arbeiten, die Sie auch tatsächlich zur Verfügung hätten, wenn es nicht Test, sondern Realität wäre – zum Beispiel 1000 oder 10 000 Euro. Schon beim Übungsdepot sollten Sie dabei auf eine ausgewogene Zusammensetzung Ihres Aktienkorbes achten: Es sollten sowohl Risikopapiere als auch Renditetitel darin enthalten sein. Welches Risiko Sie bei Ihren Anlageentscheidungen eingehen, liegt in hohem Maße an der Mischung des Depots.

WISO-Börse bietet neben einem umfangreichen Analyseinstrumentarium zudem auch die Gewissheit, dass Ihr Depot vor Einblicken oder Eingriffen Unbefugter vollkommen geschützt ist. Bei der Nutzung von Online-Depots bestimmter Anbieter bleibt nämlich bei vielen Nutzern immer die Sorge, Unbefugte oder gar Ganoven könnten ihre Nase hineinstecken oder auf diesem Weg Viren, Trojaner und anderes digitales Ungeziefer einschleusen. Dieses Risiko vermeiden Sie, wenn Sie WISO-Software oder die entsprechenden Angebote seriöser Finanzdienstleister mit Sitz im Inland nutzen. Dann ist Ihr Musterdepot vor kriminellen Machenschaften ebenso gut geschützt wie bei echten Geschäften mit diesen Kreditinstituten.

## Welche Aktien kaufen? Wie viel Geld in Risikopapiere investieren?

Egal, ob Sie nur zur Übung ein Depot anlegen oder tatsächlich ins Aktiengeschäft einsteigen: Machen Sie es wie beim Autofahren und vergessen Sie nie, den Sicherheitsgurt anzulegen. Gehen Sie also mit einem Teil Ihres Geldes immer auf »Nummer sicher«. Eine der vielen Faustregeln für Sparer und Anleger lautet: Hundert minus Lebensalter ergibt den Teil Ihres Kapitals, den Sie in börsennotierte Wertpapiere investieren können. Ein 30-Jähriger könnte demnach mit 70 Prozent seines Geldes an der Börse investiert sein, und ein 60-Jähriger sollte nicht mehr als 40 Prozent seiner Ersparnisse an der Börse anlegen.

**WISO** Tipp

Hundert minus Lebensalter. So groß sollte maximal der Risikoanteil bei Ihren Geldanlagen sein.

Der Grund: Mit sinkender Lebenserwartung nimmt auch die Möglichkeit ab, einen größeren Kurseinbruch »auszusitzen«. Außerdem sind Sie im Alter vielleicht darauf angewiesen, regelmäßig einen bestimmten Betrag aus ihrem angesparten Vermögen zu entnehmen, um die berüchtigte Versorgungslücke zu schließen. Da kann es ärgerlich bis schmerzhaft sein, wenn man zu diesem Zweck Aktien mit Verlust verkaufen muss, statt den Betrag vom Sparkonto zu nehmen.

Wer bald in Rente geht oder schon den dritten Lebensabschnitt erreicht hat, sollte grundsätzlich das Risiko in engen Grenzen halten und sein Vermögen so umschichten, dass sein Erspartes überwiegend in einem sicheren Hafen liegt. Dafür empfehlen sich zum Beispiel festverzinsliche Wertpapiere wie Bundesanleihen oder Pfandbriefe oder auch sogenannte Rentenfonds (siehe das Kapitel *Geldanlage in Fonds*). Sie haben zudem den Vorteil, dass man diese Fonds so einrichten kann, dass jeden Monat von dem Ersparten ein von Ihnen festgelegter Betrag auf Ihr Konto fließt und so die Rente oder die Pension aufbessert. Wie auch immer Sie sich im Einzelnen entscheiden: Ein guter Anlagemix besteht immer aus einer Mischung verschiedener Geldanlagen und Risikoklassen. Das mindert die Gefahr von Verlusten, sichert Ihnen aber gleichzeitig die Chance auf höhere Erträge.

Aber Achtung: Spätestens seit der Griechenland-Krise sollte jedem klar sein, dass auch Staatsanleihen – selbst wenn sie auf Euro lauten – Hochrisiko-Papiere sein können. Das gilt auch für einige der Anleihen, die aus Südamerika kommen. Faustregel: Je höher der Zins, desto höher auch das Risiko, dass etwas schiefgeht. Speziell für die Altersvorsorge oder den Notgroschen eignen sich solche Anlagen überhaupt nicht. Sie sollten sich daher auch von Beratern aller Art solche Papiere nicht aufschwatzen lassen – selbst wenn die Ihnen versichern, dass Sie nichts zu befürchten haben.

**WISO** Tipp

Staatsanleihen können Hochrisiko-Papiere sein!

## Defensiv spekulieren

Die Informationen und die Analyseinstrumente, die heute jedem Anleger im weltweiten Netz zur Verfügung stehen, können Ihnen helfen, Chancen zu erkennen und irrationale Entscheidungen zu vermeiden. Sie müssen sich nicht mehr – manchmal im wahrsten Sinne des Wortes »blind« – auf die Vorschläge mehr oder weniger qualifizierter Berater bei den Kreditinstituten verlassen, aufgrund sehr lückenhafter Informationen Aktien kaufen oder einfach auf gut Glück investieren.

Doch alle bisher genannten Informations- und Analysemöglichkeiten bieten keine absolute Gewissheit. Sie brauchen deshalb auch im Zeitalter von Computer, Handy und Internet beides: kühle Analyse und »Näschen«. Da beides keine 100-prozentig zuverlässigen Instrumente sind, kann auch die Beachtung einiger Regeln dabei helfen, das Vermögen an der Börse wachsen zu lassen – denn so wie ein Autofahrer, dem Leben und Gesundheit wichtiger sind als ein paar Sekunden Zeitersparnis, mit einer defensiven Fahrweise sicherer an sein Ziel kommt, unterscheidet sich auch ein besonnener Anleger von einem Zocker durch seine defensive Verhaltensweise bei Investitionsentscheidungen. Dazu gehören folgende Regeln:

Regeln für Investitionsentscheidungen

- Investieren Sie regelmäßig und unbeirrt von allen Tagesschwankungen monatlich einen festen Betrag in Werte, die Sie sich vorher sorgfältig angesehen haben. Das gilt vor allem dann, wenn Sie Vermögensbildung im Hinblick auf eine ausreichende finanzielle Absicherung im dritten Lebensabschnitt betreiben.
- Nutzen Sie die vorhandenen Analyseinstrumente, ohne ihnen sklavisch zu verfallen oder blind zu vertrauen.
- Setzen Sie nicht alles auf eine Karte, sondern verteilen Sie Ihre Spargelder so gut wie möglich auf Immobilien, festverzinsliche Wertpapiere und Aktien und ein paar ergänzende Investments (wie zum Beispiel Gold).
- Vertrauen Sie bei Aktien nicht auf ein Unternehmen, eine Branche oder ein Land allein, sondern bilden Sie einen Korb (oder investieren Sie in Investmentfonds), um eine ausreichende Risikostreuung zu erreichen.
- Bleiben Sie gegenüber Anlageberatern, die große Versprechungen machen, immer misstrauisch.
- Verlieren Sie bei den üblichen Schwankungen an der Börse nicht gleich die Nerven und verkaufen Sie solide Werte nicht panikartig.
- Vertrauen Sie bei zeitweiligen Rückschlägen auf den langfristig bisher immer aufwärts gerichteten Börsentrend.
- Und: Genießen Sie trotz aller Vorsorge für das Alter, für Arbeitslosigkeit oder Krankheit auch das Leben. Denn »das letzte Hemd hat bekanntlich keine Taschen«, und Vermögensbildung ist kein Selbstzweck.

Denken Sie immer daran, trotz aller Informationen und Analysen: Die Börse lässt sich nicht zu 100 Prozent berechnen. Von dem Tag an, wo dies möglich würde, gäbe es die Börse nicht mehr. Ohne unterschiedliche Erwartungen über die Kursentwicklung von morgen wäre das Börsengeschäft bald tot, da dann alle immer gleichzeitig kaufen oder verkaufen wollten. Aber es gibt – wie wir hier gesehen haben und im nächsten Kapitel noch weiter sehen werden – zahlreiche Instrumente, mit denen man das Risiko begrenzen kann.

Fazit

Trotz aller Analysen, raffinierter Programme und dem Einsatz großer Datenverarbeitungsanlagen ist es auch im Zeitalter der totalen Computerisierung noch nicht gelungen, die Entwicklung einzelner Kurse oder der Börsen insgesamt zuverlässig vorherzusagen. Das lässt sich auch sehr leicht daran erkennen, dass selbst die Manager milliardenschwerer Fonds es nur selten schaffen, den »Index zu schlagen«, also Ergebnisse zu erzielen, mit denen sie die allgemeine Börsenentwicklung deutlich übertreffen. Und wenn es doch gelingt, dann eher durch Zufall als durch Analyse, wie sich meist schon wenige Monate später an den dann wieder schlechteren Ergebnissen zeigt. Hier wie im übrigen Leben gilt: Gurus sind auch nur Menschen – und oft sehr eigennützige dazu.

Reiz und Risiko 168

Kombiprodukte: Wenn Aktien und Festgeld gemischt werden 169

Puts und Calls: Mit Verkaufs- und Kaufoptionen Geld verdienen 170

Zertifikate: Den ganzen Markt kaufen 173

Discount-Zertifikate: Aktien mit Rabatt 175

Aktienanleihen: Das Zwitter-Modell 177

Der »aufgeklärte Anleger«: Erst unterschreiben, dann kaufen 179

Gewinnen mit Verlusten 180

# Aktien mit Rabatt und andere Sonderangebote

Die von den USA ausgehende Finanzkrise, die europäische Schuldenkrise und zuvor schon die jahrelange Baisse, die nach 2000 die Börse lähmte, führten zu einem gesteigerten Problembewusstsein bei den Anlegern, zu stärkerer staatlicher Kontrolle der Finanzbranche, zu einer erweiterten Haftung für Fehlberatung und einer großen Kreativität bei der Entwicklung neuer Finanzprodukte. Viele dieser Produkte sind nur schwer zu durchschauen und nicht alle halten, was sie versprechen. Die Vor- und Nachteile stellen wir Ihnen in diesem Kapitel dar.

## Reiz und Risiko

Nicht nur die Anbieter von Smartphones, Computern, Schuhen oder T-Shirts müssen ihr Angebot immer wieder den Wünschen der Kunden anpassen, wenn sie erfolgreich bleiben wollen. Auch Banken und andere Kreditinstitute müssen ihre Finanzprodukte entsprechend den Wünschen des Marktes – also ihrer Kunden – zuschneiden, wenn sie im Geschäft bleiben wollen. Waren in den Zeiten überbordender Spekulation vor allem Finanzprodukte gefragt, die – wie Optionen oder Futures – einen noch schnelleren Profit versprachen als der simple Kauf von Aktien, so suchten viele Anleger in den Jahren der Baisse und der Schuldenkrise vor allem nach Anlagemedien mit Discount, Rabatt und Garantien aller Art. Dazu kamen angesichts der zeitweise sehr niedrigen Zinsen diverse Angebote für Anleger, die händeringend nach alternativen Möglichkeiten suchten, ihr Geld dennoch mittel- bis kurzfristig einigermaßen rentabel zu parken, um so auf bessere Zeiten zu warten. Da die Zinsen seit Mitte 2003 nur knapp über 2 Prozent lagen und auch zehn Jahre später nicht einmal mehr der schleichenden Inflation davonlaufen konnten, waren manche Anleger allerdings auch schon wieder zu erstaunlichen Risiken bereit. Ihnen kamen alternative Finanzprodukte, die hohe Renditen versprachen, gerade recht. Um 1 oder 2 Prozentpunkte mehr zu ergattern, setzten sie oft ihre Ersparnisse aufs Spiel, beispielsweise durch Anlage in »exotischen« Anleihen.

Dass die manchmal ziemlich fantasievoll ausgestatteten Produkte ebenso wie jedes andere Risiko-Papier vor einem Kauf genau geprüft werden sollten, zeigen die folgenden Beispiele. Sie machen deutlich, dass einige dieser Angebote in bestimmten Situationen durchaus ihre Reize haben, dafür aber auch Risiken bergen – die allerdings auf den ersten Blick oft nicht zu erkennen sind. Und im Übrigen gilt auch hier: Was für den einen Anleger durchaus sinnvoll sein kann, ist für einen anderen Sparer angesichts seines Zeithorizonts, seiner Vermögensstruktur und seiner geringen Risikobereitschaft absolut ungeeignet.

Es gibt viele Finanzprodukte, die für den jeweiligen Anleger maßgeschneidert sind. Ein guter Berater wird aus der Fülle der Produkte immer etwas heraussuchen können, das dazu passt. Das ist wie in einem Schuhgeschäft: Je vielfältiger das Angebot, desto größer die Wahrscheinlichkeit, darunter ein Paar zu finden, dessen Farbe und Form gefällt und das keinen schmerzhaften Druck auf die Hühneraugen ausübt. Aber es gibt auch modischen Schnickschnack.

## Kombiprodukte: Wenn Aktien und Festgeld gemischt werden

Zu den Papieren, die zeitweise »wie warme Semmeln« weggingen, gehören sogenannte »Kombiprodukte«, die unter Namen wie Plusinvest, Rendite Plus, Anlage-Kombi oder Spar+Chance vertrieben werden. Sie locken mit Traumrenditen von 5 oder 6 Prozent, was angesichts der Tatsache, dass die Banken und Sparkassen zur gleichen Zeit kaum mehr für die von ihnen an Häuslebauer und andere Schuldner vergebenen Kredite bekamen, wie ein Geschenk an die verehrte Kundschaft wirkt. Doch Banken machen im Allgemeinen keine Geschenke. Sie wollen und müssen Geld verdienen. Deshalb sollte sich jeder Sparer, der sich von hohen Zinsen anlocken lässt, genau ansehen, was da so alles im Kombi-Paket steckt.

Bei dem Angebot Spar+Chance ist das neben »Spar«, einer Festanlage zu 6 Prozent, gleichzeitig die Verpflichtung, die »Chance« zu finanzieren: nämlich den Kauf von Anteilen an einem Aktienfonds. Die bieten die Chance, neben hohen Zinsen bei den Fondsanteilen von Kurssteigerungen zu profitieren. Doch das Angebot hat neben solchen Möglichkeiten gleich mehrere Pferdefüße. Denn der Anleger geht natürlich auch das Risiko ein, dass der Wert der Fondsanteile sinkt, wenn es an der Börse während der Laufzeit des Kombiprodukts (meist drei bis sechs Monate) abwärts geht. Außerdem werden hier zwei Anlageformen in einen Topf geworfen, die nicht zusammenpassen: Es wird eine Langfristanlage (Aktienfonds) mit einer Kurzfristanlage (Festgeld) kombiniert. Und schließlich muss auch noch auf einen unschönen Trick der Verkäufer hingewiesen werden: den hohen Ausgabeaufschlag.

**WISO** Tipp

Der hohe Zins wird durch den Ausgabeaufschlag bei vielen Fondsanteilen oft wieder aufgefressen. Die Ausgabeaufschläge bei vielen angebotenen Fonds liegen zwischen 1,5 und 5 Prozent und werden nur gelegentlich durch einen Rabatt für die Erwerber von Kombiprodukten gemildert.

Der Kauf derartiger Papiere ist deshalb nur dann sinnvoll, wenn der Anleger innerhalb der drei bis sechs Monate, für die er sein Geld festlegen will, steigende Kurse für Aktien und damit auch für die Fondsanteile erwartet. Aber dann kann man eigentlich gleich Fondsanteile kaufen. Das hat zudem den Vorteil, dass der Anleger selbst entscheiden kann, welchen Fonds er wählt und ob er sich für einen Fonds mit geringem oder gar keinem Ausgabeaufschlag entscheidet (siehe dazu das Kapitel *Geldanlage in Fonds*). Bei den Kombiprodukten dagegen gibt es immer nur eine beschränkte Auswahl an Fonds. Viele gute Gründe also, sich den Kauf gut zu überlegen.

## Puts und Calls: Mit Verkaufs- und Kaufoptionen Geld verdienen

Eine Möglichkeit, die Profis gerne nutzen, um auch in flauen Börsenzeiten Gewinne zu machen, ist bei vielen privaten Anlegern kaum bekannt, manchen vielleicht auch nicht so recht geheuer: das Spekulieren mit sogenannten »Puts« (Verkaufsoptionen) und »Calls« (Kaufoptionen) an der Terminbörse. Dabei ist es eigentlich ganz einfach, lukrativ und – bei vernünftiger Handhabung – sogar ohne großes Risiko.

### Calls

Call ist die englische Bezeichnung für »Kaufoption«. Der Käufer erwirbt damit das Recht – hat aber nicht die Pflicht –, während der Laufzeit die angebotenen Wertpapiere (den Basiswert) zu den festgelegten Konditionen zu kaufen. Dabei geht es aber nicht wie bei Optionsscheinen (siehe im Abschnitt *Optionsscheine: Mit Hebel und Risiko*) nach dem Prinzip »alles oder nichts«. Während bei Optionsscheinen möglicherweise sehr hohe Gewinne mit dem ebenfalls hohen Risiko erkauft werden, bei einer Fehleinschätzung der Entwicklung den gesamten finanziellen Einsatz zu verlieren, kann dies bei der hier geschilderten Strategie nicht passieren. Denn hier verpflichten Sie sich gegen eine entsprechende Prämie zwar, zu einem späteren Zeitpunkt eine bestimmte Aktie zu kaufen. Diese Geschäfte finden aber in der Regel statt, wenn die vertraglich vereinbarten Bedingungen eintreten. Totalverluste sind deshalb nicht zu erwarten, dafür allerdings auch keine so hohen Gewinne. Aber »Kleinvieh macht auch Mist« und in diesem Fall kann daraus mit der Zeit sogar ein ansehnlicher Haufen werden. Wie das funktioniert, wird am einfachsten an Beispielen klar.

Beispiel
Sie besitzen 300 Daimler-Aktien, die Sie zum Kurs von 55 Euro erworben haben. Sie erwarten in den kommenden Wochen stagnierende oder sogar sinkende Kurse und sehen daher keine großen Möglichkeiten, mit den Papieren in absehbarer Zeit einen größeren Gewinn zu machen. Sie können dann prüfen (beziehungsweise durch Ihren Bankberater prüfen lassen), welcher Preis (Prämie genannt) an der Terminbörse dafür geboten wird, dass Sie sich verpflichten, Ihre Aktien zu einem späteren Termin zu einem festgelegten Preis (beispielsweise 60 Euro) zu verkaufen. Diese Prämie beträgt zur Zeit der Anfrage 2 Euro. Sie

entschließen sich zu diesem Geschäft und verkaufen einen Call auf Ihre Aktien. Dieser gibt dem Erwerber das Recht, Ihre Aktien zum Preis von 60 Euro zu erwerben, sobald dieser Kurs an der Börse erreicht oder überschritten wird. Dafür zahlt er Ihnen eine Prämie von insgesamt 600 Euro (300 Aktien mal 2 Euro), weil er im Gegensatz zu Ihnen erwartet, dass der Kurs von Daimler in absehbarer Zeit über 60 Euro steigt. Steigt er tatsächlich auf 65 Euro, hat der Käufer Ihres Aktienpaketes ein gutes Geschäft gemacht, weil er insgesamt nur 62 Euro je Aktie gezahlt hat. Aber auch Sie können zufrieden sein, weil Sie je Aktie einen Gewinn von 7 Euro gemacht haben (60 Euro plus 2 Euro Prämie je Aktie bei einem Kaufkurs von 55 Euro). Bleibt der Kurs dagegen bis zum Verfallstermin der Option unter den vereinbarten 60 Euro, können Sie die Prämie von 600 Euro und Ihre Aktien behalten. Der Käufer will die Papiere nicht, weil er sie billiger an der Börse erwerben kann. Seine Prämie bekommt er nicht zurück. Seine Spekulation auf stärker steigende Kurse ist also nicht aufgegangen.

**WISO** Tipp

Die auf Termin verkauften Aktien bleiben bis zum Verfallstermin des Kontrakts gesperrt. Sie können sie in der Zwischenzeit nicht verkaufen. Und Sie können auch bei stark steigenden Kursen keinen höheren als den vereinbarten Preis erzielen.

Wenn Sie wollen, können Sie Ihre Aktien gleich anschließend wieder an der Terminbörse anbieten und erneut eine Prämie kassieren. Vielleicht ist sie diesmal – je nach den Erwartungen der anderen Marktteilnehmer und der Laufzeit der Option – höher oder niedriger. So können Sie unter Umständen durch mehrfachen Verkauf eines Call auf Ihre Aktien im Laufe der Zeit eine ansehnliche Rendite erzielen. Es gibt aber einen Haken bei solchen Geschäften.

Es gibt allerdings immer die Möglichkeit, den Call »zurückzukaufen«, wenn sich in der Zwischenzeit die Stimmung an der Börse sehr stark ändert. Sie werden dann aber mehr als den ursprünglich kassierten Betrag auf den Tisch legen müssen. Denn bei steigenden Kursen steigt auch der Wert einer Option. Doch wenn Sie erwarten, dass der Kurs über 70 Euro steigt, kann sich das Gegengeschäft durchaus lohnen.

## Puts

Wenn Sie mit sinkenden Kursen rechnen, dann aber zugreifen wollen, weil Sie der Aktie mittel- oder langfristig eine Erholung zutrauen, können Sie versuchen, mit einem Put Geld zu verdienen. In diesem Fall kassieren Sie eine Prämie dafür, dass Sie sich verpflichten, eine Aktie an einem festgelegten Zeitpunkt zu einem bestimmten Kurs zu kaufen. Der Besitzer zahlt in diesem Falle dafür, dass Sie ihm das Risiko abnehmen, einen Verlust zu machen. Ihre Chance liegt darin, dass der vereinbarte Kurs nicht erreicht wird, denn dann können Sie die vereinnahmte Prämie behalten. Falls Sie die Aktie erwerben müssen, ist sie einschließlich der vereinnahmten Prämie für Sie billiger als am Markt. Sie kann also noch etwas weiter sinken, ehe Sie in die Verlustzone kommen.

Beispiel
Sie erwerben einen Put, der Sie verpflichtet, die aktuell mit 85 Euro notierte Siemens-Aktie an einem späteren Termin für 80 Euro zu erwerben. Dafür erhalten Sie vom Besitzer eine Prämie von 85 Cent. Dieser sichert sich so dagegen ab, dass er für seine (vielleicht einmal für 75 Euro erworbenen) Aktien weniger als 80 Euro erlöst, behält aber die Chance, sie bei steigenden Kursen auch teurer zu verkaufen. Sie dagegen erlösen bei einem Paket von 200 Aktien zunächst einmal 170 Euro. Bleibt der Siemens-Kurs über 80 Euro, können Sie die Prämie behalten. Sinkt er auf 80 Euro, müssen Sie zwar kaufen, haben unter Einrechnung der Prämie aber nur 79,15 Euro gezahlt. Wenn Sie damit rechnen, dass der Kurs sich bald wieder erholt, können Sie die Aktie behalten und später mit Gewinn verkaufen. Glauben Sie, dass die Siemens-Aktie weiter fallen wird, können Sie rasch wieder verkaufen und kommen vielleicht sogar noch mit einem kleinen Gewinn oder mit einem geringen Verlust davon. Wenn die Siemens-Aktie beim Verfallstermin über dem Put-Kurs von 80 Euro notiert, können Sie das Spiel – ähnlich wie bei einem Call – auch mehrfach wiederholen. Allerdings ist es nicht mit allen Aktien möglich (siehe weiter unten).

## Wann lohnen sich Puts und Calls?

Sie sollten solche Geschäfte mit Puts und Calls nur dann machen, wenn Sie bei einem »Zwangsverkauf« nicht in die Gefahr geraten, schlecht abzuschneiden. Das bedeutet: Bei einem Call dürfen Sie nicht das Risiko eingehen, teuer eingekaufte Aktien billig loszuwerden und anschließend zusehen zu müssen, wie der Kurs immer weiter klettert. Und bei einem Put müssen Sie immer prüfen, ob Sie auch über genügend bare Reserven verfügen, um die Aktien gegebenenfalls tatsächlich erwerben zu können. Denn es wäre sehr gefährlich, in dieser Situation auf Kredit zu kaufen. Besser ist es, in einem solchen Fall die Notbremse zu ziehen.
Puts und Calls werden an der Terminbörse Eurex gehandelt. Die Laufzeiten der Kontrakte liegen meist zwischen einem und mehreren Monaten. Die Höhe der Prämien hängen von der Börsenlage, der jeweiligen Aktie und der aktuellen Börsensituation ab. So kann ein Call auf SAP oder Sie-

mens bei gleicher Laufzeit einmal 80 Cent und ein anderes Mal 2,50 Euro betragen. Sie können nicht einzelne Aktien »veroptionieren«, sondern müssen immer ganze Kontrakte (mit jeweils 50 oder 100 Stück) kaufen und verkaufen.

Das Spiel lässt sich allerdings nicht mit jeder beliebigen Aktie machen. Die Zahl der Aktien, mit denen solche Geschäfte gemacht werden können, ist begrenzt, da nur »marktbreite« Papiere – wie die großen Dax-Werte – dafür infrage kommen. Denn nur dafür finden Sie genügend Interessenten, die bereit sind, die gegenteilige »Wette« über den Kursverlauf abzuschließen. Dabei handelt es sich allerdings nicht um Wetten, wie sie üblicherweise in Wettbüros abgeschlossen werden. Der Handel mit Puts und Calls und andere Termingeschäfte (das sind Geschäfte, die erst zu einem späteren Zeitpunkt ausgeführt werden) dienen vor allem der Risikoabsicherung. Sie geben Käufern und Verkäufern die Sicherheit, dass sie die zugrunde liegenden Wertpapiere oder eine Handelsware zu einem bestimmten Zeitpunkt zu einem vorher festgelegten Preis kaufen oder verkaufen können – zum Beispiel, um vertragliche Zahlungsverpflichtungen erfüllen zu können oder (bei Warentermingeschäften) um sich eine ausreichende Versorgung mit Rohstoffen zu sichern. Das Risiko, dass sich in der Zwischenzeit der Preis stark ändert, nehmen ihnen die »Spekulanten« ab – die dafür aber gut bezahlt werden müssen.

## Zertifikate: Den ganzen Markt kaufen

Es gibt eine einfache und zudem noch recht preiswerte Möglichkeit, den Risiken auszuweichen, die mit dem Kauf einzelner Aktien verbunden sind. Sie können nämlich in sogenannte Indexzertifikate investieren. Ihr Kurs spiegelt den Wert der im Index enthaltenen Wertpapiere wider und folgt daher exakt dem Auf und Ab des jeweiligen Barometers. Es gibt nicht nur Zertifikate auf den Dax oder Stoxx, sondern auch auf zahlreiche andere Indizes. Die Käufer von Zertifikaten müssen sich also nur Gedanken darüber machen, in welche Richtung sich der Index beziehungsweise der gesamte Markt bewegt. Analysen einzelner Aktien, eine Beurteilung der Fähigkeiten des jeweiligen Managements oder der konjunkturellen Entwicklung in einzelnen Branchen (wie Auto, Chemie, Medien, Versorger) erubrigen sich also.

Es kann also nicht passieren, dass der Anleger von einem allgemeinen Aufschwung nicht profitiert, weil er ausgerechnet die »Fußkranken« erwischt hat. Umgekehrt kann er sich natürlich auch nicht darüber freuen, »Outperformer« zu besitzen, die der allgemeinen Kursentwicklung davonlaufen. Auch auf Kursgewinne, die oft mit Fusionen und Übernahmen verbunden sind, können Käufer von Indexpapieren nicht hoffen.

Indexzertifikate ähneln in vieler Hinsicht Aktienfonds. Man zahlt beim Kauf von Zertifikaten zwar keine Gebühren, bekommt aber dafür auch keine Dividende. Die Rendite hängt also allein von der Wertentwicklung des Zertifikats ab.

Neben den Indexzertifikaten, die exakt ihrem jeweiligen Vorbild angepasst sind, gibt es zahlreiche Spezialitäten. Sie nennen sich Strategie-Zertifikate, Bonus-Zertifikate, Discount-Zertifikate (siehe weiter unten), Sprint- oder Airbag-Zertifikate. Der Fantasie der Banken und Brokerhäuser, die für ihre Kunden derartige Papiere entwickeln, sind kaum Grenzen gesetzt. Einige dieser Kreationen vermindern das Risiko des Anlegers, andere hingegen steigern es. Spiegelbildlich dazu ändern sich natürlich auch die Gewinnaussichten.

Der große Charme von Indexzertifikaten besteht an sich darin, dass sie im Gegensatz zu Fondsanteilen keine Ausgabeaufschläge haben und auch keine Managementgebühren erhoben werden. Zwar werden sie dafür auch nicht aktiv gemanagt, aber das muss nicht unbedingt ein Nachteil sein. Denn wie die Erfahrung zeigt, schaffen es auch viele Fonds nicht, besser als der Dax, der Stoxx oder eine andere Benchmark zu sein.

Wenn Sie nicht genau einschätzen können, ob ein bestimmtes Finanzprodukt aus der riesigen Familie der Zertifikate wirklich auf Ihre Bedürfnisse hin maßgeschneidert ist, dann bleiben Sie besser bei einem der schlichten Indexzertifikate. Die kosten wenig und bieten auch wenig erfahrenen Anlegern die Chance, an einem allgemeinen Kursaufschwung teilzunehmen. Wer auf eine langfristig nach oben gerichtete Tendenz vertraut, kann es in diesem Fall wieder mit André Kostolany halten: Kaufen, vergessen und nach einigen Jahren den Gewinn kassieren.

**WISO** Tipp

Behalten Sie Ihre Kosten im Blick! Je fantasievoller Zertifikate ausgestattet sind, desto größer ist die Gefahr, dass vor allem die Banken daran verdienen. Denn sie sind immer so konstruiert, dass der Anbieter in jedem Fall daran verdient und das Risiko allein beim Sparer liegt.

Schauen Sie genau hin, ob Ihr Zertifikat eine zeitlich begrenzte Laufzeit hat oder ob sie »endlos« ist. Falls es zu einem bestimmten Zeitpunkt ausläuft, sollten Sie aufpassen: Wenn es mit dem jeweiligen Tageswert zurückgezahlt wird, kann es sein, dass Sie »auf dem falschen Fuß« erwischt werden – also unter Umständen schmerzliche Verluste machen. Auch bei angeblich endlos laufenden Zertifikaten kann es sein, dass die Bank bei Erreichen eines bestimmten Wertes kündigen und den Restwert auszahlen wird. Sie können darauf wetten, dass dieser Zeitpunkt nicht für die Bank, sondern für Sie ungünstig ist.

**WISO Tipp**

Achten Sie bei Zertifikaten genau auf die Laufzeit – auch wenn sie auf den ersten Blick als »endlos« angegeben ist.

Beispiel
Wer Ende 2001 der Meinung war, nun sei der Kursrutsch endlich beendet und daher biete sich die Chance, durch den Kauf eines am Stoxx orientierten Zertifikats auf bequeme Art an der allgemeinen Erholung der europäischen Börsen teilhaben zu können, musste viel Geduld aufbringen. Wer beispielsweise ein Euro Stoxx-50-Indexzertifikat der Commerzbank zum Kurs von 38 Euro erwarb, musste zusehen, wie sein Wert im Gleichschritt mit dem Index immer weiter in den Keller ging. Da das Zertifikat 2003 auslief, drohte ein herber Verlust, denn zu diesem Zeitpunkt waren zwei Drittel des Einsatzes verloren. Die Bank bot den Anlegern deshalb an, das Papier in ein Endlos-Zertifikat umzutauschen. Wer dieses Angebot annahm und danach drei Jahre mit dem Verkauf warten konnte, erzielte Anfang 2006 schließlich als Lohn der Angst doch noch einen ansehnlichen Gewinn. Aber nicht immer ist es möglich, nicht nur mit einem blauen Auge, sondern sogar noch mit einem hübschen Gewinn aus der Geschichte herauszukommen.

Das zeigt: Indexzertifikate sind zwar bequeme und beim Kauf und Verkauf billige Papiere, aber risikofrei sind sie ebenso wenig wie die ihnen zugrunde liegenden Aktienkörbe.

## Discount-Zertifikate: Aktien mit Rabatt

Banken, Sparkassen oder Brokerhäuser bieten ihren Kunden verschiedene Möglichkeiten, Aktien auf dem Umweg über ein Zertifikat zu einem deutlich unter dem jeweiligen Börsenkurs liegenden Preis zu kaufen. Dieser Abschlag kann 7, 10, 20 oder mehr Prozent betragen. Möglich wird dieser Rabatt dadurch, dass hinter dem Kauf in Wirklichkeit zwei Geschäfte stecken: der Kauf einer Aktie in Kombination mit dem Verkauf einer Kaufoption (Short Call). Die dabei erzielte Verkaufsprämie verbilligt den Kaufpreis der Aktie für den Anleger. Ihr Kurs kann also bis zur Höhe des Rabattbetrags fallen, ohne dass dem Anleger ein Verlust entsteht.
Dafür ist der mögliche Gewinn für den Anleger nach oben begrenzt. Denn die Kaufoption gibt ihrem Erwerber das Recht, die Aktie, auf die das Zertifikat lautet, später zu einem festgelegten Preis zu erwerben. Das lohnt sich immer dann, wenn zum festgelegten Zeitpunkt der Kurs der Aktie

über dem Optionspreis liegt. Erwerber einer mit Rabatt erworbenen Aktie nehmen daher nur bis zu einer bestimmten, vorher vereinbarten Obergrenze an Kurssteigerungen teil. Alles, was über dieser Grenze (dem Cap) liegt, kassiert der Käufer des Short Call, der schließlich auch etwas für sein Geld haben will.

Beispiel
Ein Anleger kauft ein Discount-Zertikat auf Aktien von SAP. Der aktuelle Kurs liegt bei 60 Euro. Bei einem Rabatt von 20 Prozent muss er dafür nur 48 Euro bezahlen. Die Aktie kann bis zu diesem Preis fallen, ohne dass für ihn ein Verlust entsteht. Wenn er das Zertifikat vorher verkauft, macht er trotz fallender Kurse sogar noch einen Gewinn. Steigt dagegen der Kurs, profitiert der Anleger davon nur bis zum vereinbarten Cap (von beispielsweise 70 Euro). Dieser Betrag wird ihm bei Fälligkeit des Zertifikats ausgezahlt. Die Differenz von 22 Euro zum tatsächlichen Kurs von 92 Euro kassiert der Käufer der Option. Liegt der Kurs dagegen bei Fälligkeit nur bei 68 Euro, macht der Besitzer des Zertifikats immer noch einen Gewinn von 20 Euro. Der Erwerber des Call dagegen geht leer aus. Da er die SAP-Aktie zu diesem Zeitpunkt billiger an der Börse erwerben kann, lohnt sich die Ausübung der Kaufoption für ihn nicht.

Der Nachteil von Discount-Zertifikaten: Bei stark steigenden Kursen muss der Käufer zusehen, wie ihm mögliche Gewinne oberhalb des Cap davonlaufen. Die Rabatt-Aktien haben gegenüber dem direkten Kauf der entsprechenden Aktie dafür aber auch einige Vorteile zu bieten, die auch ihren Wert haben:

Vorteile von Rabatt-Aktien

- Bei stagnierenden oder nur leicht steigenden Kursen entwickeln sie sich besser als die Aktie.
- Das Verlustrisiko ist geringer. Es setzt erst ein, wenn der Kursabschlag »verbraucht« ist.
- Dividendenzahlungen werden nicht besteuert, da sie im Kurs enthalten sind.
- Nach Ablauf der Laufzeit von 12 oder 18 Monaten ist ein eventueller Kursgewinn steuerfrei.
- Die Zertifikate können ebenso wie die Aktie täglich im Börsenhandel ge- und verkauft werden, wenn der Anleger vor Ablauf der Frist aussteigen will. Im Laufe der Zeit baut sich der Discount immer weiter ab, bis er bei Fälligkeit schließlich bei null liegt. Solange die Aktie unterhalb des maximal erreichbaren Gewinns liegt, nähern sich die Kurse des Zertifikats und der Aktie immer mehr an.

Discount-Zertifikate sind also eine interessante Alternative zum Direktkauf, wenn Sie als Anleger damit rechnen, dass die Kurse nur mäßig steigen oder leicht fallen werden. Sie sind also in schwachen Börsenzeiten interessanter als in einer Periode steigender Kurse.
Sie können übrigens eine sehr ähnliche Strategie anwenden, wenn Sie die Aktie kaufen und gleichzeitig eine Verkaufsoption für die gleiche Aktie verkaufen. Die dafür kassierte Prämie verbilligt die Aktie, begrenzt aber zugleich Ihren Gewinn, da Sie die Aktie bei Fälligkeit zum vereinbarten Kurs an den Inhaber des Call verkaufen müssen – wenn der sie haben will. Das wird immer dann der Fall sein, wenn zu diesem Zeitpunkt der Kurs über dem vereinbarten Optionspreis liegt.
Oft ist bei Discount-Zertifikaten der Abschlag zu gering, um die begrenzte Gewinnmöglichkeit zu kompensieren. Je geringer der Discount ist und je kürzer die Restlaufzeit, umso geringer ist Ihre Chance, mit dem Kauf eines Discount-Zertifikats besser zu fahren als mit dem Direktkauf.

**WISO** Tipp

Vor dem Kauf eines Dis count-Zertifikats müssen Sie prüfen, ob der Discount auch fair ist.

## Aktienanleihen: Das Zwitter-Modell

Dieser Wertpapiermix beruht auf einer ähnlichen Konstruktion wie die Discount-Zertifikate. Auch hier stehen Optionsgeschäfte im Hintergrund. Bei Aktienanleihen (Anleihen mit Aktienandienungsrecht) handelt es sich um sehr hoch verzinste Anleihen. Hierbei hat die Bank das Recht, bei Fälligkeit entweder den nominalen Anleihebetrag zurückzuzahlen oder dem Anleger stattdessen eine bestimmte Zahl an Aktien zu vorher festgelegten Bedingungen zu übertragen. Die Aktie, die statt Geld zur Rückzahlung verwendet werden kann, wird in den Anleihebedingungen festgelegt. Die Bank, die die Anleihe ausgibt, geht kein Risiko ein, der Kunde dagegen kann unter dem Strich trotz der »Traumzinsen« erhebliche Verluste erleiden. Bei Aktienanleihen, die es erst seit 1998 auf dem deutschen Markt gibt, locken die emittierenden Banken nämlich mit Zinsen, die weit höher sind als der zurzeit übliche Marktzins. Zinssätze von 12, 16 oder mehr Prozent sind keineswegs ungewöhnlich.
Auf den ersten Blick sind Aktienanleihen ganz normale Anleihen. Sie lauten auf einen bestimmten Nominalbetrag, werden an der Börse zum jeweiligen Tageskurs gehandelt, haben feste Termine für Zinszahlungen und werden zu einem bestimmten Termin eingelöst. Ungewöhnlich sind nur der hohe Zinssatz und das Recht der ausgebenden Bank, die Rück-

zahlung wahlweise in bar oder durch Herausgabe einer vorher festgelegten Zahl von Aktien zu leisten. Das gibt ihr die Möglichkeit, die für sie jeweils günstigere Variante zu wählen.
Der Zeichner der Anleihe erhält also maximal den Nominalbetrag der Anleihe plus der fälligen Zinsen. Das kann eine gute Rendite bringen. Bei einem ungünstigen Kursverlauf der zugrunde liegenden Aktie dagegen werden ihm die Papiere ins Depot gelegt. Das kann bei einem Verkauf an der Börse zum Zeitpunkt der Rückzahlung zu einem beträchtlichen Verlust führen, der selbst die hohen Zinszahlungen übersteigt.

Beispiel
Die Y-Bank bietet eine mit 16 Prozent verzinste Anleihe an, deren Laufzeit 18 Monate beträgt. Ein Anleger investiert 1000 Euro. Die Bank behält sich vor, am Ende der Laufzeit entweder diese Summe zurückzuzahlen oder wahlweise 18 Aktien eines Autokonzerns in das Depot des Anlegers zu legen. Dafür wird am Ausgabetag ein Basiswert von 55,56 Euro (also 1000 geteilt durch 18) zugrunde gelegt. Das entspricht dem Nominalwert der Anleihe. Da der tatsächliche Börsenkurs zu diesem Zeitpunkt bei rund 45 Euro lag, muss die Bank dafür lediglich 810 Euro investieren. Im günstigsten Fall erhält der Anleger nach 18 Monaten insgesamt 1000 Euro plus 240 Euro an fälligen Zinsen, also 1240 Euro. Wenn die zugrunde liegende Aktie in der Zwischenzeit im Kurs über diesen Betrag hinaus gestiegen ist (also bei 68,88 Euro oder darüber liegt) wird die Bank sie an der Börse verkaufen und den 1240 Euro übersteigenden Gewinn für sich behalten. Liegt der Kurs der Aktie unter 68,88 Euro (beispielsweise bei 59 Euro), wird der Gläubiger der Anleihe mit 18 Aktien abgefunden. Er kann sie für insgesamt 1062 Euro verkaufen und muss sich dann mit einer realen Verzinsung abfinden, die nur bei 6,2 statt der erhofften 16 Prozent liegt. Falls der Kurs in der Zwischenzeit auf 52 Euro gesunken ist, kann der Anleger insgesamt nur noch 936 Euro erlösen und macht einen Verlust. Allerdings hat er die Chance, mit dem Verkauf der Aktien so lange zu warten, bis der Kurs wieder steigt. In diesem Fall kann aus dem Verlust doch noch ein Gewinn werden, aber die Aktie kann natürlich auch weiter fallen.

**WISO** Tipp

Mit Aktienanleihen können Sie Gewinne erzielen, wenn die Marktzinsen niedrig sind und die Aktienkurse sich nur wenig bewegen.

Ansonsten gilt: Fällt der Kurs der zugrunde liegenden Aktie, verlieren Sie Geld. Steigt der Kurs der Aktie, entgeht Ihnen ein Teil des Gewinns. Lassen Sie sich deshalb von scheinbar hohen Zinsen nicht blenden. Wie die Rendite tatsächlich ausfällt, wissen Sie erst am Ende der Laufzeit. Spezielle Gewinnmöglichkeiten bestehen für spekulative Anleger, die eine Aktienanleihe nicht bei der Ausgabe erwerben, sondern später an der Börse. Wenn sich nämlich der Kurs der zugrunde liegenden Aktie (oder bei Doppelanleihen der schwächsten Aktie) während der Laufzeit ungünstig entwickelt, können Sie die Anleihe kaufen, wenn Sie mit einer Kurserholung rechnen. Denn dann winkt tatsächlich eine Superverzinsung.

Eine Variante der Aktienanleihen besteht darin, dass die Bank bei der Rückzahlung (sofern sie nicht in bar erfolgt) zwischen zwei Möglichkeiten, also zwei Aktien, wählen kann – zum Beispiel zwischen einer VW- und einer Lufthansa-Aktie. Die Wahl hat aber nicht der Anleger, sondern die Bank. Und die wird die Aktie wählen, die für sie am günstigsten ist.

Diese Beispiele aus dem breiten Angebot von Finanzprodukten auf Aktienbasis zeigen, dass derartige Angebote in bestimmten Situationen reizvoll sein können, dass aber auch bei Weitem nicht alles Gold ist, was auf dem Markt der Finanzprodukte glänzt.

Als Anleger sollten Sie immer daran denken, dass die verschiedenen Finanzprodukte so konstruiert sind, dass der Anbieter (Banken, Sparkassen, Finanzdienstleister) in jedem Fall verdient. Ob Sie als Käufer einen Profit machen, hängt dagegen ebenso wie bei jeder anderen Spekulation davon ab, ob Ihre Erwartungen hinsichtlich der künftigen Marktentwicklung in Erfüllung gehen. Je komplizierter die Konstruktion eines Finanzprodukts ist, umso sorgfältiger sollten Sie prüfen, ob Sie eine reelle Chance haben, eine angemessene Rendite zu erzielen.

Prüfen Sie, ob in seriösen Zeitungen, im Internet oder bei der Stiftung Warentest (*Finanztest*) kritische Auseinandersetzungen mit diesem Finanzprodukt zu finden sind. Dadurch werden Sie objektiver über Stärken, Schwächen und verborgene Fallstricke informiert, als dies vom Anbieter zu erwarten ist. Je glanzvoller das Schaufenster dekoriert ist, umso sorgfältiger sollten Sie prüfen, was wirklich dahintersteckt. Denn dass zum Beispiel bei einer angebotenen Verzinsung von 18 oder 25 Prozent irgendwo ein Haken sein muss, ist doch klar. Banken verschenken kein Geld.

**WISO Tipp**

Lassen Sie sich immer ausführliche Informationen zu den angebotenen Produkten geben, mündlich und schriftlich.

## Der »aufgeklärte Anleger«: Erst unterschreiben, dann kaufen

Seit einigen Jahren erlaubt es der Gesetzgeber den Kreditinstituten und Finanzdienstleistern nur dann, ihren Kunden Termingeschäfte anzubieten, wenn die Privatanleger vorher unterschrieben haben, dass sie mit den damit verbundenen Risiken vertraut sind oder darüber ausreichend aufgeklärt wurden. Und da Vater Staat seine Bürger offenbar für vergesslich hält, müssen die Banken oder Sparkassen ihren Kunden alle zwei Jahre ein Papier mit der Überschrift »Wichtige Informationen über Verlustrisiken bei Finanztermingeschäften« vorlegen und erneut unterzeichnen lassen.

Liegt ihnen dies nicht bis zum festgesetzten Termin vor, dürfen die Banken oder Sparkassen für die betreffenden Kunden keine neuen Optionsgeschäfte mehr ausführen – gleichgültig ob es sich um Puts und Calls, Aktienoptionen, Devisen- oder Warentermingeschäfte handelt, und unabhängig davon, ob der Kunde in den vergangenen Jahren bereits wie ein Weltmeister mit diesen Finanzinstrumenten hantiert hat.

Ob der Kunde wirklich versteht, was er da unterschreibt, ist in manchen Fällen zweifelhaft. Für die Banken und sonstigen Finanzdienstleister dagegen hat das Papier die angenehme Folge, dass Schadensersatzansprüche wegen Falschberatung schwerer durchzusetzen sind: Der Kunde hat ja selbst per Unterschrift bestätigt, dass er genau weiß, was er tut. Ob die Fürsorge des Gesetzgebers wirklich den Interessen des Kunden gerecht wird, hängt daher vor allem davon ab, ob die Anleger nur dann unterschreiben, wenn sie auch wirklich alles verstanden haben.

**WISO** Tipp

Lassen Sie sich nur dann auf etwas kompliziertere Wertpapiergeschäfte ein, wenn Sie auch wirklich verstanden haben, worum es dabei geht.

Wenn Sie nicht wirklich verstehen, wie das jeweilige Finanzprodukt konstruiert ist: Lassen Sie lieber die Finger davon. Denn sonst bleibt Ihnen verborgen, wo die Chancen und Risiken wirklich liegen und wo Fallstricke verborgen sein könnten. Und ganz wichtig: Sie können im Bedarfsfall wahrscheinlich dann auch nicht rechtzeitig die Notbremse ziehen – nach dem Motto: Der erste Verlust ist immer der geringste Verlust.

## Gewinnen mit Verlusten

Auch an fallenden Börsenkursen können geschickt agierende Anleger verdienen – nicht nur durch den Kauf oder Verkauf von Aktienoptionen. Es gibt auch Zertifikate, deren Wert sich gegenläufig zur Entwicklung von Indizes wie Dax, Eurostoxx oder einzelnen Branchenindikatoren entwickeln. Erwerben sollte man sie, wenn man entweder davon überzeugt ist, dass an den Börsen mit sinkenden Kursen zu rechnen ist, oder wenn man ein bestehendes Aktiendepot dadurch gegen Wertverluste absichern will, indem man dem Depot Anlageprodukte beimischt, deren Wert steigt, wenn die Kurse fallen.

Allerdings muss dabei beachtet werden, dass Indexfonds, die sich umgekehrt zum allgemeinen Kurstrend entwickeln, dafür an Wert verlieren, wenn es an den Börsen aufwärts geht. Beispiel: Das von der Commerzbank ausgegebene Reverse Bonus Zertifikat Z 30 auf den Dax fiel bis Mitte 2007 auf 70 Euro, während der Index auf über 8000 Punkte kletterte. Doch als der wichtigste deutsche Index Ende März 2008 auf 6600 Punkte abgemagert war, brachte der Z 30 ansehnliche 110 Euro auf die Kurswaage. Mit anderen Worten: Wen die Schieflage der IKB-Bank, die den Beginn der Finanzmarktkrise markierte, nervös machte und sich den Z 30 oder ähnliche Produkte damals zum Schnäppchenpreis sicherte, konnte ihn schon ein halbes Jahr später mit einem Gewinn von ansehnlichen 57 Prozent verkaufen – während Aktienbesitzer nur über die Höhe der Kursrückgänge klagen konnten.

Kein Wunder, dass Anfang 2008 immer mehr Finanzprodukte auf den Markt kamen, deren Initiatoren und Käufer auf fallende Kurse spekulierten: Börsengehandelte Indexfonds (ETF), die beispielsweise europäische Stoxx-600-Short-Indizes auf Branchen wie Banken, Health-Care-Unternehmen, Öl, Gas oder Technologie abbilden. Also: Wenn Sie mit demnächst fallenden Kursen rechnen oder Ihr Depot schon in guten Börsenzeiten gegen mögliche Verluste absichern wollen, sollten Sie Ihre Sparkasse oder Bank nach Indexfonds fragen, die Short-Indizes abbilden.

Bei einem Indexstand von rund 8000 Punkten beim Dax wird sich auch 2013 so mancher Anleger gefragt haben, ob es nach oben noch viel Luft gibt. Ein guter Zeitpunkt, um sich bei der Bank zu erkundigen oder im Internet nachzuschauen, welche Papiere sich für eine defensive Strategie eignen könnten und im Kurs steigen, wenn bei neuen Euro-Krisenmeldungen und lahmender Konjunktur der Höhenflug bei europäischen und insbesondere bei deutschen Qualitätsaktien endet. Aber Vorsicht: Short-Zertifikate, die auf fallende Kurse setzen, haben eine Laufzeitbegrenzung oder ein Knock-out. Das bedeutet, dass der Emittent das Papier kündigen kann, wenn bei sinkendem Kurs ein bestimmter, vorher festgesetzter Kurs erreicht wird. Dann zahlt die Bank oder ein sonstiger Emittent den Restbetrag aus und der Käufer des Zertifikats bleibt auf seinem Verlust sitzen.

**WISO** Tipp

Achten Sie bei Zertifikaten, die auf fallende Kurse setzen, sorgfältig auf Laufzeit und eine eventuelle Knock-out-Grenze.

Beispiel

Wer im März 2012 bei einem Stand des Deutschen Aktienindex von 7070 Punkten ein Zertifikat wie den DB X Trackers Short Dax (WKN DBX0BY) zum Kurs von

24,66 Euro gekauft hatte, weil er davon überzeugt war, dass deutsche Aktien angesichts von Schulden- und Eurokrise über kurz oder lang deutlich an Wert verlieren würden, musste erleben, dass er sich getäuscht hatte: Ein Jahr später stand der Dax bei 8000 Punkten und der Preis für das Short-Zertifikat war auf rund 17 Euro gesunken. Wenn es sich – wie in diesem Fall – nicht um ein Knockout-Papier handelt, bei dem zum Beispiel bei einem weiteren Abrutschen das Kurses auf 15 Euro der Restwert ausgezahlt wird, kann der Anleger immer noch auf – aus seiner Sicht – »bessere Zeiten« hoffen, nämlich dass der Dax irgendwann wieder auf einen Stand von 7070 Punkte oder weniger sinkt. Wenn er allerdings nachkauft, ist er damit sofort unter den Gewinnern, wenn kurz darauf der Dax ins Minus dreht.

## Fazit

Absicherungsstrategien sind sinnvoll und in vielen Situationen sehr hilfreich. Mit den entsprechenden Wertpapieren oder Finanzprodukten kann man sogar kräftige Gewinne machen. Doch mit der Rafinesse der Produkte steigt auch deren Risiko. Deshalb gilt: Je größer der Hebel, mit dem bei geringem Kapitaleinsatz große Profite erzielt werden können, umso höher auch die Gefahr, schmerzliche Verluste zu erzielen. Es ist wie mit Medikamenten, die vor Krankheit schützen sollen: Überdosierung ist gefährlich und bewirkt oft das Gegenteil. Und im Übrigen gilt: Bei allen Ihnen bisher unbekannten Finanzprodukten, die Ihnen von Verkäufern angeboten werden, sollten Sie sich nur dann auf das Geschäft einlassen, wenn Sie die Funktionsweise einschließlich der Risken wirklich verstanden haben.

Fonds für jeden Anlagetyp 186
Unter dem Strich eine Erfolgsstory 189
Investmentfonds: Was ist das eigentlich? 190
Fondsmanager: Zum Erfolg verdammt? 192
Mit Investmentfonds Vermögen bilden 193
Fonds: Welcher Typ passt zu Ihnen? 195
Riester-Rente und Investmentfonds 226
Steuerliche Aspekte des Fondssparens 230
Altersvorsorge mit Investmentfonds 231
Kostenpunkte, auf die Sie achten müssen 234
Wer an Fonds Geld verdient 236
Die besten Fonds: Wie findet man die Perlen? 237
Ranking und Rating helfen 238
Das persönliche Anlageziel bestimmen 240
Aufgepasst bei der Beratung 243

# Geldanlage in Fonds

Es gibt viele gute Gründe, nicht immer alles selbst machen zu wollen, sondern Fachleute zu beauftragen. Das gilt auch für die Geldanlage. Nicht jeder hat die Lust, die Zeit, den Mut oder die notwendigen Kenntnisse, auf eigene Faust sein Glück an der Börse zu versuchen. Viele wissen inzwischen, dass sie sich nicht allein auf die staatliche oder betriebliche Altersversorgung verlassen dürfen, um im dritten Lebensabschnitt ausreichend abgesichert zu sein. Sie wollen deshalb regelmäßig einen festen Betrag von ihrem Einkommen abzweigen und anlegen, um ein finanzielles Polster für den Ruhestand zu schaffen. In diesen Fällen ist es sinnvoll, sich mit den Möglichkeiten zu beschäftigen, die das Fondssparen bietet.

## Fonds für jeden Anlagetyp

Erhebliche Qualitätsunterschiede

Das Angebot an Investmentfonds ist mittlerweile so vielfältig, dass Sparer die »Qual der Wahl« haben. Doch die Quälerei lohnt sich in zweifacher Hinsicht. Einerseits gibt es heute für jeden Anlegertyp maßgeschneiderte Lösungen, andererseits sind die Qualitätsunterschiede gewaltig. Deshalb ist ohne ausreichende Information und Beratung die Gefahr groß, dass sauer verdientes Geld in die falschen Fonds investiert wird oder gar unseriösen Geschäftemachern in die Hände fällt. Das in Jahrzehnten gebildete Sparkapital kann dann auf Nimmerwiedersehen verschwunden sein. Berichte über Opfer von Anlagebetrügern können Sie fast täglich in der Zeitung lesen.

Rausch und Krise – die Hausse der späten 90er-Jahre und die Baisse an den Aktienmärkten, die danach vom Frühjahr 2000 bis in den März 2003 anhielt, die Erschütterungen an den internationalen Börsen durch die US-Immobilienkrise seit Mitte 2007, die Pleite der amerikanischen Investmentbank Lehman Brothers und die Verwerfungen an den Finanzmärkten durch die Krise in der Eurozone, all das hat zu einer nachhaltigen Verunsicherung der Anleger geführt. Das gilt nicht nur für diejenigen, die ihr Geld durch den Kauf von Aktien direkt an der Börse anlegen. Es gilt auch für die Fondssparer. Denn die Fonds, die ihrerseits das bei den Sparern eingesammelte Kapital im In- und Ausland in Unternehmensanteile investieren, werden von der weltweiten Börsenkrise fast ebenso gebeutelt wie Privatanleger. Das galt natürlich in erster Linie für reine Aktienfonds. Die Fonds, die einen Index abbilden, rauschten in der Vergangenheit ebenso in die Tiefe wie die zugrunde liegenden Indizes Dax, Eurostoxx, Nikkei oder Dow Jones.

Noch schlimmer traf es Branchenfonds, die auf die falschen Wirtschaftszweige gesetzt hatten. Wer da zwischenzeitlich entnervt ausstieg, hat oft herbe Verluste hinnehmen müssen. Wer dagegen cool blieb, sein Investment durchhielt oder – besser noch – weiter monatlich eine feste Summe anlegte, konnte später die Früchte ernten. Denn die Entwicklung an den weltweiten Aktienmärkten, die nach den Krisen der vergangenen Jahre stets wieder in Schwung kamen, sorgte dafür, dass viele Fonds ihre Verluste nicht nur aufholten, sondern auch wieder in die Gewinnzone gelangten. Von diesem Aufschwung profitierten natürlich besonders die Anleger, die erst nach dem Kurseinbruch mit einmaligen oder regelmäßigen monatlichen Zahlungen Aktien oder Fondsanteile kauften. Aber das ist natürlich Glückssache.

Für Anleger, die eine nervenschonendere Form der Geldanlage bevorzugen, bietet sich dafür eine Geldanlage in sogenannten Rentenfonds an. Denn Fonds, die in festverzinsliche Wertpapiere investieren, werden von dem Einbruch an den Aktienmärkten nicht unmittelbar in Mitleidenschaft gezogen. Bei ihnen wird der langfristige Wertzuwachs allerdings dadurch beeinträchtigt, dass das Zinsniveau über einen längeren Zeitraum hinweg ungewöhnlich niedrig sein kann – so wie in den Jahren nach der Finanz- und Schuldenkrise. Doch – ob Aktienfonds oder Rentenfonds – es gilt die goldene Regel: Was kurzfristig richtig scheint, muss langfristig noch lange nicht stimmen – besonders dann, wenn das wichtigste Sparziel die finanzielle Absicherung im dritten Lebensabschnitt ist. Beim Sparen fürs Rentenalter können nur Vergleiche über einen langen Zeitraum zeigen, ob Aktien Renten schlagen – oder umgekehrt.

Untersuchungen belegen jedenfalls, dass Aktien oder in Aktien investierende Fonds über Jahrzehnte hinweg gesehen dem Anleger einen größeren Vermögenserfolg bescheren als Rentenpapiere (wie etwa Bundes- oder Unternehmensanleihen), eine Kapitallebensversicherung oder gar das Sparbuch. Dabei muss allerdings beachtet werden, dass das Ergebnis solcher Analysen immer sehr stark davon abhängt, welche Zeiträume für den Vergleich gewählt werden. Auf die Frage, welche Anlageform bei Anlage von 5000 Euro über Anlagezeiträume von jeweils 20 Jahren mehr Rendite brachte, kann es daher je nach Zeitraum unterschiedliche Antworten geben, wie die folgenden Beispiele zeigen. Hier die Ergebnisse eines historischen Renditevergleichs »Aktien gegen Renten«, die der Finanzwissenschaftler Richard Stehle von der Berliner Humboldt-Universität einmal für WISO zusammengefasst hat. Da der Euro im betrachteten Zeitraum noch kein Zahlungsmittel war, wurden die Beispiele in Mark gerechnet:

**WISO** Tipp

Investmentfonds eignen sich vor allem für Sparer mit längerfristigen Anlagezielen. Von einem schnellen Ein- und Ausstieg (wie bei Aktien) ist abzuraten. Der Kauf von Fondsanteilen ist vor allem dann sinnvoll, wenn monatlich ein festgelegter Betrag gespart wird. Während es beispielsweise schwierig ist, jeden Monat für 50 Euro einzelne Aktien zu kaufen, macht die regelmäßige Anlage einer solchen Summe bei Fonds kein Problem. Auch Bruchteile von Anteilen können erworben werden. Angenommen, ein Fondsanteil wird im September für 19,22 Euro ausgegeben und im Oktober mit 21,12 Euro notiert, dann werden Ihnen für Ihren Sparbetrag im ersten Fall 2,6 Anteile gutgeschrieben, bei der folgenden Anlage wegen des gestiegenen Werts nur 2,36 Anteile.

Beispiel

Von 1961 bis 1980 – dem schlechtesten 20-Jahres-Zeitraum für deutsche Aktien seit Kriegsende – lag die Rente mit 26 500 Mark vorn. Wären die 10 000 Mark in Aktion invostiert worden, hätte das Vermögen nach 20 Jahren nur 16 400 Mark betragen. Das entspricht einer jährlichen nominalen Verzinsung von 2,5 Prozent bei Aktien und von rund 5 Prozent bei Renten.

Von 1973 bis 1992, zwei Jahrzehnte, in denen mit Aktien wie mit Renten durchschnittliche Erträge erzielt wurden, gewannen Aktien das Rennen mit einem Endergebnis von 60600 Mark. Mit Renten waren angesichts der damaligen Zinsen dagegen auch bei optimaler Anlage nur 44400 Mark zu erwirtschaften. Das entspricht einer jährlichen nominalen Verzinsung von 9,4 Prozent bei Aktien und 7,7 Prozent bei den Rentenpapieren. Auch wenn der Unterschied auf den ersten Blick nicht besonders groß erscheinen mag: Innerhalb von 20 Jahren führt er zu einem um 16200 Mark höheren oder geringeren Ertrag.
Von 1981 bis 2000 – einem der besten 20-Jahres-Zeiträume für Aktien im vergangenen Jahrhundert – lag die Aktienrendite noch deutlicher vor der Rentenrendite: Einem Endkapital von 199400 Mark bei Aktien stehen gerade einmal 42500 Mark bei Renten gegenüber. Das entspricht einer jährlichen nominalen Verzinsung von 16,1 Prozent bei Aktien und von rund 7,5 Prozent bei einer Anlage der ursprünglich 10000 Mark in Anleihen.

Die Performance im Auf und Ab der letzten Jahrzehnte

Seither ist wieder viel Zeit vergangen. Und in dieser Zeit waren die Märkte auch noch besonders volatil. Das heißt: Die Kurse bewegten sich so heftig auf und ab wie schon lange nicht mehr. Doch die gute Performance von Aktien und damit auch von Aktienfonds hat selbst das nicht völlig verhagelt. Das zeigt etwa ein historischer Exkurs mit Blick auf den Verlauf des Dax, des wichtigsten deutschen Aktienindex mit seinen 30 Aktienschwergewichten. Am 1. Juli 1988 wurde der Dax erstmals an der Frankfurter Wertpapierbörse notiert und begann mit rund 1350 Punkten. Am 1. Juli 2005, also 17 Jahre später, lag der Index bei 4600 Punkten. Das ist ein Zugewinn von über 200 Prozent. Jahr für Jahr brachte ein Einmal-Investment eine Rendite von rund 10 Prozent – eine stattliche Wertsteigerung für den, der damals Geld in den Dax investierte und auf Kursgewinne setzte. Wer also durchgehalten hatte und sich nicht von seinen Aktien aus dem Dax oder Investmentfonds auf den Dax getrennt hatte, also nicht zu den »Zittrigen« gehört hatte, der steckte auch Börseneinbrüche weg wie die nach dem Platzen der Internetblase, nach dem Terroranschlag vom 11. September und dem Krieg der USA gegen den Irak. Auch danach ging es an den Börsen grundsätzlich weiter nach oben. Selbst nach schweren Rückschlägen, wie sie die Lehmann-Pleite im September 2008, die Weltwirtschaftskrise 2008/2009 und die internationalen Finanz-, Banken- und Staatsschuldenkrise brachten, kam es immer wieder zu Aufwärtsbewegungen und damit zu einer Börsenhausse. Im Mai 2013 erreichte der Dax wieder ein »All-time-high« mit über 8500 Punkten. Das zeigt:

- Die Hektik an den Weltbörsen hat zugenommen.
- Gipfel und Täler folgten in immer kürzeren Abständen.

Das zerrt einerseits an den Nerven sicherheitsbewusster Anleger. Es gibt andererseits mutigen Börsenteilnehmern die Möglichkeit, immer wieder zu relativ niedrigen Kursen einzusteigen. Die Entwicklung zeigt aber auch, dass nie alles auf eine Karte (in diesem Falle die Börse) gesetzt werden sollte und dass Strategien zur Absicherung des Vermögens wichtiger sind denn je.

Dabei sollten Sie zunächst einige ebenso einfache wie wichtige »Börsenweisheiten« beherzigen:

Börsenweisheiten

- Der erfolgreiche Anleger verfügt über gesunden Menschenverstand.
- Er hat keine übertriebenen Erwartungen.
- Er hat Geduld.
- Beim Auswahlprozess hält er die vier entscheidenden Beurteilungskriterien im Auge: Risiko, Rendite, Anlagestruktur und Gebühren.
- Sein wichtigstes Sparziel ist die finanzielle Unabhängigkeit im Alter.

Jedem Privatanleger sollte der letzte Punkt besonders am Herzen liegen. Denn: Ohne ausreichende private Altersvorsorge werden künftige Generationen nicht über die Runden kommen. Die gesetzliche Rente wird als einzige Einkommensquelle im Alter immer weniger für einen finanziell gesicherten Lebensabend ausreichen. Im Klartext: Nach dem Ausscheiden aus dem Berufsleben werden viele der Beitragszahler von heute zusätzlich auf private Geldquellen angewiesen sein. Vor diesem gesellschaftlichen Hintergrund kommt dem Sparen für das Alter eine entscheidende Bedeutung zu. Das Investmentsparen spielt dabei eine wichtige Rolle. Wie Sie mit Investmentfonds ein Vermögen nach Plan aufbauen, ist das Thema dieses Kapitels.

**WISO** Tipp

Gehen Sie auf »Nummer sicher«. Fahren Sie zweigleisig. Verteilen sie Ihre Ersparnisse auf Aktien- und Rentenfonds.

## Unter dem Strich eine Erfolgsstory

Seit 1950 gibt es das Fondssparen in Deutschland. Seitdem betätigte sich die Investmentbranche nach und nach auf allen Anlagemärkten, nämlich seit

- 1950 am Aktienmarkt,
- 1960 am Rentenmarkt,

- 1969 am Grundstücksmarkt,
- 1990 am Schuldschein- und Terminmarkt,
- 1994 am Geldmarkt,
- 1998 in der Altersvorsorge, bei Dach- und bei Indexfonds und seit
- 2004 am Markt für Hedgefonds.

Es begann mit dem Fondra, einem Mischfonds mit Anlageschwerpunkt in Deutschland für Aktien und Renten. Es gibt ihn heute noch. Nach über 60 Jahren kann er eine stattliche jährliche Rendite vorweisen. Mit dem Fondra etablierte sich die Investmentfondsanlage in Deutschland. Doch der wirkliche Durchbruch kam erst in den späten 90er-Jahren. Überraschend daran ist eigentlich nur, dass der Boom so spät kam. Denn mit Fondssparplänen konnten Anleger bereits in den Jahrzehnten davor auf relativ sichere Weise und auch mit kleinen Beiträgen eine beachtliche Rendite erzielen.

Das heißt: Investmentsparen lohnt sich. Aber es lohnt sich noch mehr, unter den Guten nach den Besten zu suchen. Denn nur die schaffen es, den »Index« zu schlagen – also höhere Zuwächse zu erzielen als ihr Vergleichsindex unter den Aktien- und Rentenindizes.

## Investmentfonds: Was ist das eigentlich?

Sondervermögen

Nach deutschem Recht ist ein Investmentfonds ein Sondervermögen. Es wird von einer Kapitalanlagegesellschaft (KAG) verwaltet und von einer unabhängigen Depotbank verwahrt. In einem Investmentfonds sammelt eine Kapitalanlagegesellschaft die Gelder vieler Anleger, um sie gewinnbringend anzulegen. Dabei ist die KAG laut Gesetz zu einer Risikomischung verpflichtet. Deutsche KAGs unterliegen dem Gesetz über Kapitalanlagegesellschaften und dem Gesetz über das Kreditwesen.

Alle Vermögensgegenstände des Fonds zusammengenommen ergeben den sogenannten Inventarwert. Dieser wird durch die Anzahl der ausgegebenen Anteilscheine geteilt und ergibt so den Fondspreis oder Inventarwert je Anteil, den Anteilswert also. Mit dem Kauf von Inventarteilen, in der Regel »Investment-Zertifikate« genannt, erwirbt der Anleger einen bestimmten Anteil am Fondsvermögen. Die KAG ist verpflichtet, die ausgegebenen Anteile jederzeit im Rahmen der Vertragsbedingungen zum Anteilswert zurückzunehmen. Der Fondsanleger ist also jederzeit liquide, weil er bei Bedarf in kurzer Zeit an sein Geld kommt.

Eine KAG ist gesetzlich verpflichtet, zur Information der Anleger über jeden ihrer Fonds jährlich einen Rechenschaftsbericht vorzulegen. Darin sind vor allem enthalten:

Rechenschaftsbericht einer KAG

- die Vermögensaufstellung
- die Aufwands- und Ertragsrechnung
- die Höhe einer eventuellen Ausschüttung
- Informationen zur Geschäfts- und Fondsentwicklung

Die KAG setzt sich Anlageziele, beispielsweise einen Index wie den Dax oder einen aus der Eurostoxx-Familie zu schlagen. Dazu trifft sie Kauf- und Verkaufsentscheidungen zur Auswahl der Aktien oder Anleihen, von denen sie sich Wertsteigerungen erwartet. Die Anlagepolitik wird stets für einen gewissen Zeitraum festgelegt. Sie wird von einem Anlageausschuss der KAG getroffen und ist für das Fondsmanagement verbindlich. Im Vordergrund müssen dabei laut Gesetz immer die Interessen der Anteilseigner stehen. Nach dem KAGG gibt es Anlagegrenzen für das Fondsvermögen. Dadurch soll der Grundidee des Investmentsparens Rechnung getragen werden, nämlich der Risikostreuung durch eine Vielzahl von Anlagen.

Hinter den Kapitalanlagegesellschaften stehen in der Regel Banken, Versicherungen, Sparkassen, Privatbanken und private Vermögensgesellschaften. Die marktbeherrschenden deutschen Kapitalanlagegesellschaften sind die DWS (Deutsche Bank), die Deka (Sparkassen), die Union Investment (Raiffeisen- und Volksbanken) und die AGI (Allianz Global Investors) des Versicherungsriesen Allianz. Daneben gibt es in Deutschland eine Vielzahl von anderen, ernst zu nehmenden inländischen Anbietern wie etwa das Bankhaus Metzler. Außerdem sind zahlreiche ausländische Anbieter auf dem deutschen Markt aktiv. Dazu gehören Fidelity, Templeton, Pioneer Investments, Morgan Stanley, Flemings, die UBS oder Goldmann Sachs mit zum Teil sehr erfolgreichen Fonds.

Bei Kauf und Verkauf sind die Fonds (mit Ausnahme börsennotierter Fonds) schwerfälliger als Aktien. In der Regel wird der Preis der Anteile nur einmal täglich festgestellt. Wenn Sie einen Verkaufsauftrag erst am Nachmittag erteilen, erfahren Sie oft erst am nächsten Tag, zu welchem Preis Sie die Anteile losgeworden sind.

Fondsbesitzer, die ihre Anlagen schnellstmöglich zu Geld machen oder neue Anteile kaufen wollen, sind durch die etwas

**WISO** Tipp

Wenn Sie aufgrund einer schlechten Nachricht rasch verkaufen wollen, ehe es zu einem allgemeinen Kursrutsch kommt, der auch den Wert Ihrer Fondsanteile mit nach unten zieht, ist das meist nicht möglich.

schwerfälligere Abwicklung ihrer Aufträge gegenüber Aktienbesitzern benachteiligt. Auch das zeigt, dass Fondssparen sich eher für längerfristig orientierte Sparer und Anleger als für kurzfristig denkende Spekulanten eignet.

## Fondsmanager: Zum Erfolg verdammt?

Konkurrenzdruck

Die große Zahl von Fondsangeboten schafft in der Investmentbranche einen ungeheuren Konkurrenzdruck – zum Nutzen der Anleger. Denn: Fonds und Fondsmanager, die zum Beispiel deutlich hinter der Dax-Entwicklung hinterherhinken, verschwinden vom Markt. Den jeweiligen Index in der Performance zu schlagen, das ist das Ziel aller Fondsmanager. Daran werden sie gemessen und dabei wird ihnen ununterbrochen »auf die Finger geschaut«. Die Berichterstattung in den Medien und im Internet über die Börsen, die einzelnen Aktiengesellschaften und die Investmentbranche hat stark zugenommen. Das liefert den Anlegern mehr Informationen und sorgt für mehr Markttransparenz. Dieser Trend wird in den kommenden Jahren wohl andauern. Dafür sorgte auch das Interesse an der »Riester-Rente« mit ihren staatlichen Zuschüssen, bei der sich die Sparer oft für eine Fondsanlage entscheiden.

Hinzu kommt ein günstigeres Umfeld. Seit Ende der 90er-Jahre haben sich die Entwicklungschancen des Investmentplatzes Deutschland deutlich verbessert. Das sorgte auch beim Fondsangebot für Schwung. Zu den wichtigsten Neuerungen zählen:

Neuerungen beim Fondsangebot

- die Zulassung sogenannter Altersvorsorge-Sondervermögen (AS) nach dem Vorbild der angelsächsischen Pension-Funds mit einem Sparplan in der Ansparphase und einem Auszahlungsplan in der Rentenphase;
- die Zulassung von verschiedenen Fondstypen, die bisher nur über Luxemburg angeboten werden konnten;
- die Zulassung von reinen Indexfonds (ETF-Fonds), die bis dahin nur von ausländischen Gesellschaften angeboten werden durften;
- die Erleichterung der Arbeit der Fondsmanager durch erweiterte Anlagemöglichkeiten in derivaten Instrumenten wie den sogenannten Hedgefonds.

Die Zahl der angebotenen Fonds ist kaum noch überschaubar. Das bedeutet, dass sich auch viel »Spreu unter dem Weizen« befindet.

## Mit Investmentfonds Vermögen bilden

Die Wertzuwächse, die von einzelnen Fonds in den vergangenen Jahrzehnten erzielt wurden, lagen oft weit über den Ergebnissen, die Aktiensparer mit selbst zusammengestellten Depots schafften. Doch auch Fondsmanager »kochen nur mit Wasser«. Im Rückblick gesehen war es bei den häufigen Kursfeuerwerken der vergangenen Jahre keine allzu große Kunst, beim Fondsvermögen hohe Zuwächse zu erzielen. In diesen geradezu euphorischen Börsenphasen garantierte fast jeder Kauf von Anteilen an Investmentfonds automatisch hohe Wertzuwächse. Es herrschte eben »Goldgräberstimmung«. Da kam es kaum noch auf die Anlagestrategie und die Qualität der Fondsmanager an.
Doch das ändert sich. Es zeigt sich, dass ein Investmentfonds, der in einem Jahre glänzend abgeschnitten hat, schon kurz darauf zu den Verlierern gehören kann. Deshalb gilt für Sie als Investmentfondssparer, dass Sie die richtige Geldanlage nicht dem Zufall überlassen dürfen. Sie müssen

- wissen, in welchen Fondstyp Sie investieren,
- sich entscheiden, wie Sie Ihr Geld sinnvoll aufteilen,
- sich ein Urteil über die Qualität des Managements bilden,
- sich überlegen, ob Sie sporadisch oder regelmäßig Fondsanteile erwerben wollen,
- die unterschiedlich hohen Verwaltungskosten berücksichtigen.

**WISO** Tipp

Vergessen Sie die Verwaltungskosten nicht: Die zahlen Sie immer – egal, ob ihr Fonds Zuwächse erwirtschaftet oder Verluste macht.

Die Zahl der Fonds wächst. Die Angebote der Finanzdienstleister werden immer vielfältiger. Tausende in- und ausländischer Investmentfonds werden in Deutschland angeboten. Selbst Experten kennen längst nicht mehr alle Länder-, Regionen-, Branchen- oder Themenfonds. Noch weniger kann der durchschnittliche Anleger das Angebot überschauen. Wie soll er das Management oder gar die Wertentwicklung und die Durchschnittsrendite der einzelnen Fonds vergleichen und die Chancen ihrer künftigen Wertentwicklung einschätzen? Um sich im Fondsdschungel zurechtzufinden, braucht der interessierte Anleger deshalb zuverlässige Wegweiser.
So wie der Aktionär, der sich seine Papiere an der Börse selbst aussucht, mit Sorgfalt wählen und sich Informationen beschaffen muss, sollte auch der Investmentsparer bei der Auswahl der für ihn geeigneten Fonds vorgehen. Wie wichtig dies ist, zeigt sich, wenn die Renditen der verschiedenen Fonds verglichen werden. Denn da gibt es erhebliche Unterschiede.

Lassen Sie sich Zeit! Kaufen Sie auf keinen Fall nach dem ersten Gespräch mit ihrem Bankberater oder einem unabhängigen Finanzberater. Informieren Sie sich zuerst umfassend. Es lohnt sich.

**WISO** Tipp

Verschaffen Sie sich zunächst selbst einen Überblick. Vertrauen Sie weder Ihrer Bank noch einem unabhängigen Finanzberater blindlings.

## Informationsquellen zum Thema Investmentfonds

Die Prospekte der Fondsanbieter sind wichtig, da sie grundlegende Angaben zu den jeweiligen Investmentfonds enthalten. Sie müssen zwar nach bestem Wissen und Gewissen gegeben werden, aber sie sagen nichts darüber aus, ob es nicht noch bessere Angebote gibt. Solche Hinweise und Vergleiche finden Sie an anderen Stellen. Es gibt eine umfangreiche Literatur zum Thema Geldanlage. Die Berichterstattung in den Medien wird angesichts des wachsenden Interesses der Leser immer weiter ausgebaut – und sie ist auch für den durchschnittlichen Anleger verständlicher geworden. An jedem Kiosk können Sie zwischen zahlreichen Publikationen mit Finanzinformationen wählen. Die Wirtschaftspresse bietet regelmäßige Fonds-Rubriken mit Performance-Vergleichen und hält ihre Leser über die Neuigkeiten auf dem Laufenden.

Auch das Internet bietet eine Fülle von Basisinformationen. Direktbanken und Finanzdienstleister bieten im Internet Serviceangebote über Aktien, Fonds und deren Leistungen. Fonds-Führer in Buch- oder Broschürenform schlüsseln Tausende von Fonds nach Kriterien auf wie Fondsstruktur, Kostenanalyse, Bewertung auf Basis der Risikostreuung und der Rendite, Verfügbarkeit des investierten Kapitals, Vertriebs- und Marketingaktivitäten der Fondsgesellschaft. Sehr hilfreich sind auch die Rankings, die von spezialisierten Instituten regelmäßig erstellt werden (siehe weiter unten).

Die Zeit dafür sollte Ihnen Ihr Geld wert sein. Mit solchem Wissen versehen gehen Sie auch mit besseren Voraussetzungen in ein Beratungsgespräch bei Ihrer Bank oder Sparkasse. Es fällt den Beratern schwerer, Ihnen die hauseigenen Produkte zu verkaufen, wenn Sie ihnen unter Hinweis auf die Testergebnisse nachweisen, dass es wesentlich bessere Angebote gibt. Auch Wirtschaftsmagazine wie *Capital* oder *Wirtschaftswoche* veröffentlichen Fondsvergleiche. Regelmäßig, ausführlich und neutral informiert *Finanztest*, eine monatlich erscheinende Publikation der Stiftung Warentest, über die Qualität von Aktien-, Renten- und Mischfonds. Auch die Tageszeitungen berichten in ihrem Wirtschaftsteil über die Wertentwicklung der verschiedenen Fonds, stellen Vergleiche an, geben Hin-

weise zur Qualität des Managements und weisen auf neue Fondsangebote hin.
Ehe Sie sich für einen bestimmten Investmentfonds entscheiden, dem Sie Ihr Geld anvertrauen wollen, sollten Sie sich in den folgenden Kapiteln einen Überblick darüber verschaffen, welche Arten von Fonds es gibt, wie sie ihre Gelder anlegen und welche Risiken und Chancen damit verbunden sind.

## Fonds: Welcher Typ passt zu Ihnen?

Da soll einer durchblicken?

Am Fondsmarkt kann der private Anleger in Deutschland mittlerweile aus Tausenden Fonds wählen. Da gleicht das Herausfinden des passenden Finanzprodukts der Suche nach der Stecknadel im Heuhaufen. Zu viele Fonds unterscheiden sich nämlich nur wenig und viele neue Finanzprodukte bringen keine wirklichen Neuerungen. Der Fondsmarkt in Deutschland ist gesättigt. Immer mehr Investmentfonds werden wegen zu geringer Mittelzuflüsse, zu wenig Volumen oder mangelndem Erfolg geschlossen. Doch an dem Fondsdschungel aus der Sicht des privaten Anlegers ändert das gar nichts, denn es wachsen immer wieder neue Fonds nach.
Wer trotzdem mit Erfolg eine Anlagestrategie entwickeln und verfolgen will, kann mit Systematik schon einiges erreichen. Deshalb folgt hier eine Auswahl der Fondstypen, die Sie kennen sollten. Die Charakterisierung dieser unterschiedlichen Arten und eine anschließende Bewertung soll für Sie eine erste Orientierungshilfe sein. Denn wenn Sie die verschiedenen Fondstypen richtig einordnen können, sind Sie schon ein ganzes Stück weiter.
Zunächst muss zwischen Publikumsfonds und Spezialfonds unterschieden werden. Die beiden Fondstypen definieren den Kreis der Anleger. Publikumsfonds werden für Privatanleger aufgelegt, also für die breite Öffentlichkeit. Spezialfonds dagegen sind für Großinvestoren wie Unternehmen, Versicherungen, Stiftungen, Unterstützungskassen und dergleichen gedacht. Es gibt auch da wieder Ausnahmen wie besondere Fonds für mittelständische Unternehmen oder kommunale Einrichtungen. Hier interessieren jedoch nur die für jedermann zugänglichen Publikumsfonds.
Auch hier ist die Zahl so groß, dass wir sie hier für Sie erst einmal nach Typen sortieren wollen. Das erleichtert den Überblick.

## Aktienfonds

Wer auf die Börse setzt, aber nicht alles auf eine Karte setzen will, dem bieten Aktienfonds Chancen für ein gutes Investment. Das Geld der Anleger wird dabei ausschließlich oder überwiegend in Aktien angelegt. Der Sparer investiert sein Geld in einen Korb aus vielen verschiedenen Aktien, die von der jeweiligen Fondsgesellschaft ausgewählt werden. Die Verteilung des Fondsvermögens durch den oder die Fondsmanager sollte möglichst breit geschehen, in der Regel auf mindestens 20 unterschiedliche Aktien. Damit sind die Anleger gegen negative Entwicklungen bei einzelnen Aktien besser geschützt als beim Kauf einzelner Aktien.

Aktienkorb

Bei aktiv gemanagten Fonds, die nicht einfach den Dax oder Eurostoxx durch Kauf der im Index enthaltenen Werte nachbilden, schichtet das Fondsmanagement die im Portefeuille enthaltenen Aktien regelmäßig um. Im Idealfall steigt man also bei Negativkandidaten vorzeitig aus, realisiert bei hohen Kursständen Gewinne und steigt bei Werten mit begründetem Kurspotenzial ein. Das erhöht die Chancen auf einen Wertzuwachs der Anteile, kann aber natürlich auch schiefgehen. Der risikoscheue Anleger muss hier gewarnt werden. Die hohen Kursschwankungen an den Börsen machen deutlich, wie nahe Gewinne und Verluste zeitlich nebeneinander liegen können.

Anlageschwerpunkt

Wichtig ist der Anlageschwerpunkt des jeweiligen Aktienfonds. In Deutschland investierende Aktienfonds sind stark von der Entwicklung der Heimatbörse abhängig. Die großen Unternehmen, die sogenannten Blue Chips, wie Allianz, Daimler, Deutsche Bank, BASF oder Siemens, sind einem wirtschaftlich interessierten Anleger in der Regel bekannt. Eine Ausrichtung des Fonds auf solche Werte schafft also ein gewisses Maß an Vertrauen beim Anleger.

Riskanter wird es bei internationalen Aktienfonds. Hier haben auch Wechselkursänderungen Einfluss auf den Anlageerfolg. Je exotischer der Anlegerschwerpunkt wird, desto schwerer können Sie die ökonomische Situation des jeweiligen Landes, der Region oder der jeweiligen Branche einschätzen – und desto schlimmer können die unangenehmen Überraschungen werden.

Lange herrschte die Tendenz vor, eher auf eine breite Streuung der Anlagegelder in besonders viele Aktiengesellschaften zu setzen. Doch auch andere Betrachtungsweisen verdienen Beachtung, etwa die von Warren Buffett, dem wohl bekanntesten Investor der Welt. Er investiert mit seiner Firma Berkshire Hathaway seit Jahrzehnten in unterbewertete Firmen mit einem besonderen Wettbewerbsvorteil und macht damit Riesengewinne. Dieser sogenannte »Value-Ansatz« von Buffett gilt längst als eine geeignete Form eines Investments. Entsprechend verhalten sich auch viele Fondsmanager weltweit. Sie studieren vor allem die Bilanzen sowie die Gewinn- und Verlustrechnungen der Aktiengesellschaften, die auf ihrer Kaufliste stehen. Und wenn der Aktienkurs eines Unternehmens unter dem Buchwert liegt, dann ist das für sie ein wichtiger Grund zum Kauf. Andere Aktienfondsmanager richten sich eher nach dem Prinzip »Wachstum« (growth). Sie versuchen herauszufinden, ob das Unternehmen in der Zukunft wächst, eine »Story« hat. Nur wenn sie davon überzeugt sind, landet die Aktie in ihrem Aktienfonds. Die Strategie bei beiden Ansätzen, value (Wert) oder growth (Wachstum), ist klar: Das Gewinnpotenzial der Unternehmen soll voll ausgenutzt und potenzielle Verlierer sollen so ausgegrenzt werden. Letztlich ist eben eine gute Wertentwicklung eines Aktienfonds nicht einfach von der Anzahl der gehaltenen Aktien abhängig, sondern vor allem von den Fähigkeiten der jeweiligen Manager, den Wert und die Wettbewerbs- und Wachstumschancen der unterschiedlichen Aktiengesellschaften richtig einzuschätzen. Das wiederum begrenzt die Renditechancen der Fondsmanager auf natürliche Weise. Denn auch die besten Manager können bei zu vielen Aktien im Fonds den Überblick verlieren, denn das regelmäßige Studium und die Analyse der Quartalszahlen der unterschiedlichen Unternehmen ist zeitaufwendig und verlangt viel mikro- und makroökonomischen Sachverstand. Wer also von der Rechnungslegung der Aktiengesellschaften nichts versteht, der taugt nicht zum Fondsmanager.

Value-Ansatz

Growth-Ansatz

**WISO** Tipp

Hören Sie nicht auf plakative Sprüche über angebliche Erfolgsaussichten der Tiger- und Schwellenstaaten. Das sind Allgemeinplätze.

## Nebenwertefonds und Dividendenfonds

Unter den vielen Sonderformen, die es im Bereich der Aktienfonds gibt, spielen die Nebenwertefonds in eine wichtige Rolle. Hier handelt es sich um Fonds, deren Manager darauf spezialisiert sind, unter den kleinen und mittelgroßen deutschen und europäischen Unternehmen die Perlen zu finden. In der Vergangenheit erwirtschafteten einige dieser Nebenwertefonds für ihre Anleger bessere Ergebnisse als die Fonds, die im Bereich von Dax, Dow Jones oder Euro Stoxx 50 nach lohnenden Anlagemöglichkeiten fahndeten. Die Dynamik der Nebenwerte in Deutschland spiegelt die Dynamik im MDax, TecDax oder SDax wider. Diese Indizes profitieren davon, dass kleinere und mittlere Unternehmen, die nicht immer stark im

Blickfeld der Anleger stehen, gelegentlich unterbewertet sind. Die Fähigkeit dieser häufig mittelständischen Unternehmen, ein stärkeres organisches Wachstum zu generieren als die großen Konzerne, wird von Anlegern häufig unterschätzt. Die Marktbeobachter stehen immer wieder vor klassischen Fragen ihrer Zunft: Wie gut können kleinere und mittlere Unternehmer mit Rezessionsängsten in den USA leben? Wie schwach darf ein Dollar für ein mittelständisches Unternehmen werden, das in die USA exportiert? Oder: Wie müssen die kleinen und mittleren Aktienunternehmen auf dem asiatischen und speziell dem chinesischen Markt vertreten sein?

Besondere Aufmerksamkeit verdienen Fonds, die nach Unternehmen mit hoher Dividendenrendite suchen. So schütteten allein die 30 Dax-Unternehmen im Jahr 2004 insgesamt 11 Milliarden Euro aus, 2011 waren es bereits 22 Milliarden und 2013 rund 27 Milliarden Euro. Bei einzelnen Aktiengesellschaften waren das Dividendenrenditen (gemessen am jeweiligen Aktienkurs) von über 5 Prozent. Vor dem Hintergrund der seit Jahren niedrigen Zinsen auf Sparkapital sind das beachtliche Erträge. Sie wirken sich meist positiv auf die Kurse der entsprechenden Aktienfondsanteile aus.

## Thesaurierende und ausschüttende Investmentfonds

Nach Beendigung des Fondsgeschäftsjahres werden die dem Fonds zugeflossenen Erträge (Zinsen, Dividenden, Bezugsrechte) an die Anteilsinhaber ausgeschüttet. Das geschieht entweder durch Barauszahlung (ähnlich wie bei der Bardividende einer Aktie) oder durch die Gutschrift zusätzlicher Fondsanteile. Der Anleger hat bei manchen Fonds auch die Wahl, ob er Barzahlung oder zusätzliche Fondsanteile will. Bei »thesaurierenden Fonds« werden die Erträge weder ausgeschüttet noch in zusätzlichen Anteilen gutgeschrieben. Sie fließen dem Fondsvermögen zu und erhöhen so den Fondswert. Davon profitiert selbstverständlich auch der kleine Anleger.

Ob Erträge ausgeschüttet werden oder nicht, ist nicht von ausschlaggebender Bedeutung. Auf die Qualität des Fondsmanagements lässt dies keinen Rückschluss zu. Vielen Anteilseignern ist es eben lieber, am Ende des Geschäftsjahres noch einen Fondsanteil mehr auf dem Papier zu haben, als sich damit zu trösten, dass beim thesaurierenden Fonds die Erträge dem Fondsvermögen zufließen und so den Wert des einzelnen Fondsanteils erhöhen.

## Branchenfonds

Bei Branchenfonds handelt es sich in der Regel um Aktienfonds, die das Geld ihrer Kunden nur in bestimmte Wirtschaftsbereiche investieren. Beispiele dafür sind: Energiefonds, Finanzwertfonds, Telekomfonds, Medienfonds, Ökofonds, Pharmafonds, Biotechnologiefonds, Internetfonds oder Technologiefonds. Die Fondsmanager versuchen dabei, die besten Einzelwerte einer bestimmten Branche im eigenen Land oder weltweit für das Fondsvermögen zu kaufen. Das setzt Spezialwissen und Spezialrecherche beim Fondsmanagement voraus. Anleger sind oft überfordert, wenn es darum geht, die Chancen von einzelnen, oft noch kleinen Unternehmen einer Branche in Europa, Fernost, Südamerika oder den Vereinigten Staaten einzuschätzen. Wer an den Wachstumschancen in solchen Branchen teilhaben will, ist deshalb gut beraten, nicht auf eigene Faust zu investieren, sondern die Auswahl Spezialisten zu überlassen. Der Konkurrenzdruck hat dafür gesorgt, dass der Grad der Spezialisierung und damit die Qualität der Fondsmanager in der Vergangenheit gestiegen ist. Das macht Branchenfonds für Sie als Anleger interessant.

Als Variante werden auch sogenannte Themenfonds aufgelegt. Sie investieren in Unternehmen, die von besonderen Trends profitieren. Die Fondsgesellschaften setzen dabei auf Trends wie Sport und Unterhaltung. Sie konzentrieren sich auf Werte, die von Kindern und Jugendlichen in ihrem Konsumverhalten bevorzugt werden. Themenfonds für Jugendliche setzen zum Beispiel auf Aktien von Amazon, Google oder Apple. Doch ob es wirklich genug »trendige« Aktien für einen Themenfonds gibt?. Noch schwerer einzuschätzen ist, ob ein solcher Trend wirklich trägt und für zusätzliche Umsätze und Gewinne bei den Unternehmen sorgt, die ein solcher Fonds im Korb hat.

Branchen- und Themenfonds können eine Risikostreuung betreiben. Die Misserfolge einzelner Unternehmen drücken sich dann im Anteilswert der Fonds nicht so deutlich aus wie beim Kurs der entsprechenden Aktie an der Börse. Aber wenn sich die Branche insgesamt nicht erwartungsgemäß entwickelt, sinken auch die Fondsanteile im Wert. Die Erfahrung zeigt: Branchenfonds unterliegen zum Teil erheblichen Schwankungen. Die hohen Kursverluste der Internet-Aktien Anfang des Jahrtausends haben das drastisch vor Augen geführt.

**WISO** Tipp

Wer die Chancen von Branchenfonds nutzen will, sollte seine Mittel auf Fonds unterschiedlicher Wirtschaftszweige verteilen. Nicht alles auf eine Karte setzen.

Je enger also die Anlageziele definiert sind, umso stärker hängt die Wertentwicklung der jeweiligen Fonds am Schicksal der jeweiligen Unternehmen. Wenn es einmal nach unten geht, dauert die Erholung oft sehr lange – wie das Beispiel vieler Medienfonds und anderer »Mode-Fonds« zeigt.

## Dachfonds

Hierbei handelt es sich um Fonds, die ihre Mittel nicht direkt an der Börse investieren, sondern in verschiedenen anderen Fonds anlegen. Sie sind in Deutschland erst seit 1998 aufgrund des 3. Finanzmarktförderungsgesetzes erlaubt. Hinter dem Dachfonds (im Englischen »Fund of Funds«) verbirgt sich also eine Familie von Aktien-, Renten- und vielen anderen Fonds. Da das Management in schon bestehende Investmentfonds investiert, beteiligen sich die Anleger an einer Vielzahl breit gefächerter Wertpapierdepots.

Fund of Funds

Dachfonds gibt es für Aktien mit internationalem Anlageschwerpunkt oder auch für bestimmte Branchen. Diese Investmentidee soll konservative Sparer anlocken. Geworben wird mit dem Prinzip der Risikostreuung. Das Konzept: Dachfonds kombinieren spekulative mit weniger riskanten Anlagen. Mögliche Verluste eines Investments sollen im Falle eines Falles mit Gewinnen aus anderen Fonds ausgeglichen werden. Der Gesetzgeber hat zudem einige Sicherungen eingebaut. Danach darf ein Dachfonds höchstens 20 Prozent des Fondsvermögens in einen einzelnen Unterfonds investieren. Auf dem Markt sind bereits viele Varianten von Dachfonds, die je nach persönlicher Risikoneigung des Anlegers ausgerichtet sind. Es wird in Renten, Aktien und Geldmarktprodukte investiert. Die Anbieter werben mit Begriffen wie »vorsichtige«, »risikoneutrale« und »wagemutige« Dachfonds. Über 500 Dachfonds sind mittlerweile auf dem Markt. Bis Ende des Jahres schrieben viele Zeitungen, dass sich Dachfonds zu einer Erfolgsgeschichte entwickeln. Doch seit dem Jahr 2007 nimmt der Mittelfluss nicht mehr so stark zu. Es ist allerdings noch zu früh für eine endgültige Bilanz. Zu den wichtigsten Kriterien gehört der sogenannte Track Record (also die früheren Erfolge) der Fonds. Und um den branchenweit mit einer gewissen statistischen Belastbarkeit zu ermitteln, braucht es noch ein paar Jahre.

Sicherheit kostet Rendite

Der Vorteil dieser Anlageform kann darin liegen, dass die Risikostreuung, die jeder Fonds schon per Definition bietet, noch einmal gesteigert wird. Gleichzeitig werden aber die Renditeaussichten verringert, denn auch hier gilt: Sicherheit kostet Rendite. Es kann sein, dass erfolgreiche Fonds die Verluste der weniger erfolgreichen Mitglieder der Fondsfamilie ausgleichen müssen. Ob Dachfonds sinnvoll und nötig sind, ist deshalb umstritten. Einige Kritiker halten Dachfonds für zu wenig transparent, weil der Anleger den Überblick über die vielen Unterfonds verliere. Zudem entstünden zusätzliche Verwaltungskosten. So meinen viele, dass Dachfonds eher ein Produkt kreativer Fondsanbieter und Marktstrategen in den Investmenthäusern sind als eine wirkliche Bereicherung der Fondslandschaft.

Immerhin: Mit Blick auf die neue Abgeltungsteuer ab dem Jahr 2009 finden Dachfonds zu Recht neue Beachtung. Denn nur beim Verkauf von Dachfondsanteilen werden Steuern auf Gewinne fällig, nicht bei Gewinnen, die bei Verkäufen innerhalb des Fonds entstehen.

**WISO** Tipp

Passen Sie auf jeden Fall bei den unterschiedlichen Ausgabeaufschlägen auf: Sie variieren zwischen 1 und 4 Prozent. Die Gebühren liegen bei jährlich 0,5 Prozent des angelegten Betrages, allerdings nur bei Dachfonds mit Produkten aus dem eigenen Haus.

## Garantiefonds

Als Garantiefonds werden Investmentfonds bezeichnet, bei denen die Fondsgesellschaft dem Anleger eine Mindestausschüttung, einen Mindestrücknahmepreis oder eine Garantie auf den Kapitalerhalt einräumt. Kursausschläge des Fonds werden damit nach unten begrenzt und gleichzeitig eine Aufwärtsentwicklung so gut wie irgend möglich mitgemacht. Garantie bedeutet für den Anleger zum Beispiel, dass er sein eingesetztes Kapital zu 100 Prozent oder leicht darunter zurückgezahlt bekommt. Um diese Zusage einlösen zu können, sichert sich der Fonds gegen Kursverluste ab. Das aber kostet Geld. Der Anleger zahlt es in der Regel mit Abschlägen auf die Kursgewinne. Er ist also nur zu einem Teil am erwirtschafteten Gewinn beteiligt. Die Garantie kostet eben Rendite. Das liegt daran, dass sie aus Sicht der Fondsgesellschaft eine Anlage in risikoarme Wertpapiere erfordern, weil der Garantiegeber Kapital für den Garantiefall vorhalten muss und weil der Garantiegeber für die Übernahme des Risikos eine angemessene Prämie verlangt. Die Marketingstrategen der Fondsbranche studieren die Mentalität der Anleger und entwickeln auf der Basis dieses Wissen ihre Produktpalette. Der Garantiefonds ist ein Resultat solcher Überlegungen.

Der Anleger, der zu ängstlich ist für einen Aktienfonds, soll damit geködert werden. Das Sicherheitsdenken wird angesprochen und gleichzeitig eine Garantie vorgegaukelt, die es so eigentlich gar nicht gibt. Wer sich an einem Garantiefonds beteiligt, geht durchaus Risiken ein. Die für den Kauf fällige Gebühr ist meist verloren. Beträgt also der Ausgabeaufschlag

**WISO** Tipp

Statt eines Garantiefonds können Sie auch gleich eine Bundesanleihe kaufen. Dann wissen Sie wirklich »garantiert«, wann Sie Ihr Geld zurückerhalten.

3 Prozent, gibt es in einem solchen ungünstigen Fall statt zum Beispiel 20000 Euro nur 19417 Euro. Hinzu kommt der Zinsverzicht, denn eine festverzinsliche Anlage hätte im selben Zeitraum zusätzliches Geld erwirtschaftet. Vorsicht: Viele Garantiefonds geben die Rückzahlungsgarantie nur auf einen bestimmten Zeitpunkt. Für die Zeit davor gilt das nicht. Deswegen sollte sich jeder ein paar Fragen beantworten, bevor er sich auf Garantiefonds einlässt. Beispiel: Wird das Kapital zu 100 Prozent garantiert oder nur zu 90 oder 80 Prozent? Steht die Garantie in angemessenem Verhältnis zu seiner eingeschränkten Teilnahme an steigenden Aktienkursen? Gilt die Garantie nur zum Ende der Laufzeit des Fonds, kann der Anleger also bei einer zwischenzeitlichen Veräußerung durchaus Verluste erleiden? Wird der Ausgabeaufschlag mit abgesichert oder nicht? Gibt es Einschränkungen für die Garantie, etwa wenn die Kurse besonders stark fallen?
Mit Garantiefonds verdienen die Banken richtig viel Geld. Die wichtigsten Kostenblöcke für die Anleger und damit die Einnahmequellen der Banken sind

- Ausgabeaufschläge,
- jährliche Verwaltungsgebühren und
- Transaktionskosten.

Wer Garantiefonds kauft, bezahlt Ausgabeaufschläge von meist 2 bis 5 Prozent. Die Fondsmanager verlangen zudem für ihre Arbeit einen jährlichen Obolus von bis zu 1,5 Prozent vom gesamten Fondsvermögen.
Falls überhaupt, dann eignet sich ein Garantiefonds nur für einen Anleger, der seine Verlustrisiken eingrenzen möchte und bereit ist, dafür deutliche Abstriche bei der Rendite in Kauf zu nehmen. Zudem sollte er diese Gelder nur kurz- oder mittelfristig anlegen wollen und weder Zeit noch Lust haben, sich um diese kümmern zu müssen. Bequemlichkeit und Komfort haben eben ihren Preis – auch bei der Geldanlage.
Anleger können sich ihr »Garantiedepot« auch selber zusammenstellen. Dabei mischen sie Aktien- und Anleihen abhängig von ihrer individuellen (Sicherheits-)Zielsetzung. Wer einen Anlagehorizont von mehr als zehn Jahren hat und mit Kursauschlägen leben kann, braucht keine Garantie. Sie sollten dann Aktienfonds den Garantiefonds vorziehen. Die Wahrscheinlichkeit, dass bei einem so weiten Anlagezeitraum mit einem gut gemischten Depot oder Aktienfonds Geld verloren wird, ist relativ gering. Die Renditechancen sind dafür umso größer.

## Geldmarktfonds

Geldmarktfonds sind eine Anlageform für kurzfristige Gelder, die nicht als Festgelder bei der Bank geparkt werden sollen. Anders als bei Festgeld kennt der Geldmarktfonds keine starren Anlagezeiträume. Das Kapital ist täglich verfügbar und die Zinsen orientieren sich an den kurzfristigen Geldmarktsätzen.

Kurzfristig Geld anlegen

Aufgrund der sehr kurzen Restlaufzeiten haben sie praktisch keine Kursrisiken. Die vom Gesetzgeber maximal erlaubte Restlaufzeit von 12 Monaten wird in den meisten Fällen deutlich unterschritten. Die Geldmarktfonds erfreuten sich bis zum Beginn der Finanzmarktkrise im Sommer 2007 (die deutsche Mittelstandsbank IKB musste damals vor der Insolvenz gerettet werden) großer Beliebtheit. In der Zeit danach verkauften Anleger massenhaft ihre Anteile an Geldmarktfonds, weil sie zu Recht vermuteten, dass sich in vielen Fonds sogenannte ABS-Papiere (Asset-backed Securities) befinden, die sich nicht mehr verkaufen lassen. Dahinter verbergen sich zum Beispiel Forderungen aus Hypotheken, die in handelbare, verzinsliche Wertpapiere umgewandelt wurden. Eine Zeit lang ergab diese Anlageform je nach Größenordnung eine Erhöhung der Rendite gegenüber der reinen Geldmarktinvestition um 0,1 bis 1,6 Prozentpunkte pro Jahr. Bei den nicht gerade üppigen Renditen von klassischen Geldmarktfonds war das verlockend. Die Immobilienkrise in den USA seit Sommer 2007 hat aber die Anleger rund um den Globus in Angst und Schrecken versetzt. Viele dieser ABS waren auf einmal nicht mehr zu verkaufen und drückten umgehend auf die Rendite in den Geldmarktfonds.

Das führte zu Misstrauen bei den Anlegern und gigantischen Mittelabflüssen in vielen Fonds. Immerhin: Ausgabeaufschläge werden in der Regel keine erhoben. Es ist noch offen, ob Geldmarktfonds in Zukunft eine Alternative zu allen anderen Formen der kurzfristigen Geldanlage bleiben. Ihr prinzipieller Vorteil: Sie investieren in großem Stil in

Vorteil von Geldmarktfonds

- kurzfristige Termingelder (Tages- und Monatsgelder),
- Pfandbriefe (Anleihen zur Finanzierung von Hypotheken),
- Commercial Papers (kurzfristige Schuldtitel von Unternehmen) und
- Floater (kurzfristige Anleihen mit variablem Zins).

Die Geldmarktfonds profitieren von ihrem starken Marktauftritt. Sie erhalten bessere Konditionen als Kleinanleger, da sie in großem Stil investieren. Viele Kleinanleger machen so aus dem Geldmarktfonds einen starken Großanleger mit entsprechenden Renditevorteilen. Davon profitiert der Einzelne mit seinen Fondsanteilen. Der Vorteil dieser Anlageform: Sie lässt schnelle Dispositionen seitens der Anleger zu. Das Geld ist jederzeit frei verfügbar (liquide). Es kann von einem Tag auf den anderen darüber disponiert werden. Die Anlage bringt statistisch betrachtet etwas mehr Rendite als Festgeld oder das Sparbuch.

Das heißt: Da die Anteilswerte in der Regel nur geringen Schwankungen unterliegen, ist dieser Fondstyp attraktiv für Anleger, die das Geld nur eben mal parken oder sich noch ein wenig Zeit lassen wollen, bevor sie sich definitiv für einen oder mehrere langfristig orientierte Fonds entscheiden. Allerdings sollte man nicht vergessen, auf die Kosten zu achten, damit man die wirkliche Rendite im Vergleich zum Tages- oder Festgeld errechnen kann. Vor allem sollten Anleger auf Nummer sicher gehen und nur in solche Geldmarktfonds investieren, die keine Anlageinstrumente im Depot haben wie die umstrittenen und vermeintlich renditefördernden ABS-Papiere. Solange also niemand mit Gewissheit sagen kann, welche Überraschungen die Portfolios von Geldmarktfonds noch bereithalten, sollten sicherheitsorientierte Sparer diese Anlageform skeptisch betrachten und stattdessen vielleicht traditionelle Tages- und Festgeldkonten bevorzugen.

**WISO** Tipp

Dieser Fondstyp kann attraktiv sein, wenn das Geld nur kurz »geparkt« werden soll, ehe Sie sich für eine langfristige Fondsstrategie entscheiden.

## Indexfonds

Man muss das Vorbild immer im Auge behalten! So lautet die Devise aller Fondsmanager. Denn die von ihnen erzielten Renditen werden mit der Wertentwicklung des betreffenden Marktes (Aktien- oder Rentenmarkt) verglichen. Dabei vergleicht man die Performance eines Fonds mit einem Index, also einer Benchmark. Jeder Fonds versucht, mit einem Index Schritt zu halten, entweder dem Dax oder dem Dow Jones oder welcher Vergleichsindex auch immer das Vorbild ist. Das gilt natürlich besonders für einen Indexfonds. Kursgewinne der einen oder anderen Aktie, die Ausgabe neuer Aktien oder eine Umgewichtung in einem Index, das sind die Signale, auf die der Manager eines Indexfonds reagieren muss. 1975 legte die amerikanische Fondsgesellschaft Vanguard den ersten Publikumsfonds, den S&P 500, auf. In den USA und in England fließen bereits rund 20 und 30 Prozent der Anlagegelder in diese Produkte. Fondsmanager kaufen bei einem Indexfonds nicht die ihrer Meinung nach aussichtsreichsten Titel, sondern versuchen, eine Indexstruktur nachzubilden.

Ein Indexfonds wird dem Anleger im Idealfall die gleiche Performance liefern wie der zugrunde liegende Index. Wenn also ein Aktien-Indexfond zum Beispiel den Dax abbilden soll, hat er anteilsmäßig die 30 wichtigsten deutschen Aktien im Depot. Erst seit 1998 ist diese Anlageform überhaupt erlaubt. Erst das 3. Finanzmarktförderungsgesetz hat es möglich gemacht. Bis zum 4. Finanzmarktförderungsgesetz vom Juli 2002 durfte ein Indexfonds nicht mehr als 10 Prozent seines Vermögens in einem Einzeltitel anlegen. Ein Wertpapier allein durfte also nicht mehr als 10 Prozent des Fondsvermögens ausmachen. So jedenfalls schrieb es das damalige Gesetz über Kapitalanlagegesellschaften (KAGG) vor, das 2004 durch das InvG abgelöst wurde. Das ergab dann ein Problem, wenn ein Wert beispielsweise den marktkapitalisierten Wert von 10 Prozent aller Dax-Titel überschritt, was etwa bei der Deutschen Telekom passierte. Dem Fondsmanager waren die Hände gebunden, weil er diese Entwicklung nicht vollständig nachvollziehen durfte. Er musste dann dieses Dax-Schwergewicht untergewichten. Die Folge war ein leichtes Abweichen der Wertentwicklung des Indexfonds von der wirklichen Wertentwicklung des Dax. Deshalb waren Indexfonds im Grunde genommen bis zum Juli 2002 nur »indexnahe« Fonds.
Doch der Gesetzgeber hat hier Abhilfe geschaffen (siehe die Erläuterungen zum neuen Fondstyp »Börsengehandelte Indexfonds» direkt im Anschluss). Wer allerdings bereits einen herkömmlichen indexnahen Indexfonds im Depot hat, für den gelten noch die alten einschränkenden Bestimmungen. Nur wenn die vertraglichen Bestimmungen inzwischen geändert wurden, darf ein solcher Indexfonds sich an die neuen Regeln halten. Insgesamt steigen Indexfonds in der Beliebtheitsskala der Anleger. Das hat folgende Gründe:
Indexfonds sind kostengünstiger zu betreuen, besonders weil die Fondsmanager weniger Wertpapiertransaktionen im Fonds abwickeln. Damit entstehen deutlich weniger Kosten als bei den sogenannten »aktiv gemanagten» Fonds. Die jährlichen Ertragsvorteile bis zu 2 Prozent allein aufgrund der deutlich niedrigeren Transaktionskosten sind beträchtlich.
Wichtig für Anleger: Aktiv gemanagte Fonds schneiden in den meisten Fällen beim Vergleich der Wertentwicklung mit dem Vergleichsindex oder dem entsprechenden Indexfonds schlecht ab. Mit Indizes – wie etwa der EuroStoxx Indexfamilie oder in Deutschland dem SDax für kleinere Unternehmen oder dem TecDax für die 30 größten Aktien aus den Wachstumsbranchen – können Anleger mittlerweile fast in jeder Region oder Branche investieren, ohne sich den Risiken eines Missmanagements in einem

Fonds auszusetzen. Statistiken belegen, dass bisher nur eine deutliche Minderheit aller aktiv gemanagten Fonds ihren Vergleichsindex schlägt. Die Zahlen schwanken je nach Jahr und Quelle zwischen 10 und 25 Prozent. Wer also auf eine positive Entwicklung der Börse wettet, sich aber nicht auf einzelne Werte oder Branchen einlassen will, für den ist ein »passiv« gemanagter Indexfonds das Richtige. Voraussetzung ist aber, dass der Anleger keinen Wert auf einen Sieg über das jeweilige Börsenbarometer legt. Denn das schafft kein Indexfonds. Die Wertentwicklung hinkt eher etwas nach. Dafür sorgen die Kosten wie der marktübliche Ausgabeaufschlag und die Verwaltungsgebühr für das Fondsmanagement. Der Fonds muss außerdem, je nach Börsenentwicklung, Transaktionen tätigen, um den Index, falls notwendig, nachbilden zu können. Diese Kosten drücken ebenfalls die Wertentwicklung. Allerdings: Im Indexfonds werden die Analysekosten, die bei einem »aktiven« Fondsmanagement anfallen, gespart. Das wiederum hebt die Wertentwicklung. Letztlich stellt sich also für jeden Anleger die Frage, ob er nicht gleich auf einen Indexfonds setzen sollte. Das erspart ihm eine Menge Ärger und Kopfzerbrechen. Andererseits: Bei fallenden Börsenbarometern sind dem Indexfonds-Management die Hände gebunden, denn die Anlagepolitik bleibt starr an die Indexstruktur gebunden, bei steigenden wie bei fallenden Märkten.

**WISO** Tipp

Wenn Sie auf eine positive Entwicklung der Börse wetten, sich aber nicht auf einzelne Werte einlassen wollen, bietet sich ein »passiv« geführter Indexfonds an.

## ETF – börsengehandelte Indexfonds

Wem einzelne Investmentfonds zu risikoreich sind, kann auf ein noch relativ junges Finanzprodukt zurückgreifen. Es handelt sich um börsengehandelte Investmentfonds. Darunter befinden sich einige spezielle Aktienfonds und vor allem eine ganze Palette von Indexfonds. Sie sind seit dem Jahr 2001 auf dem Markt und haben sich längst als Anlageform etabliert. Speziell die börsengehandelten Indexfonds sind nichts anderes als eine kostengünstige Variante der schon existierenden indexnahen Indexfonds (wie oben beschrieben).

Die Deutsche Börse AG bietet die Handelsmöglichkeiten für diese neuen Finanzprodukte. Sie will damit an den Erfolg dieser Anlageform in den USA anknüpfen. Mittlerweile hat die Deutsche Börse rund tausend ETF gelistet. Begonnen hat alles mit zwei ETF. Sie sind damit eines der erfolgreichsten Finanzprodukte der jüngeren Vergangenheit. Auf den Internetseiten der Deutschen Börse AG (Segment XTF = Abkürzung für Exchange Traded Funds, übersetzt heißt das: börsenmäßig handelbare Investmentfonds) werden die Preise ständig aktualisiert. Auf den Webseiten: www.deutsche-boerse.com erfährt der Interessent unter dem Kapitel Fonds + ETF die jeweils aktualisierten Neuigkeiten zu den bestehenden und den neuen Indexfonds. Die ETF werden genauso gehandelt wie Aktien und haben eine Wertpapierkennnummer wie sie. Der Unterschied liegt nur in der Form des Wertpapiers: Mit einer Aktie kauft der Anleger Anteile an einem einzelnen Unternehmen. Mit der Indexaktie aber kauft er Anteile an einen Index (zum Beispiel sämtliche 30 Titel des Dax, des größten und wichtigsten deutschen Aktienindex – es gibt auch Indexfonds auf den MDax, die EuroStoxx-Indizes oder die bekannten Rentenindizes). Die entscheidende Neuerung dabei: Die Preise für die herkömmlichen Investmentfonds werden nur einmal am Tag festgelegt. Der Kurswert dieser nicht börsennotierten Fonds wird anhand der Kurse der enthaltenen Positionen addiert und durch die Anzahl der ausgegebenen Anteile dividiert. Wer seine Anteile an einem Aktienfonds verkaufen will, erhält nur selten den gerade aktuellen Wert der Aktien in seinem Fonds. Preisausschläge nach oben oder unten innerhalb nur weniger Minuten oder Stunden, wie sie an der Börse durchaus üblich sind, bleiben also bisher beim Kauf oder Verkauf von Fondsanteilen unberücksichtigt. Die Folge: Fondsbesitzer, die ihre Anlagen schnellstmöglich verkaufen oder neue kaufen wollen, sind somit gegenüber Aktienbesitzern benachteiligt. Das ändert sich mit dem neuen Typ der börsengehandelten Indexfonds grundlegend. Sie sind börsennotiert und werden wie eine Aktie gehandelt. Bei diesen Finanzprodukten richtet sich der aktuelle, laufend ermittelte Kurs nach Angebot und Nachfrage der Marktteilnehmer. Banken, die als sogenannte Designated Sponsors auftreten, verpflichten sich zu einem fortlaufenden Handel während des gesamten Börsentages. So können Anleger theoretisch sogar Daytrading mit diesen Indexfonds betreiben, also mehrmals am Tag kaufen und verkaufen. Einige wichtige Details zu dem neuen Finanzprodukt aus dem Anlageuniversum der Investmentfonds, die Sie kennen sollten, ehe Sie sich als Daytrader versuchen.

Für börsengehandelte Indexfonds gilt:

- Sie können ab einem Volumen von einem Stück geordert werden. Dabei entspricht der Wert eines Zertifikats einem Hundertstel des zugrunde liegenden Index. Auf dem Niveau von 5 000 Punkten würde damit ein Dax-Anteil rund 50 Euro kosten.
- Beim Erwerb von Indexfonds über die Börse fällt kein Ausgabeaufschlag wie bei einem herkömmlichen Investmentfonds an.

- Die Preisspannen (gemeint ist der Spread, der Unterschied zwischen Verkaufs- und Rücknahmepreis, also der Aufpreis für den Käufer eines solchen Produkts) sind vergleichsweise niedrig.
- Die jährliche Managementgebühr liegt für die Verwaltung und Betreuung der Fonds bei maximal 0,5 Prozent des Fondsvermögens. Auch das ist niedriger als bei herkömmlichen Investmentfonds.
- Spread: Beim Unterschied zwischen Kauf- und Verkaufspreis sollten Sie immer darauf achten, dass er nicht zu hoch ist. Ansonsten mindert der niedrigere Verkaufspreis die Rendite Ihrer Anlage beträchtlich. Das gilt vor allem dann, wenn Sie häufiger den Fonds wechseln.
- Transparenz: Dafür sorgt die laufende Veröffentlichung der Preisspannen bei Kauf und Verkauf der börsengehandelten Indexfonds und die Tatsache, dass der Nettoinventarwert der Fonds alle 15 Sekunden neu errechnet und den Anlegern zur Verfügung gestellt wird.

Vorteil von ETF

Das heißt: Für Indexfonds (ETF) spricht, dass das Anlageportfolio transparent ist, da die Zusammenstellung der Indizes normalerweise jederzeit nachvollziehbar ist. Somit können Klumpenrisiken besser vermieden werden. Zudem sind die laufenden Gebühren und die Transaktionskosten von Indexfonds in der Regel niedriger als bei aktiv gemanagten Fonds. Wem spezielle Investmentfonds zu kompliziert oder zu riskant sind, kann mit Indexfonds und börsengehandelten Investmentfonds (ETF) auf ziemlich neue Finanzprodukte aus der Welt der Fonds zurückgreifen. Mittlerweile kann man bereits von einer breiten Akzeptanz dieser Finanzprodukte sprechen. Vergessen Sie aber nicht, dass ein Indexfonds den Index nicht schlagen kann. Fairerweise muss man hier anfügen, dass dies auch für aktive Fondsmanager schwierig ist. Einigen gelingt es aber immer mal wieder. Setzen Sie außerdem bei den ETF nicht auf einen festen Anlagezeitraum und halten stur daran fest. Verfolgen Sie die Börsenstimmung. Wenn sie deutlich nachlässt, ist es Zeit zum Verkauf.

## Banken wollen mitverdienen

Die Anbieter von Finanzprodukten haben inzwischen auf das zunehmende Interesse der Anleger an börsengehandelten Indexfonds reagiert. Da sie am Handel mit diesen Papieren relativ wenig verdienen, bringen sie immer mehr »strukturierte Produkte« auf den Markt, mit denen sich – auf der Basis von Indexfonds – komplexe Anlagestrategien verfolgen lassen. Die Aussage, dass börsengehandelte Indexfonds eine preiswerte Alternative zu den aktiv gemanagten Investmentfonds sind, gilt nur für »reine« ETF. Die Banken bieten inzwischen immer häufiger komplexe ETF-Produkte an, bei denen Kosten und Risiko deutlich höher sind. Das gilt sowohl für die Gebühren bei Kauf und Verkauf dieser Produkte, die zwei- bis dreimal höher sein können als bei einfachen ETF, als auch für den sogenannten Spread. Das ist die Differenz zwischen Abgabe- und Rücknahmepreis. Der Spread kann bei bescheidenen 0,15 Prozent liegen, aber auch stolze 6 Prozent betragen und damit einen großen Teil des möglichen Gewinns kosten – oder bei Kursverlusten das negative Anlageergebnis entsprechend verstärken.

Außerdem werden immer mehr ETF auf »exotische« Indizes angeboten, bei denen ein Kauf oder Verkauf mit erheblicher zeitlicher Verzögerung im Vergleich zu einem zum Beispiel an der Frankfurter Börse notierten ETF stattfindet. Das kann dazu führen, dass die Anteile zu einem deutlich ungünstigeren Kurs in der Abrechnung erscheinen als zum Zeitpunkt der Kauf- oder Verkaufsentscheidung. Das hat folgenden Hintergrund: Die Banken und Fonds wollen durch die Konstruktion komplexer Produkte, die dem Anleger zwar höhere Erträge bringen können als schlichte Indexfonds (aber auch mit höherem Risiko behaftet sind), ihre eigenen Renditen aufbessern.

Deshalb sollten sich Anleger immer sehr genau ansehen, wo sich die »Pferdefüße« bei den strukturierten Finanzprodukten befinden: im Risiko, in der Undurchschaubarkeit, in den Managementgebühren oder dem Spread.

Wer sich für diese Art von Investmentsparen entscheidet, sollte dennoch nicht alles auf eine Karte, also auf einen ETF, setzen. Dax und Euro Stoxx 50, Nikkei und Dow Jones können sich durchaus unterschiedlich entwickeln. Außerdem gehören neben ETF auf Aktien auch ETF auf Rentenindizes ins Depot. Bei einem monatlichen Sparbetrag von 200 Euro würden Sie mit viermal 50 Euro in vier unterschiedliche ETF Ihr Risiko angemessen streuen und so einerseits von den Wachstumschancen bei Aktien und andererseits von den geringeren Schwankungen bei Anleihen profitieren. Besonders interessant sind ETF auch, wenn Sie ohne großen Aufwand an den Chancen partizipieren wollen, die die Aktienmärkte in Brasilien, Mexiko, auf den Philippinen oder in Vietnam bieten.

**WISO** Tipp

Mit börsengehandelten Indexfonds (ETF) streuen Sie zu geringen Kosten Ihr Risiko.

### Länder-, Regionen- und Schwellenländerfonds (Emerging Markets)

Dieser Aktienfondstyp setzt zum Beispiel auf die Entwicklung von Volkswirtschaften in ehemaligen Entwicklungs- und Schwellenländern wie Malaysia, Südkorea oder Thailand. Das Kürzel BRIC-Staaten steht für die Länder Brasilien, Russland, Indien und China. Moskau, Bombay und Shanghai locken die Börsianer und damit die Fondsmanager. Fonds mit diesem Namen investieren in diese vier aufstrebenden Schwellenländer. Sie und noch einige andere Kandidaten fasst man zusammen unter dem Begriff »Emerging Markets«. Das ist der international gebräuchliche Begriff für diese aufsteigenden Volkswirtschaften mit zum Teil hohen Wachstumsraten.

Wer sich nicht beruflich oder aus anderen Gründen intensiv mit diesen Märkten beschäftigt, sollte die Anlage seiner Gelder erfahrenen Fondsmanagern überlassen. Aber selbst diese sind nicht gefeit gegen böse Überraschungen, wie verschiedene »Asienkrisen« in der Vergangenheit gezeigt haben. Allerdings kam es danach auch stets wieder zu Erholungen. Wer starke Nerven hatte und nach einem kräftigen Preisrückgang in Fonds investierte, die ihre Gelder in Korea, Indien, China oder Brasilien anlegen, konnte sich in den vergangenen Jahren über eine kräftige Wertsteigerung seiner Anteile freuen. Kein Wunder, verlagert sich doch die globale Produktion mehr und mehr aus den USA und Europa in die Regionen der Schwellenländer. Der Anteil der Schwellenländer am weltweiten Bruttoinlandsprodukt (BIP) weitet sich daher immer mehr aus.

Doch Vorsicht: Die Emerging Markets sind hoch empfindlich. Auch die jungen »Tigerstaaten« können in ökonomische Schwierigkeiten geraten. Die oft hohe kurzfristige Verschuldung aufstrebender Volkswirtschaften macht sie anfällig für Liquiditätskrisen, wie sie etwa seit dem Sommer 2007 international spürbar wurden. Das kann leicht in eine jahrelange Rezession münden. Japan ist dafür ein besonders krasses Beispiel, auch wenn es kein Schwellenland ist. Auf einen schier endlos erscheinenden Aufschwung der Gesamtwirtschaft und des Aktienmarktes, die mit immer neuen Rekorden aufwarteten, folgte in den 90er-Jahren eine Dauerkrise. Der Nikkei büßte mehr als die Hälfte seines Wertes ein und lag selbst nach einem rasanten Anstieg seit Jahresbeginn im Mai 2013 mit knapp über 14 000 Punkten immer noch weit unter seinen früheren Höchstständen. Diese Risiken müssen bei Emerging-Market-Fonds immer beachtet werden. Das belegen die bedrohlichen Entwicklungen auf den globalen Aktienmärkten seit Sommer 2007. Auf den Fondsranglisten von Schwellenmarktfonds machten sich erste Eintrübungen bemerkbar. Die sich abkühlende amerikanische Wirtschaft und der immer schwächer werdende Dollar wirkten sich negativ auf die Wertentwicklung einiger Emerging-Market-Fonds aus. Doch die Wachstumsstory der Schwellenländer, da sind sich die professionellen Beobachter einig, dürfte sich noch auf Jahre hinaus fortsetzen.

Bei regional definierten Fonds beschränken sich deren Manager bei ihrer Anlagestrategie auf ein bestimmtes Land oder eine bestimmte Region. Sie halten also Ausschau nach den besten Werten in der Schweiz oder in den USA, in Großbritannien oder Frankreich oder beobachten eine Region wie Lateinamerika, Asien oder Osteuropa. Je nach der »Reife« des jeweiligen Börsenplatzes ist bei dieser Anlagepolitik unter Umständen mit rasanten Kursgewinnen und Kursverlusten zu rechnen. Doch wer sich für die Aktienmärkte zum Beispiel in Lateinamerika, Osteuropa, Indien oder aufstrebenden Staaten wie der Türkei oder Brasilien interessiert, sollte gut informiert sein.

**WISO** Tipp

Schwellenländerfonds bieten Chancen. Aber ohne die notwendige Risikobereitschaft sollten Sie lieber in heimische Märkte investieren.

## Mischfonds

Diese Fonds mischen Aktien- und Rentenpapiere. Das kann sehr hilfreich sein, wenn ein langfristiger Vermögensaufbau geplant ist – beispielsweise für eine spätere private Rente. Im Gegensatz zu reinen Aktien- oder Rentenfonds enthält das Depot eines Mischfonds beide Wertpapiergattungen. Das Management versucht nämlich, die größeren Gewinnchancen bei Aktien mit der höheren Sicherheit einer Anlage in Rentenpapiere optimal zu kombinieren. »Sicherheit plus Gewinn« – so könnte daher die Hauptformel für die Anlage in einen Mischfonds lauten, und zwar in dieser Reihenfolge.

Sicherheit plus Gewinn

Aus der Zwitterkonstruktion dieses Fondstyps ergibt sich logischerweise eine besondere Anlagestrategie. Die Anlageschwerpunkte variieren je nach der Situation an den Aktien- und Rentenmärkten. Die Struktur eines Mischfonds setzt sich gewöhnlich zusammen aus:

- öffentlichen Anleihen
- Pfandbriefen
- Kommunalobligationen
- Geldmarktpapieren
- Aktien aus allen Branchen, Ländern und Regionen
- Barreserven etc.

Allerdings ist »Mischfonds« ein weiter Begriff, hinter dem sich höchst unterschiedliche Chance-Risiko-Profile verbergen können. Welches für Sie – oder die aktuelle Situation – am besten geeignet ist, müssen Sie aus der konkreten Situation heraus entscheiden. Und das können Sie am besten, wenn Sie wissen, was jeweils hinter den Anlagekonzepten steckt. Grundsätzlich gibt es bei den Mischfonds drei verschiedene Gruppen:

- gemischte Fonds mit offensiver Ausrichtung, also hohem Aktienanteil
- gemischte Fonds mit ausgeglichenen Anteilen von Renten und Aktien
- gemischte Fonds mit defensiver Ausrichtung, also hohem Rentenanteil

Sie können bei einigen Gesellschaften schon am Namen erkennen, welche der drei Strategien dort verfolgt wird. Bei den Fonds der schweizerischen UBS sieht das zum Beispiel so aus:

- »Growth« signalisiert einen höheren Aktienanteil (rund 65 Prozent).
- »Balanced-Fonds« steht für eine ausgeglichene Mischung zwischen Aktien (rund 45 Prozent) und Renten.
- »Yield« meint einen niedrigen Aktienanteil (rund 25 Prozent).

Statt »Yield« für einen niedrigen Aktienanteil verwenden viele Anbieter auch den Namenszusatz »Income«.

**WISO** Tipp

Mischfonds eignen sich in unsicheren Börsenzeiten für passive Sparer, die den geeigneten Mix aus Aktien- und Rentenfonds nicht selbst zusammenzustellen wollen.

Die Diversifikation bei gemischten Fonds soll dem Investmentgedanken in besonderer Form Rechnung tragen. Dieser Zwitter unter den Fondstypen ermöglicht es den Fondsverwaltern, nahtlos zwischen Aktien und Rentenpapieren zu wechseln. Beim Management von Mischfonds ist das Geschick der Manager besonders gefragt. Denn in Zeiten florierender Aktienmärkte heißt es, früh genug den Aktienanteil hochzufahren, und in Zeiten fallender Zinsen sollte bereits vorher der Rentenanteil verstärkt worden sein, um an den damit verbundenen höheren Anleihekursen zu partizipieren.
Dass dies durchaus zum gewünschten Erfolg führen kann, zeigt die beachtliche Wertentwicklung vieler Mischfonds. Dazu ein historisches Beispiel:

Beispiel
So erreichte der defensiv operierende französische Carmignac Patrimoine zwischen 2001 und 2006 eine durchschnittliche jährliche Verzinsung von stolzen

7,6 Prozent. Dass ein offensiv agierender Mischfonds wie TrendUniversalGlobal in der gleichen Zeit nur einen Zuwachs von durchschnittlich 0,9 Prozent schaffte, zeigt, wie groß die Unterschiede je nach Anlagestrategie in einem bestimmten Zeitraum sein können. Anders sieht die Rechnung nämlich schon wieder bei Anlegern aus, die erst Anfang 2005 bei einem der beiden Fonds investiert haben. Denn in diesem Jahr schaffte TrendUniversalGlobal eine Wertsteigerung von 29,3 Prozent, Carmignac Patrimoine brachte es »nur« auf 21,4 Prozent. Beide Fonds lagen damit allerdings weit vor der großen Mehrzahl ihrer Konkurrenten, die 14 oder 18 Prozent zulegten. Manche bescherten ihren Kunden trotz kräftig steigender Aktienkurse nur einstellige Renditen. Schaut man auf die Renditen, die zwischen 2006 und 2013 erzielt wurden, hat der defensive Carmignac Patrimoine die deutlich bessere Performance.

Viele Anleger mussten sich sogar fragen, ob sie mit einem reinen Rentenfonds (siehe weiter unten) nicht nur auf der sichereren Seite gewesen wären, sondern auch noch mehr verdient hätten. Denn viele dieser Fonds erreichten zwischen 2001 und 2006 mit durchschnittlichen Wertzuwächsen von gut 6 Prozent höhere Renditen als die Mischfonds, deren Ergebnis von den Aktien mit in den Keller gezogen wurde. Bei offensiv ausgerichteten Mischfonds war das Anlageergebnis über den Zeitraum von fünf Jahren gerechnet sogar leicht negativ. Selbst bei den Aktienfonds wurde die große Mehrzahl zwischen 2000 und 2005 von den Rentenfonds geschlagen. Erst wenn Zeiträume von 20 und 30 Jahren betrachtet werden, liegt die Aktie als Vermögensanlage aus der Perspektive des Jahres 2006 wieder klar vorn. Im Rückblick bestätigt sich dieser Befund. Die jahrelange Niedrigzinsphase hat die Renditen von Staatsanleihen teilweise unter die Inflationsrate gedrückt. Die Anlage in Aktien profitierte davon.
Hier zeigt sich wieder einmal, welche Rolle es spielt, ob ein Anleger eher ein lang- oder ein kurzfristiges Anlageziel vor Augen hat. Ebenso deutlich zeigt es sich, wie wichtig bei Fonds ein gutes Management ist. Wie die regelmäßigen Fondsvergleiche etwa der *FAZ* oder die ausführlichen Vergleichstabellen zeigen, die *Finanztest* regelmäßig veröffentlicht, sind die Renditeunterschiede außerordentlich groß. Auch wenn gute Zuwächse in der Vergangenheit nie eine Garantie dafür sein können, dass es so in alle Ewigkeit weitergeht, geben Fondsvergleiche doch wichtige Hinweise darauf, wo Anleger mit ihrem Geld am besten aufgehoben sind. Nutzen Sie also die Möglichkeit, die Ihnen Fondstests und Fondsanalysen bei der Suche nach dem besten Wirt für Ihr Geld bieten.

**WISO** Tipp

Erfolge aus der Vergangenheit sind keine Garantie, dass das Management eines Fonds auch in den kommenden Jahren wieder erfolgreich agiert.

**WISO** Tipp

Die höchsten Erträge erzielen Sie, wenn Sie je nach Börsenentwicklung Ihr Anlegemedium flexibel wechseln – mit großem Glück zum jeweils besten Zeitpunkt.

Für welchen Fondstyp generell und welchen Fonds speziell Sie sich entscheiden, sollte aber auch davon abhängig gemacht werden, wie Sie die künftige Entwicklung an den Wertpapiermärkten einschätzen. Denn wie Sie oben gesehen haben, schneiden die verschiedenen Fondstypen in Zeiten von Hausse oder Baisse höchst unterschiedlich ab. T-Shirt oder dicker Pullover? Auch hier entscheiden Sie sich im Winter anders als im Sommer!

Sieht alles nach einem Aufschwung an den Börsen aus, versprechen Aktienfonds die besten Erträge. Wenn sich die Hausse ihrem Höhepunkt zu nähern scheint, sollten Sie Gewinne durch Verkauf (zumindest teilweise) realisieren und den Erlös in Rentenfonds umschichten. Damit kommen Sie in der Regel am besten durch den Börsenwinter.

Wer einen Mischfonds wählt, sollte die Vertragsbedingungen genau lesen und folgende Fragen klären:

- Wie hoch sind Aktien- und Rentenanteil?
- Investiert der Fonds in Euro-Land oder auch in fremden Währungen?
- Setzt er seine Schwerpunkte in bestimmten Ländern oder Branchen?

Häufig sind die Mischfonds bei der Wahl ihrer Anlagen eingeschränkt. Was nutzt die schönste Aktienhausse, wenn der Fondsvertrag nur einen maximalen Aktienanteil von einem Drittel erlaubt? Nur bei flexibler Anlagepolitik bringt der Mischfonds in guten Börsenzeiten auch volle Leistung. In Zeiten sinkender Aktienkurse sind die Anleger gut dran, deren Fonds einen hohen Rentenanteil haben (müssen). Denn einen plötzlichen Absturz wie 1987, 2000 und dann wieder 2008/2009 sehen Fondsmanager ebenso wenig voraus wie andere Anleger auch.

## Rentenfonds

Sie sind die Klassiker unter den Investmentfonds und waren jahrzehntelang bei den Mittelzuflüssen klar die Nummer eins. Doch die Aktienfonds haben sie sogar im risikoscheuen Deutschland eingeholt. In Großbritannien, den USA oder Frankreich liegen Aktienfonds in der Gunst der Anleger schon seit Langem vorn, denn die Rendite ist bei Rentenfonds meist geringer. Aber die geringen Kursschwankungen bei den Papieren, in die sie investieren – Staatsanleihen, Unternehmensanleihen, Kommunalobligationen oder Pfandbriefe –, führen auch bei den Ausgabe- und Rücknahmepreisen der Rentenfonds zu mehr Stabilität als bei Aktienfonds und machen diesen Fondstyp attraktiv für vorsichtige Anleger.

Bei der beliebten Frage, ob Aktien die Renten schlagen – oder umgekehrt –, hängt die Antwort immer von dem betrachteten Zeitraum ab. Wenn darin ein Börsencrash wie zu Beginn des neuen Jahrtausends eingeschlossen ist, können Zinspapiere durchaus die Dividendenwerte schlagen.

Beispiel

Der BVI hat berechnet, dass Anleger, die zwischen 1996 und 2006 monatlich 50 Euro in europaweit investierende Aktienfonds angelegt haben, in dieser Zeit ein Vermögen von 7114 Euro aufgebaut haben. Bei eigenen Einzahlungen von insgesamt 6000 Euro entspricht dies einer jährlichen Rendite von 3,3 Prozent. Wer die gleiche Summe stattdessen ebenfalls zehn Jahre lang in Rentenfonds investiert hatte, besaß am Ende des betrachteten Zeitraums 7300 Euro. Das entspricht einer Rendite von über 4 Prozent. Wird dagegen ein Zeitraum von 20 Jahren betrachtet, brachten europaweit investierende Aktienfonds fast 7 Prozent Rendite. Bei 30 Jahren waren es mehr als 8 Prozent. Die international investierenden Rentenfonds schneiden mit 5,8 und 6,3 Prozent bei dieser längerfristigen Betrachtung deutlich schlechter ab. Bezieht man allerdings die Jahre seit 2010 mit den weltweit historisch niedrigsten Zinsen bei Staatsanleihen in die Betrachtung ein, dann sieht die Rendite wieder anders aus. Versicherungen wissen ein Lied davon zu singen. Sie investieren die Prämien ihrer Lebensversicherungssparer zum Beispiel vor allem in Staatsanleihen. Das bringt sie in die Bredouille. Denn die vertraglich garantierten Zinsen bis zu 4 Prozent sind in langen Niedrigzinsphasen immer schwerer zu erzielen.

Dabei muss noch berücksichtigt werden, dass die Unterschiede in der durchschnittlichen Rendite sich im realen Vermögenszuwachs umso deutlicher bemerkbar machen, je länger der Anlagehorizont eines Sparers ist, weil sich dann der Zinseszinseffekt erst voll auswirken kann.

Die Manager der Rentenfonds müssen vor allem den Kapitalmarktzins und seine Entwicklung vorausahnen. Der Zins spielt die entscheidende Rolle für den Wert der Anteile. Sinkende Zinsen bedeuten steigende Kurse für die bereits im Portefeuille des Fonds liegenden, höher verzinslichen Papiere, steigende Zinsen hingegen fallende Kurse – und das wirkt sich entsprechend auf den Wert der Anteile aus.

Das gilt vor allem für die Rentenfonds, die in inländische Anleihen investieren. Bei den Rentenfonds mit internationaler Ausrichtung müssen zusätzlich die Währungsrisiken und -chancen eingeschätzt werden. Die Wechselkurse haben entscheidenden Einfluss auf den Wert der Anteile. Der Euro hat für Anleger, die in Rentenfonds investieren, das Spielfeld

stark erweitert. Denn durch die Währungsunion entstand der zweitgrößte Markt der Welt für verzinsliche Wertpapiere. Hier decken Tausende von Emittenten, Staaten, Organisationen, Unternehmen und Kommunen ihren Finanzbedarf, ohne dass Wechselkursänderungen in die Rechnung einbezogen werden müssen.
Rentenfondsmanager nehmen dem Anleger viel Arbeit ab. Die Märkte für verzinsliche Wertpapiere sind komplexer geworden. Heute reicht es nicht mehr aus, sich für kurze oder lange Laufzeiten zu entscheiden und auf den Heimatmarkt zu setzen. Auf der Suche nach ertragsstarken Anleihen schauen die Fondsteams sowohl auf gesamtwirtschaftliche Faktoren als auch auf titelspezifische Merkmale. Das heißt: In den Entscheidungsprozess fließen beispielsweise auch Währungseinschätzungen oder Erwartungen hinsichtlich des Wirtschaftswachstums eines Landes ein. Dazu kommen die Bonitätsanalysen einzelner Schuldner.
Erst wenn die Fondsmanager sich eine Meinung zu Märkten gebildet und einen Überblick über alle relevanten Emissionen verschafft haben, wählen sie die Anleihen aus, die sie für den Fonds erwerben. Gegen Schwankungen an den Renten- und Devisenmärkten sichern sie sich gegebenenfalls durch Termingeschäfte mit Zins- und Währungsderivaten ab. Die Bandbreite von Rentenfonds, die ähnlich wie Mischfonds in sehr unterschiedlichen Risikoklassen spielen, ist sehr breit. Es gibt

- geldmarktnahe Fonds,
- Rentenfonds mit kurz oder lang laufenden, festverzinslichen Wertpapieren,
- in Euro-Anleihen anlegende Fonds,
- internationale Rentenfonds,
- Fonds mit Hochzinsanleihen (auch »Schrottanleihen« oder »Junk-Bonds« genannt),
- Investmentfonds, die Anleihen aus EU-Beitrittsländern kaufen.

Wer eine Anlage sucht, die nur geringen Wertschwankungen unterliegt, weil vor allem die Werterhaltung des Geldes angestrebt wird, sollte Rentenfonds mit kurz laufenden Anleihen wählen. Dagegen können Anleger, die auch bei der Rentenanlage stärkere Wertschwankungen akzeptieren, überdurchschnittliche Renditen erzielen. Die Chance dazu bieten sogenannte »High-Yield-Fonds«, die in Hochzinsanleihen aus aufstrebenden Schwellenländern und in Anleihen von Unternehmen investieren. Deren Bonität genügt zwar nicht den allerhöchsten Ansprüchen, aber für das größere Risiko müssen sie mit höheren Zinsen bezahlen.

Bei der Vielfalt der neuen Anlagemöglichkeiten wird es eines für den erfolgreichen Fondsmanager immer wichtiger: die Spreu vom Weizen zu trennen. Das zeigte erneut die internationale Finanzkrise, die im Sommer 2007 begann, weil forderungsbesicherte Wertpapiere, sogenannte ABS (siehe weiter oben auch unter *Geldmarktfonds*), immer weniger Abnehmer fanden. Einige reine ABS-Fonds mussten sogar schließen, weil die Anteilsverkäufe bedrohliche Ausmaße angenommen hatten. Die Krise am US-Hypothekenmarkt hatte auf dem Umweg über Kreditverbriefungen auf einmal auch deutsche Kleinanleger in Rentenfonds erreicht. Es wurden kaum noch Verkaufskurse für Kreditverbriefungen unterhalb der Bonitätsstufung »AAA« gestellt, etwas, das die Finanzwelt so noch nicht erlebt hatte.

Für Rentenfondsmanager haben seit der US-Immobilien- und Hypothekenkrise neben dem klassischen Aufbau von Fonds mit festverzinslichen Wertpapieren nach Länder- und Währungskriterien die sorgfältige Auswahl von Einzelwerten und die Analyse der Emittenten und ihrer Kreditwürdigkeit eine noch größere Bedeutung erhalten.

Noch ziemlich neu am Markt sind Rentenfonds, die in Anleihen mit Inflationsschutz investieren – ein Anleihetyp, der 2006 auch erstmals für eine Bundesanleihe gewählt wurde. Der Grundgedanke dabei: Die Inflation nagt im Laufe der Zeit an der Kaufkraft unserer Ersparnisse. Deshalb bieten die Anleiheschuldner eine Realzinsanleihe, bei der die laufende Verzinsung und der spätere Rückzahlungsbetrag der Inflationsrate entsprechend steigen. Möchte der Anleger sein Geld vorzeitig zurück und verkauft deshalb die Anleihe über die Börse, profitiert er ebenfalls vom Inflationsschutz, da er bereits von Beginn an besteht und im Kurs enthalten ist.

**WISO** Tipp

Es ist sinnvoll, Rentenfonds als eine Art Gegengewicht zu den riskanteren Aktienfonds im Depot zu haben.

Um den richtigen Zeitpunkt für den Einstieg zu finden, sollten Sie die Zinsentwicklung beobachten, um nicht gerade dann Geld in Rentenfonds zu investieren, wenn die Zinsen auf einem Tiefpunkt sind. Denn auf den niedrig verzinsten Anleihen bleiben private Anleger ebenso wie Fondsmanager so lange sitzen, bis die Papiere am Ende der Laufzeit vom Emittenten zum Ausgabepreis zurückgenommen werden müssen.

Wenn Sie sich allerdings dazu entschließen, jeden Monat eine feste Summe anzulegen, spielt diese Überlegung keine so große Rolle. In diesem Fall kaufen Sie die Fondsanteile mal zu einem niedrigeren und mal zu einem höheren Preis. Daraus ergibt sich dann ein akzeptabler Durchschnitt.

## Hedgefonds

Anders als die klassischen Investmentfonds, deren Anlagemöglichkeiten vom Gesetz und den jeweiligen vertraglichen Bestimmungen meist eng begrenzt sind, investieren Hedgefonds außer in Aktien und Anleihen auch in Währungen und Rohstoffe, handeln mit Optionen und hoch riskanten Futures. Zudem dürfen Hedgefonds Leerverkäufe tätigen (also Wertpapiere verkaufen, die sie gar nicht besitzen) und auf Kredit investieren. Das Ziel der Hedgefonds-Strategie ist es, unabhängig von der Marktentwicklung eine hohe Rendite zu erwirtschaften – also auch bei fallenden Börsenkursen.

Seit den 90er-Jahren wächst die Branche weltweit. Heute gibt es schätzungsweise 10000 solcher Fonds in aller Welt. Sie verwalten insgesamt rund 1,5 Billionen Dollar an Fondsvermögen. Das Anfang 2004 in Kraft getretene Investmentmodernisierungsgesetz gab der Finanzbranche die Möglichkeit, auch in Deutschland solche Produkte anzubieten. Im März 2004 kam der erste deutsche Dach-Hedgefonds auf den Markt. Hedgefonds waren ursprünglich für vermögende Anleger gedacht. Oft werden Mindesteinlagen im sechsstelligen Bereich verlangt. Dadurch sind sie für die meisten Privatanleger als Direktinvestment zu teuer. Über Hedgefonds-Zertifikate kann man sich aber auch schon mit vergleichsweise kleinen Beträgen von 100 Euro beteiligen und von verschiedenen Hedgefonds-Strategien profitieren. Mit dem Geld, das die Banken durch den Verkauf der Zertifikate bei kleineren Anlegern einsammeln, beteiligen sie sich in großem Stil an Dach-Hedgefonds, die ihrerseits in verschiedene einzelne Hedgefonds investieren und dadurch das Risiko breiter streuen. Da sich ein Anlageerfolg meist erst nach einigen Jahren erzielen lässt, muss neben dem Risiko der Anlage auch bedacht werden, dass das investierte Geld für längere Zeit gebunden ist. Die Zertifikate können zwar nach einer gewissen Frist täglich zurückgegeben werden, in den ersten Jahren aber meist nur mit Verlust. Denn die in Aussicht gestellte Rendite wird erst am Ende der (zum Beispiel zehnjährigen) Laufzeit erreicht.

**WISO** Tipp

Hedgefonds tragen zwar den Begriff »Schutz« im Namen (»hedge« heißt Schutz), doch sollten Sie dies nicht für bare Münze oder gar als Garantie für einen Erhalt Ihres eingesetzten Kapitals nehmen.

Ob Hedgefonds eine »Wunderwaffe« oder ein »Teufelszeug« sind, lässt sich nicht generell beantworten. Tatsache ist, dass bei dieser Form der Investmentanlage hohe Kursgewinne ebenso möglich sind wie der Totalverlust des eingesetzten Kapitals. Ob sich für Kleinanleger der Versuch lohnen kann, über den Kauf von Zertifikaten einen Teil von diesem Kuchen zu ergattern, lässt sich erst beurteilen, wenn genügend Erfahrungen mit dieser Form der Geldanlage vorliegen.

Setzen Sie bei einem Engagement in Hedgefonds kein Geld ein, das Sie für einen Hauskauf, die Rente oder Ähnliches fest eingeplant haben. Ob Hedgefonds ihren Anlegern tatsächlich überdurchschnittlich hohe Renditen einbringen, ist auch in der Branche umstritten. Abgesehen davon, dass 2005 weltweit 848 Fonds aufgegeben werden mussten, gibt es auch keine verlässlichen Statistiken über den Anlageerfolg. Anders als bei Aktien und Renten gibt es keine sauber errechneten Indizes, die als Maßstab dafür dienen können, ob die Manager besser oder schlechter waren als der Markt. Es lässt sich auch nur schwer erkennen, ob die erwirtschaftete Rendite mit der Leistung des Managements zusammenhängt oder ob stark steigende Aktienkurse oder Wechselkursveränderungen dem Hedgefonds den Erfolg »in die Kasse gespült haben«. Niemand weiß also genau, ob das Management einen »Alpha« erzielt hat. So nennen Fachleute den Teil der Rendite, der durch Leistung und nicht durch die allgemeine Marktentwicklung erzielt wurde.

**WISO** Tipp

Investieren Sie nur »Spielgeld« – und auch davon nicht die ganze Summe – in Hedgefonds und ähnlich riskante Finanzinstrumente.

Einen schweren Imageschaden für die gesamte Hedgefonds-Branche brachte im Sommer 2007 der Beginn der internationalen Finanzkrise im Zusammenhang um notleidende US-Hypotheken. Nur ein Beispiel: Die amerikanische Investmentbank Bear Stearns Cos. musste eingestehen, dass einer ihrer Hedgefonds sein gesamtes Kapital verloren hatte und ein zweiter fast das gesamte Kapital. Der Verlust betrug mindestens 1,5 Milliarden Dollar. Die Fondsmanager hatten das Kapital der Anleger auf dem Markt für neuartige Spezialanleihen verzockt. Was dabei einen nicht gerade beruhigenden Eindruck hinterlässt, ist die Tatsache, dass der Handel mit diesen Spezialanleihen auf Hypothekenkrediten beruht, die an Schuldner mit schlechter Bonität vergeben wurden. Nicht nur Kritiker und Skeptiker sprechen in diesem Zusammenhang von »Finanz-Alchemie«. Besonders seit diesen Vorfällen wird mehr Aufsicht, mehr Transparenz und ein Verhaltenskodex für Hedgefonds gefordert. Egal, ob diesen Forderungen Genüge getan wird, für private Sparer dürften Hedgefonds eher Außenseiter des Finanzgewerbes bleiben.

## Immobilienfonds

»Anlegen in inflationsgeschützte Sachwerte« oder: »Wer an Immobilien verdienen will, braucht sich nicht gleich ein Haus zu kaufen«. So wird von der Branche um Anleger geworben. Die Zielgruppe ist klar: Wer sich kein eigenes Haus leisten kann, soll auch mit kleineren Anlagesummen an der Ertragskraft von Grund- und Hauseigentum beteiligt werden. Die Motive der Anleger für ein Investment im Immobiliensektor sind stets die gleichen. Die Immobilie stellt einen Sachwert dar und bietet ein gewisses Maß an Wertbeständigkeit und Inflationsschutz. Wer sich nicht durch den direkten Erwerb einer Immobilie zu sehr binden will, wem die dazu erforderlichen Mittel fehlen oder wer einfach seine Anlagen mit Blick auf Risiko und Rentabilität streuen will, dem können Immobilienfonds einiges bieten.

Wertbeständigkeit, Inflationsschutz

Dazu kommt das Steuerargument: Seit Anfang 2000 sind Veräußerungsgewinne aus Immobilien erst nach zehn Jahren (bis dahin waren es zwei Jahre) von der Spekulationssteuer befreit. Damit sind die Wertsteigerungen von Immobilien innerhalb der ersten zehn Jahre nach dem Erwerb weitgehend uninteressant geworden, da der Anleger seinen Gewinn aus einem Immobiliengeschäft mit dem Fiskus teilen muss. Wer innerhalb von fünf Jahren drei oder mehr Immobilien verkauft, dem unterstellen die Finanzbehörden sogar einen gewerbsmäßigen Handel – mit allen steuerlichen Konsequenzen. Außerdem fallen beim Kauf von Grundstücken oft Maklercourtagen und immer Grunderwerbsteuern und Notargebühren an. Hinzu kommt viel Schreibkram und Bürokratie. Außerdem besteht in diesem Bereich ein hohes Maß an Unsicherheit, da die geltenden Steuergesetze häufig geändert werden.

Das alles fällt weg, wenn das Grundstück indirekt gekauft wird, indem Anteile an einem Immobilienfonds erworben werden. Immobilienfonds investieren in Häuser, Bürogebäude oder Einkaufscenter. Wenn es an geeigneten Objekten fehlt – oder in Zeiten sinkender Renditen im Immobilienbereich –, darf ein großer Teil des Fondsvermögens auch in Wertpapiere und Anleihen oder liquide angelegt werden.

Wenn Sie überlegen, ob Sie Ihre Ersparnisse statt in Aktien- oder Rentenfonds lieber in Immobilienfonds investieren sollen – oder wegen der Risikostreuung eine Mischung aus allen diesen Fondsarten anstreben –, dann ist es sehr wichtig, den Unterschied zwischen offenen und geschlossenen Immobilienfonds zu kennen und zu beachten. Sonst können Sie böse Überraschungen erleben.

Offene Immobilienfonds Sie investieren in der Regel in viele verschiedene Objekte. Ein Großteil der Anlegergelder wird in Gewerbeimmobilien (bebaute Geschäfts- und Mietwohngrundstücke) investiert. Das restliche

Geld dient als Liquiditätsreserve für Neuinvestitionen. Die ausschüttungsfähigen Erträge stammen aus Miet- und Zinseinnahmen. Wer Anteile besitzt, kann sie jederzeit veräußern. Die Fondsgesellschaft ist verpflichtet, sie zurückzunehmen.

Fondsgesellschaften sind an strenge Anlegerschutzvorschriften gebunden. Ein Fonds (nach dem Wortlaut des Gesetzes ist er ein »Grundstück-Sondervermögen«) besteht aus mindestens zehn, meist jedoch mehr als 50 unterschiedlichen Einzelobjekten. Keines der Einzelobjekte darf 15 Prozent des gesamten Fondsvermögens übersteigen. Sie sind gestreut nach Nutzungsart, Größe und Region. Der jährliche Anlageerfolg besteht aus Mieterträgen, Zinsen und Wertsteigerungen von Grundstücken. Das Risiko dabei bezieht sich vor allem auf Leerstände, sich verzögernde Erstvermietungen und auslaufende Mietverträge.

Die Preisbildung der Anteile ist schwer zu beurteilen. Immobilien werden nicht wie Aktien an der Börse gehandelt. Das Gesetz schreibt daher einen Sachverständigenausschuss vor. Der bewertet mindestens einmal im Jahr sämtliche Grundstücke. Das heißt also: Anstelle eines transparenten Marktes treten Sachverständige. Sie nehmen die Objekte unter die Lupe. Wie das geschieht, darüber dringt allerdings nichts an die Öffentlichkeit.

Offene Immobilienfonds sind unter staatlicher Aufsicht stehende, treuhänderisch verwaltete Investmentfonds, die überwiegend aus gewerblich genutzten Grundstücken und Gebäuden bestehen und von Grundstücks-Investment-Gesellschaften verwaltet werden. Der Anleger erwirbt über den Kauf eines Anteils an einem offenen Immobilienfonds wirtschaftliches Miteigentum an den Vermögensgegenständen des Immobilienfonds. Offene Immobilienfonds geben eine unbegrenzte Zahl von Anteilen aus, die börsentäglich erworben und zurückgegeben werden können. Die Rückgabe an die Grundstücks-Investment-Gesellschaft erfolgt zum börsentäglich veröffentlichten Rücknahmepreis. Der wird ermittelt auf der Grundlage der im Investmentfonds enthaltenen Vermögensgegenstände.

Wichtig: Offene Immobilienfonds veröffentlichen Halbjahresberichte sowie einmal im Jahr einen Rechenschaftsbericht. In beiden finden Sie eine komplette Vermögensaufstellung und Angaben zu den Objekten, in die der Fonds investiert hat. Diese Berichte werden dem Anleger auf Verlangen zur Verfügung gestellt. Oftmals veröffentlichen die einzelnen Gesellschaften darüber hinaus zusätzliche Informationen, beispielsweise über neu erworbene Objekte.

Bewertungen offener Immobilienfonds – etwa durch die Stiftung Warentest – zeigen, dass diese Form der Kapitalanlage zwar ein relativ sicherer

Hafen ist, aber auch keine Garantie für eine stetige Wertentwicklung über den jeweiligen Inflationsraten bietet. Doch eines lässt sich bisher sagen: Sparer, die sich für einen offenen Immobilienfonds entschieden haben, mussten selten um ihr Geld zittern. Daran änderte auch nichts die Ausnahmesituation Ende 2008. Im sogenannten »Schwarzen Oktober« 2008 flossen in Deutschland mehr als fünf Milliarden Euro aus offenen Immobilienfonds ab. Darauf zogen 13 Fonds die Notbremse und setzten die Rücknahme der Anteile aus. Die Fonds konnten ihre Immobilien nicht so schnell verkaufen, wie die Anleger ihr Geld zurückhaben wollten. Die tägliche Handelbarkeit der Fonds ließ sich nicht mehr aufrechterhalten. Bis ins Jahr 2013 waren noch immer einige geschlossen und damit rund 20 Milliarden Euro »eingefroren« und dem Zugriff der Anleger entzogen. Die meisten der betroffenen Immobilienfonds werden noch abgewickelt, einige schlossen für immer. Fondsgesellschaften wie Kanam, Morgan Stanley, SEB oder Credit Suisse haben sich aus diesem Geschäft verabschiedet.

Der Gesetzgeber hat daraufhin mit einer strengeren Regulierung der offenen Immobilienfonds reagiert. Sie tritt wohl Ende Juli 2013 in Kraft. Fondsanteile, die danach erworbenen wurden, müssen künftig mindestens zwei Jahre gehalten werden. Wer danach Anteile verkaufen will, muss eine einjährige Kündigungsfrist einhalten. Ausgenommen sind Rückzahlungsbeträge bis zu 30 000 Euro pro Halbjahr für sogenannte Bestandskunden, Sparer also, die bereits Geld in einem bestehenden Immobilienfonds erworben haben. Wer höhere Auszahlungen wünscht, muss die Fondsanteile ein Jahr im Voraus kündigen. Aktuell ist die Zukunft der Immobilienfondsbranche noch offen. Das alles ist die Folge einer europäischen Richtlinie über die Verwaltung alternativer Investmentfonds (AIFM-Richtlinie). Brüssel will, dass künftig die Verwaltung aller kollektiven Kapitalanlagen einer Regulierung unterliegt. In einem neuen Kapitalanlagegesetzbuch (KAGB) soll es ein einheitliches Regelwerk für alle Fonds, auch die geschlossenen, geben. Diese gesetzgeberischen Reformmaßnahmen sind die Reaktion auf die große Vertrauenskrise an den Kapital- und Finanzmärkten nach der Lehman-Pleite im September 2008. Das Ergebnis und die Folgen für die gesamte Investmentbranche, wer wird also zu den Verlierern oder zu den Gewinnern zählen oder welche Übergangsfristen es gibt, das alles steht noch aus.

Offene Immobilienfonds sind im Prinzip aber nach wie vor als solide zu bezeichnen. Daran ändern auch die Krisen der vergangenen Jahre grundsätzlich nichts. Sie sind nach wie vor eine Option. Dafür sorgen auch die verschärften Vorschriften, die ab Juli 2013 gelten sollen. Die Zahlen zur Mitte des Jahres 2013 bestätigen das jedenfalls. Über 83 Milliarden Euro verwalten nach Angaben des BVI die über vierzig zum Vertrieb zugelassenen Immobilienfonds, Tendenz steigend. Der Grund für das Vertrauen trotz der jüngsten Krisen ist offensichtlich: Anleger erhalten seit Bestehen der Fonds im Jahre 1959 eine jährliche Rendite, die meist über der Inflationsrate liegt. Sie sind damit geeignet für Anleger, die einen Teil ihrer Ersparnisse inflationsgeschützt anlegen wollen. Ein weiterer Vorteil ist die überschaubare Anzahl von derartigen Fonds.

**WISO** Tipp

Achten Sie auf den Vermietungsgrad und darauf, ob für die Objekte des Fonds Mietverträge mit langen Restlaufzeiten bestehen. Hohe Leerstände verderben die Rendite.

Noch folgender Hinweis: Es ist wesentlich leichter, sich einen Überblick über das Angebot an offenen Immobilienfonds zu verschaffen, als dies etwa bei Aktien und Rentenfonds der Fall ist, da es nur 44 (Stand 2013) gibt. Auf den Internetseiten des BVI (www.bvi.de) können Sie Einzelheiten über die Fonds nachlesen.

Geschlossene Immobilienfonds Anders als offene werden geschlossene Immobilienfonds in der Regel für einzelne, in Ausnahmefällen auch für mehrere Grundstücke aufgelegt: Ein Einkaufszentrum, ein großes Verwaltungsgebäude, eine Produktionsanlage, ein Hotel. Es kann in Frankfurt liegen, es kann aber auch ein Wolkenkratzer in New York oder Chicago sein. Diese Fonds unterliegen keinen speziellen gesetzlichen Vorschriften und auch keiner Aufsicht.

Bei der Auflage eines geschlossenen Immobilienfonds mit begrenzter Anlagezielsetzung kann wegen der Konzentration auf ein spezielles Objekt auch das Prinzip der Risikostreuung nicht beachtet werden. Anteile an den Fonds werden so lange verkauft, bis die benötigte Summe erreicht ist. Danach werden sie geschlossen – daher der Name.

Der Beitritt zu einem solchen Fonds gilt meist für eine bestimmte, vorher festgelegte Zeit. Geschlossene Immobilienfonds sind daher nicht verpflichtet, Anteile zurückzunehmen. Die Verkehrsfähigkeit der Anteile geschlossener Immobilienfonds ist deshalb stark eingeschränkt. Dies hat zur Folge, dass Anteile an geschlossenen Immobilienfonds nur verkauft werden können, wenn der Inhaber selbst dafür einen Käufer findet. Das ist in der Regel mit großen Schwierigkeiten verbunden. Viele Fondsgesellschaften sind zwar bereit, zu vermitteln, wenn sich Interessenten für Kauf oder Verkauf bei ihnen melden. Über den Preis müssen sich die Interessenten aber untereinander verständigen. Versuche, einen funktionieren-

den Zweitmarkt für derartige Anteile zu schaffen, sind bisher fehlgeschlagen.
Geschlossene Immobilienfonds wurden – jedenfalls bis zur Verschärfung der Steuergesetze – häufig auch unter dem Gesichtspunkt der Steuerersparnis aufgelegt. Die Zeichner erhielten steuerlich nutzbare Verlustzuweisungen, die sie verwenden konnten, um ihre Einkommensteuerschuld entsprechend zu senken. Allerdings wird die Steuerpflicht dadurch nur in die Zukunft verschoben. Bei der späteren Rückzahlung muss das Geld schließlich doch versteuert werden.
Da der Anteilserwerb aber meist zur Hälfte mit einem Kredit finanziert wurde, der Zeichner aber den vollen Betrag steuerlich geltend machen konnte, hatte er einen Liquiditätsvorteil. Außerdem konnte er hoffen, dass sein persönlicher Steuersatz zum Zeitpunkt der Rückzahlung des investierten Betrages niedriger sein würde. Eine Garantie dafür, dass diese Rechnung auch aufgeht, gab es nie: Nicht nur der Gesetzgeber ändert die steuerlichen Konditionen immer wieder, auch durch die Rechtsprechung der Finanzgerichte kann sich die Lage verändern.
Inzwischen ist der Markt dafür tot. Neue Steuersparmodelle werden in Deutschland nicht mehr angeboten, da sie durch eine Reihe von Gesetzesänderungen ihre Attraktivität verloren haben. Dadurch treten auch die Nachteile der früher aufgelegten Fonds deutlich zutage: Da sie allein auf die Verschiebung der Steuerschuld hin ausgerichtet waren, ist ihre Rendite in der Regel außerordentlich gering oder liegt bei null. Der Anleger bekommt also keinerlei Entgelt für das wirtschaftliche Risiko, das mit diesem Investment verbunden ist. Bei einer Pleite des Objekts muss er nicht nur den mit der Finanzierung verbundenen Kredit zurückzahlen, sondern auch noch die fälligen Steuern begleichen.

**WISO** Tipp

Sie sollten sich nur an geschlossenen Immobilienfonds beteiligen, die auf Rendite statt auf Steuerersparnis hin konzipiert sind.

Anders sieht es aus, wenn Sie sich an einem geschlossenen Immobilienfonds beteiligen, der zwar keine steuerlichen Abschreibungsmöglichkeiten bietet, dafür aber eine hohe Rendite. Bei interessanten Objekten im Zentrum von New York, im Londoner Finanzdistrikt oder in der Innenstadt von Wien ist es durchaus möglich, dass für die Anleger eine jährliche Rendite von 7 Prozent erwirtschaftet wird.
Aufgrund der bestehenden Doppelbesteuerungsabkommen können Anleger diese Rendite in Deutschland steuerfrei kassieren. Bei einem späteren Verkauf des Objekts, der in der Regel nach 10 bis 15 Jahren stattfindet, besteht außerdem die Aussicht auf einen zusätzlichen Gewinn.

Innerhalb der Laufzeit ist es meist nur schwer möglich, die Anteile vorzeitig zu verkaufen. Es ist zudem nie auszuschließen, dass durch größere Reparaturen oder Mietausfälle die ursprüngliche Kalkulation nicht aufgeht. Dann werden möglicherweise statt der erhofften 8 nur 3 oder 4 Prozent gezahlt. Falls es zum Zeitpunkt des Verkaufs am Immobilienmarkt kriselt, kann das Objekt möglicherweise nicht zum erhofften Preis verkauft werden. Dann erhalten die Anleger unter Umständen weniger als das ursprünglich eingezahlte Kapital zurück.

Anleger, die sich an Immobilien-, Schiffs- oder Medienfonds beteiligen wollen, sollten stets den ausführlichen Prospekt anfordern und diesen auch genau studieren. Sie sollten unbedingt hinterfragen, wer als Initiator hinter dem Projekt steht und wer als Vermittler der Geldanlage auftritt. Sie sollten ihr Geld nur solchen Leuten anvertrauen, die nachweisen können, dass sie derartige Projekte auch schon in der Vergangenheit mit Erfolg verwirklicht haben. In dieser Branche tummeln sich zahlreiche unseriöse Anbieter – was angesichts der Summen, um die es hier geht, auch nicht besonders verwunderlich ist. Wie verschiedene Skandale und Prozesse zeigen, haben auch schon Banken bei der Vermittlung von Schrottimmobilien eine unrühmliche Rolle gespielt.

**WISO** Tipp

Wenn Sie auch nur den geringsten Zweifel daran haben, ob es sich um ein solides Projekt handelt, lassen Sie lieber die Finger davon!

## Fonds für Rohstoffe und Energie

Es gibt verschiedene Möglichkeiten, wie Anleger von dem langfristig zu erwartenden Anstieg der Rohstoffpreise profitieren können. Die Rohstoff-Hausse ist eines der beherrschenden Investmentthemen der vergangenen Jahre. Da nicht nur die alten Industrieländer große Mengen an Energie und Rohstoffen verbrauchen, sondern auch bevölkerungsreiche Länder wie Indien oder China die Industrialisierung dynamisch vorantreiben und eine immer größere Nachfrage nach Rohstoffen entwickeln, zeigt der Trend bei den Rohstoffpreisen seit Jahren eindeutig nach oben. Den Hintergrund dazu liefern die Daten zur Demografie. Die Weltbevölkerung wächst stetig, gegenwärtig Jahr für Jahr um rund 75 Millionen Menschen. Das entspricht nahezu der Bevölkerung in Deutschland. Es entsteht künftig also eine gigantische Nachfrage nach Energie, Rohstoffen, Nahrung, Wasser und so weiter. Das spricht dafür, dass die Preise für Rohstoffe aller Art nachhaltig in die Höhe gehen, nicht nur für Öl. Anleger können davon profitieren, indem sie Anteile an Investmentfonds erwerben, die sich auf Aktien von Unternehmen spezialisiert haben, die beispielsweise Rohstof-

fe fördern, transportieren und verarbeiten. Das brachte in der Vergangenheit zum Teil sehr ansehnliche Wertsteigerungen.
Doch nicht nur über Aktienfonds können Anleger an der Rohstoffhausse teilnehmen. Es gibt auch Fonds, die über Futures und Optionen an der Preisentwicklung der Rohstoffe teilnehmen. Manche erwerben sogar Rohstoffe in physischer Form. Anleger können so direkt oder indirekt nicht nur auf »Rohstoffkörbe« setzen, sondern auch auf einzelne Rohstoffe, die ihnen besonders aussichtsreich erscheinen: Gold, Rohöl oder erneuerbare Energien.
Gold erfüllte in den vergangenen Jahren nach einer langen Durststrecke endlich wieder die Hoffnungen der Anleger – zumindest zeitweise. Ab 2007 hatte es seine Besitzer mit einer hohen Wertsteigerung erfreut. Der Preis für eine Unze stieg von rund 600 auf rund 1900 Dollar bis 2011. Doch danach sackte er wieder ab und fiel bis Mitte 2013 wieder auf rund 1400 Dollar zurück. Für manchen Goldgläubigen schon wieder ein neuer Einstiegspreis. Wem der physische Besitz des Edelmetalls zu teuer ist, kann es mit Goldfonds versuchen. Ein Beispiel ist der DWS Gold Plus (WKN 973 246). Knapp die Hälfte seines Vermögens investiert der Fonds in Edelmetallkonten. Diese verbriefen größtenteils Gold. Dazu kommen noch Platin, Silber und Palladium. Eine echte Alternative dazu ist Gold als börsennotiertes Wertpapier. Der erste börsengehandelte Goldfonds, ETF (näheres zu den ETF siehe weiter oben im Kapitel *Börsengehandelte Indexfonds),* wurde Ende 2004 in den USA aufgelegt. Inzwischen gibt es viele Gold-ETF, auch in Deutschland. Diese Goldfonds bewahren das Gold in Safes auf. Im Falle einer Insolvenz sind die Anleger also besser geschützt als etwa bei Goldzertifikaten, hinter denen sich Schuldscheine des Emittenten verbergen. Wird dieser insolvent, ist dann auch das Geld des Anlegers verloren.

## Riester-Rente und Investmentfonds

Die Politik hat erkannt, dass eine Altersabsicherung nur über die gesetzliche Rente künftig nicht mehr ausreichen wird. Mit dem Altersvermögensgesetz (AvmG) – seit 2002 – und dem Alterseinkünftegesetz (AltEinkG) – seit 2005 – wurden daher Reformen beschlossen, die sowohl betriebliche als auch private Vorsorge fördern. Mit dem AvmG wurde die so genannte Riester-Rente eingeführt. Im Rahmen der Riester-Rente werden alle Arbeitnehmer, die in der gesetzlichen Rente pflichtversichert sind, gefördert.

Das gilt auch für Beamte, Angestellte im öffentlichen Dienst, Zeitsoldaten, Künstler in der Künstlersozialkasse und für Landwirte. Zunächst das Grundsätzliche zur Riester-Rente:

- Start am 1. Januar 2002.
- Die Teilnahme ist freiwillig. Keiner muss also eine Riester-Rente abschließen.
- Die Förderung besteht aus staatlichen Zulagen.
- Die Förderung greift seit dem Jahr 2008 in vollem Umfang. Von 2002 an stieg sie kontinuierlich in Zwei-Jahres-Sprüngen an.
- Besonders Familien mit vielen Kindern profitieren davon.
- Nur bestimmte Sparverträge werden gefördert. Sie müssen im Alter eine lebenslange Rente garantieren.
- Die Sparverträge müssen von der Bundesanstalt für Finanzdienstleistungsaufsicht in Bonn (BaFin) zertifiziert sein.

Die Voraussetzungen für die Zertifizierung eines Riester-Fonds sind:

- Dem Kunden wird zu Beginn der Auszahlungsphase garantiert, am Ende mindestens über die Gesamtsumme der eingezahlten Beträge verfügen zu können.
- Die Sparpläne laufen mindestens bis zum 60. Lebensjahr beziehungsweise dem Beginn der Altersrente aus der gesetzlichen Rentenversicherung.
- Während der Auszahlungsphase wird dem Anleger eine fixe oder eine steigende monatliche Auszahlung zugesagt.
- Ab dem Alter von 85 Jahren erhält der Kunde eine lebenslange, gleich bleibende Leibrente.

Das sind die wichtigsten Angaben zu der in mancher Hinsicht etwas komplizierten Riester-Rente. Entscheidend aber für Sie als Investmentfonds-Sparer ist dabei: Sie erhalten die staatlichen Zulagen für die Riester-Rente. Denn: Wer mit zertifizierten Rentenversicherungen, Banksparplänen oder Fondssparplänen privat vorsorgt, der erhält auch die staatliche Förderung!

Beispiel für eine Riester-Rente: Bei der UniProfiRente (Zertifizierungsnummer 003680) – das ist ein zertifiziertes Fondssparprodukt der Investmentgesellschaft der Volksbanken und Raiffeisenkassen – investiert der Anleger seine Spargelder möglichst lange in einen internationalen Aktienfonds, den UniGlobal. Um das garantierte Kapital am Ende der Laufzeit zu erreichen, wird in Phasen stark schwankender Aktienkurse ein Sicherheitspolster geschaffen. Das geschieht durch Umschichtung in den Rentenfonds Uni-EuroRenta. Diese Notwendigkeit ergibt sich prinzipiell mit zunehmendem Alter des jeweiligen Anlegers. Umgekehrt können junge Anleger auch bei schwachen Börsen in Aktien investiert bleiben. Sie sollten sogar weitere Aktien auf niedrigem Niveau erwerben, damit sie die höheren Renditechancen von Aktienfonds bewahren.

Das Ziel der UniProfiRente ist, Sparbeiträge möglichst lange in den UniGlobal, also den Aktienfonds, zu investieren. Das ist ein weltweit in Standartwerte investierender Fonds. Der UniGlobal ist das tragende Element des Ansparplans. Diesen Fonds gibt es bereits seit 1960. Er enthält Aktien aus der ganzen Welt. Ergänzt wird das Konzept durch den Rentenfonds UniEuroRenta. Er existiert seit 1984 und investiert in Euro notierte, verzinsliche Wertpapiere weltweiter Emittenten. Dazu gehören Staatsanleihen, Pfandbriefe und Unternehmensanleihen. Es liegt bei jedem Anleger, dieses – als Beispiel gedachte – Angebot mit anderen zu vergleichen. Alle großen Investmentgesellschaften haben für die Riester-Rente einen Sparplan. Da gibt es, um nur drei weitere Beispiele zu nennen, die DWS RiesterRente Premium (Zertifizierungsnummer 003837), von der Investmentgesellschaft AllianzGlobal Investors die Allianz-dit Fondsvorsorge (Zertifizierungsnummer: 003605) oder von der Deka-Bank die Deka-BonusRente (Zertifizierungsnummer: 003604). Jeder dieser Riester-Fonds verfolgt ein eigenes Konzept. Gehen Sie zum Beispiel auf die Internetseiten www.dws.de, www.allianzglobalinvestors.de und www.deka.de. Dort finden Sie Details zu deren Riester-Produkten.

Gute Nachrichten für die Anleger in ein Riester-Investmentprodukt kommen vom Europäischen Gerichtshof. Der EuGH hat im September 2009 in einem Urteil zur Riester-Rente Grundsätzliches festgeschrieben. Erst einmal ließen die Richter in ihrem Urteil das System der Riester-Rente unangetastet. Die Eckpfeiler der Riester-Rente, also die steuerliche Förderung der Altersvorsorge in der Ansparphase und die nachgelagerte Besteuerung in der Auszahlungsphase, wurden von EuGH bestätigt. Zum zweiten wurde der deutsche Finanzminister aufgefordert, die Bestimmungen der Riester-Rente auch auf deutsche Rentner mit Wohnsitz im Ausland auszudehnen. Die Zahl der Riester-Verträge dürfte das noch einmal erhöhen. Mitte 2012 gab es bereits 15,6 Millionen Verträge.

Das bedeutet: Wer später im Ruhestand neben der staatlichen Rente seine selbst aufgebaute Riester-Rente bezieht, kann dies auch an einem sonnigen Strand tun, wo die Lebenshaltungskosten niedriger sind als in Deutschland. Motto: Mach mehr aus deiner Rente.

## Staatliche Zulagen steigern die Rendite

Die sichere Rendite bei der Riester-Rente stammt aus den monatlichen Zulagen des Staates über die vielen Jahre des Sparplans. Egal, für welches Produkt Sie sich am Ende entscheiden – das ist geschenktes Geld. Und einem geschenkten Gaul schaut man bekanntlich nicht ins Maul. Die staatlichen Förderungen können Sie der Tabelle: »Höhe der staatlichen Zulagen zur Riester-Rente« entnehmen.

Die Höhe der staatlichen Zulagen zur Riester-Rente (Stand 2013)

| Steuerlicher Veranlagungszeitraum | Jährliche Mindest-Eigenbeteiligung zur Erlangung der vollen Zulage | Grundzulage pro Jahr und Steuerpflichtigen maximal | Höhe der Zulage pro Kind und Jahr |
|---|---|---|---|
| 2002 und 2003 | 1 Prozent bis max. 552 € | 38 € | 46 € |
| 2004 und 2005 | 2 Prozent bis max. 1050 € | 76 € | 93 € |
| 2006 und 2007 | 3 Prozent bis max. 1575 € | 114 € | 138 € |
| Seit 2008 | 4 Prozent bis max. 2100 € | 154 € | 185 € |

Diese staatliche Förderung hat entscheidenden Einfluss auf die Rendite der Riester-Rente. Beispiel: Wir nehmen eine Familie mit zwei Kindern. Sie hat ein Jahresbruttoeinkommen von – sagen wir mal – 30 000 Euro. Davon muss sie 4 Prozent in die Riester-Rente stecken, also 1200 Euro. Der Staat gibt der Familie davon 524 Euro an Grundzulage und Kinderzulagen. Die Familie muss also selbst nur 676 Euro aufbringen. Sie bekommt also über viele Jahre hinweg eine staatliche Förderung in der Höhe von rund 40 Prozent des angesparten Kapitals geschenkt. Erst wenn die Kinder ihre Ausbildungszeit beendet haben, fallen die Kinderzulagen weg. Die Grundzulage aber gibt es bis zum Auslauf des Sparvertrags.

## Zulagen und Steuern

Die Zulage zahlt Ihnen der Staat zusätzlich zu den von Ihnen in Eigenleistung erbrachten Beiträgen. Voraussetzung ist, dass Sie einen entsprechenden Antrag auf dem amtlichen Formular gestellt haben. Das Antragsformular versendet das depotführende Kreditinstitut beziehungsweise Ihr Fondsanbieter zusammen mit dem Ergänzungsbogen für die Kinderzulage. Die Auszahlung der Zulage erfolgt direkt auf Ihr Anlagekonto. Der Betrag wird von Ihrer Fondsgesellschaft für Sie angelegt.

Parallel zu Ihrem Antrag auf staatliche Zulage können Sie ihre für die »Riester-Rente« aufgewendeten Sparbeiträge zusätzlich als Sonderausgabe ansetzen. Das erweitert die Abzugsmöglichkeiten für Vorsorgeaufwendungen seit 2008 jährlich auf 2100 Euro. Das Finanzamt prüft bei der Einkommensteuererklärung für Sie, ob Ihre Steuerersparnis durch den Ansatz als Sonderausgabe höher ausfällt als die staatliche Zulage. In diesem Falle bekommen Sie die Zulage und darüber hinaus den Differenzbetrag als Steuererstattung.

Fondserträge, die Ihr zertifizierter Fondssparplan erzielt, bleiben bis zum Beginn der Rente steuerfrei. In dieser Zeit fallen weder Zinsabschlag (bis Ende 2008) noch Abgeltungsteuer (ab 2009) auf Dividenden an. Zu beachten ist aber, dass die im Alter ausgezahlten Renten aus dem angesparten Kapital Ihrer »Riester-Rente« voll mit dem übrigen Einkommen zusammen zu versteuern sind. Das nennt man »nachgelagerte Besteuerung.« Aufgrund des in der Regel geringeren Steuersatzes im Ruhestand ist die Form für die meisten Anleger allerdings günstiger als die »vorgelagerte Besteuerung«, bei der die Beiträge aus bereits versteuertem Einkommen gezahlt werden, wie dies früher der Fall war.

Wichtig: Schon jetzt ist klar: Familien mit geringem bis durchschnittlichem Einkommen mit einem oder mehreren Kindern zählen zu Nutznießern der Riester-Rente. Sonst gilt: Jeder muss es sich selbst durchrechnen lassen, ob sich für ihn die Riester-Rente lohnt oder nicht. Nehmen Sie sich die notwendige Zeit dafür. Sonst verschenken Sie Geld von Vater Staat. Und fragen Sie Ihren Berater bei Ihrer Bank!

## Steuerliche Aspekte des Fondssparens

Der Erfolg einer Geldanlage hängt nicht zuletzt davon ab, ob auch die steuerlichen Bedingungen beachtet werden. Denn wenn das Finanzamt mehr von Ihren Erträgen kassiert als Sie selbst, ist das nicht nur unerfreulich und demotivierend für jeden Sparer. Es bedeutet auch, dass Sie das Ziel Ihrer Vermögensbildung nicht oder nur mit Zeitverzögerung erreichen (mehr dazu im Kapitel *Abgeltungsteuer*).

## Altersvorsorge mit Investmentfonds

Das Vertrauen in die gesetzliche Rentenversicherung schwindet. Die traurige Wahrheit ist: Wer nach 1980 geboren ist, dürfte im Alter überhaupt keine Rendite mehr für seine Abgaben in die Rentenkasse erhalten. Es handelt sich bei der staatlichen Rente nun einmal um ein Umlagesystem, bei dem keine Kapitalbildung stattfindet. Die Rentner der kommenden Generationen müssen schon froh sein, wenn sie überhaupt so viel herausbekommen, wie sie im Laufe des Arbeitslebens eingezahlt haben. Wer sich heute noch allein auf die gesetzliche Altersvorsorge verlässt, geht einem unsicheren Rentenalter entgegen. Diese Säule allein trägt immer weniger. Sie basiert auf dem Umlagesystem. Dieses stammt aus den 50er-Jahren. Die Bevölkerungsstruktur verändert sich aber dramatisch. Die Zahl der Erwerbstätigen stagniert, die Zahl der Rentner nimmt zu.

Die Frage der finanziellen Sicherheit im Alter wird also immer brisanter. Darum sollte für jeden die private Altersvorsorge eine wichtige Säule der Vorsorge für den dritten Lebensabschnitt bilden. Und damit sollte möglichst früh begonnen werden. Deshalb schauen sich immer mehr Erwerbstätige nach Alternativen um. Entsprechend steigt die Nachfrage nach privater Altersvorsorge. Das Problem: Es gab in Deutschland bis Ende der Neunzigerjahre außer der Lebensversicherung keine geeignete Form der Geldanlage, die speziell auf das Ziel »Altersvorsorge« ausgerichtet war. Die Politik hat bis zur Einführung der Riester-Rente im Jahr 2002 reichlich spät auf die veränderte Situation reagiert. Immerhin: Sie hat reagiert. Auch wenn immer wieder Kritik an der Riester-Rente und an den zu hohen Gebühren und der Intransparenz der entsprechenden Verträge laut wird, über 15 Millionen Sparer haben sich schon für eine Riester-Rente entschieden und über drei Millionen davon für einen Sparplan auf der Basis von Investmentfonds.

### Sparen mit »Turbo-Effekt«

Wer sich über Jahrzehnte eine finanzielle Absicherung für sein Alter aufbauen will, kann schon mit relativ kleinen regelmäßigen Einzahlungen in Fonds ein ansehnliches Vermögen erwerben. Das liegt neben den stetigen Einzahlungen vor allem an dem optimal genutzten Zinseszinseffekt. In einem Fonds werden ständig Erträge erwirtschaftet. Sie werden sofort wieder zu den bestmöglichen Konditionen angelegt. Dies sorgt dafür, dass beim Fondssparen im Laufe der Zeit eine Art Spar-Turbo zugeschaltet wird, der schließlich das angesammelte Vermögen immer rascher wachsen lässt.

Es gibt durchaus Möglichkeiten, auch in Zukunft Geld an der Börse zu verdienen. Das jedenfalls ist das Credo des Finanzwirtschaftlers Professor Dr. Raimond Maurer von der Universität Frankfurt, das er gegenüber WISO bekräftigt hat. Börsencrashs sind nichts, was ihn wirklich beeindruckt. Ihn irritieren Kurseinbrüche nicht, weil es diese schon immer gegeben hat und die Anleger sich am Ende trotzdem auf eine vernünftige Rendite freuen konnten. Maurer forscht an seinem Lehrstuhl für Investment, Portfolio Management und Alterssicherung mit seinem Team und dem Kollegen Professor Dr. Christian Schlag auf dem Gebiet »Geldanlage für die Alterssicherung«. Dabei simulieren sie die zukünftige Entwicklung der Kapitalmärkte. Und zwar auf der Grundlage von Millionen Daten aus der Börsenentwicklung der vergangenen Jahrzehnte. Aus dieser riesigen Datenmenge errechnen sie die wahrscheinlichen Renditen und Risiken für unterschiedliche Investmentsparverträge, also Sparpläne in Aktien-, Renten- und Immobilienfonds. Entscheidend sind dabei der Umfang der Geldanlage und die Dauer des Sparens.

## Der richtige Anlagemix

Ein Blick auf das erwartete Endvermögen zeigt, dass die Aktienmärkte das langfristig höchste Versorgungsniveau erwarten lassen. Dabei steigt der erwartete Renditevorsprung von Aktienfonds relativ zu Renten- und Immobilienfonds mit zunehmender Anlagedauer. Zwei Beispiele für zu erwartende Renditen und Verlustwahrscheinlichkeiten gemäß den Untersuchungen des Finanzwirtschaftlers:

1. Sparplan für einen reinen Aktienfonds

Angenommen, ein Sparer legt jedes Jahr 1000 Euro in einen typischen Aktienfonds an. Basierend auf Millionen von Simulationspfaden ergeben sich dann folgende Ergebnisse. Nach zehn Jahren kann der Sparer nach Abzug aller Kosten und nach Ausgleich der Inflation ein Endvermögen von ca. 16 500 Euro und nach 20 Jahren von ca. 60 000 Euro erwarten.

Vorsicht: Es gibt auch ein Verlustrisiko. So beträgt die Wahrscheinlichkeit eines Kaufkraftverlusts nach zehn Jahren ca. 12.5 Prozent und nach 20 Jahren ca. 4.4 Prozent. In einem solchen Verlustfall würde der Sparer nach 10 Jahren im Durchschnitt nur noch ca. 8500 Euro und nach 20 Jahren ca. 16 600 Euro übrig haben.

2. Sparplan für einen Altersvorsorgefonds
Angenommen, ein Sparer legt jedes Jahr 1000 Euro in einen Altersvorsorgefonds (er enthält Aktien, Immobilien und Renten) mit ausgewogener Asset Allocation (Vermögensverteilung) an, also 50 Prozent Aktien, 35 Prozent Renten und 15 Prozent Immobilien. Basierend auf Millionen von Simulationspfaden ergeben sich dann folgende Ergebnisse: Nach zehn Jahren kann der Sparer nach Abzug aller Kosten und Inflation ein Endvermögen von rund 14 340 Euro und nach 20 Jahren von etwa 44 716 Euro erwarten, also etwas weniger als beim reinen Aktienfonds. Aber dafür sind auch die Verlustrisiken deutlich geringer als beim reinen Aktienfonds! So beträgt die Wahrscheinlichkeit eines Kaufkraftverlusts nach zehn Jahren ca. 5,07 Prozent und nach 20 Jahren nur noch ca. 0,43 Prozent. In einem solchen Verlustfall würde der Fonds nach zehn Jahren im Durchschnitt noch ca. 9400 Euro und nach 20 Jahren rund 19 000 Euro übrig haben.
Wichtig: Durch eine geeignete Streuung der Spargelder lassen sich etwa mit Fonds zur Altersvorsorge Verlustrisiken kontrollieren, ohne auf die Ertragsstärke der Aktienmärkte verzichten zu müssen. Es kommt dabei auf den richtigen Anlagemix und die Dauer des Sparplans an! Je früher man beginnt, desto größer sind die Möglichkeiten.

Die Beispiele zeigen: Geld braucht Zeit, um sich zu vermehren. Je früher der Sparplan gestartet wird, umso größer ist die Rendite am Ende. Je jünger der Kunde, desto geringer ist zwar im Allgemeinen auch der Betrag, den er oder sie regelmäßig monatlich abzweigen kann. Doch mit wachsendem Einkommen ist meist eine dynamische Steigerung der Beiträge drin. Und wenn eine noch stärkere Dynamisierung der Einzahlungen vorgenommen wird oder von Anfang an eine höhere Startsumme möglich ist, lässt sich der Vermögenseffekt natürlich noch steigern. Im Umkehrschluss heißt das: Wenn erst in späteren Jahren mit einem systematischen Vermögensaufbau begonnen wird, müssen die monatlichen Raten natürlich entsprechend höher werden, um noch zu ähnlichen Resultaten zu kommen. Deshalb ist ein frühzeitiger Beginn so wichtig. Professor Maurer hält seit Jahren an seiner Bewertung der Bedeutung von Aktien in einem Sparplan für das Alter fest. Sein Credo lautet: »Langfristig werfen Aktien eine Risikoprämie ab, die rund 4 bis 6 Prozent über den Renditen risikoloser Anlagen liegt.« Deswegen, so Maurer, sei es wichtig, regelmäßig in einen breitgestreuten, internationalen Aktienfonds einzuzahlen und sich von kurzfristigen Rückschlägen an den Börsen nicht beirren zu lassen. Bei der Altersvorsorge sind also ein früher Start und eine kontinuierliche Wiederanlage der Erträge noch wichtiger als die Summe, die monatlich zurückgelegt werden kann. Denn um einen möglichst hohen Zinseszinseffekt zu erzielen, braucht man einen langen Anlauf. Eines allerdings sollte stets beachtet werden: Was fällt an Gebühren an? Denn je mehr die Fondsmanager zulangen, desto weniger bleibt für Sie übrig.

## Kostenpunkte, auf die Sie achten müssen

Vor der Rendite stehen die Gebühren. Fondsmanager lassen sich für ihre Dienste oft fürstlich entlohnen. Ebenso wie bei der Direktanlage an der Börse in Form von Aktien, Anleihen oder Zertifikaten über eine Bank oder Sparkasse fallen auch beim Erwerb von Fonds Kosten und Gebühren an. Der Anleger sieht sich oft einem Katalog von »Spesen« gegenüber. Experten kritisieren bei vielen Fonds nicht nur die Höhe, sondern auch die geringe Transparenz der Kosten. Zur besseren Übersicht deshalb hier ein kleines Lexikon der Gebühren, die bei Investmentfonds anfallen (können):

Ausgabeaufschlag Bei Aktien-, Renten- und vielen anderen Fonds werden beim Kauf meist Aufschläge zwischen 1 und 5 Prozent auf den Preis verlangt. Das gilt nicht nur bei der Anlage eines größeren Einmalbetrages. Der Aufschlag wird auch bei monatlicher Einzahlung erhoben.

Beispiel

Bei einer Investitionssumme von 10 000 Euro gehen bei 5 Prozent Vertriebskosten 500 Euro an die Fondsgesellschaft. Nur 9 500 Euro werden angelegt.

Diese Gebühr erscheint in den meisten Fällen nicht offen auf den Kontoauszügen des Anlegers. Sie steckt im Unterschied zwischen dem Ausgabepreis und dem Rücknahmepreis am Tag der Abrechnung. In vielen Beratungsgesprächen wird dieser Kostenpunkt nicht allzu deutlich angesprochen. Er wird aber sofort erkennbar, wenn Sie den Kaufpreis in ein Musterdepot eintragen, das Sie im Internet anlegen, um jederzeit prüfen zu können, wo Ihre Aktien und Investmentanteile gerade stehen. Die neu erworbenen Anteile stehen in der Regel erst einmal mit 5 Prozent im Minus.

Depotgebühr Werden die Fondsanteile bei einer Bank aufbewahrt, ist mit einer Gebühr von mindestens 10 Euro pro Jahr zu rechnen. Die Höhe hängt letztlich von der Bank, Sparkasse oder Investmentgesellschaft ab, bei der Ihr Depot verwaltet wird. Dieser Kostenpunkt fällt deshalb höchst unterschiedlich aus.

Verwaltungsvergütung Das ist die Managementgebühr für die laufenden Kosten des Fonds. Dazu gehören zum Beispiel Provisionen für den An- und Verkauf der im Fonds gehaltenen Wertpapiere. Dazu kommen sonstige Verwaltungsgebühren. Hierin enthalten sind Berichterstattungskosten und Kosten für die Fondsprospekte.

Fonds-Wechselkosten Wer innerhalb einer Fondsgesellschaft wechseln will, also zum Beispiel sein Kapital von einem Aktienfonds in einen Rentenfonds umschichten möchte, zahlt je nach Fondsgesellschaft eine Gebühr (Switch-Gebühr).

Bei einer Anlagesumme von 10000 Euro können neben dem einmaligen Ausgabeaufschlag von 500 Euro leicht zusätzliche 200 Euro auf Sie zukommen. Diese 700 Euro muss der Fonds erst einmal erwirtschaften, ehe Sie in die Gewinnzone gelangen. Das Beispiel zeigt, wie wichtig es ist, bei der Auswahl des Fonds, dem Sie Ihr Geld anvertrauen wollen, auch auf die Gebühren zu achten. Deswegen sollte jeder Investor genau prüfen,
- welche Fonds einen reduzierten Ausgabeaufschlag haben,
- welche Rabatte eine Direktbank oder ein Broker bieten,
- ob und in welcher Höhe eine Mindestgebühr pro Kauf verlangt wird,
- wie teuer die Depotkosten sind.

Bei sogenannten »No-load Fonds«, bei denen in Deutschland die Bezeichnung »Typ 0« an den Fondsnamen angehängt wird, werden zwar keine Ausgabeaufschläge erhoben. Dafür werden aber meist eine erhöhte Verwaltungsvergütung sowie eine erfolgsbezogene Managementvergütung verlangt. Einzelheiten zur Kostenstruktur können Sie dem jeweiligen Verkaufsprospekt entnehmen.
Beim Kauf von Fondsanteilen sollte man sich immer über die Kosten informieren. Angesichts des »Tarifdschungels« sind Vergleiche zwar nicht immer leicht. Helfen kann aber eine zum Schutz von Anlegern entwickelte Kennzahl: die »Total Expense Ratio« (TER). Sie zeigt mit einer Zahl, wie viel Prozent des Fondsvermögens jedes Jahr als Kosten auf dem Konto der jeweiligen KAG landet. Dem Anleger bietet die TER die Möglich-

**WISO** Tipp

Sparen bei den Gebühren erhöht die Rendite. Aber Fehler im Umgang mit dem Finanzamt wirken sich noch schlimmer aus. Deshalb sollten Sie sich unbedingt auch mit den steuerlichen Aspekten des Fondssparens auseinandersetzen.

keit, die Kosten ähnlicher Fonds mit einem Blick zu erfassen und zu vergleichen. Aber Achtung: Dabei muss auch immer geprüft werden, ob der »teure« Fonds sein Geld nicht vielleicht wert ist – nämlich dann, wenn das Management für die Anleger deutlich mehr erwirtschaftet als die billigere Konkurrenz.

Denn für Fondssparer gilt ebenso wie für Aktionäre und Besitzer von Anleihen: Der Fiskus kassiert immer mit (mehr dazu im Kapitel *Abgeltungsteuer*).

## Wer an Fonds Geld verdient

Mit dem Verkauf ihrer Investmentfonds verdient die Finanzbranche viel Geld. In der Ausgestaltung, Spezialisierung und Bezeichnung dieser Kapitalsammelstellen sind der Fantasie offenbar kaum Grenzen gesetzt. Eine lupenreine Definition der einzelnen Fondstypen ist fast nicht möglich. Häufig überlappen sie sich.

Anleger, die sich für die eine oder andere Spielart interessieren, sollten sich immer genau über die Anlageziele dieser Fonds informieren und sich dann ein Urteil bilden, welche Zukunftschancen die jeweilige Branche hat und ob dieser Fonds ihr Typ ist. Ein Fonds kann nur dann hohe Renditen erzielen, wenn die Branche oder die Region, in die man investiert, erfolgreich ist und hohe Wachstumsraten aufweist.

Und auch das sollte jeder wissen: Die Fondsbranche muss wie jeder andere Wirtschaftszweig um Kunden werben. Das kostet sie viel Geld. Millionen Euro fließen in die Werbung. Für Fonds gelten die gleichen Spielregeln wie für Jeans, Parfum oder Autos: Marketing und Vertrieb sind hier wie dort die Zauberwörter – und die gehen ins Geld. Produktgestaltung und Kommunikation, Werbung, Public Relations und Medienarbeit werden forciert. Ob über die Hausbank oder den Versicherungsvertreter, ob über das Internet oder den Fondsshop – egal über welche Vertriebskanäle der Fondsverkauf läuft, es gibt immer nur ein Ziel: das Portemonnaie der Kunden.

**WISO** Tipp

Die Qualität eines Fondsmanagements zeigt sich beim Blick auf die in der Vergangenheit erzielten Resultate.

Als Anleger muss man sich deshalb ausreichend informieren und lernen, die Spreu vom Weizen zu trennen. Sonst wird man überrollt vom Angebot und den Versprechungen der Investmentbranche. Übrigens gilt auch in diesem Fall die Regel: Wer Modetrends hinterherläuft, muss damit rechnen, dass er ein Produkt erwirbt, das auch schnell wieder veraltet.

Das ist zwar keine Garantie, aber immerhin ein wichtiger Anhaltspunkt. Und ein Fonds, der bisher schon unterdurchschnittliche Resultate erzielt hat, bietet noch weniger die Gewähr dafür, dass in Zukunft alles viel besser wird.

**WISO** Tipp

Zwischen Ihnen und Ihrem Geld sollten möglichst wenige stehen, die die Hand aufhalten, damit Sie die Erträge nicht mit vielen anderen teilen müssen.

Beim Fondsmanagement wollen viele kassieren. Versprechungen in Hochglanzprospekten sind deshalb noch lange keine Gewinngarantie. Obwohl Fonds eine breitere Risikostreuung bieten, als dies beim Kauf einzelner Aktien möglich ist, haben auch Fondsmanager schon so manchen Flop gelandet. Überdies müssen Sie immer berücksichtigen, dass erst einmal die Werbeaufwendungen, die Provisionen der Vertreter und die Verwaltungsgebühren bezahlt werden müssen, ehe etwas für Sie übrig bleibt. Das sollten Sie besonders beachten, wenn Sie Ihr Geld einem der sogenannten Strukturvertriebe anvertrauen. Ehe Sie etwas verdienen, kassieren erst einmal viele andere in der hierarchisch aufgebauten Organisation.

Die Vertriebsleute – und vor allem deren Chefs – erzielen ihre oft völlig überzogenen Profite sehr oft auf Kosten der Kunden.

## Die besten Fonds: Wie findet man die Perlen?

Trotz spektakulärer Wertsteigerungen bei einzelnen Fonds ist die Statistik ernüchternd: Der Durchschnitt der Fonds schafft auf Dauer weniger Rendite als eine Direktanlage an der Börse, die den Index nachbildet. Ein Vergleich der durchschnittlichen Wertentwicklung deutscher Aktienfonds mit der Entwicklung des Dax zeigt deutlich, dass diese »Benchmark« nicht erreicht wird. Das gilt selbst für Aktienfonds, die den gesamten Dax oder spezielle Branchenindizes nachbilden. Die Anleger erzielen allein deshalb eine schlechtere Verzinsung, weil beim Fondskauf Kosten entstehen (wie Ausgabeaufschlag, Managementgebühr, Depotgebühr), die es beim direkten Aktienkauf nicht gibt. Allerdings sind auch hier Makler- und Liefergebühren, Provisionen oder Auslagenpauschalen zu zahlen. Die können aber dadurch gesenkt werden, dass sich der Anleger nach einem möglichst preiswerten Vermittler (Bank, Direktbank, Broker) umsieht.

**WISO** Tipp

Prüfen Sie vor der Kaufentscheidung, welche Fonds derzeit die besten Chancen bieten. Hitlisten, wie beispielsweise in *Finanztest*, sind dabei hilfreich.

Nur Fonds, die es schaffen, die Aktien herauszupicken, deren Kurse sich überdurchschnittlich entwickeln, können höhere Zuwächse erzielen. Allerdings gibt es keine Garantie dafür, dass ihnen das auch gelingt. Auch für Fondsmanager gilt: Ruhm ist

vergänglich. Branchenfonds, deren Vertragsbedingungen eine Anlage der zufließenden Mittel auf bestimmte Wirtschaftsbereiche vorschreiben, können sowohl über- als auch unterdurchschnittliche Erfolge erzielen. Denn wenn die Branchen – Konsum- oder Autowerte, High-Tech oder Chemie – in eine Struktur- oder Ertragskrise geraten, zieht das auch die entsprechenden Fonds nach unten.
Hinzukommt, dass es sich oft um mehr oder weniger kurzlebige Moden handelt. Die Fondsbastler sehen selten einen Trend lange voraus. Sie kreieren ihre Fonds erst, wenn der Boom in einem Wirtschaftszweig bereits seinen Höhepunk erreicht hat.

## Ranking und Rating helfen

Die Kernfrage für jede Anlegergruppe lautet: Welcher Fonds verspricht bei welcher Risikobereitschaft (der Anleger) die höchste Rendite? Das gilt unabhängig davon, ob es sich um professionelle Fonds-Vermögensverwalter, institutionelle Investoren, Anlageberater oder Privatanleger handelt. Aber die Auswahl des »richtigen« Fonds ist schon für den Profi nicht einfach. Besonders dem Privatanleger, der nicht ständig den Markt beobachten kann, fällt die Entscheidung schwer. Performance allein sagt zu wenig aus. Die bisher üblichen Orientierungshilfen waren die oben erwähnten Performance-Listen, die mittlerweile in vielen Zeitschriften publiziert werden. Sie erscheinen auch in der Tages- und Wirtschaftspresse sowie im Internet. In der Regel listen diese Statistiken eine Reihe von Fonds mit ähnlichem Anlageschwerpunkt auf und vergleichen sie nach dem Renditekriterium – also der erzielten Wertsteigerung – innerhalb eines gewissen Zeitraums, meist ein, zwei und drei Jahre.
Aber Ranking-Listen allein reichen nicht: Sie sind nur eingeschränkt aussagefähig. Zwar gilt die Devise: »Performance ist nicht alles, aber ohne Performance ist alles nichts.« Doch nach Meinung von Experten sind zum Beispiel Ranglisten nach dem Kriterium der Ein-Jahres-Performance nur bedingt zu gebrauchen. Untersuchungen belegen nämlich, dass Fonds mit dem gleichen Anlageschwerpunkt schon nach zwei Jahren die Hitlisten rauf und runter rutschen.
Die logische Folgerung aus dieser Erkenntnis ist: Erst wenn ein Fonds bezogen auf die Performance im Ein-, im Drei- und im Fünf-Jahres-Vergleich gut abschneidet, ist das ein zuverlässiges Indiz für ein erfolgreiches Management. Mit den steigenden Mittelzuflüssen in Investmentfonds

steigt auch die Nachfrage bei institutionellen und privaten Anlegern nach einer systematischen Bewertung. Die Anleger brauchen Anhaltspunkte zum Chancen-Risiko-Verhältnis eines Fonds. Wie gut ist ein Fonds, wie gut sind seine Manager und wie gut dürfte er in Zukunft laufen? Auf diese und andere Fragen sucht der Fondsinteressent Antworten.

Nutzen Sie Fondsvergleiche!

Zum Glück für den Anleger sind seit Kurzem solche Fondsvergleiche über lange Zeiträume für Anleger auch allgemein zugänglich und erhältlich. Die Einstufungen und Beurteilungen einzelner Fonds werden von Rating-Agenturen und Vermögensverwaltungsgesellschaften mit umfangreicher Fondauswertung vorgenommen. Sie analysieren die Fondsanbieter nach Kriterien wie Anlagepolitik, Kontinuität im Management und Wertentwicklung und vergeben Gütesiegel wie Noten, Buchstaben, Medaillen oder Sterne als Resultat ihrer Untersuchungen. Das ist ein ganz neues Instrument in der Hand der privaten Anleger. Ratings von Fonds dürften sich in Zukunft etablieren.

Zusammengefasst kann man sagen, dass Rating-Agenturen gewisse Grundannahmen treffen, bevor sie ihre Untersuchungen beginnen. Sie betreffen die Wünsche und Bedürfnisse der Anleger. Danach hat der typische Privatanleger:

- Einen mittelfristigen Anlagehorizont von mindestens fünf Jahren.
- Er spart meist für die Altersvorsorge.
- Er ist auf der Suche nach zuverlässigen Performern unter den Fonds und nicht nach kurzfristigen Überfliegern.
- Er hat den Wunsch, Verluste weitgehend zu vermeiden.
- Er verfügt bei der Auswahl von Fonds nur begrenzt über Zeit und Kenntnisse.

**WISO** Tipp

Durch die Finanzkrise sind vor allem Rating-Agenturen aus den USA in die Kritik geraten. Später als »Schrottpapiere« bezeichnete strukturierte Produkte waren von ihnen mit Bestnoten versehen worden. Die Analysten hatten deren immense Risiken schlicht nicht erkannt. Ratings, die für »exotische Produkte« vergeben werden, bieten dem Anleger keine Sicherheit!

Wichtige Finanzdienstleister mit einem Fondsrating im Angebot sind Standard & Poor‘s und Morningstar, die beide bereits durch ihre Bewertungen (Ratings) von Staats- und Unternehmensanleihen bekannt sind, sowie in Deutschland FERI Trust und in der Schweiz die Reuters-Tochter Lipper. Da sie nicht mit einheitlichen Bewertungskennzeichnungen arbeiten, ist es wichtig, die Art der Klassifizierung der wichtigsten Agenturen zu kennen. Dazu ein Beispiel:

Moody's

Die amerikanische Rating-Agentur vergibt bisher nur Gütesiegel für Geldmarkt-, Immobilien- und Rentenfonds. Das sind »Bonitätsnoten« und »Einschätzungen des Marktrisikos«.

Die Bonitätsnoten gehen von »Aaa« für »geringes Anlagerisiko« über »Aa«, »A«, »Baa« und »Ba« für »spekulatives Investment« bis zur schlechtesten Bewertung mit »B«. Die Bewertungstabelle entspricht damit der bekannten Kategorisierung bei Anleihen.
Die Beurteilung von Investmentfonds durch Gütesiegel wie oben beschrieben markiert nach dem Anleihe-Rating von Banken, Unternehmen oder Staaten einen neuen Rating-Markt. Die künftige Konkurrenz unter den Rating-Agenturen kann dem Anleger nur recht sein. Der Check der Fonds und der Fondsmanager durch unabhängige Institute, Finanzdienstleister und Vermögensverwaltungen erleichtert letztlich die Auswahl des oder der passenden Fonds. Der Anleger erhält so Hilfestellung für die Orientierung im Dickicht des Riesenangebots der Investmentindustrie.

## Das persönliche Anlageziel bestimmen

Jedem Privatanleger stellt sich zu Beginn seiner Anlage die Frage: Welche Anlageinstrumente gibt es auf dem Markt? Die Alternativen liegen irgendwo zwischen der todsicheren Minirendite auf dem Sparbuch und der riskanten Direktanlage in Aktien. Dabei stößt der Anleger fast zwangsläufig auf das Investmentsparen mit Fonds. In Boomzeiten an der Börse wurde jeder Interessierte geradezu bombardiert mit Schlagzeilen wie »Traumrenditen mit Aktienfonds«, »Top-Fonds« oder »Sieger-Fonds schlägt den Dax«. Doch das gehört der Vergangenheit an, wie die Fonds-Rangliste zeigen. Für Fonds-Anleger kann dies nur heißen:

**Wer erfolgreich sparen will, muss sich vorab informieren** Die über alles informierende und allumfassende Fonds-Broschüre gibt es nicht, dafür aber ein Angebot an seriösen Magazinen, Zeitschriften, Zeitungen, Fernseh- und Radiosendungen, Online-Diensten und so weiter. Sie geben Entscheidungshilfe bei der Auswahl. Wer sich dafür Zeit nimmt, spart sich viele unangenehme Erfahrungen.

**Wer nicht alles allein entscheiden will, kann sich beraten lassen** Zum Beispiel vom Bankberater, vom Fondsshop, einem Strukturvertrieb (Vorsicht: Kosten) oder einem (wirklich) unabhängigen Finanzdienstleister. Wer darauf verzichten will oder kann, für den kommt eine Direktbank infrage. Diese Liste von möglichen Adressen zeigt schon, wie wichtig der höchstmögliche Informationsstand ist. Denn keine der Adressen ist optimal. Eines nämlich müssen Anleger beherzigen: Es ist ein Fehler, sich allein auf sogenannte Berater zu verlassen. In erster Linie sind sie nämlich Verkäufer. So empfiehlt zum Beispiel die Bank in der Regel nur die eigenen Produkte, lässt also bessere Konkurrenzfonds schon von vornherein aus dem Spiel. Der »unabhängige Finanzdienstleister« wiederum ist ein ungeschützter Beruf. Zu schnell gerät der Anleger an eine inkompetente Beratung bei gleichzeitig hohen Provisionen.

**WISO** Tipp

Verlassen Sie sich nicht blind auf die Urteile von Ratingagenturen. Auch sie sind nicht unfehlbar und frei von Eigeninteressen.

Mit Noten, Medaillen, Sternen oder Buchstaben zum Erfolg – so könnte die Darstellung Fondsbranche überschrieben werden. Ohne gute Noten keine Anleger! Dass künftig die Fondsgesellschaften gute Bewertungen auch zu Werbezwecken verwenden und dabei die weniger schmeichelhaften Urteile unter den Teppich kehren, sollte der Fondssparer beachten, aber auch nicht überbewerten. Entscheidend ist, dass die Rating-Agenturen Standards vorgeben, an denen sich die Fondsmanager messen lassen müssen. Das Vertrauen der Anleger ist zwar gut, Kontrolle aber nun mal besser. Das gilt auch für die Rating-Agenturen selber.
Unabhängige Finanzanalysten bieten prinzipiell eher die Gewähr für eine kundenorientierte Beratung. Dafür wird allerdings ein Honorar fällig. Viele Sparer scheuen deshalb davor zurück, halten das für »rausgeschmissenes Geld«.

Honorar für kundenorientierte Beratung

Aber bedenken Sie, wie viel Geld Sie bei einer falschen Anlageentscheidung verlieren können. Wer sich von seinem Bankverkäufer vor der Pleite im September 2008 Lehman-Zertifikate hat andrehen lassen, ohne von einem unabhängigen Berater darüber aufgeklärt worden zu sein, dass bei solchen Papieren ein Totalverlust möglich ist, wäre heute froh, wenn er 100 Euro in eine neutrale Beratung investiert hätte. Das hätte wohl vielen Sparern einen hohen Verlust erspart.

Bestandsaufnahme

Welcher Anteil des Vermögens soll in Fonds angelegt werden? Jeder Anleger muss seine Vermögensstruktur auflisten. Eckdaten sind: Was ist bereits vorhanden an Aktien, Renten, Bundesschatzbriefen, Bargeld, Immobilien usw.? Wie hoch sind die laufenden Einnahmen und Ausgaben? Danach erst lässt sich erkennen, wie viel zum Fondssparen übrig bleibt. Dabei muss immer auf eine vernünftige Risikostreuung geachtet werden. Nie alles in einen Topf – auch nicht in den der Fonds!

Wie lange kann ich auf mein Geld verzichten? Niemand sollte seinen Anlagehorizont voreilig festlegen. Der Anleger muss genau einschätzen, wann er welchen Teil seines Vermögens zum Beispiel für private Entnahmen oder Steuerzahlungen benötigt. Dieses Geld sollte immer so angelegt sein (zum Beispiel in Geldmarktfonds), dass es jederzeit und ohne größere Kursverluste flüssig gemacht werden kann.

Welcher Risikotyp sind Sie?

Wie hoch ist meine Risikobereitschaft? Häufig unterschätzt wird die eigene Typisierung als Anleger. Bin ich ein risikobereiter oder konservativer Anleger? Das ist eine elementare Frage bei der Anlage in Fonds. Was akzeptiere ich als Risiko? 20 Prozent in Aktien oder 40 Prozent oder gar 60 Prozent? Nur mit Antworten auf solche Fragen erkenne ich mich selbst. Übrigens: Banken sind gesetzlich verpflichtet, den Anleger auf seine Selbsteinschätzung hin zu befragen. Es liegt in Ihrem Interesse, diese Fragen offen und ehrlich zu beantworten.

Welche Renditeerwartung habe ich? »Gier und Angst beherrschen die Märkte und Anleger!« Das ist eine alte Redewendung unter Kapitalmarktexperten. Renditeerwartungen von 20 oder 50 Prozent und mehr pro Jahr sind unrealistisch. Wer das verspricht, verdient keine Beachtung. Die gigantischen Verluste an den Aktienmärkten seit dem Frühjahr 2000 sollten eine Mahnung sein. Vertrauen Sie Ihr Geld nur Aktienfonds an, die realistische Renditen versprechen. Bleiben Sie in dem Risikobereich, in dem Sie noch gut schlafen können. Je höher Ihre Renditeerwartungen sind, umso höher ist in der Regel auch das Risiko.

Was ist mein persönlicher Anlagehorizont? Das hängt ganz entscheidend von dem jeweiligen Alter ab. Ein 50-Jähriger hat eine ganz andere Lebenserwartung als ein 25-Jähriger. Er ist auf kurzfristigere Gewinnentnahme angewiesen, kann keine so lange Ansparzeit kalkulieren. Deshalb müssen die Einzahlungen sofort viel höher sein.

Welcher Fonds passt zu Ihnen?

Welche(n) Fonds soll ich auswählen? Die Auswahl des (oder der) »richtigen« Fonds ist die letzte und schwierigste Aufgabe. Nach der Entscheidung für welches Segment der Aktienfonds, also zum Beispiel Branchen-, Dach-, Garantie- oder Indexfonds, muss die für einen bestimmten Fonds aus der breiten Palette der jeweiligen Angebote folgen. Es müssen Vergleiche herangezogen werden. Fondsporträts helfen dabei. Sie listen die Fonds einzelner vergleichbarer Kategorien auf und vergleichen ihre Performance über verschiedene Zeiträume, etwa drei Monate, ein Jahr oder drei Jahre usw. Rendite und Kosten werden dabei abgewogen. Bei der Kaufentscheidung helfen auch Fonds-Ranglisten und Fondsanalysen, wie sie regelmäßig in Tageszeitungen und Fachmagazinen veröffentlicht werden. Diese Ratinglisten sollte jeder Anleger studieren und dann erst entscheiden, welchen Fonds er kauft. Wenn die verfügbaren Summen ausreichen, ist es zu empfehlen, ähnlich wie bei Aktien nicht »alle Eier in einen Korb« zu legen.

Wann ist der richtige Zeitpunkt für den Einstieg? Die Frage des günstigen Zeitpunkts für den Einstieg für den Privatanleger, der regelmäßig einzahlen will, ist eher marginal. Das ist nur bei größeren Einmaleinzahlungen wichtig. Wenn dagegen feste oder planmäßig steigende Summen über viele Jahre hinweg angespart werden, gleichen sich Zeiten steigender und sinkender Kurse im Allgemeinen aus. Wichtig ist dann nur ein langfristig steigender Trend an den Börsen und damit kann der Anleger nach aller Erfahrung rechnen. In den 60er-Jahren wurden Wetten darauf abgeschlossen, wann der Dow Jones über 1000 Punkte steigt. In den 90er-Jahren wurde gewettet, wann er über 8000 oder 10 000 steigt. Heute steht er bei 15 000 Punkten. Ähnlich war und ist es mit dem Dax. Es spricht alles dafür, dass ein langfristig denkender Anleger in Zukunft auch künftig mit einer ähnlichen Entwicklung rechnen kann.

## Aufgepasst bei der Beratung

Auch die Fondsbranche ist im Wandel und passt sich veränderten Marktbedingungen und Bedürfnissen der Kunden an. Der moderne Vertrieb von Fonds an den Filialen der Banken vorbei geht nicht nur über das Internet. Insgesamt geraten die alten Vertriebsstrukturen unter Druck. Immer häufiger vertreiben Versicherungsvermittler, freie Vermittler und sogenannte Strukturbetriebe die Investmentanteile im Direktgeschäft. Das Fondsgeschäft zeigt alle Anzeichen einer Strukturveränderung. Auf der Ebene von Service und Vertrieb bleibt das natürlich nicht ohne Folgen. Dabei sind die wesentlichen Faktoren aus den USA vorgegeben: Professionell gemanagte Fondsanlagen werden immer populärer. Das Angebot an maßgeschneiderten Fondskonzepten nimmt zu. Vermögenszulage-Fonds, Dachfonds, Garantiefonds und Indexfonds sind dafür Beispiele. Diese bieten Sparpläne und Sparformen, die auch schon von kleinen

Sparraten an gelten. Der Kleinanleger ist also keineswegs ausgeschlossen, im Gegenteil. Die neuen Kommunikationstechnologien verändern die Verhaltensweisen von Sparern und Managern dramatisch. Die Möglichkeit, sich über das Internet zu informieren, internationalisiert und revolutioniert den Vertrieb und Service. Wer unter den Anbietern mithalten will, muss zum Full-Service-Provider, also zum »Alles-Anbieter« beziehungsweise »Vollsortimenter« werden. Er muss alles im Angebot haben; Fonds, Sparpläne, eigene Kontoführung, den ganzen Service drum herum. Der Kunde wird zunehmend anspruchsvoller.

Alles aus einer Hand

## Unabhängige Berater und Vermögensverwalter

Banken und Sparkassen bleiben zwar weiterhin führend beim Vertrieb von Investmentfonds, aber zunehmend mischen auch bankunabhängige Vermögensverwalter in der Fondsbranche mit. Sie bieten ihren Kunden meist fremde, aber auch eigene Investmentfonds an, arbeiten auf eigene Rechnung und erhalten entweder eine Provision, die von Ihrem Sparbetrag abgeht, oder fordern einen Anteil am Performance-Erfolg. Früher waren sie nur für die besonders gut betuchte Klientel zuständig. Mittlerweile kommen sie auch dem breiten Publikum entgegen mit monatlichen Sparraten von 100 Euro etwa.

Die meisten Fondssparer kommen mehr oder weniger zufällig mit einem Außendienstmitarbeiter der Finanzdienstleistungsbranche zusammen. Der hat dann Fonds im Angebot. Für den Anleger stellt sich nun die Frage, inwieweit er den Aussagen trauen kann. Dazu sieben Tipps für Ihr Beratungsgespräch:

Das ist wichtig beim Beratungsgespräch

- Vor der Kontaktaufnahme mit einem Anlageberater sollten Sie sich darüber im Klaren sein, welches Ziel Sie mit der Investition verfolgen. Als mögliche Ziele kommen die Altersvorsorge, der Kapitalerhalt nach Inflation plus eine kleine Rendite oder auch ein bestimmter zu erwirtschaftender Betrag infrage.
- Das mit der Kapitalanlage verfolgte Ziel sollten Sie vor der Kontaktaufnahme am besten bereits schriftlich fixiert oder wenigstens mit einem Vertrauten besprochen haben.
- Ein Beratungsgespräch sollte am besten in Anwesenheit eines Zeugen, eines Vertrauten (Familienangehörige reichen aus) geführt werden.
- Sie sollten während des Gesprächs eigene Aufzeichnungen machen: zu den Anlagezielen, den Informationen Ihres Beraters, zu dem Anlageobjekt und auch zu den Risikohinweisen.

- Nach dem Gespräch sollten Sie den Inhalt des Gesprächs schriftlich zusammenfassen lassen und sich vom Anlageberater bestätigen lassen.
- Soweit der Anlageberater seinerseits vom Anleger die Unterzeichnung von Formularen oder eines Beratungsprotokolls verlangt, sollte sich der Anleger dieses Protokoll vorher zu Hause gründlich durchlesen und noch mal darüber schlafen.
- Erst wenn diese sechs Punkte positiv abgehakt sind, sollten Sie erwägen, die vom Anlageberater empfohlene Anlage zu tätigen. Das erspart eine Menge Ärger und Verdruss für die Zukunft.

Nach einem Gespräch mit einem privaten Vermögensberater sollte sich der Anleger prinzipiell darüber Klarheit verschaffen: Wie war die Qualität von Beratung und Kundenservice? Am besten geht dies, wenn Sie die Qualität der Beratung anhand einer Checkliste prüfen. Die wichtigsten Punkte und eine Checkliste finden Sie im Abschnitt *Berater: Wem kann man vertrauen?*

## Lieber gleich in den Fondsshop?

Die sogenannten Fondsshops gehören zu den interessanten Entwicklungen im Bereich der freien Finanzdienstleister. Andere Bezeichnungen dafür: Fonds-Boutiquen oder Fonds-Center. Sie konzentrieren sich ausschließlich auf den Vertrieb von Investmentfonds und haben gegenüber einzelnen freien Vermittlern gewisse Vorteile. In der Regel bieten sie eine breite Auswahl an Fonds an. Dazu haben sie nicht nur Vertriebsverträge mit deutschen Investmentgesellschaften, sondern oft die ganze Palette der großen ausländischen Investmentgesellschaften im Angebot.

Fondsshops werben damit, dass in der Beratung der Kundschaft ein hohes Niveau angestrebt wird. So haben sich viele Shops im Bundesverband Deutscher Investmentberater (BVDI) zusammengeschlossen. Immerhin: Mitglied in diesem Verband können nur Fondsberater werden, die überprüfte Kenntnisse in diesem Bereich aufweisen. So verlangt der BVDI als Aufnahmekriterium eine abgeschlossene Bankausbildung oder ein abgeschlossenes Studium der Wirtschafts- oder Rechtswissenschaften oder eine Registrierung als Finanzdienstleistungsinstitut durch die BaFin. Ferner muss die Beratung in gewerblich genutzten Räumen stattfinden und das Haupttätigkeitsgebiet die Investmentbera-

**WISO** Tipp

Fragen Sie ihren Vermittler oder Fondsshop, ob sie Mitglied in einem Verband sind. Ohne diesen Nachweis ist Vorsicht angebracht!

tung sein. Fragen Sie also beim BVDI (Bundesverband Deutscher Investmentberater e. V.) nach, ob ihr Fondsshop-Berater Mitglied ist. Der Verband gibt auf Anfrage auch eine Mitgliederliste heraus. Adresse: www.bvdi.de. Eine weitere interessante Adresse bei der Kapitalanlageberatung ist der Financial Planning Standards Board Deutschland e.V. (FPSB Deutschland) mit Sitz in Frankfurt am Main (www.fpsb.de). Die Standesorganisation reklamiert für sich, dass ihr nur ausgewiesene und zertifizierte Mitglieder angehören, die über ein stets aktualisiertes Fachwissen zur finanzplanerischen Beratung verfügen. Das gilt auch für das VZ Vermögenszentrum (www.vermoegenszentrum.de) mit seinen Standorten in der Schweiz und in Deutschland. Vor über 20 Jahren wurde es in Zürich gegründet und hat seitdem seinen Kundenstamm kontinuierlich über die Landesgrenzen hinweg ausgebaut. Derartige Adressen sind prinzipiell nützlich und leicht über das Internet zu erreichen. Dort können Sie sich einen Überblick verschaffen über das Angebot der gesamten Finanzdienstleistungsbranche. Es reicht in der Regel von einer ersten kostenlosen Beratung bis hin zu einer individuell ausgerichteten Vermögensstrategie zum Aufbau und Erhalt eines Kapitalstocks für die Altersvorsorge.
Fondsshop-Betreiber streben an, als Qualitätssiegel die Registrierung als Finanzdienstleistungsinstitute bei der BaFin zu erreichen. Dazu sind freie Finanzdienstleister nach dem Kreditwesengesetz (KWG) verpflichtet, wenn sie gewisse Kriterien erfüllen. Erfüllt ein Finanzdienstleister nämlich folgende Voraussetzungen, muss er sich beim BaFin eine Erlaubnis für seine Tätigkeit holen:

- die gewerbliche Vermittlung von Anlagen wie Investmentfonds
- die Verwaltung von Kundenvermögen mit eigenem Entscheidungsspielraum, wenn zum Beispiel eine Verwaltungsvollmacht des Kunden vorliegt
- der mögliche Zugang zum Vermögen des Kunden durch eine Kontovollmacht

Auch Fondsshops machen nichts umsonst: Ähnlich wie bei den Banken sind die Möglichkeiten, Gebühren oder Kosten zu sparen, bei einem freien Vermittler oder einem Fondsshop eher gering. Der Grund ist der fixe Ausgabeaufschlag. Der nämlich ist die Provision des Vermittlers, von der seine Existenz abhängt. Deshalb muss ein Anleger schon sehr hohe Anlagebeträge mitbringen, ehe sich ein Vermittler aufs Handeln einlässt. Freilich hat der Kunde durch die laufende Verwaltung weniger Kosten als bei der Bank. Denn beim Kauf von Fondsanteilen bei einem Vermittler

oder Fondsshop fließt das Geld direkt auf ein Konto bei der Investmentgesellschaft. Für diese Investmentkonten verlangen die Fondsgesellschaften entweder keine oder allenfalls eine geringe Depotgebühr. Das Investmentkonto hat außerdem weitere Vorteile: Will der Kunde von einem Fonds der Gesellschaft zu einem anderen Fonds der gleichen Gesellschaft wechseln (switchen), fällt oftmals kein oder nur ein verringerter Ausgabeaufschlag an. Außerdem kann der Anleger bei einem Investmentkonto Ausschüttungen zum Rücknahmepreis anlegen. Es entfällt also auch hier der Ausgabeaufschlag.
Was geschieht mit den Anlegergeldern? Das Geld des Anlegers fließt direkt von seinem Konto bei seinem Fondsshop auf ein Konto der Investmentgesellschaft. Somit ist garantiert, dass der Vermittler das Geld des Anlegers nicht in falsche Kanäle leiten kann. Die Angst vieler Anleger, dass freie Vermittler oder Fondsshops Anlegergelder veruntreuen könnten, ist daher – theoretisch jedenfalls – nicht begründet. Nach Aussage der Fondsshops benützen Banken dieses Argument aber oft, um ihre Kunden bei der Stange zu halten. Lassen Sie sich also davon nicht beeindrucken.

## Fazit

Für viele Anleger, die sich nicht selber mit der Börse beschäftigen wollen, die nicht die Zeit dazu haben, oder die eine »eingebaute Risikostreuung« für ihre Geldanlage suchen, können Fonds die richtige Wahl sein. Die große Breite des Angebots führt dazu, dass für jeden Anlagewunsch etwas dabei ist. Das bedeutet allerdings, dass der Sparer vor der »Qual der Wahl« steht. Da hilft nur gute Beratung oder eine ausreichende eigene Beschäftigung mit dem Thema Geldanlage. Und das lohnt sich: Bei einem langfristig anlegten Prozess des Kapital- und Vermögensaufbaus zählt bei der Rendite jeder Prozentpunkt. Auch wenn es zunächst nicht so wichtig zu sein scheint, ob das mühsam zusammengesparte Geld einen halben Prozentpunkt mehr oder weniger einbringt: Nach zwanzig oder dreißig Jahren, wenn die Versorgungslücke mit Hilfe der eigenen Ersparnisse gefüllt werden muss, kann sich der scheinbar kleine Unterschied in der Rendite in Größenordnungen von mehreren 10000 Euro bemerkbar machen.

Die Informationsflut bändigen 250

Virtuelle Depots: Informieren, kontrollieren, üben 252

Safety first: Sicherheit ist noch wichtiger als niedrige Kosten 254

Phishing und andere üble Tricks 256

# Börse und Aktien im Internet

Noch nie hat eine technische Innovation das Leben so schnell und tiefgreifend verändert wie das Internet. Das gilt auch für die Börse: Zum einen haben Aktien von Unternehmen, die im und rund um den Internetbereich tätig sind, viele Unternehmen der »alten Welt« von den vorderen Plätzen verdrängt. Zum anderen spielt das Internet inzwischen eine zentrale Rolle bei der Abwicklung von Börsengeschäften. Es hat Waffengleichheit zwischen Finanzinstituten und Anlegern hergestellt – in puncto Geschäftsabwicklung und Informationsbeschaffung. Doch es gibt auch Schattenseiten: Abzocker und Betrüger machen sich die Möglichkeiten des Internet ebenfalls zunutze.

## Die Informationsflut bändigen

Noch um die Jahrtausendwende herum hatte die Mehrzahl der privaten Anleger gegenüber den Profis an der Börse einen gewaltigen Nachteil: Wichtige Informationen, die die Kurse bewegten, erreichten sie mit großer Zeitverzögerung – nämlich erst mit der Zeitung am folgenden Tag. Erst danach konnten sie auf börsenrelevante News und unerwartete Kursbewegungen reagieren. In der Zwischenzeit hatten sie vielleicht schon viel Geld verloren, während die Profis längst ihr Geschäft gemacht hatten. Wer ganz aktuell informiert sein wolle, musste einen Telefonansagedienst wählen, um sich die aktuellen Kurse zumindest der wichtigsten Aktien vorlesen zu lassen, oder persönlich zu einer Bank pilgern und warten, bis auf einem Aushang im Schaufenster die Kurse von Aktien und Devisen, der Goldpreis oder der Tageszins bekannt gegeben wurden.
Heute ist das Informationsgefälle zwischen institutionellen Investoren und Kleinanlegern dank des Internets deutlich verringert und der aktuelle Kurs vieler Tausend Wertpapiere, Anleihen, Rohstoffnotierungen nur ein paar Klicks auf dem PC, dem Smartphone dem Tablet oder einem anderen Bildschirm entfernt, bei Tag und bei Nacht, im Büro oder im Bus, im Restaurant oder auf der Toilette. Inzwischen besteht das Problem eher darin, aus der Fülle der Daten und Nachrichten diejenigen auszuwählen, die wirklich wichtig sind.
Nützliche Informationen fließen aus den unterschiedlichsten Quellen im Internet. So kann man die Jahresabschlüsse der großen Unternehmen heute von den jeweiligen Homepages problemlos herunterladen. Viele dieser Aktiengesellschaften stellen der Öffentlichkeit darüber hinaus zusätzlich aktuelle Berichte über die Entwicklung der Branche, ihre wirtschaftliche Lage und die Entwicklung der jeweiligen Aktie zur Verfügung. Sie informieren über geplante Investitionen, neue Produkte und Fortschritte in der Forschung. Die meisten großen und auch sehr viele kleine Unternehmen nutzen das Internet zur direkten und gezielten Kommunikation mit ihren Aktionären, Kunden und Lieferanten.

**WISO** Tipp

Viele Basisinformationen über Aktien und Finanzprodukte lassen sich direkt bei der Deutschen Börse abrufen (http://deutscheboerse.com).

Die Betreiber der Börse sind zudem gesetzlich verpflichtet, die Zulassungsprospekte der Unternehmen elektronisch zur Verfügung zu stellen. Die darin enthaltenen Angaben und Mitteilungen sind zur Information der Anleger bestimmt. Die Deutsche Börse AG haftet zwar nicht dafür, dass diese Informationen vollständig oder richtig sind. Aber die Unternehmen sind selbstverständlich verpflichtet, nur wahrheitsgetreue Angaben zu machen, wenn sie sich um die Zulassung ihrer Aktien zum Börsenhandel bewerben. Deshalb finden Anleger unter der Web-Adresse der Börse zu jeder an der Börse notierten Aktiengesellschaft umfangreiche Informationen.

Mehr oder weniger nützliche und oft sehr gut aufbereitete Informationen kann man aber auch über eine nahezu unbegrenzte Zahl von speziellen Börsenseiten im Netz beziehen. In vielen Fällen kostenlos. Bei intensiverer Nutzung des Angebots verlangen allerdings viele Datenanbieter eine Registrierung des Nutzers. Achten Sie dann allerdings darauf, dass Ihre persönlichen Daten mit einer hinreichend guten Verschlüsselung übertragen werden. Sonst könnten Ganoven sich einschalten und versuchen, sich bei Ihnen einzuschleichen, Informationen über Ihre finanziellen Interessen, über Ihr Anlegerverhalten oder sogar Ihre Kontendaten abzugreifen.

Homepages rund um die Börse

Wenn Sie bei einer Internetsuchmaschine die Begriffe »Börse«, »Aktien« oder ähnliche Stichwörter eingeben, können Sie mit einem Blick feststellen, wie vielseitig und umfangreich das Angebot ist. Das Resultat dürften jeweils einige Hundert Internetadressen sein. Zu den in Deutschland bekanntesten Homepages rund um die Börse gehören beispielsweise www.onvista.de oder www.wallstreet.online.de. Man findet hier Tausende von Kursen sowie eine Vielzahl von börsenrelevanten Nachrichten und Diskussionsforen, aber auch viel Klatsch und Tratsch.

Auch die Sparkassen und Banken bieten neben der Abwicklung fast aller gängigen Bankgeschäfte Börseninformationen, Kurstabellen, die Anlage von Musterdepots an, gelegentlich auch mehr oder weniger realistische Börsenspiele, bei denen man ohne Risiko Erfahrungen sammeln kann. Zusätzlich finden Sie online bei den Sendern ZDF und ARD, auf den Internetseiten von Zeitungen und Magazinen, bei Brokern und unabhängigen Finanzdienstleistern viele unterschiedlich aufbereitete und nützliche Informationen rund um Sparen, Anlegen, Wertpapiere und Börse.

Wenn Sie in eine der bekannten Suchmaschinen Stichworte wie »KGV«, »Dividendenrendite« oder »Betafaktor« eingeben, finden Sie schnell heraus, wer Ihnen zu diesen für Anleger wichtigen Indikatoren die besten Resultate anbietet. Sie können sogar erfahren, wo Sie Wertpapiere am günstigsten erwerben und wieder verkaufen können. Die Spesen und Gebühren sind nämlich keineswegs überall gleich. Unter www.broker-test.de finden sich detaillierte Leistungsvergleiche.

Auch die Homepages nationaler und internationaler Institutionen sind oft gute Quellen für wirtschaftliche Daten und Analysen. Dazu gehören beispielsweise die Seiten des Statistischen Bundesamts, der verschiedenen

Bundesministerien, des ifo-Instituts, der Weltbank oder der Vereinten Nationen. Neben der deutschen verfügen auch alle ausländischen Börsen über eigene Homepages, auf denen sich Angaben zu den gehandelten Wertpapieren oder den Börsenregeln finden lassen.

**WISO** Tipp

Nicht alle Informationen im Internet sind seriös. Auf manchen Seiten, die sich fast ausschließlich über Werbung finanzieren, kann jeder selbst ernannte Börsenguru seine Weisheiten und Empfehlungen loswerden. Und nicht alle diese Ratschläge und Empfehlungen sind uneigennützig.

Diese Beispiele zeigen: Anlegern bieten sich im Internet viele Möglichkeiten, nützliche Informationen zu sammeln und sich außerdem in einem der zahlreichen Chatrooms und Foren mit anderen börsenbegeisterten Internetnutzern auszutauschen. Aber Vorsicht. Auch hier gilt, dass nicht jede Information aus diesem Kreis passionierter Anleger wirklich hilfreich ist. Wie überall auf der Welt gibt es auch hier Schwätzer, Aufschneider, Spinner und finstere Figuren.

Die weitgehende Anonymität im Internet und die Möglichkeit, ohne viel Arbeit an anderer Leute Geld zu kommen, setzt auch viel kriminelle Energie und eine oft erstaunliche Fantasie bei der Konstruktion raffinierter Fallen für gutgläubige Sparer frei. Aber selbst wenn man nicht sofort an Schwerkriminelle gerät – auch kleine Ganoven können ohne viel Aufwand einen großen Schaden anrichten. So werden zum Beispiel Gerüchte gestreut, um den Kurs von Aktien in Bewegung zu bringen. Wenn andere darauf hereinfallen, verabschieden sich die Autoren mit einem hübschen Gewinn aus der Gerüchteküche. Bei den großen, im Dax notierten Unternehmen wird dies nur ausnahmsweise einmal gelingen. Bei »marktengen« Aktien kleinerer Unternehmen dagegen kann gezielte Desinformation durchaus zum gewünschten Ziel führen und für gutgläubige Anleger böse Folgen haben. Deshalb ist hier immer besondere Vorsicht angebracht. Bewusst Falschmeldungen über das Netz zu verbreiten, um die Kurse zu beeinflussen, ist zwar in den meisten Ländern strafbar, aber das Netz bietet Ganoven viele Möglichkeiten des Versteckspiels.

**WISO** Tipp

Aktien-Foren im Netz können anregend sein. Aber bleiben Sie Tipps und Gerüchten gegenüber immer skeptisch.

## Virtuelle Depots: Informieren, kontrollieren, üben

Banken, Sparkassen, Verlage und Informationsdienste, aber auch das ZDF bieten Interessenten die Möglichkeit, im Internet virtuelle Depots anzulegen. Dort können Sie Aktien, Fonds oder Zertifikate eintragen, die Sie tatsächlich besitzen, die Sie beobachten oder mit deren Hilfe Sie erst einmal ein Leben als Aktionär simulieren wollen, ehe Sie sich mit richtigem Geld an die Börse wagen. In allen diesen Fällen bietet Ihnen das Musterdepot eine hervorragende Möglichkeit, den Kursverlauf zeitnah zu verfolgen. Zwar können Sie auch täglich einen Blick auf das Depot werfen, das Sie tatsächlich bei Ihrer Bank angelegt haben, aber oft bieten die virtuellen Depots bei anderen Anbietern viel mehr Möglichkeiten – wie zum Beispiel alle Wertpapiere, die Sie vielleicht bei verschiedenen Banken oder Investmentgesellschaften tatsächlich im Depot haben, an einer Stelle zusammenzuführen. Zudem bieten viele virtuelle Depots auch Möglichkeiten der Aktienanalyse sowie Informationen – zum Beispiel über die täglichen Gewinne und Verluste bei den einzelnen Werten, und über das Gesamtergebnis –, die Sie so bei Ihrer Hausbank nicht bekommen.

Sie können im virtuellen Bereich zusätzlich zu den Werten die Sie tatsächlich in Ihrem Besitz haben, auch eine »Watchlist« einrichten. Das ist ein Depot, in das nur Wertpapiere kommen, die Sie beobachten wollen, um sie zu kaufen, wenn sich eine günstige Situation ergibt. Das ist vor allem dann praktisch, wenn Sie sich eine Reihe von Kandidaten für ein Investment bereits genauer angesehen haben, aber davon ausgehen, dass sie in absehbarer Zeit zu einem günstigeren Kurs zu haben sind. Besonders bei Aktien mit hoher Volatilität ist es oft sinnvoll, so lange mit dem Kauf zu warten, bis der Kurs nach unten ausgeschlagen hat. Wenn Sie die Aktien bis dahin schon einmal virtuell im Depot haben, verpassen Sie nicht so leicht den Augenblick für einen günstigen (Wieder-)Einstieg.

Passen Sie hier vor Betrügern auf. Im Netz werden immer wieder Aktien im Direktbezug oder über angebliche Internetbörsen angeboten, die dem Anleger die Chance bieten sollen, sich zu besonders günstigen Kursen an zukunftsträchtigen Unternehmen zu beteiligen, ehe deren Aktien offiziell an der Börse gehandelt werden. Dabei handelt es sich aber meist um fragwürdige oder sogar betrügerische Angebote und um Scheinbörsen. Sie werden häufig von bereits einschlägig verurteilten Anlagebetrügern organisiert.

Bei derartigen Angeboten ist immer eine besonders sorgfältige Prüfung erforderlich. Lassen Sie beim geringsten Zweifel lieber die Finger davon – mag das Angebot auch noch so attraktiv erscheinen. Und denken Sie an die wichtige Faustregel: Je höher die versprochene Rendite, umso größer ist auch das Risiko.

**WISO** Tipp

Größte Vorsicht, wenn Ihnen im Netz aus dubiosen Quellen Kredite, Aktien oder andere Geldanlagen angeboten werden.

Die Einrichtung und Nutzung eines kostenlosen virtuellen Depots bieten Ihnen auch unter dem Aspekt »Sicherheit« einen großen Vorteil. Sie können auch im Büro, im Hotel oder in einem Internetcafé einen Blick auf Ihr virtuelles Depot werfen und die Entwicklung der eingegebenen Werte verfolgen, ohne befürchten zu müssen, dass unbefugte Dritte einen größeren Schaden anrichten können. Denn selbst wenn es Ganoven gelingen sollte, Ihre Zugangsdaten abzufischen, können sie damit wenig anfangen. Sie erfahren im schlimmsten Fall, welche Aktien oder Anleihen Sie besitzen oder beobachten. An das reale Konto und das tatsächlich existierende Depot kommen sie aber nicht heran.

## Safety first: Sicherheit ist noch wichtiger als niedrige Kosten

Kauf und Verkauf im Internet

Das Internet kann aber nicht nur für Musterdepots, sondern – wie Sie längst wissen – auch für reale Börsengeschäfte genutzt werden. Nahezu alle Banken und Sparkassen und verschiedene Online-Broker bieten ihren Kunden die Möglichkeit, neben der Abwicklung der täglichen Bankgeschäfte auch Käufe und Verkäufe von Gold, Wertpapieren und anderen Finanzprodukten direkt über das Internet vorzunehmen. Die Bank, über die Sie diese Geschäfte abwickeln, muss dabei nicht einmal im Inland beheimatet sein. Wenn es dafür einen sinnvollen Grund gibt, können Sie auch bei einer Bank in Österreich, Frankreich oder den Niederlanden Kunde werden und über die Internetseite der Bank von zu Hause aus mit Wertpapieren handeln.

Notwendig dazu ist lediglich die Eröffnung eines Wertpapierdepots sowie des dazugehörigen Geldkontos beim jeweiligen Anbieter. Der Vorteil ist, dass Sie bei Bedarf jederzeit disponieren können und die Gebühren vieler Anbieter bei Kauf oder Verkauf über das Internet oft deutlich unter den sonst üblichen Sätzen liegen. Außerdem können Sie auch am Abend oder in der Nacht Orders eingeben (siehe dazu auch das Kapitel *Aktien, Fonds und Anleihen: Wie und wo man kauft*). Die meisten Anbieter geben ihren Kunden dabei auch die Möglichkeit, den Börsenplatz zu bestimmen, an dem der jeweilige Auftrag abgewickelt werden soll. Man kann dann prüfen, wo in diesem Augenblick die Order am schnellsten abgewickelt werden kann, wo vielleicht ein etwas günstigerer Kurs erzielt werden kann, oder man wählt die Börse, die die geringsten Gebühren verlangt oder die zu der vielleicht schon späten Stunde noch geöffnet ist. Hinsichtlich der beiden letzten Punkte hat dann in Deutschland oft die Berliner »Tradegate« die Nase vorn. Es gibt also viele gute Gründe, sich Gedanken darüber zu machen, welche Börse man wählt.

Lassen Sie sich aber auf keinen Fall von niedrigen Kosten allein überzeugen. In jedem Fall müssen hohe Sicherheitsstandards, Passwortschutz und andere Maßnahmen dafür sorgen, dass Unbefugte sich nicht bei Ihrem Konto oder Depot bedienen können oder vertrauliche Informationen über Sie abschöpfen. Bei allen seriösen Anbietern von Internet-Broking ist maximale Sicherheit eine Selbstverständlichkeit. Ein Anbieter, der Ihnen das nicht bietet, darf für Sie erst gar nicht infrage kommen – auch wenn er vielleicht mit ein paar Preisvorteilen lockt. Immer muss gelten: Safety first. Außerdem muss in einem solchen Fall immer die Frage gestellt werden, ob das »günstige« Angebot auch aus anderen Gründen wahrscheinlich nicht seriös ist.

Schützen Sie Ihre persönlichen Daten!

Sie sollten zudem immer sorgfältig überlegen, ob Sie der Weitergabe Ihrer Adresse an Dritte zustimmen wollen. Im Zusammenhang mit der Konten- und Depotführung oder einer Kreditvergabe sollten Sie das grundsätzlich nicht tun. Das gilt auch und gerade, wenn Sie mit Gewinnspielen und anderen Mätzchen dazu verleitet werden sollen, persönliche Daten weiterzugeben. Dass Sie anschließend mit Werbebotschaften überschwemmt werden, ist dabei noch das geringste Risiko. Auch wenn Ihnen suggeriert wird, dass Sie kurz davor stehen, ein Apple-Airbook zu gewinnen (wie es dem Autor gerade bei der Recherche für diese Zeilen erging), sollten Sie darauf achten, ob nicht im Kleingedruckten darauf hingewiesen wird, dass Sie mit der verlangten Eingabe Ihrer Adresse gleichzeitig ihrer Weitergabe an diverse Firmen zustimmen. Adresshandel mit minimalster Gewinnchance für die Teilnehmer ist hier das leicht durchschaubare Geschäftsmodell.

In puncto Sicherheit darf nie vergessen werden, dass im Internet immer die Gefahr besteht, dass Unbefugte sich Zugang zu Ihren Daten verschaffen. Cleveren Hackern und Gaunern gelingt es immer wieder, technische Sicherheitsbarrieren zu überwinden. Allerdings sind die Opfer dabei oft unfreiwillige Helfer. Trotz aller Warnungen beantworten sie dubiose Anfragen, die per E-Mail eintrudeln, teilen ihre Kontonummer mit, rücken TAN-Nummern heraus oder geben ihre Passwörter preis.

**WISO** Tipp

Reagieren Sie niemals auf Fragen nach Pass- oder Kennwörtern, TAN-Nummern oder Kontonummern, wenn Sie nicht auf der Webseite Ihrer Bank sind.

Wem deshalb das Restrisiko zu hoch ist, der muss dennoch nicht ganz auf die Vorteile des Internets verzichten. Auch ohne seine Geldgeschäfte vom heimischen PC aus abzuwickeln, kann man auf viele der kostenlosen Serviceleistungen zurückgreifen, die Online-Broker und Direktbanken im Netz zur Verfügung stellen. Dazu gehören Musterdepots, aktuelle Kurse und Charts und viele andere für Sparer und Aktionäre wichtige Informationen. Diese Dienstleistungen sind in der Regel sowohl für Kunden als auch für Nichtkunden frei verfügbar. Kunden oder Nutzern, die sich zumindest registrieren lassen, wird in der Regel ein noch besserer Service geboten.

## Phishing und andere üble Tricks

Phishing ist ein Kunstwort, gebildet aus Password und Fishing. Gemeint ist der Versuch, auf betrügerische Art und Weise an Passwörter von arglosen Internetnutzern zu kommen. Zunächst werden wahllos E-Mails verschickt, ähnlich wie bei Spam-Mails (also unerbetener Werbung). Sie fordern in der Regel auf, persönliche Daten auf der Webseite einer Bank, eines Providers oder Online-Shops neu einzugeben. Häufige Begründung: Angeblich gab es einen Versuch, diese Daten zu stehlen. In der Mail gibt es einen Hyperlink, der nur vermeintlich zur Webseite des angeblichen Absenders führt. Nur ist diese Absenderadresse genauso falsch wie die Webseite, auf der man landet, wenn man diesem Link folgt. Sie ist der echten Webseite der Bank oder des Shops täuschend ähnlich nachgebaut. Optisch ist sie meist nicht vom Original zu unterscheiden. Dort soll das Opfer seine Daten hinterlassen. Bei Phishing-Attacken gegen Bankkunden sind das in der Regel die Kontonummer, die PIN und eine TAN. Gelingt den Angreifern diese Täuschung, haben sie Zugriff auf das Konto und können mit der TAN eine Transaktion durchführen. Im schlimmsten Fall kann das Konto so bis an die Grenze des Dispokredits geplündert werden.

Phishing-Attacken können böse enden

Inzwischen haben nahezu alle Banken Sicherheitshinweise auf ihren Webseiten veröffentlicht. Vom Bundesverband Deutscher Banken gibt es einen umfassenden Sicherheitsratgeber für das Online-Banking (unter www.bdb.de zum Bestellen oder Downloaden). Es liegt in Ihrem Interesse, diese Hinweise ernst zu nehmen.

Beim Bekanntwerden der meisten Attacken gelang es bisher in Zusammenarbeit mit deutschen und ausländischen Providern meist schnell, die gefälschten Webseiten wieder vom Netz zu nehmen oder den Zugang zu sperren. Trotz schneller Gegenmaßnahmen werden solche Fake-Webseiten aber auch in Zukunft zumindest für einige Stunden erreichbar bleiben – Zeit genug für leichtgläubige Konteninhaber, ihre vertraulichen Daten preiszugeben. Deshalb überlegen Sie genau, was Sie tun, ehe Sie im Internet Fragen beantworten und Daten preisgeben.

Fake-Seiten

Beispiel

Hier ein Beispiel für eine typische Phishing-Mail, die nicht – wie in den Anfängen der Internet-Gauner – sofort durch dilettantische Gestaltung und miserables Deutsch auffällt:

VOLKSBANKEN-RAIFFEISENBANKEN

Sehr geehrter Kunde, sehr geehrte Kundin,
Wir möchten Sie bitten, unten auf den Link zu klicken.
Neuer Zugang zum Online-Banking.
Wir bitten Sie, eventuelle Unannehmlichkeiten zu entschuldigen, und danken Ihnen für Ihre Mithilfe.

***** Bitte antworten Sie nicht auf diese Mail *****

Diese Nachricht wurde automatisch generiert

Wer hier klickt, ist schon mit einem Fuß in der Falle.
Die wichtigste Maßnahme zum Selbstschutz besteht darin, entsprechende E-Mails zu ignorieren. Und im Zweifel gilt: Rufen Sie bei Ihrer Bank an, fragen Sie nach. Fast immer werden Sie dann hören, dass es sich um einen neuen Versuch meist vom Ausland aus agierender Ganoven handelt, an Ihre Daten und Ihr Geld zu kommen. Banken und Sparkassen versenden solche Mails nicht.
Grundsätzlich sollten alle Kunden im Online-Banking die Webseite ihrer Bank nicht über Links in Mails oder auf anderen Webseiten aufrufen, sondern direkt eingeben. Am sichersten ist es, die Webseite über die Adressleiste des Browsers einzutragen oder aus den (selbst angelegten) Favoriten oder Bookmarks aufzurufen.
Das sollten Sie unbedingt wissen und beachten: Online-Banking-Seiten sind verschlüsselt. Das wird in der Adressleiste durch das »https://« zu Beginn der Internetadresse ausgewiesen. Achten Sie also unbedingt auf das zusätzliche »s« nach den ersten vier Zeichen der Adresse. In der Statusleiste findet sich dann das Symbol eines Schlosses oder Schlüssels. Aber Vorsicht: Dies alleine bietet immer noch keine völlige Sicherheit vor einer gefälschten Webseite. Die Webseite der Gauner kann selbstverständlich ebenfalls »verschlüsselt« sein: Die Webseite enthält Sicherheitsinformationen, die aber in diesem Fall nur bestätigen, dass man sich auf einer bestimmten, in diesem Fall gefälschten Webseite befindet. Erst wenn man das Sicherheitszertifikat der Webseite prüft (das

**WISO** Tipp

Prüfen Sie auch beim geringsten Zweifel an der Herkunft einer Webseite das Sicherheitszertifikat durch klicken auf das Schlüsselsymbol.

geschieht durch Doppelklick auf das Schlüssel- oder Schlosssymbol oder über das Kontextmenü »Eigenschaften« durch einen rechten Mausklick), kann der Nutzer feststellen, ob es wirklich auf die Institution ausgestellt ist, die er erreichen möchte.

Aber auch das ist nicht immer ein sicherer Beweis: In den USA gab es bereits Angriffe, die nach einem Klick auf einen Link in der Mail tatsächlich auf die Webseite der Bank führten. Im Vordergrund öffnete sich aber ein gefälschtes Fenster, das versuchte, die brisanten Daten zu entführen. Ein Zertifikats-Check hätte hier gezeigt, dass die Webseite im Hintergrund wirklich die richtige war – das gefälschte Pop-up-Fenster wirkte unverdächtig. Die Lehre daraus: Vorsicht bei Pop-ups auf Bankseiten.

Untauglich als Sicherheitsmerkmale sind die Anzeigen von Links in der Statuszeile des E-Mail-Programms oder im Browser: Sicherheitslücken beim Internet Explorer, aber auch bei seinen Konkurrenten Netscape, Firefox oder Opera ermöglichen es den Gaunern, die wahre Identität einer gefälschten Webseite zu verbergen.

Das PIN/TAN-System zur Bestätigung von Überweisungen, Wertpapierorders und anderen Bankgeschäften kann bei richtiger Benutzung als grundsätzlich sicher eingestuft werden, so die Aussage des Bundesamtes für Sicherheit in der Informationstechnik (www.bsi.de). Daher versuchen die Phisher auch nicht, das System selbst anzugreifen, sondern mit gefälschten E-Mails Nutzer des Systems zur Herausgabe ihrer Zugangsdaten zu überlisten. Also können Online-Banking-Kunden weiterhin auf das System mit PINs und TANs vertrauen, die von immer mehr Instituten durch sogenannte iTANs ersetzt werden. Statt einer beliebigen TAN sind nunmehr speziell zugewiesene (indizierte) TANs zu verwenden.

Es gibt derzeit zwei Sicherheitsstandards beim Online-Banking. Das ältere und bisher immer noch gängigste System ist die sogenannte SSL-Verschlüsselung (»Secure Sockets Layer«). Über eine Verbindung zwischen Kunden-PC und Bankrechner werden Daten auf einem sicheren Kanal hin und her geschickt. Dafür benötigt man PIN und TAN.

Zwar schon seit einigen Jahren auf dem Markt, aber immer noch nicht flächendeckend im Angebot ist der HBCI-Standard. Er bietet die höchste Sicherheitsstufe. Denn die Daten werden nicht nur auf einem gesicherten Weg durchs Internet geschickt, sondern alle einzeln verschlüsselt. Zusätzlich muss der Kunde eine digitale Unterschrift leisten. Technisch geschieht das zum Beispiel durch ein Lesegerät und eine Chipkarte. Auf ihr befindet sich der Verschlüsselungscode, der durch eine PIN geschützt ist. Die Eingabe einer TAN, die bei jedem Auftrag zusätzlich eingegeben werden muss, entfällt. Das Zusatzgerät, das an den Computer angeschlossen oder zum Empfang von verschlüsselten Lichtsignalen an den Bildschirm gehalten werden muss, gibt es schon ab 10 Euro. Bei manchen Banken bekommen die Kunden es auch gratis. Der HBCI-Standard hatte einen langsamen Start, wird aber jetzt schon von immer mehr Banken praktiziert.

Auch bei Online-Brokerage gibt es noch Lücken. Sehr sicher, bequem und blitzschnell ist zum Beispiel das photoTAN-Verfahren, wie es unter anderem die Commerzbank anbietet. Dafür kann außer einem kleinen Lesegerät auch eine spezielle App auf dem eigenen Handy genutzt werden. Zum Teil wurden deshalb auch Gerichte bemüht. Dabei wird zunehmend klar, dass die Banken das Sicherheitsrisiko bei Online-Brokerage nicht gänzlich auf ihre Kunden abwälzen können: Auch die Banken haben eine Sorgfaltspflicht, die im Schadensfall von Anlegern jedoch immer wieder eingeklagt werden muss.

## Fazit

Das Internet hat neben vielen anderen Bereichen auch das Verhältnis zwischen den Banken und ihren Kunden revolutioniert. Nicht nur Routinegeschäfte wie Überweisungen, Daueraufträge oder die Kontrolle von Zahlungseingängen lassen sich bequem vom heimischen Schreibtisch oder sogar mobil von unterwegs aus erledigen – aus Hintertupfingen ebenso wie von Mallorca oder aus dem Urlaub im fernen Australien. Auch bei Börsengeschäften herrscht heute fast »Waffengleichheit« zwischen dem Bankprofi in seinem Büro und dem privaten Anleger zu Hause. Beide können in Echtzeit die Kursentwicklung beobachten, die kursbewegenden Nachrichten verfolgen, oder vom Bildschirm aus blitzschnell Wertpapiere kaufen und verkaufen sowie die diversen Analyseinstrumente nutzen. Aber wo viel Licht ist, ist auch viel Schatten. Denn auch Kriminelle haben die Möglichkeiten des Internet entdeckt. Wer sich nicht ausreichend dagegen schützt und alle notwendigen Sicherheitsmaßnahmen beherzigt, muss damit rechnen, dass Ganoven dies bei ihren Beutezügen ausnutzten. Wer nicht zum Opfer der immer raffinierter werdenden Betrüger werden will, muss daher das Wettrüsten der Guten und der Bösen mitmachen.

Wer knabbert an meinen Gewinnen? 262

Die Abgeltungsteuer: Ganz einfach, aber leider nur im Prinzip 264

Das Finanzamt: Big Brother is watching you 271

# Abgeltungsteuer: Wie man Steuervorteile richtig nutzt

Konsumenten wollen sich für ihr Geld etwas leisten; Sparer wollen Erträge sehen. Doch rationale Geldanlage ist keine Liebhaberei wie das Sammeln von Briefmarken. Es dient der Vermögensbildung, der Vorbereitung eines Hauskaufs oder der Zahlung von Versicherungsbeiträgen und oft zugleich der Alterssicherung. Doch wo Geld verdient wird, sitzt immer ein ungebetener Gast mit am Tisch: der Fiskus. Ihr Anlageerfolg, die tatsächliche Rendite, hängt nicht zuletzt davon ab, ob Sie Ihre Transaktionen (auch) unter steuerlichen Gesichtspunkten optimieren.

## Wer knabbert an meinen Gewinnen?

Es kommt nicht nur darauf an, mehr oder weniger regelmäßig etwas auf die »hohe Kante zu legen». Der Erfolg des Sparens, der schrittweise Aufbau einer ausreichenden Altersversorgung oder eines gewissen Vermögens hängen von der Rentabilität der Geldanlagen ab, von Zinserträgen, Dividenden und Kursgewinnen – oder auch mal Verlusten. Da kann man sich dann ausrechnen, wie das angesparte Geld sich durch den Zinseszinseffekt erst langsam und dann nach einiger Zeit immer stärker vermehrt, weil die eingenommenen Zinsen selber wieder »Junge kriegen«. Leider wird das Tempo der Wertsteigerung in der Wirklichkeit aber dadurch stark verlangsamt, dass Zinseinnahmen und Dividenden steuerpflichtig sind und dass bei Kursgewinnen Spekulationssteuer fällig wird.

Um diesen Anteil des Fiskus wird der erzielte Zinsertrag geschmälert und überdies kann der abgeschöpfte Teil des Gewinns nicht mehr zur wundersamen Geldvermehrung durch den Zinseszinseffekt beitragen. Seit Einführung der Abgeltungsteuer 2009 holt sich der Fiskus nämlich sein Geld gleich an der Quelle. Die Kreditinstitute sind verpflichtet, 25 Prozent vom Zins- und Dividendenertrag oder vom Kursgewinn direkt an das Finanzamt zu überweisen (zuzüglich Solidaritätszuschlag und gegebenenfalls Kirchensteuer). Das hat allerdings auch seine guten Seiten: Erstens müssen die Banken und Sparkassen das für Sie erledigen und zweitens ist damit Ihre Steuerschuld abschließend beglichen. Im Prinzip. Wie viel der Fiskus tatsächlich kassiert, hängt nämlich auch ein wenig von Ihnen ab. Denn die Abgeltungsteuer ist zwar im Grundsatz recht einfach. Aber wir leben in Deutschland. Und wo deutsche Gründlichkeit herrscht, ist kaum ein Gesetz wirklich einfach – schon gar nicht, wenn es um das Steuerrecht geht. Das bietet Anlegern allerdings auch die Chance, den einen oder anderen Euro vor dem Fiskus in Sicherheit zu bringen.

Die steuerliche Optimierung der Geldanlage wird allerdings nicht nur durch die vielen Sonder- und Ausnahmeregeln vom an sich einfachen Grundprinzip, sondern auch durch die für den normalen Bürger nahezu unverständliche Sprache des Gesetzgebers erschwert. Dazu kommen eine inzwischen kaum noch überschaubare Flut von Anordnungen und Erlassen des Finanzministeriums und die zahlreichen Urteile der Gerichte zu den dadurch ausgelösten Streitfällen. Außerdem: Die Steuergesetze werden immer strenger, die Schlupflöcher enger, das Kontrollsystem schärfer und die Strafen für erwischte Steuersünder härter. Schummeln lohnt also nicht.

Eine steueroptimierte Geldanlage ist auch deshalb schwierig, weil es in der deutschen Steuergesetzgebung keine Stetigkeit und Verlässlichkeit gibt. Fast jedes Jahr wird an den Steuergesetzen herumgebastelt. Was gestern noch als gerecht, sozial oder modern galt, wird morgen schon wieder geändert: Um unerwünschte Folgen bestimmter gesetzlicher Regelungen abzumildern, um Arbeitnehmern oder Unternehmern Anreize für bestimmte Verhaltensweisen zu geben, um wechselnden Gerechtigkeitsvorstellungen näherzukommen oder schlicht um die Kassen des Fiskus zu füllen. Die dadurch ausgelöste Unsicherheit wächst insbesondere vor Wahlen zum Bundestag. Denn dann fordern einige Parteien allerlei Steuererhöhungen und den Abbau echter oder vermeintlicher Privilegien und damit mehr Lasten für die »starken Schultern«, während andere die Wähler mit dem Versprechen einfacherer Gesetze, niedrigerer Steuern und sinkender Abgaben zu locken versuchen. Die Halbwertzeit deutscher Steuergesetze wird immer kürzer und das einzig Beständige am Umgang des Fiskus mit Kapitaleinkünften ist die Unbeständigkeit.

So ärgerlich die unentwegte Bastelei der Politik an den Steuergesetzen für den damit geplagten Bürger auch ist, so führt doch kein Weg an der Erkenntnis vorbei: Man muss sich zumindest mit den grundlegenden Regeln beschäftigen. Denn einerseits schützt Unkenntnis gerade im Steuerrecht nicht vor Strafe und andererseits kann man viel Geld verlieren (oder umgekehrt auch sparen), wenn man bei seinen Kauf- und Verkaufsentscheidungen die steuerlichen Aspekte der Geldanlage immer im Auge behält. Das bedeutet, dass Sie das Finanzamt nicht nur an den Gewinnen beteiligen müssen, sondern ihm auch einen Teil an eventuellen Verlusten aufbrummen können.

Dafür ist es zunächst einmal sehr wichtig, dass Sie schon von Jahresbeginn an mit der steuerlichen Optimierung beginnen. Denn wenn Sie erst dann an die steuerliche Gestaltung Ihrer Anlageentscheidungen denken, wenn Sie die Steuererklärung für das abgelaufene Jahr abgeben müssen, ist es oft zu spät. Die steuerlich relevanten Fakten sind durch Käufe und Verkäufe, Freistellungsaufträge oder die Verteilung der vorhandenen Mittel auf Lebensversicherungen, Fonds oder Aktien längst geschaffen worden. Was versäumt wurde, lässt sich oft nicht mehr nachholen.

**WISO** Tipp

Beschäftigen Sie sich mit den steuerlichen Aspekten der Geldanlage nicht erst, wenn das Jahr vorbei ist. Bewahren Sie Belege auf.

Es ist zwar lästig, aber wenn Sie dem Fiskus nichts schenken wollen, müssen Sie sich mit Spekulationsfristen, Dividenden- und Zinsbesteuerung, Freigrenzen und Freistellungsaufträgen, Verlustvor- und Rückträgen, Abgeltungsteuer und anderen

sperrigen Begriffen aus dem Steuerrecht vertraut machen – wobei bis Ende 2008 auch noch ganz andere Regeln galten als seit 2009. Und zu allem Überfluss wirkten sich einige der alten Regelungen noch bis zum Ablauf des Steuerjahrs 2013 aus.
Aber es hilft nichts, wir müssen damit leben und das Beste daraus machen. Sonst könnte es sein, dass der Fiskus mehr Spaß an Ihren Anlageerfolgen hat als Sie selbst.

## Die Abgeltungsteuer: Ganz einfach, aber leider nur im Prinzip

Bis Ende 2008 mussten Sparer alle Gewinne und Verluste, Zins- und Dividendeneinnahmen und andere Kapitalerträge im Rahmen ihrer Steuererklärung für das abgelaufene Jahr angeben und ihrem persönlichen Steuersatz entsprechend einen Teil davon an das Finanzamt abführen. Seit 2009 erledigen das die Banken für Sie. Alle Kreditinstitute sind verpflichtet, bei Erträgen von Festgeldern und Genussscheinen, bei vereinnahmten Zinsen und Dividenden ebenso wie bei realisierten Kursgewinnen von Aktien, Anleihen, Zertifikaten oder Anteilen an Investmentfonds vor der Gutschrift auf dem Konto des Kunden pauschal einen Abschlag von 25 Prozent (zuzüglich Solidarzuschlag und gegebenenfalls Kirchensteuer) vorzunehmen und das Geld direkt an das Finanzamt zu überweisen. Ohne dass Sie selbst einen Finger rühren müssen, ist damit die Steuerschuld endgültig »abgegolten«, einmalig, pauschal und endgültig. Die Kapitalerträge werden nicht mehr zum übrigen Einkommen addiert und dann (wie bis Ende 2008) mit dem persönlichen Steuersatz belastet.
Das hört sich nach Steuerentlastung und Vereinfachung an. Bei näherem Hinsehen allerdings muss man feststellen, dass die deutsche Bürokratie ihrer Linie treu geblieben ist. Einfacher wird es nur selten, komplizierter und teurer dagegen für den Sparer in den meisten Fällen.
Weniger Steuern zahlen vor allem Besitzer mittlerer und großer Vermögen, die größere Zinseinnahmen haben. Da ihr persönlicher Steuersatz deutlich über 25 Prozent liegt, kommen sie mit der Abgeltungsteuer besser weg als vor 2009. Schlechter behandelt werden dagegen Geringverdiener, deren Einkommensteuersatz unter 25 Prozent liegt. Ihnen werden trotzdem 25 Prozent von allen Zinserträgen abgezogen, die oberhalb des Sparerpauschbetrags liegen. Sie können sich dann zwar Geld vom Finanzamt zurückholen, aber erst nach Ablauf des Jahres im Rahmen einer

Steuererklärung. Was für Zins- und Dividendeneinnahmen gilt, trifft sinngemäß auch auf Spekulationsgewinne zu, wenn der persönliche Steuersatz – wegen geringer Gesamteinkünfte – unter 25 Prozent liegt. Doch es gibt einen Ausweg: Geringverdiener mit einem persönlichen Einkommensteuersatz unter 25 Prozent können einen Antrag auf Veranlagung der Kapitaleinkünfte zur Einkommensteuer stellen. Das führt in der Regel zu einer deutlichen Steuerersparnis, allerdings auch zu mehr Arbeit. Denn es muss eine Einkommensteuererklärung abgegeben und die Kapitaleinkünfte müssen detailliert angegeben werden. Die notwenige Vorarbeit erledigen allerdings auch in diesem Fall die Banken, die entsprechende Bescheinigungen ausstellen müssen.

**WISO** Tipp

Eine Angabe der Kapitaleinkünfte in der Einkommensteuererklärung kann sich lohnen – nicht nur für Geringverdiener.

Eine Aufnahme der Kapitaleinkünfte in die Steuererklärung ist auch immer dann für Sie von Vorteil, wenn Sie bei verschiedenen Instituten (beispielsweise bei einer Sparkasse, einer Direktbank und einem Fonds) Depots und Konten unterhalten. Denn nur so können Gewinne bei einem der Depots gegen Verluste bei einem anderen aufgerechnet und damit zu viel gezahlte Steuern zurückgeholt werden. Ähnliches gilt, wenn Sie »Altverluste« aus der Zeit bis Ende 2008 besitzen, die Sie gegen Spekulationsgewinne ab 2009 aufrechnen können, um gezahlte Spekulationssteuer zurückzuholen.

Achten Sie insbesondere auf eventuelle »historische Verluste« aus Wertpapierverkäufen vor 2009. Sofern Sie Wertpapiere vor Jahresende 2008 innerhalb der bis dahin noch geltenden einjährigen Spekulationsfrist mit Verlust verkauft haben, können Sie diese Miesen gegen Gewinne verrechnen, die Sie ab 2009 erzielen. Es ist übrigens zulässig, Papiere mit Kursgewinnen zu diesem Zweck zu verkaufen und nach Realisierung des Verlustes nach kurzer Zeit zurückzukaufen. Das ist immer sinnvoll, wenn Sie damit rechnen, dass Ihnen diese Wertpapiere auch in Zukunft noch Freude machen werden – durch eine hohe Dividendenrendite oder weil Sie damit rechnen, dass der Kurswert dieser Anteile weiter steigt. Das kostet zwar Provision und Spesen bei Verkauf und Rückkauf, kann aber zu weit höheren Steuerersparnissen führen.

**WISO** Tipp

Letzte Chance: Steuererklärung 2013. Ab 2014 können Altverluste aus der Zeit bis Ende 2008 nicht mehr geltend gemacht werden.

Beispiel

Sie haben 2013 Aktien der Deutschen Bank im Depot, deren Kurswert seit dem Kauf um 2000 Euro gestiegen ist. Bei einem Verkauf vor Ende des Jahres müssen Sie an sich 25 Prozent (also 500 Euro) an das Finanzamt abführen. Da Sie dem Finanzamt in Ihren früheren Einkommensteuererklärungen aber für die Zeit vor 2009 höhere Verluste nachgewiesen haben, können Sie dieses »negative Guthaben« letztmalig in der Einkommensteuererklärung für 2013 nutzen, um Spekulationsgewinne zu neutralisieren. Es ist aber (durch entsprechende Gerichtsurteile abgesichert) völlig legal, wenn Sie die verkauften Aktien kurze Zeit später erneut erwerben, weil Sie in Zukunft weitere Kursgewinne erwarten. Angenommen, Sie erzielen bis Ende 2015 erneut einen Kursgewinn von beispielsweise 600 Euro. Davon müssen Sie beim erneuten Verkauf 150 Euro an das Finanzamt abtreten. Altverluste aus der Zeit vor 2009 dürfen Sie dann zwar nicht mehr geltend machen. Aber ohne die »Zwischenabrechnung« 2013 müssten Sie beim späteren Verkauf insgesamt einen Gewinn von 2600 Euro versteuern – also 650 Euro Abgeltungsteuer zahlen. Durch geschickte Gestaltung haben Sie also 500 Euro gespart, denen bei der Bank nur geringe Transaktionskosten für Verkauf und Rückkauf der Papiere gegenüberstehen.

Ab 2009 ist diese Form der (legalen!) Steuergestaltung zwar nicht mehr möglich, weil Altverluste aus der Zeit vor 2009 endgültig verfallen sind. Aber Sie können trotzdem gelegentlich durch Verkauf und Rückkauf von Wertpapieren ganz legal Steuergestaltung betreiben. Um diese Möglichkeit nutzen zu können, müssen Sie allerdings wissen, welche Rolle die Banken und Sparkassen als Steuereintreiber spielen (müssen).
Seit der Einführung der Abgeltungsteuer berechnen die Kreditinstitute bei jedem Geschäft, das der Abgeltungsteuer unterliegt, die fälligen Steuerzahlungen. Für die Abwicklung bilden sie für jeden Kunden einen Verrechnungstopf. Bei eingehenden Zinsen, Dividenden oder realisierten Kursgewinnen überweisen sie die Abgeltungsteuer (plus Soli und gegebenenfalls Kirchensteuer) direkt an das Finanzamt. Wenn die Kunden Wertpapiere mit Verlust verkaufen, werden die entsprechende Beträge im Verrechnungstopf gesammelt und mit den Gewinnen verrechnet. Solange dort Verluste vermerkt sind, erhält der Anleger seine Kursgewinne ohne Abzug ausgezahlt. Wenn die Gewinne zeitlich vor den Verlusten entstanden sind, werden bereits gezahlte Steuerabzüge verrechnet. Für die Kunden ist das sehr bequem, weil vor allem bei den eher »exotischen« Wertpapieren oder bei Dividenden, die als Liquiditätsausschüttung gelten, zahlreiche Besonderheiten zu beachten sind. Damit ist der gewöhnliche Anleger in der Regel überfordert – und manchmal sogar das Rechenprogramm der Bank.
Wenn der Anleger nur bei einer Bank ein Depot unterhält, kein Geringverdiener ist, dessen persönlicher Einkommensteuersatz unter 25 Prozent

liegt, keine Altverluste aus der Zeit vor 2009 mehr vor sich herschiebt, nicht zwischenzeitlich seine Depotbank gewechselt hat oder andere steuerliche Besonderheiten aufzuweisen hat, braucht er sich um die ordnungsgemäße Versteuerung seiner Renditen und Kapitalgewinne in der Regel keine Gedanken zu machen. Das spielt sich alles im Verrechnungstopf ab. Die Bank überweist die fälligen Steuern an das Finanzamt oder die positiven Ausgleichsbeträge an den Kunden.

Anders ist es, wenn der Kunde das Kreditinstitut gewechselt hat oder wenn er mehrere Depots unterhält – bei einer Geschäftsbank, einer Direktbank, einer Fondsgesellschaft zum Beispiel. Dann gibt es auch entsprechend viele unterschiedliche Verrechnungstöpfe. Wenn in einem unter dem Strich Verluste entstanden sind, während andere Gewinne ausweisen, erfolgt der Ausgleich nicht automatisch. Der Kunde muss dann die Jahressteuerbescheinigungen der verschiedenen Kreditinstitute seiner Einkommensteuererklärung beifügen. Der Gewinn- und Verlustausgleich wird dann im Rahmen des Einkommensteuerbescheids durchgeführt. Das gilt auch dann, wenn der Anleger zwar nur bei einer Bank ein Depot unterhält, aber bei der Steuerberechnung persönliche Umstände zu beachten sind, die der Bank nicht bekannt sind oder die sie im Verrechnungstopf nicht berücksichtigen kann. Es könnte beispielsweise sein, dass dem Kreditinstitut nicht bekannt ist, ob der Kunde kirchensteuerpflichtig ist, ob Ehepartner Mitglieder verschiedener Kirchen sind oder ob sie im Laufe des Jahres aus der Kirche ausgetreten sind.

Wann Sie welche Aktien und andere Wertpapiere kaufen oder verkaufen, ist allein Ihre Entscheidung. Sie dürfen und müssen dabei auch an die steuerlichen Konsequenzen denken. Wenn Sie in Ihrem Verrechnungstopf Gewinne oder Verluste angesammelt haben, kann es sinnvoll sein, zu überlegen, ob Sie diese in einer Form nutzen, die Ihre Steuerlast senkt oder zumindest zeitlich verschiebt. Drei konkrete Beispiele machen es leichter, das nachzuvollziehen.

**WISO** Tipp

Die Abgeltungsteuer bietet Ihnen die Möglichkeit, Ihre Steuerzahlungen im Rahmen der Abgeltungsteuer zu »gestalten« – natürlich ganz legal. Und lohnend!

Beispiele

**1.** Sie haben einerseits Verluste im Verrechnungstopf und andererseits 20 Aktien von Bayer im Depot, mit denen Sie einen ähnlich hohen Gewinn gemacht haben. Wenn Sie diesen Gewinn in jedem Fall sichern wollen, kann es sinnvoll sein, diese Aktien jetzt zu verkaufen. Der Gewinn wird mit dem früheren Verlust verrechnet und die Bank überweist den gesamten Erlös ohne steuerlichen Abzug auf Ihr Konto. Wenn Sie die Aktien zurückkaufen, haben Sie die Chance, an weiteren – erhofften – Kurssteigerungen teilzuhaben. Sollte der gesamte Markt dagegen schwächeln und auch der Kurs Ihrer Aktie fallen, hätten Sie bei einem späteren Verkauf immerhin erneut einen verrechnungsfähigen Verlust, den Sie ohne Verkauf und Rückkauf der Aktie nicht vorweisen könnten. Der zwischenzeitliche Kursgewinn wäre ohne irgendeinen positiven Effekt für Sie verpufft. Ideal wäre es für Sie, wenn Sie die Aktie mit einer zeitlichen Verzögerung erst während der Schwächephase billiger zurückkaufen können. Dann haben Sie einen realen Gewinn gemacht, ohne ihn versteuern zu müssen: Sie besitzen genauso viele Stücke der Aktie wie vorher, können entsprechend Dividende kassieren (wegen des günstigeren Einkaufs sogar mit höherer Dividendenrendite) und auf den nächsten Kurssprung warten.

**2.** Sie haben Aktien im Depot, die erfreulich stark gestiegen sind, und wollen sie verkaufen, da Sie ein Ende der Hausse erwarten. Andererseits haben Sie Papiere, die als Folge der Energiewende stark gefallen sind. Beim Verkauf beider Positionen können Sie den Gewinn »neutralisieren« und müssen auf den Gewinn keine Abgeltungsteuer zahlen. Ob Sie die eine oder die andere, vielleicht sogar beide Aktien früher oder später zurückkaufen, weil Sie steigende Kurse erwarten, hängt von der jeweiligen Situation ab. Wenn es das Papier mit den zeitweiligen Verlusten ist, behalten Sie die Chance, diese wieder wettzumachen, in der Zwischenzeit Dividenden zu kassieren, und haben dennoch zunächst eine Steuerzahlung vermieden. Auch wenn sich solche Effekte langfristig ausgleichen, bringt Ihnen das Liquiditätsvorteile.

**3.** Sie sind unsicher, wohin die Reise an der Börse geht. Deshalb erwerben Sie zwei Zertifikate auf den Dax – eins, das im Kurs zulegt, wenn der Deutsche Aktienindex steigt, eins, das an Wert gewinnt, wenn der Dax fällt. Beide ohne Laufzeitbegrenzung. Das bedeutet zwar, dass unter dem Strich mit den beiden Zertifikaten kein Gewinn (und auch kein Verlust) zu erzielen ist. Solange der Index sich seitwärts bewegt, also nur kleine Ausschläge nach oben oder unten zeigt, nützen Ihnen die Zertifikate nicht viel. Aber bei einer deutlichen Änderung des Kursniveaus konnte (jedenfalls bis Ende 2013) das im Plus stehende Zertifikat verkauft werden, um auf diesem Weg eventuelle Altverluste aus der Zeit vor 2009 noch dazu zu nutzen, den aktuellen Gewinn ganz ohne oder zumindest mit einem geringeren steuerlichen Abzug zu kassieren. Aber auch wenn keine Altverluste mehr vorhanden sind und das Jahr 2013 längst Geschichte ist, kann das Spiel mit den beiden Zertifikaten und diese legale Form der steuerlichen Gestaltung reizvoll sein. Denn eines der beiden Zertifikate können Sie zu einem geeigneten Zeitpunkt nutzen, um Gewinne oder Verluste mit anderen Papieren steuerlich zu kompensieren. Und selbst wenn es nichts zu kompensieren gibt, haben Sie immer ein Wertpapier, das sich mit Gewinn verkaufen lässt – egal ob die Kurse zuvor stark gefallen oder stark gestiegen sind. Dazu kommt die berechtigte Hoffnung, dass auch das andere Zertifikat angesichts des stetigen Auf und Ab des Aktienindex nach einer gewissen Zeit wieder in die Gewinnzone kommt.

## Private Veräußerungsgewinne

Der erfolgreiche Verkauf von Aktien und anderen Wertpapieren an der Börse durch private Sparer gehört zu den »Privaten Veräußerungsgewinnen« und die sind grundsätzlich steuerfrei. Doch das gilt leider nur im Prinzip. Es gilt beispielsweise, wenn beim Verkauf von selbst genutzten Gebrauchtwagen, von Bildern oder Schmuck aus Familienbesitz, von Münz- oder Briefmarkensammlungen ein Gewinn erzielt wird. Das hat vor allem praktische Gründe: Solche privaten Geschäfte – sei es ein Verkauf am Garagentor, im Internet oder per Kleinanzeige – werden nur selten gemacht und sind außerdem für das Finanzamt kaum greifbar. Sollte allerdings ein misstrauischer Finanzbeamter feststellen, dass einer seiner »Kunden« etwas zu häufig bei Ebay als Verkäufer auftritt, ist es mit der Einstufung seiner Aktivitäten als private Veräußerungsgeschäfte rasch vorbei. Und da, wo es für den Fiskus wirklich interessant wird, kommt ohnehin kein Sparer und Anleger mit der Ausrede durch, es handele sich bei seinen Aktien- oder Grundstückgeschäften ebenso um ein privates Hobby wie der Handel mit Briefmarken oder Münzen unter Sammlern.
Bei Gewinnen aus dem Verkauf von Wertpapieren oder Grundstücken werden deshalb auch bei Privatleuten Spekulationssteuern fällig. Das gilt:

- Bei Wertpapieren seit 2009 unabhängig davon, wann sie gekauft oder verkauft werden (bis Ende 2008 wurde eine Spekulationssteuer nur fällig, wenn zwischen beiden Daten weniger als ein Jahr verstrichen war).
- Bei Veräußerung von Grundstücken und grundstücksgleichen Rechten, wenn der Zeitraum zwischen An- und Verkauf weniger als zehn Jahre (bis 1999 waren es nur zwei Jahre) beträgt. Bei Immobilien gibt es keine pauschale Abgeltungsteuer. Hier unterliegt der Gewinn auch nach 2008 dem persönlichen Einkommensteuersatz. Wichtige Ausnahme: Der Verkauf einer selbst genutzten Wohnung. Sie kann bei einem Umzug ohne Beachtung der Spekulationsfrist steuerfrei veräußert werden.
- Bei Veräußerungsgeschäften, bei denen die Veräußerung der Wirtschaftsgüter früher erfolgt als der Erwerb. Das bezieht sich auf Verkäufe per Termin.

Eine Privatperson, die eine selbst genutzte Wohnung oder eine Briefmarkensammlung mit Gewinn verkauft, erzielt also lediglich einen Veräußerungsgewinn, aber keinen steuerpflichtigen Spekulationsgewinn.
Besonders ärgerlich ist die Abgeltungsteuer für alle, die langfristig sparen, um im Alter nicht allein auf die immer dürftiger ausfallende Altersrente angewiesen zu sein. Denn die gleichen Politiker, die den »Menschen draußen im Lande« immer wieder väterlich raten, rechtzeitig für den dritten Lebensabschnitt vorzusorgen, haben das mögliche Ergebnis des Sparerfleißes dadurch kräftig beschnitten, dass seit 2009 außer den jährlichen Zinsen und Dividenden auch die im Verlauf von 20 oder 30 Jahren erzielten Kursgewinne um die jeweils geltende Abgeltungsteuer gekürzt werden – unabhängig davon, ob die Wertpapiere häufig umgeschichtet wurden oder ob sie viele Jahre lang im Depot geblieben sind. Bis Ende 2008 konnte der Not- und Altersgroschen dagegen steuerfrei vereinnahmt werden, sobald die Aktien, Anleihen, Fondsanteile oder Zertifikate bereits länger als ein Jahr im Besitz des Sparers waren. Dabei spielte es auch keine Rolle, ob das Vermögen in der Zwischenzeit von der schleichenden Inflation angenagt wurde. Nicht die reale Kaufkraft, sondern der Nominalwert wird besteuert, sobald der Sparer damit beginnt, Wertpapiere zu verkaufen, um seine Rente aufzubessern.
Hinzu kommt, dass auch der »Sparerfreibetrag«, bis zu dem die jährlich erzielten Zinsen und Dividenden von einer Besteuerung verschont bleiben, in den vergangenen Jahren ständig weiter reduziert wurde. Bei der Einführung der Zinsabschlagsteuer 1993 lag der Freibetrag für Verheiratete bei 12 000 DM. Sechs Jahre später wurde er auf 3068 Euro halbiert, ab 2004 auf 2740 Euro und drei Jahre später weiter sogar auf nur noch auf 1500 Euro gesenkt. Seit 2009 wird der Sparerfreibetrag mit der alten Werbungskostenpauschale von 102 Euro zum Sparerpauschbetrag von 1602 Euro zusammengezogen (bei Ledigen jeweils die Hälfte dieser Beträge). Das sieht nach einer schlichten Addition aus, brachte aber für viele Sparer eine weitere Entwertung, weil ein Abzug der (eventuell weit höheren) tatsächlichen Werbungskosten nicht mehr zugelassen wird.
Der ehemals bei der Einführung der Zinsabschlagsteuer zur Beruhigung der Sparer eingeführte Freibetrag wurde so schrittweise auf ein Viertel der ursprünglichen Summe zusammengestrichen. Das ist auch deshalb eine sparerfeindliche Politik, weil die Geldentwertung, die Jahr für Jahr den realen Wert der Ersparnisse sinken lässt, eigentlich zu einer Erhöhung statt zu einer Senkung der Sparerfreibeträge hätte führen müssen. Getroffen durch diese heimlichen Steuererhöhungen werden zudem vor allem

die Kleinsparer. Denn während der Sparerpauschbetrag bei Besitzern größerer Vermögen in die Kategorie »Peanuts« fällt, hat er für die kleinen Sparer eine große Bedeutung. Durch das Wegsteuern eines Teils der in den langen Jahren niedriger Zinsen ohnehin mageren Erträge wird der für die Bildung eines ausreichenden Kapitalpolsters im Alter so wichtige Zinseszinseffekt überdies noch weitgehend zerstört. Das ist auch deshalb fragwürdig, weil diese Ersparnisse aus bereits versteuertem Einkommen gebildet werden. Zudem: Wer selbst für sein Alter vorsorgt, fällt später nicht dem Staat und seinen Sozialkassen zur Last.

Sie haben also allen Grund und jedes Recht, alle legalen Möglichkeiten voll auszuschöpfen, die die bestehenden Steuergesetze Ihnen (noch) lassen. Um sie voll auszuschöpfen, muss eventuell ein Steuerberater hinzugezogen oder eine gute Steuersoftware, wie das *WISO-Sparbuch*, bei der Bearbeitung der Steuererklärung verwendet werden.

## Das Finanzamt: Big Brother is watching you

Trotz allen Ärgers über hohe Steuerlasten und der dadurch vielleicht verstärkten Versuchung, dem Finanzamt den einen oder anderen Euro vorzuenthalten, sollte jedem Anleger allerdings ein Punkt ganz klar sein: Die Beachtung steuerlicher Pflichten muss – auch im eigenen Interesse – sehr ernst genommen werden. Mancher, der sich als kleiner Sparer betrachtet, hat es in der Vergangenheit als lässliche Sünde oder gar erlaubte Notwehr betrachtet, dem Finanzamt gegenüber gelegentlich etwas vergesslich zu sein und den Fiskus über die eine oder andere Einnahme aus Zinsen, Dividenden oder Spekulationsgewinnen nicht zu informieren. Aber die Möglichkeiten dazu wurden einerseits durch die Einführung der Abgeltungsteuer stark eingeschränkt und andererseits wurden die staatlichen Kontrollmöglichkeiten immer weiter ausgebaut und verfeinert.

Viele Aktiensparer sind in der Vergangenheit davon ausgegangen, dass das Finanzamt Besseres zu tun habe, als bei »Otto Normalverdiener« nach Spekulationsgewinnen zu fahnden. Der Aufwand lohne den Ertrag nicht. Außerdem betätigten sich nur wenige Kleinaktionäre als »Trader«, die ständig kaufen und verkaufen, um auch aus kleinen Kursveränderungen einen großen Gewinn zu machen. Oft hielten sie ihre Aktien über viele Jahre. Wenn dann doch mal Gewinne innerhalb der steuerlich relevanten Spekulationsfrist erzielt wurden, hielten sich viele an das Motto: »Der Kavalier genießt und schweigt.«

## Verschärfte Kontrollmaßnahmen

Inzwischen hat sich aber vieles geändert. Auch das Finanzamt weiß, dass es heute in Deutschland weit mehr Aktionäre und Besitzer von Fondsanteilen gibt als früher. Es weiß auch, dass viel mehr Geld als früher in Aktien und anderen Wertpapieren steckt, da immer mehr Menschen privat für ihr Alter vorsorgen. Zinseinnahmen aus Spareinlagen oder Bundesanleihen haben selbst bei Durchschnittsverdienern inzwischen oft eine beachtliche Höhe. Dazu kommen auch Dividenden oder die Ausschüttungen der Investmentfonds.

**WISO** Tipp

Der Fiskus nutzt alle Möglichkeiten, Ihre Einkommensquellen zu erforschen und seinen Anteil zu holen. Nutzen Sie alle legalen Möglichkeiten, Steuern zu sparen.

Der Fiskus hat heute weit mehr Möglichkeiten als früher, nicht deklarierte Zinseinnahmen, Dividenden und Kursgewinne aufzuspüren – auch im Ausland. Das deutsche Bankgeheimnis ist schon lange kein Geheimnis mehr, sondern durchlöchert wie ein Sieb. Die Auskunftspflicht der Banken gegenüber dem Finanzamt ist immer weiter ausgedehnt worden. Der Fiskus kann beim geringsten Verdacht Sammelauskunftsersuchen stellen, bei denen alle Daten zu melden sind, die von steuerlichem Interesse sein können.

Seit 2005 müssen die Banken überdies ihren Kunden generell eine Erträgnisbescheinigung ausstellen, deren Vorlage das Finanzamt verlangen kann. Hinzu kommt eine Auflistung von Wertpapiergeschäften. Da bleibt kein Cent Gewinn oder Zinsertrag mehr verborgen. Wer bisher glaubte, er könne Konten vor dem Finanzamt verstecken, hat sich ebenfalls getäuscht. Unter dem Vorwand, Geldwäscher, Sozialbetrüger und Terroristen aufspüren zu müssen, strickt der Staat ein immer engmaschigeres Kontrollnetz. Die vermehrte Schnüffelei wird vor allem durch das »Gesetz zur Förderung der Steuerehrlichkeit« legitimiert. Selbst ohne Verdacht auf Steuerhinterziehung oder Sozialmissbrauch können die Behörden – neben dem Finanzamt zum Beispiel auch die Arbeitsagentur und andere Sozialbehörden – abfragen, wo der Betroffene ein Konto hat und wer auf das Konto als Bevollmächtigter zugreifen darf. Allein dadurch lassen sich Ungereimtheiten aufdecken. Denn hat jemand viele Konten, gibt aber an, keine Guthaben zu besitzen, kann der Sachbearbeiter nachforschen. Er darf überprüfen, ob sein Misstrauen berechtigt war oder nicht.

Überdies wird die früher in Deutschland übliche anonyme Inhaberaktie immer mehr durch Namensaktien verdrängt (siehe das Kapitel *Die Aktie: Ein Begriff und viele Varianten*). Diese Papiere werden bei den Unternehmen auf den Namen des jeweiligen Käufers in ein »Aktienbuch« eingetragen, aus dem längst eine Datenbank geworden ist. Wenn das Finanzamt in diese Aktionärsverzeichnisse Einblick nimmt und die Daten automatisch auswertet, lässt sich leicht nachvollziehen, wer welche Aktien besitzt, wann sie gekauft und verkauft wurden und ob dabei Gewinne oder Verluste entstanden sind. Die immer noch sogenannten Wert»papiere« haben mit Papier schon lange nichts mehr zu tun, sondern liegen virtuell in Datenbanken. Das macht auch die früher so beliebten »Tafelgeschäfte« unmöglich, bei denen sich der Aktionär gegen den abgeschnittenen Zinskupon seine Dividende anonym und in bar abholte.

Doch damit nicht genug: Die Banken sind auch verpflichtet, Kapitalerträge ihrer Kunden im Rahmen der Freistellungsregelung an das Bundesamt für Finanzmarktaufsicht (BaFin) zu melden. In diesem Zusammenhang geht es auch um eine Aufteilung zwischen Zinsen und Dividenden. Aus entsprechend hohen Dividendeneinnahmen kann der Fiskus den Schluss ziehen, dass bei einem Steuerpflichtigen mit hoher Wahrscheinlichkeit auch Spekulationsgewinne angefallen sind. Daraus wiederum könnte das Finanzamt den Wunsch ableiten, die ordnungsgemäße Deklarierung dieser Gewinne zu überprüfen. Mogeln wird also immer schwerer und Vergesslichkeit immer gefährlicher.

Das gilt auch, wenn man ein Konto in Frankreich, den Niederlanden oder Spanien unterhält, denn die meisten EU-Länder melden Zinseinnahmen, Dividenden oder Spekulationsgeschäfte des Kontoinhabers dem heimatlichen Finanzamt. Österreich, Luxemburg und Belgien haben sich unter dem Druck der großen Nachbarländer auch weitgehend von ihrem Bankgeheimnis verabschiedet und erheben zudem auf Kapitalerträge von EU-Ausländern eine Quellensteuer, die zu 75 Prozent an das Heimatland des Anlegers überwiesen wird. Sie stieg 2007 von zunächst 15 auf 20 Prozent. Seit 2010 beträgt sie 35 Prozent. Seither lohnt sich das Versteckspiel für unehrliche Bundesbürger nicht mehr. Denn dieser Satz liegt deutlich über der deutschen Abgeltungsteuer von 25 Prozent.

Fazit

Abgesehen von allen Fragen rund um Moral und Steuerehrlichkeit empfiehlt es sich auch mit Blick auf die sonst drohenden Strafen, die steuerlichen Pflichten ernst zu nehmen. Umgekehrt haben Sie aber auch das Recht, Ihre steuerliche Belastung im Rahmen des Erlaubten so gering wie möglich zu halten. Nutzen Sie Ihre Chance!

# Register


A

Abgeltungsteuer 25
ABS-Papiere 203
Adidas 116
Aktien, ausländische 88
Aktienanleihen 27, 177
Aktienfonds 188
Aktienmarkt 19
Aktien-Split 115
Aktienverlagerung 90
Altersvorsorge 231
Altersvorsorge, private 189, 231
Altverluste 266
Amtlicher Markt 75
Analysten 62
Angstbarometer 84
Anlagemix, richtiger 232
Anlegertypen, gefährdete 55
Anleihekauf 26
Auftrag, limitierter 108
Ausgabeaufschlag 36, 169, 234
Auslandsaktien 87

B

Balanced-Fonds 212
Behavioral Finance 55
Berater, selbstständiger 43
Berater, unabhängiger 244
Beratung, kundenorientierte 241
Beratung, maßgeschneiderte 52
Beratungsprotokoll 49
Berichtigungsaktien 114
Best Execution 54
Besteuerung, nachgelagerte 230
Betafaktor 155
Betrüger 68
Bezugsrecht 117
Bezugsrechtshandel 117
Blue Chips 78
Bonitätsnoten 240
Bookbuilding-Verfahren 107
Börsenspiele 251
Branchenfonds 199
BRIC-Staaten 91
Bundesanleihen, deutsche 24
Bundesanstalt für Finanzdienstleistungen (BaFin) 43

C

Calls 170
Chancentyp 59
Chartanalyse 143
Corporate Bonds 26

D

Dachfonds 200
Dax 79
DAX global Emerging-11 95
Dax-Familie 73
Depot 38
Depotgebühr 234
Depotkategorien 120
Derivate 67
Devisenbörse 19
Direktbank 38
Discount-Broker 39
Discount-Zertifikat 176
Dividende 31
Dividendenfonds 197
Dividendenrendite 32, 147
Dow Jones Euro Stoxx 50 86
Dow Jones Stoxx 86

E

Emerging Markets 90, 210
Emissionskurs 107
Emissionspreis 107
Entry Standard 75
Erträgnisaufstellung 39
Ertragstyp 58
ETFs (börsengehandelte Indexfonds) 206
EU-Richtlinie MiFID 47
Euro Stoxx 50 77

F
Falschberatung 47
Finanzinnovationen 9
Finanzkrise 2007/2008 71
Finanzkrise, globale 65
Finanzplaner, zertifizierter (CFP) 43
Fondra 190
Fonds für Rohstoffe und Energie 225
Fondsdschungel 193
Fondsmanager 192
Fondsshop 245
Fonds-Wechselkosten 235
Fund of Funds 200
Fundamentalanalyse 141

G
Garantiefonds 201
Geldmarktfonds 203
Genussschein 104
Geregelter Markt 75
Gerüchte 68
Gesetze zum Schutz der Anleger 70
Gewinn- und Verlustausgleich 267
Gold 66, 127
Goldanlagen 129
Gold-Fonds 131
Goldgräberstimmung 193
Gold-Termingeschäfte 131
Goldwerte 129
Goldzertifikate 130
Google 101
Gratisaktien 114
Grauer Kapitalmarkt 47
Growth 212
Growth-Ansatz 197

H
Handelsplattformen, elektronische 18
Hebelwirkung von Optionsscheinen 34
Hedgefonds 218
High-Yield-Fonds 216

I
ifo-Geschäftsklimaindex 62
Immobilienfonds 219
Immobilienfonds, geschlossene 223
Immobilienfonds, offene 220
Income 212
Indexfonds 204
Indexzertifikat 173
Indikatoren, technische 146
Inhaberaktien 101
Initial Public Offer (IPO) 38
Inventarwert 190
Investitionsentscheidung 164
Investmentfonds 186
Investmentfonds, ausschüttende 198
Investmentfonds, thesaurierende 198
Investment-Zertifikate 190
ISIN (International Securities Identification Number) 106

J
Junge Aktien 117

K
Kapitalanlagegesellschaft (KAG) 190
Kasse 122
Kaufoption 170
Kick-Back 36
Knock-out-Grenze 181
Kombiprodukte 27
Konjunkturanalyse 141
Korrelationskoeffizient 156
Kostolany, André 40
Kurse 28
Kursentwicklung 138
Kurs-Gewinn-Verhältnis (KGV) 33, 150
Kursinformationen, aktuelle 160

L
Late-Dax 84
Lateinamerika 92
Leitzinsenerhöhung 63
Lindt & Sprüngli 115

M
Marktbreite Papiere 160
Märkte, asiatische 93
Marktkapitalisierung 79

MDax 78, 84
Mid Caps 78
Mischfonds 211
MIST 94
Mittelstandsanleihen 26
Monetäre Analyse 142
MSCI World Index 93
Musterdepot 253

N
Namensaktie, vinkulierte 102
Namensaktien 101
Nebenwerte, deutsche 83
Nebenwertefonds 197
Nennwert 36
Nennwertaktien 36, 103
New Economy 65
Next-Eleven-Staaten 95
Niedrigzinsphase 24
No-load Fonds 235
Notgroschen 21

O
Obligationen 23
Online-Banking 21
Online-Brokerage 38
Open Market 74f.
Optionsscheine (Warrants) 34

P
Parketthandel 18
Performancelisten 238
Petrodollars 91
Preisfindung 107
Prime Standard 74
Prognosen, zuverlässige 62
Psychofalle 56
Publikumsfonds 195
Puts 171

Q
Quotenaktien 36, 103

R
Ramschpapiere 26
Ranking-Listen 238
Rating-Agenturen 25
Rechenschaftsbericht 192
Recht auf Zinszahlung 18
Recht, verbrieftes 18
Rechtsschutzversicherung 48
Regulierter Markt 74
Rentenfonds 24, 214
Rentenmarkt 19
Rentenversicherung, gesetzliche 231
Reserve 122
Riester-Rente 226
Risiko 28
Risikostreuung 83
Risikotyp 57

S
S&P 500 77
Schwarzer August 2011 71, 129
Schwarzer Freitag 69
Schwellenländer 94
SDax 78, 83
Short-Indizes 181
Short-Zertifikate 181
Sicherheit 27
Sicherheit vor Ertrag 137
Sicherheitsratgeber für das Online-Banking 256
Small Caps 78, 119
SMIT 94
Sondervermögen 190
Sparbuch 67
Spekulanten 68
Spekulationen auf Kredit 22
Spekulationsblase 65
Spekulationsfrist 99
Spekulationsgeschäft 19
Spekulationssteuer 269
Spezialfonds 195
Spielgeld 124
Spread 88
Stammaktien 99
Stammaktionär, Rechte des 99
Steuerbescheinigung 39
Steuern 28
Stop-Buy-Order 113
Stop-Loss-Order 111
Stoxx 85
Streubesitz 80

Streuung der Aktienpositionen 20
Stückaktien 36, 103
Subprime-Krise 25
Switch-Gebühr 235
Systemrelevante Banken 71

T
Tafelgeschäfte 38
TecDax 78, 81
Technische Analyse 143
Terminbörse 19
Terminbörse Eurex 172
Themenfonds 199
Total Expense Ratio (TER) 235
Track Record 200
Turbo-Effekt 231
Türkei 91

U
Unternehmensanalyse 142

V
Value-Ansatz 197
VDax 84
Veräußerungsgewinne, private 269
Verlustbremsen 111
Verluste, historische 265
Vermögen 123
Vermögensaufbau, richtiger 122
Vermögensstruktur 120
Vermögensverwalter 244
Verwaltungsvergütung 235
Volatilität 153
Vorzugsaktien 99

W
Wachstumstyp 59
Währungsrisiko 89, 137
Warenterminbörse 19
Warren Buffett 196
Watchlist 253
Wechselkursrisiko 88
Wertpapierdepots 125
Wertpapiere, festverzinsliche 23
Wertpapiergeschäfte, komplizierte 180
Wertpapierkennnummer (WKN) 105
Wette über den Kursverlauf 173
WISO-Börse 161

X
Xetra 79
Xetra Stars 76
Xetra-Goldanleihe 131

Y
Yield 212

Z
Zinscoupon 24
Zinsen 28
Zinseszinseffekt 231
Zinssenkung 63
Zuckerberg, Mark 101